De l'éthique en économie

Ethique Economique

Collection dirigée par François Régis Mahieu

L'éthique rejoint l'économie dans la recherche du bonheur pour soi et pour les autres. L'individu n'est pas totalement opportuniste, il concilie égoïsme et altruisme. Reconnaître les formes de l'éthique est une priorité en économie : vertu, responsabilité, discussion, justice. Une attention particulière est accordée à l'éthique du développement, en particulier à la considération accordée à la justice intra et intergénérationnelle dans le cadre du développement durable. L'éthique se traduit par des évaluations et des sanctions vis-à-vis de ceux qui ont la responsabilité de la *vie bonne*.

Cette collection concilie recherche et pédagogie, réflexion et action, dans l'optique la plus large possible.

Déjà parus

Ali TOUSSI, *Le taux d'intérêt dans un système financier islamique*, 2010.

Ali TOUSSI, *La banque dans un système financier islamique*, 2010.

Jean CARTIER-BRESSON, *Economie politique de la corruption et de la gouvernance*, 2008.

Réseau IMPACT, *Repenser l'action collective. Une approche par les capabilités*, 2008.

Laurent PARROT (coord.), *Agricultures et développement urbain en Afrique subsaharienne. Gouvernance et approvisionnement des villes*, 2008.

Laurent PARROT (coord.), *Agricultures et développement urbain en Afrique subsaharienne. Environnement et enjeux sanitaires*, 2008.

Samir ZEMMOUR, *Vers une certification de qualité halal ?*, 2007.

Samir ZEMMOUR, *Le marché de la viande Halal : évolutions, enjeux et perspectives,* 2006.

Jérôme BALLET, Katia RADJA, *Le capital social en action*, 2005.

J. BALLET, J.-L. DUBOIS, F.-R. MAHIEU, *L'autre développement*, 2005.

J.P. MINVIELLE et A. LAILLER, *Les politiques de sécurité alimentaire au Sénégal depuis l'indépendance*, 2005.

Roland GUILLON, *Les tensions sur l'activité en Afrique de l'ouest. Une apporche comparative Nord-Sud,* 2003.

Jérôme BALLET, Roland GUILLON, *Regards croisés sur le capital social*, 2003.

Arnaud MAIGRE

De l'éthique en économie

Enquête sur le rôle des valeurs dans le développement matériel des civilisations

L'Harmattan

5-7, rue de l'Ecole-Polytechnique, 75005 Paris

http://www.librairieharmattan.com
diffusion.harmattan@wanadoo.fr
harmattan1@wanadoo.fr

ISBN : 978-2-296-13574-1
EAN : 9782296135741

Il n'y a en effet qu'une seule chose qui soit propre aux hommes par rapports aux autres animaux : le fait que seuls ils aient la perception du bien, du mal, du juste, de l'injuste, et des autres notions de ce genre. Or avoir de telles notions en commun c'est ce qui fait une famille et une cité.

Aristote, Les politiques I, 2, 1253-a

INTRODUCTION

Nous avons de la chance au début du XXIème siècle : les espoirs des Lumières et du XIXème siècle triomphant se sont transformés en réalité. Quel spectacle si nous pouvions appeler d'outre-tombe nos penseurs des Lumières et les faire s'exprimer sur nos siècles de progrès ! Rousseau serait sans doute le plus à l'aise et nous gratifierait de son scepticisme sur les bienfaits des sciences ; il brandirait la violence des deux guerres mondiales et le choc des civilisations pour justifier un retour à l'ordre naturel. Condorcet, fort de l'espoir d'un monde débarrassé des vieux préjugés religieux et tout à ses progrès scientifiques, serait amer et n'y retrouverait plus sa foi au progrès infini. Hegel chercherait les ruses de la raison et, grâce à sa dialectique, remettrait de l'ordre dans un chaos apparent pour croire toujours au progrès de l'histoire. Marx ferait la même analyse d'un capitalisme destructeur mais s'interrogerait sur sa capacité à rebondir sans jamais s'effondrer dans une révolution prolétarienne désormais fatiguée. Tous s'étonneraient des exploits de la science mais personne ne s'appuierait sur l'espérance moderne de la raison pour fonder une société idéale. Quelques illusions ont fui les esprits postmodernes, ceux qui ne croient plus comme les « modernes » aux siècles merveilleux. C'est bien notre problème, à quoi croyons-nous ? D'ailleurs est-il encore permis de croire sans que cela sente le souffre du cléricalisme ou du positivisme ? C'est comme si le monde marchait sans but, avec le souci unique d'alimenter la machine économique, garante du seul espoir qu'il nous reste : la croissance ! C'est un horizon et heureusement que nous l'avons ! Les hommes souffrent matériellement et la tâche semble infinie. Mais cet horizon est-il totalement légitime ? Le prix environnemental en est discuté et nous rappelle à l'éthique. La disparité des situations d'extrême pauvreté et d'extrême richesse nous rappelle également à l'éthique. Nous avons de la chance... car il nous faut à nouveau nous poser des questions fondamentales. Le sentiment de renouer avec les arts et la raison des Grecs qui enthousiasma l'Europe de la Renaissance nous laisse désormais plus circonspects et ouverts à d'autres renaissances. L'histoire se décante de ses illusions positivistes mais, pour autant, le vieux fond matérialiste qui a accompagné l'ensemble des idéologies d'inspiration libérale ou marxiste demeure. Nous voudrions examiner dans ce livre la dynamique du progrès économique qui, objet d'une science prometteuse, a donné lieu à des constructions intellectuelles visant à comprendre les rapports économiques comme essentiellement matériels.

On sait l'effort du libéralisme historique pour substituer au fondement religieux, garant du bon fonctionnement de la société, un fondement économique invisible basé sur l'équilibre des intérêts. Pourtant, comme nous le ferons voir dans la première partie, c'est encore une illusion ; il faut s'en débarrasser pour considérer sereinement, dans sa plénitude, la marche de l'histoire et redonner à l'éthique toute sa place.

Il n'est pas facile de voir derrière les mouvements des cours de bourse, l'évolution du marché du travail, la croissance, la lecture des différents indicateurs économiques, le vertige de l'immense production mondiale... la marque puissante des idées[1] et de surcroît, à l'arrière-plan, l'impulsion originelle de l'éthique. Ce sera la quête de cet ouvrage de trouver, à l'origine du développement économique, le souci éthique.

---

[1] L'économiste britannique John Maynard Keynes écrit au XXème siècle : « Qu'elles soient justes ou erronées, les idées des théoriciens de l'économie et de la politique exercent une puissance supérieure à celle qu'on leur prête communément. En fait, ce sont elles qui mènent le monde ou peu s'en faut. Tel pragmatique déclaré, qui se croit libre de toute influence théorique, suit en fait aveuglément un économiste défunt. Tel maniaque de l'autorité, qui entend des voix, ne tire en fait sa frénésie que d'un docte barbouilleur de papier des années précédentes. Je suis certain qu'on s'exagère l'influence des intérêts acquis par rapport à l'emprise progressive des idées. »

La recherche économique est issue dès son origine d'une question éthique. Le père du libéralisme moderne, Adam Smith, empruntera ce chemin en faisant précéder son ouvrage sur « La richesse des nations » d'un essai sur la « Théorie des sentiments moraux ». Nous verrons que pour Adam Smith, contrairement à une idée reçue, l'ordre et le désordre économique sont en rapport avec les règles éthiques qu'adopte une société. S'il est avéré qu'il y a une relation entre l'économie et l'éthique, dans quel sens fonctionne-t-elle? Est-ce l'éthique qui conditionne un état de société ou une société qui produit ses propres règles éthiques ? En retraçant la préhistoire puis l'histoire de cette relation, nous avons l'ambition de répondre à cette question. L'éthique se révèle par l'ensemble des règles qui concourent au bon fonctionnement de la vie en société. Mais qu'est-ce que l'éthique elle-même ? Un principe universel qui vise le bon ou, à un moment circonstancié, des règles qui régissent les mœurs d'une société. Définir l'éthique par son essence ou son existence sociale c'est adopter un point de vue philosophique radicalement différent. Dans un cas on définit l'éthique par rapport à un principe universel, dans l'autre on adopte un point de vue relativiste en associant des règles éthiques à un type de société. Chercher à définir l'éthique c'est exactement comme essayer de savoir d'où nous vient le sens du bien ? On répondra le plus souvent, comme spontanément, de l'éducation reçue, qui elle-même se perd dans la succession des générations… ce qui en définitive ne donne pas la réponse et consiste à confondre l'effet avec la cause. Pour tenter de trouver la réponse on cherchera alors un fondement, quelque chose de sûr qui puisse servir de base au raisonnement. Certains trouveront ce fondement dans la religion révélée, d'autres méfiants vis-à-vis d'une explication trop transcendantale se tourneront au contraire vers le réel, la nature qu'elle soit humaine ou sociale. Kant (1724-1804) apportera une réponse à équidistance entre ces deux options. Avec Kant la philosophie morale vit une espèce d'apogée. Il forme l'exaltant projet de dégager l'éthique du monde « sensible » pour lui redonner son véritable fondement. En homme des Lumières, il trouve ce fondement dans la raison, considérée comme seule capable d'établir des règles universelles ; ce que la raison entend comme une règle applicable universellement aux hommes est éthique. Les droits de l'homme trouvent leur légitimité dans cette idée kantienne ; c'est comme si Kant avait laïcisé les dix commandements.

Pour Kant la morale est connaissable a priori par la raison, tout comme les principes mathématiques sont accessibles à l'intelligence de manière spéculative. Mais les concepts purs qu'ils soient mathématiques ou moraux doivent renvoyer au réel, au sensible. C'est pourquoi la raison doit être « pratique ». Il existe une métaphysique des mœurs, le lieu de l'*a priori* des concepts de la raison pure ; c'est à la raison d'en découvrir les règles universelles et de leur donner leur contenu « pratique ». Le projet de Kant est de chercher le fondement ultime à l'obligation morale, ce pour quoi nous avons l'absolue nécessité de respecter le commandement moral. Sa réponse est que le « tu ne dois pas mentir » et l'ensemble des règles morales valent pour tous les hommes mais aussi pour tous les êtres raisonnables en vertu d'un « *a priori* » qui n'est pas empirique mais qui appartient à la raison pure.

Nous devons à Kant d'avoir lié indissolublement l'éthique à la raison. Cette association n'est nullement de sa part la constatation d'un état de fait. Pour que le monde soit éthique il faut que la liberté humaine accepte de se saisir des principes rationnels pour en faire des règles de vie pratiques. Si ce n'est pas le cas, il en résulte des disfonctionnements personnels et sociaux dus au non respect des règles morales. La philosophie morale doit donc trouver comme un écho dans les expériences des hommes, les actes bons ou mauvais doivent produire des histoires particulières. Il appartient à notre culture de penser cette relation, sous l'influence du matérialisme historique, comme inversée ou tout au moins dissociée : nous considérons la morale soit comme émanant d'un type de société, soit comme un épiphénomène, sans influence, sur la nature matérielle des sociétés. Nous voulons remettre cette relation à l'endroit et montrer comment c'est en fait l'éthique qui fonde la marche des sociétés. L'éthique doit alors être comprise à la fois comme l'inspiratrice de la raison pratique et l'ensemble des valeurs résultant de l'exercice de cette raison pratique.

Il faut pour cela revenir à une question essentielle. Pourquoi la raison serait-elle universelle ? En effet, l'universalisme de la raison pratique demeure inexpliqué. Il y a dans la morale kantienne le refus de s'appuyer sur l'intérêt particulier au nom d'un intérêt général. Il peut être de mon intérêt de mentir dans une situation particulière mais si j'admets ce principe alors je contredis l'intérêt général, il y a donc un « impératif catégorique » à ne pas mentir. C'est par l'intérêt général que l'on rejoint l'universel. Kant nous a menés très haut dans le monde de la pureté rationnelle. Malheureusement, si l'on redescend sur terre, nous voyons que nous sommes pris dans des situations particulières, complexes où seul notre intérêt personnel peut nous servir de guide. Il a semblé à tout un courant philosophique empiriste, puis utilitariste que c'était l'intérêt individuel qui fondait la morale. L'intérêt individuel par la magie de la main invisible retrouvant l'intérêt général. Or nous savons bien que l'intérêt général indépendamment de l'intérêt individuel, est une force qui motive aussi les hommes. Mais si cette force ne peut s'expliquer par l'utilitarisme, donc la matérialité des choses, d'où vient-elle[2] ?

Il faut bien reconnaître que Kant, perché sur sa montagne, comme fasciné par le spectacle de sa découverte ne nous explique rien. Certes le spectacle de la raison est fascinant mais nous voulons savoir ce qu'il y a derrière l'horizon.

Kant accepte le sentiment moral mais ne cherche pas à l'expliquer de façon transcendante. C'est la limite qu'il impose à la raison. Il faut, pense-t-il, se garder de confondre le jugement moral et le sentiment moral. Le jugement moral définit la norme, il s'appuie sur la seule raison. Le sentiment moral n'est que le mobile de l'action, il a un caractère empirique, il est lié à la sensibilité culturelle et religieuse et comme tel perturbe le jugement moral. Il ne veut pas retomber dans une justification religieuse et risquer de perdre ainsi l'acquis de l'autonomie de la raison face à la religion.

Nous emprunterons à Kant le principe de l'universalité de la règle éthique selon la raison et nous nous autoriserons à faire ce que Kant refuse, au nom de l'autonomie de la raison et de sa méfiance vis-à-vis des systèmes moraux d'origine religieuse, c'est-à-dire s'intéresser au sentiment moral. Nous pensons que l' « *a priori* » kantien est le fruit d'une élaboration culturelle. Autrement dit, nous pensons que les hommes ne peuvent accéder à la notion d'universel que progressivement à partir de leur identité culturelle et donc aussi de leur sensibilité religieuse. L'universel est relatif à un état culturel communautaire et à une identité individuelle. Ainsi l'universel, nous allons le démontrer dans cette enquête, se comprend non pas *a priori* mais à partir d'un processus culturel qui révèle à l'individu son humanité. C'est une façon de dire que s'il n'y a pas de sentiment moral, la raison perd son référent universel.

Prenons le problème de l'accès à l'universel en partant de notre point de vue personnel. Pourquoi notre raison humaine nous guiderait-elle spontanément vers la recherche de critères universels pour choisir les

---

[2] La tentative de John Rawls de concilier intérêt général et intérêt individuel par l'artifice du « voile de l'ignorance » nous semble comme représentative de cette ultime lutte du matérialisme pour expliquer l'inexplicable. La fiction du « voile d'ignorance » conserve à l'intérêt individuel sa puissance explicative globale. Si l'on retire le « voile d'ignorance », on ne peut plus expliquer la justice à partir du seul intérêt individuel.

bonnes règles morales ? Pourquoi ne pas mentir si le contexte particulier me laisse penser que c'est rationnellement la meilleure façon de me tirer de mon embarras. On connaît la réponse de Kant : si je veux le mensonge pour moi, uniquement pour me tirer de mon embarras, je comprends que si je transforme la règle du mensonge en règle universelle, cette fausse maxime ne peut que se détruire elle-même, elle ne peut avoir de caractère moral *a priori*. La question qui se pose est alors : pourquoi la bonne règle universelle de ne pas mentir s'imposerait-elle à moi ? D'où vient la force de la règle morale, c'est-à-dire un concept purement intellectuel ? Ne devons nous pas nous résoudre à constater qu'il y a bien un lien entre le sentiment moral et le jugement moral[3] ? La difficulté tient dans le passage d'un point de vue particulier « immoral » à un point de vue général « moral » et ce mouvement ne dépend pas que de la raison mais d'autre chose. Si la raison n'est pas comme habitée par le sens moral, elle ne reconnaîtra pas la valeur morale de la règle universelle. C'est un point capital. Kant considère la raison comme l'outil qui peut mesurer l'accord avec ce qui est vrai, et nous lui donnons raison, il dit vrai. Derrière la raison, derrière l'horizon kantien, il y a le monde du vrai, et il n'est pas possible rationnellement qu'il en soit autrement. La raison sans la référence au vrai n'est tout simplement pas concevable. Mais autant on peut concevoir l'accord entre la raison et le vrai relativement aux lois de la nature, autant cela devient difficile pour le « vrai moral ». Les vérités morales n'ont pas de contrepartie physique, on peut les concevoir comme relatives à une culture donnée mais il est parfaitement incompréhensible qu'elles aient un caractère universel. L' « *a priori* » kantien semble soudain insaisissable ! Nous en concluons que la raison seule ne peut atteindre le vrai moral. Elle doit s'adjoindre une inclination éthique, le sens du devoir dirait Kant, qui ne réside pas, contrairement à ce qu'il pense, dans la seule rationalité pure, mais à coté, comme associée.

Nous avons toujours de bonnes raisons de faire ce que nous faisons et parfois elles peuvent s'opposer, donc la raison à beaucoup de mal à savoir où se trouve l'universel tout simplement parce qu'elle s'enracine dans de l'humain qui se forge une éthique à partir de son identité. Soulignons ici, pour éviter toute confusion, que le sentiment moral dépend pour son contenu de l'expérience mais que l'inclination éthique est autonome. Le sentiment moral est le résultat de l'appartenance à un

[3] Kant s'en explique au détour d'une note en bas de page dans ses « *Leçons d'éthiques* » et avoue que c'est ce qui « semble incompréhensible », voir Emmanuel Kant, *Leçons d'éthique,* Paris, Classiques de poches, 1997, p. 131.

système de conventions sociales de nature religieuse ou philosophique qui varient d'une culture à l'autre mais dont l'origine se trouve dans une prédisposition morale spontanée qui est la source de l'éthique. Alors d'où vient cette spontanéité ? Cette prédisposition ne peut être de nature seulement neuronale, psychique, empirique, mue par le principe de plaisir et de déplaisir, nous le comprendrons dans notre première partie avec l'échec de la morale utilitariste fondée sur des *a priori* matérialistes. Mais sommes-nous seulement assurés d'un principe éthique universel ? Le relativisme des valeurs n'est-il pas l'évidence ? Si nous disons que le point de vue matérialiste est scandaleux, ceux de nos lecteurs qui ont reçu une éducation laïque et qui pensent que la société s'est libérée de l'oppression de la théologie, que Galilée a existé contre l'Eglise etc... font référence à un univers où l'on s'est battu pour la liberté donc à un univers éthique. Ils vont spontanément faire appel à un contre argumentaire rationnel. Si nous disons que la religion n'est qu'une suite de crimes où l'intolérance de la vérité s'oppose à une autre intolérance de la vérité, nos lecteurs qui ont expérimenté la paix de la prière, la fraternité d'une communauté religieuse se diront que nous n'avons rien compris à la religion et se sentiront agressés en se rappelant intérieurement que leur foi leur fournit tous les jours des raisons de croire. Alors où est le vrai ? Comment puis-je savoir que je ne me trompe pas, que ma raison est dans le vrai alors que ce que je considère comme une vérité universelle n'est pas partagé ?

Allons- nous monter sur une autre montagne et découvrir le spectacle de la vérité ? En tout cas, voilà le chemin escarpé que nous vous proposons. Notre hypothèse est la suivante : la raison ne peut se mouvoir vers l'éthique sans sentiment moral, or l'inclination éthique, qui en est distincte, ne dépend pas de la matérialité, nous en déduisons que la raison est ontologiquement associée à l'inclination éthique.

Pour attester de ce lien ontologique entre raison et inclination éthique, il nous faut démontrer que l'éthique est première, qu'elle ne dépend pas pour son origine du monde matériel, et qu'elle donne à la raison pratique son inspiration pour construire un état de société. Si cette affirmation est vraie, nous devrions retrouver dans l'évolution des sociétés humaines une causalité qui fasse dépendre la société en premier ressort de l'inclination éthique. Par ailleurs, l'ordre social doit respecter la liberté humaine, sinon l'éthique ne serait plus que le produit déterminé d'un mécanisme et perdrait par le fait même son sens. L'ordre social n'est pas comparable à l'ordre physique. Celui-ci est déterminé absolument par des règles qui régissent les phénomènes de la nature, celui-là est à construire et doit, quoique soumis à des conditionnements, en lien avec la raison pratique, évoluer de façon non linéaire, ce qui doit se traduire par des modèles de sociétés multiples mais régis par une finalité commune.

Kant, nous l'avons dit, ignore le mobile de l'action au profit de la découverte de la puissance de la raison pratique. Nous voulons revenir sur le mobile, c'est-à-dire le sentiment moral. A-t-il toujours existé ? Comment a-t-il évolué ? Par ailleurs, le principe même de l'universalisme de la norme éthique, tel que pensé par Kant, n'est-il pas le fruit d'une longue évolution ? Si oui, comment penser le fait que l'universel est relatif à l'histoire sans désavouer ni la raison ni le sens éthique ? L'enjeu de notre travail est de pouvoir étayer historiquement les principes rationnels de la philosophie morale. Nous observerons l'univers économique pour y chercher les faits appuyant notre thèse. Il nous faudra rechercher aux origines, quand les liens de causalité sont encore dénouables, les traces de l'impulsion éthique, suivre les linéaments d'une société préhistorique simple, porteuse de la complexité des civilisations du temps de l'histoire, et tenter de dégager les règles qui permettent à un état sociétal d'atteindre d'autres virtualités.

Dans un premier temps, nous parcourrons la genèse des idées utilitaristes pour dégager la perspective et toucher les limites du fondement matérialiste des motivations humaines, comme une réponse au défi de Hume[4] d'apporter la preuve de la nature spirituelle des idées. Ce sera l'occasion de voir comment l'impulsion éthique, structurante pour la société politique puis économique, s'est peu à peu dissociée de son expression religieuse sans pour autant disparaître.

Nous vous proposerons, dans une deuxième partie, de revenir aux origines de l'homme ; ce voyage qu'ont fait nos illustres prédécesseurs des Lumières, dans leur effort pour comprendre le monde à venir, est désormais soutenu par un travail scientifique qui, on le verra, a des conséquences très profondes sur la compréhension des enchaînements historiques. Le retour à la nature n'est plus un exercice de conjectures à la Rousseau aidé par le témoignage des indiens caraïbes ; même si quelques intuitions géniales peuvent être confirmées, le voyage en deçà de l'histoire est l'occasion de repartir sur des idées claires où la part de la culture, enracinée dans l'aspiration éthique, apparaîtra pour ce qu'elle est.

---

[4] David Hume, *Enquête sur l'entendement humain*, Classiques de poche, 1999, p. 64.

Assurés de l'origine éthique de la culture, il nous faudra dénouer sa relation à la violence. Les tensions économiques, les inégalités, ont laissé leurs premières traces au Néolithique et au Chalcolithique, pour s'accentuer à l'âge du Bronze, puis du Fer, connu sous le nom de période axiale. Entraînées par une évolution déstabilisante, nous verrons comment les sociétés ont été confrontées à l'actualisation de leur pacte fondateur, source de leur survie et de leur croissance. La question éthique apparaîtra comme renouvelée par le mouvement du monde aux prises avec les forces de la complexification sociale.

Grâce à l'invention de l'écriture par la culture mésopotamienne nous pourrons, avant la naissance du texte biblique, remonter aux origines les plus antiques de la mémoire mythologique de l'humanité et vérifier la justesse de notre thèse. Notre lecture des mythes nous conduira, en effet, à rattacher ces formes complexes d'explications du monde à l'inclination éthique. Nous nous appuierons sur la lecture des textes sapientiels mésopotamiens et des codifications des règles de vie sociale pour nous rapprocher des préoccupations de l'époque. Nous y percevrons les traces d'un effort vers l'universel mais aussi les limites du paradigme polythéiste. Ce modèle de société polythéiste n'arrivera pas à empêcher l'effondrement des grands empires issus du Néolithique. Le renouvellement passera par des approches culturelles au départ marginales mais virtuellement porteuses d'un monde nouveau. Le peuple hébreu, en introduisant le Dieu éthique, contribuera à ce changement majeur. Nous nous intéresserons au processus de naissance du monothéisme. La révélation biblique sera resituée dans son contexte économique et éthique. Elle fera droit aux sentiments d'injustice issus d'une situation économique douloureuse, elle fera droit également à la raison kantienne plus qu'à l'épiphanie biblique. Nous en dégagerons les principes porteurs d'un monde à venir. Le monde ne sera plus pensé comme avant : l'individu y affirmera son identité éthique, le monde sera créé, un universalisme trop grand pour un petit peuple germera dans un destin national.

Par un autre chemin, l'histoire de la Grèce nous confirmera que les hommes, dès qu'ils le peuvent, cherchent à rétablir la justice originelle des *homoiois* : les semblables, ceux qui tiennent à une justice égalitaire, équitable entre les hommes d'un même *démos*. La Grèce archaïque est issue de l'effondrement du royaume mycénien, dès lors un peuple se trouvera paradoxalement uni dans la farouche liberté de cités-Etat rivales, les *poleis*. Jusqu'à ce moment exceptionnel, un peuple se faisait progressivement par l'union politique, voilà qu'avec les Grecs il se fit par la désunion libre. Mais le prix de la liberté des semblables se paiera par la guerre pour se refermer sur la page barbare de l'empire d'Alexandre, déni de la Grèce démocratique, régression vers une forme de société impériale, maintes fois répétée entre le Tigre et l'Euphrate, le plateau perse et bientôt le Tibre latin. On se souviendra de cette période comme d'un âge où l'homme s'empara de sa raison pour comprendre le monde différemment. On s'en souviendra aussi comme de la période où le souci du bien, l'amour de la sagesse, en un mot la philo-sophie s'exprima en tant que telle, pour la première fois, indépendamment d'une pensée mythologique. Les voies de l'histoire du peuple grec n'ont pas les mêmes sinuosités et dénivelés que celles du peuple hébreu. Pourtant, pour se guider, les deux peuples se sont fixés sur la même étoile. C'est ce qu'il nous faudra démontrer pour voir dans la marche trébuchante de l'histoire la visée éthique commune.

Puis nous nous essaierons à rapprocher et à mesurer les différences entre les principales écoles de philosophie grecques et le christianisme naissant. Cette analyse, qui reprendra les catégories de la philosophie antique, nous permettra de mieux distinguer les caractères propres de la nouvelle religion expliquant l'origine de son succès. Il apparaîtra que la recherche de l'universel, commune aux différentes cultures mais inégale dans ses représentations, aura des conséquences sur la sortie du polythéisme et la naissance d'un monde matériel imprégné de monothéisme.

L'éthique ne sera plus considérée seulement en tant qu'inclination mais comme une élaboration culturelle de nature religieuse et philosophique. Le génie grec nous apportera le témoignage de ce lien plutôt que le signe d'une supposée laïcité. C'est précisément le renouvellement de cette compréhension qui est le défi de notre époque car le jaillissement du religieux dans l'histoire n'est pas compris comme la recherche du sens de l'universel mais comme l'affirmation d'une particularité et la source des conflits. L'esprit des Lumières s'est développé en réaction à une institution religieuse qui exerçait sa tutelle sur le reste de la société, il en est resté une vision atrophiée du religieux, opposée à la raison. Nous sommes à une autre époque ; nous savons bien que tout bouge mais notre époque a tendance à projeter sur les religions cette vision figée et partielle héritée des Lumières, ignorant leur capacité permanente d'évolution dans leur rapport au monde, ne retenant que leurs identités meurtrières au détriment de leur aspiration universelle. Nous pensons que de l'observation de cette période, nous pouvons tirer l'idée d'une tension, d'un progrès des sociétés humaines à réaliser vers une éthique universelle. Nous en tirerons également des conséquences sur l'évolution de l'ordre matériel en distinguant une relation entre le principe d'universalisme, le degré d'engagement des hommes dans le monde, et leur capacité à le renouveler par le travail. Nous désignerons cette relation par le concept d'élasticité de la valeur travail.

Conscients du rôle structurant des valeurs universelles dans l'élaboration de l'ordre matériel, il nous restera à cerner les principes pratiques fondamentaux qui conduisent à la dynamique économique. Comment les principes influent sur l'ordre social, par quelles voies l'ordre économique s'en trouve-t-il modifié ? Nous nous intéresserons à la manière dont ces principes déterminent des chaînes de conséquences menant à une évolution matérielle. Pour saisir la dialectique du développement, nous nous essaierons à la question de la fin de l'empire romain d'Occident : pourquoi la société la plus avancée n'a-t-elle pas trouvé en elle-même le ressort du développement ? Les Romains se considéraient comme à l'apogée du monde, l'histoire était achevée avec la Rome impériale : le progrès était une idée pour les barbares, apportée par le conquérant, mais pas pour Rome. Ainsi la chute de l'empire romain d'Occident ne sera pas comprise comme un accident de l'histoire mais comme la fin d'un cycle, l'épuisement d'une dynamique. Pour l'empire romain d'Orient mêlé de romanité et de christianisme, la chute attendra encore mille ans ! Le progrès n'y trouvera pas non plus les conditions de son essor. Nous nous poserons la question de savoir pourquoi les valeurs chrétiennes consolideront en Orient une société figée alors qu'en Occident elles serviront de socle aux évolutions sociales et économiques ? En réponse à cette question, nous affinerons la notion de cercle de liberté pour expliquer le processus de changement social et matériel. D'autres sociétés resteront bloquées dans l'impasse, notamment la société musulmane andalouse. Greffon de l'empire musulman, elle ne réussira pas à trouver, à l'instar de l'empire romain d'Orient, la recette du progrès. L'empire musulman emportera la victoire sur le vieux monde de Constantinople quand le royaume de Grenade s'écroulera devant les forces renouvelées de l'Europe en gestation. Les défaites et les victoires militaires ont des causes plus profondes que l'alignement des armées et l'habileté du général en chef. Il nous faudra creuser notre sillon des valeurs universelles et s'intéresser au rapport de la vérité et de la raison. Comment la société comprend-t-elle les valeurs qui l'unissent ? D'où tirent-elles leur source ? Qui garantit leur légitimité ? Comment les hommes peuvent-ils les interpréter ? Le capitalisme nous apparaîtra alors comme un système économique fondé sur une organisation sociale propre à susciter la participation du plus grand nombre d'individualités à la production et à l'échange de biens. Le capital n'en sera pas l'origine, le marché n'en sera pas le moteur, sinon les civilisations romaine et musulmane en auraient été les initiatrices. Non, quelque chose de plus complexe que les moyens de production et l'accumulation du capital caractérisera le capitalisme : une alchimie des valeurs seule capable de susciter l'énergie productrice des peuples.

A nouveau nous parlerons d'éthique, puis d'éthique protestante mais pas d'esprit du capitalisme car il nous apparaîtra comme un non sens que le capitalisme puisse avoir un esprit. Socrate s'agaçait[5] qu'Anaxagore explique l'origine de toutes choses par leur matérialité, de même le ressort ultime du développement économique ne doit pas être expliqué par ses effets matériels, mais bien perçu dans son fondement spirituel. Concevoir l'éthique comme à l'origine de la marche du monde, c'est ce que nous allons nous employer maintenant à démontrer.

[5] Platon, *Phédon*, 97c-98d.

CHAPITRE 1 - La dissociation éthique

Avant de commencer notre enquête nous devons comprendre à quel moment et pourquoi l'éthique est sortie des catégories explicatives du système économique. Il s'est produit un divorce dans une famille d'idées : le couple de la morale religieuse et de la meilleure politique s'est séparé. Déçus, les enfants du divorce n'ont plus cru à l'éthique ; l'économie, dans sa pure matérialité, leur a paru le plus sûr moyen de bien vivre ensemble. Revenons sur cette histoire de famille.

Les guerres de religions : comment vivre ensemble pacifiquement ?

Intéressons-nous aux origines des Lumières, observons ce changement de paradigme, le moment où l'intérêt légitimé par la raison se substitue aux passions déconsidérées par les divisions religieuses. Qu'est-ce que cela signifie ? Revenons en arrière. Les passions ont occupé les esprits du monde médiéval, la chevalerie portait un idéal exaltant, les ordres religieux visaient une vie chrétienne absolue, les croisades au confluent de ces deux aspirations ont proposé l'aventure aux hommes du bas Moyen Age. Un genre littéraire y a puisé son inspiration : le roman de chevalerie. Cette veine se prolongera jusqu'au XVIIème siècle. Dans le Versailles de Louis XIV on faisait encore l'éloge de la passion, on aimait les héros, le Cid pétri de sens de l'honneur rappelait à l'aristocratie son noble dessein. On s'intéressait à la Grèce mais à travers ses tragédies. On pleurait le destin d'Andromaque consumée par la passion et condamnée à la souffrance éternelle. C'est pourquoi, dans un tout autre genre, considéré comme moderne, Cervantès (1547-1616) fait figure de précurseur avec son chevalier don Quichotte de la Manche. La vie de Cervantès est un roman ; peut-être instruit par sa propre expérience, il raille le goût des aventures romanesques et chevaleresques qui dominait en son temps. Dans cette perspective, le théâtre tragique n'est que l'expression finissante des passions humaines exacerbées. Tout allait changer car l'Europe à partir de la Renaissance et pendant plus d'un siècle se déchirera sur les passions religieuses.

Les philosophes s'interrogent alors sur le fondement de la société pour y trouver la réponse à la manière de vivre ensemble pacifiquement. Déjà Machiavel (1469-1527) pris dans les tourments des micros Etats italiens cherche la solution. Sa réponse est surprenante, il inverse la façon de voir au nom du réalisme politique et dénie à la morale chrétienne son autorité pour inspirer les règles de la bonne gouvernance. La raison, débarrassée des pieux sentiments, doit viser les fins bonnes pour le prince et son Etat. Son point de vue n'est pas immoral, au contraire, c'est une démarche éthique qui l'anime car il cherche la paix pour l'Etat.

Et puis vint Hobbes (1598-1699). Il vécut la guerre civile en Angleterre du côté royaliste donc catholique, sa pensée en est profondément marquée car il constate qu'on ne peut s'en remettre aux principes moralisateurs de la religion pour contenir les passions destructrices de l'homme. Le problème qui se pose est très simple : si les religions se divisent, elles ne peuvent plus fournir les règles de vie en commun dans une société multiconfessionnelle, alors où chercher le fondement de la vie sociale ? Hobbes répond : dans la nature humaine. Hobbes substitue à la loi naturelle d'inspiration divine le droit naturel de tout homme à vivre en sécurité. L'homme, pense-t-il, est un loup pour l'homme. Les vertus héroïques ne sont, dans cette vision pessimiste de la nature humaine, qu'une autre forme de l'instinct de conservation, mais les vertus héroïques ne suffisent pas, il faut que les hommes dans leur intérêt se mettent d'accord pour qu'un Etat fort tienne ensemble des passions divergentes. Le thème de l'Etat fort n'est pas nouveau, associé au thème de la méchanceté humaine on le retrouve, on l'a vu, chez Machiavel mais aussi chez Bodin[6]. Pour ce jurisconsulte éminent, contemporain des conflits religieux entre la ligue catholique et les huguenots, la solution du vivre ensemble réside dans l'affirmation d'un Etat souverain au-dessus des factions religieuses. Reste qu'il faut

---

[6] Né en 1529 à Angers, en Maine-et-Loire - mort en 1596, à Laon, dans l'Aisne- était un jurisconsulte, un philosophe et un théoricien politique français, qui influença l'histoire intellectuelle de l'Europe par la formulation de ses théories économiques et de ses principes du « bon gouvernement ». Il est considéré comme l'initiateur du concept moderne de souveraineté. En outre, il se fit l'avocat de la tolérance religieuse dans une époque particulièrement intolérante.

légitimer le pouvoir souverain. Bodin et plus tard Grotius[7] penchent pour un fondement divin, Hobbes va chercher la solution dans l'état de nature. Ce changement radical de point de vue s'étaye d'une démarche scientifique. Hobbes se veut scientifique, il est fortement marqué par Galilée (1564 -1642) et forme le projet d'appliquer à la théorie politique une méthode basée sur la raison et, comme telle, parfaitement fondée ce qui signifie dans son esprit libre de toute considération religieuse. Le raisonnement est le suivant : l'univers dépasse la raison humaine, il est inintelligible ce qui, par contrecoup, donne toute liberté à la raison humaine pour se donner à soi-même sa propre légitimité. Si la philosophie de Hobbes ne rejette pas Dieu, ce qui fonde en dernière analyse les sociétés ce n'est plus la loi divine mais la passion la plus forte. Déjà au Moyen Age le moine franciscain Guillaume d'Ockham[8] avait affirmé cette dissociation entre la toute puissance de Dieu et l'ordre du monde, cette philosophie étant qualifiée de nominaliste. Pour les nominalistes, les universaux, c'est-à-dire des concepts universels et abstraits comme humanité, animal, blancheur... ne sont que des mots, des termes conventionnels, des représentations dont ils récusent le réalisme, la réalité substantielle. Ockham tient qu'en dehors de l'âme, aucun universel n'existe réellement, il nie la réalité extra mentale de tout universel. Il voit le monde réel comme autonome, et ne conçoit pas celui-ci comme expression particulière d'une réalité universelle métaphysique. Ces questions sur le réalisme des concepts universels ou leur non-existence peuvent nous paraître très éloignées de nos catégories mentales. Pourtant les intellectuels du XIIème siècle se querellent pour ou contre les universaux, pourquoi ? Quel est l'enjeu ? Le nominalisme est du point de vue d'Ockham une doctrine de libération, il s'agit de libérer la raison qui peut désormais connaître les choses singulières qui existent en tant que

---

[7] Né en 1583 - mort 1645- Avocat protestant hollandais, Grotius vécut à l'époque de la Guerre de Quatre-Vingts Ans entre l'Espagne et les Pays-Bas et de la Guerre de Trente Ans entre les nations européennes catholiques et protestantes ; il n'est pas surprenant qu'il ait été profondément marqué par les questions de conflits entre nations et les religions. Il était lui-même calviniste de tendance modérée et entretenait de nombreux contacts avec des catholiques, espérant une réunification des églises chrétiennes. En 1625, il publia son livre De jure belli ac pacis (Sur les lois de la guerre et de la paix) où il présentait sa théorie de la guerre juste et prétendit que toutes les nations sont liées par les principes du droit naturel.

[8] Né vers.1285 – mort en1347, dit le « docteur invincible » et le « vénérable initiateur », c'était un franciscain philosophe logicien et théologien scolastique anglais, considéré comme le plus éminent représentant de l'école nominaliste, principale concurrente des écoles thomiste et scotiste.

telles, selon un processus qui ne relève plus de l'actualisation d'un universel en puissance, mais de la seule raison démonstrative. Cette conception s'oppose à la démarche aristotélico-thomiste qui consistait à considérer l'universel comme objet de l'intellect et à réserver au sens la saisie du singulier[9]. La conséquence en est que la question de l'adéquation de la pensée à un réel extra mental n'a plus de sens.

Nous voudrions souligner que ces débats sont le fait de théologiens chrétiens qui adoptent des points de vue radicalement différents ; on dirait en terre d'islam que le *idjthiâd* est ouvert, autrement dit, que la porte de l'interprétation est ouverte. Ainsi les querelles médiévales logico-linguistiques préparent le monde où sera possible la formulation d'hypothèses scientifiques.

Il nous paraît important de remarquer également qu'en réalité la querelle des universaux n'est pas éteinte. La démarche scientifique qui consiste à analyser le réel en tant que tel est acquise mais on est nominaliste aussi longtemps que l'on considère que le réel, à un niveau supérieur de complexité, se recompose en structure. On devient réaliste[10] au moment où, dans la démarche scientifique, on suppose que les concepts signifient non des structures mais des principes de structuration[11], non quantifiables, échappant de ce fait au domaine de la science expérimentale. L'esprit scientifique, fort heureusement, a pu s'épanouir en se concentrant sur la réalité de la nature. Une frénésie de découverte des lois de la nature a suscité, dans un premier temps, l'illusion que le réel, était l'être des choses. Ce qu'il y a de nouveau, c'est la recomposition progressive de la totalité de la réalité dans un ensemble mathématique cohérent, dont les meilleurs esprits scientifiques commencent à percevoir la limite. Tout à la découverte de la cohérence du détail, on avait oublié l'ensemble, mais voilà que le tout est mathématisé et qu'une limite s'impose à la raison de l'homme : l'intelligence du tout lui-même. C'est ainsi que la religiosité qui semblait fuir la science revient par la science. Albert Einstein, lui-même, ne dédaigna pas de jeter son regard perçant aux confins de la science. Relisons ce qu'il disait à ce propos dans *Comment je vois le monde* : « Sa Religiosité (celle du savant) consiste à s'étonner, à s'extasier devant

9 Voir, Joël Biard, Guillaume d'Ockham- *Logique et philosophie*, Paris, Puf, 1997.

10 Le réalisme désigne ici non pas la réalité physique mais une autre réalité métaphysique.

11 Voir l'introduction et la présentation de Louis Valcke, *Commentaire sur les livres des Prédicables de Porphyre*, Le centre d'Etudes de la Renaissance, 1978.

l'harmonie des lois de la nature dévoilant une intelligence si supérieure que toutes les pensées humaines et toute leur ingéniosité ne peuvent révéler, face à elle, que leur néant dérisoire »[12].

Les progrès scientifiques réintroduisent les interrogations qui ont donné lieu aux querelles conceptuelles d'avant la science parce qu'ils ont mis en évidence la profonde unité de l'ordre de la nature. Quand on parle d'ordre, on se pose la question de l'origine de cet ordre. L'explication de la nature par le hasard perd du terrain ; comment expliquer l'harmonie par le chaos sans décrédibiliser la raison ? Comment expliquer l'ordre du monde sans se poser la question des causes finales ? On le pressent, les questions épistémologiques ne sont pas à dissocier du champ éthique.

Mais revenons à Ockam, sa philosophie a également des répercussions sur la compréhension du monde d'un point de vue moral. Sa position s'oppose à la théorie de la loi naturelle défendue par St Thomas d'Aquin[13] autre moine mais cette fois-ci dominicain, qui lui, au contraire, affirmait que la raison pouvait accéder à la compréhension du monde telle que voulue par Dieu, même s'il maintenait une distinction entre les vérités accessibles par la seule raison de celles de la foi. Il suit de cette conception thomiste que la réalité morale est pensée comme ordonnée à la réalité divine. A l'opposé, Ockham considère que la loi morale est l'expression du libre décret divin, ce qui lui confère un caractère arbitraire dissocié du bien humain : le fondement des préceptes moraux n'est plus ce que désire l'homme mais ce que Dieu commande. La morale humaine n'est donc plus, par essence, associée à un ordre divin, dès lors elle n'est accessible que par la seule révélation. La conséquence, pour une morale révélée dissociée, est que, si la révélation devient inopérante, c'est-à-dire qu'elle n'apporte pas la solution concrète au cas moral nouveau, l'homme peut se débrouiller par lui-même ouvrant ainsi la porte au relativisme des valeurs. Or, ce principe d'association est un principe biblique, la Genèse nous dit que l'homme a été créé à l'image de Dieu : « Dieu créa l'homme à son image, à l'image de Dieu il le créa » Gn 1,27. Le récit du sacrifice d'Abraham exprime également fortement

---

[12] Albert Einstein, *Comment je vois le monde*, Champs Flammarion, 1979, p. 20.

[13] Né vers 1225 à Aquin, près de Naples, en Italie du Sud, mort le 7 mars 1274 à l'abbaye de Fossanova près de Priverno, théologien et philosophe italien, membre de l'ordre dominicain. Considéré comme l'un des principaux maîtres de la scolastique et de la théologie catholique, il a été proclamé docteur de l'Église en 1568 et Docteur commun en 1880. Il est aussi appelé Docteur Angélique.

ce principe d'association. Dieu dit à Abraham : « *Prends ton fils, ton unique, Isaac que tu aimes. Pars pour le pays de Moriya et là, tu l'offriras en holocauste sur celle des montagnes que je t'indiquerai.* » Gn 22. Quand Dieu met à l'épreuve Abraham et lui ordonne au nom de sa foi de sacrifier son fils, notre sens moral se hérisse. Comment au nom de Dieu justifier de sacrifier son propre enfant ? Les religieux célèbrent la foi du premier des croyants mais nous sommes profondément scandalisés par l'injustice de la demande divine. Pourtant, on le sait, au dernier moment Dieu retient le bras d'Abraham. Comment comprendre dans notre perspective ce récit ? Il apparaît au final que la réalité de la justice divine ne s'oppose pas à la justice humaine mais qu'au contraire, par la reconnaissance de la foi, elle la fonde. D'où il suit que la morale humaine ne peut être dissociée de la loi divine et qu'en tant que telle elle est d'essence universelle. St Thomas développera pour exprimer cette association une théologie de la loi naturelle participant par la raison à la loi éternelle. En restreignant le domaine de la raison au réel observé, Ockham prépare la démarche scientifique expérimentale, mais dans le même temps, favorise une conception autonome de l'éthique dissociée d'un ordre moral universel. Hobbes sera le premier à tirer les conclusions de cette dissociation dans le Léviathan.

Hobbes s'inscrit donc dans le courant nominaliste. Pour gagner son autonomie philosophique, il trouve un principe naturel qui fonde sa théorie : le droit qu'a tout homme de vivre en sécurité. Ce socle solide lui permet de théoriser un système politique où la légitimité du souverain ne vient que du peuple. C'est au souverain de dompter l'état violent de nature pour assurer la sécurité ; la référence à un ordre moral se trouve comme suspendue. Il découle de cette théorie une révolution : le meilleur régime cesse de se confondre avec la perfection de l'ordre moral ! Il ne fonde plus la société sur les lois divines mais sur le droit naturel de l'homme ! Il croit que l'homme créateur de l'ordre social peut garantir, une fois pour toute, le bon ordre de la société civile par la maîtrise des passions. Tout est cul par-dessus tête avec Hobbes, c'est pourquoi on peut le considérer comme le fondateur de la philosophie politique moderne.

Les passions et les intérêts[14]

Il est temps de se poser la question du lien qui existe entre la philosophie politique de Hobbes et le libéralisme économique. Le traitement fait aux passions humaines sera notre fil conducteur. Hobbes se sert des passions, on l'a vu, pour fonder l'ordre social. Ce faisant, il ouvre la voie à la construction d'un courant de pensée qui va élaborer progressivement les fondations d'un nouvel ordre social et économique basé sur les passions, jusqu'à faire de la satisfaction des intérêts l'objectif de la morale utilitariste avec John Stuart Mill.

La première des grandes figures de ce courant est sans conteste Locke (1632-1704). A première vue, Locke s'inscrit dans le courant traditionnel pour lequel la loi naturelle est une loi éternelle compréhensible par tout être raisonnable. Locke se rattacherait plutôt à la tradition thomiste. Pourtant Locke cherche une loi certes donnée par Dieu mais accessible à la raison sans que l'on sache nécessairement qu'elle est donnée par Dieu. On retrouve chez Locke la volonté de donner à la raison son autonomie. Cette loi de nature accessible par la raison détermine les conditions de la paix, du bonheur public mais aussi de la prospérité des peuples. Il y a donc des conséquences à ne pas la suivre : qu'on s'en détourne et l'on est réduit à la misère publique. Quelle est donc cette loi de nature? Locke substitue au principe de droit à la sécurité, avancé par Hobbes, le principe de propriété qui est le seul, à ses yeux, capable de garantir réellement les droits fondamentaux des individus à leur conservation. C'est ainsi que l'économie s'introduit en force dans la philosophie politique. La fin de la société civile devient alors la sauvegarde de la propriété. Locke utilise le retour aux origines pour justifier son raisonnement. La propriété, avance-t-il, est une institution de la loi naturelle. En effet, les hommes entrent en société pour protéger les biens qu'ils ont acquis dans l'état de nature. Une fois la société constituée, c'est la loi positive qui protège ce droit. La propriété qui avait été acquise par le droit du primo occupant n'est plus possible en société, la seule façon honnête de s'approprier des biens est de le faire par son propre labeur, c'est donc l'individu stimulé par son propre intérêt qui est à l'origine de la propriété. Locke avance une idée qui va faire flores chez les économistes du XVIIIème : le premier devoir de l'individu consiste à se soucier de sa propre conservation et par son travail créer de la richesse. Il temporise le désir d'acquérir et n'en fait pas

14 Nous reprenons ici le titre de l'ouvrage d'Albert O Hirschman, *Les passions et les intérêts,* Quadrige/Puf, 1997.

un droit absolu mais il le justifie car, pense-t-il, il mène au bien commun de la société. Son idée essentielle est que le désir individuel d'enrichissement, qui peut être assimilé à des passions comme la cupidité ou l'égoïsme, donnera plus de profits publics que le mérite ou la vertu. Retenons qu'avec Locke les passions acquièrent pour la première fois le statut plus respectable d'intérêts et que les peuples obtiennent leur garantie fondamentale, non plus du gouvernement civil, mais de la société civile ordonnée autour du principe de propriété.

L'idée que l'intérêt tienne un rôle prédominant dans le comportement des hommes et qu'il puisse être le fondement d'un ordre social viable suscite l'effervescence. Elle inspire à nombre de moralistes des recherches sur la nature des sentiments humains. Dans un premier temps, la conception initiale est que les passions s'opposent entre elles, puis viendra le temps du triomphe de l'intérêt. Désespérant d'un discours moral et développant une vision pessimiste de la nature humaine, les moralistes du XVIIIème siècle mettent en avant le principe de la passion compensatrice. Hume (1711-1776) préconise d'opposer à l'amour du plaisir l'amour du gain. L'Encyclopédie dans son article sur le fanatisme fait l'éloge du fanatisme du patriote pour combattre le fanatisme religieux. La question essentielle reste toujours de savoir comment perfectionner l'ordre social. Vauvenargues synthétise le politiquement correct de l'époque par une de ces maximes : « *Les passions s'opposent aux passions, et peuvent se servir de contrepoids* »[15]. Il y a clairement dans cette idée une veine à exploiter. Il en sortira le principe de la séparation des pouvoirs où des ambitions politiques s'opposeront à d'autres ambitions.

Mais c'est dans le domaine économique et non politique que l'intérêt va se distinguer des passions ordinaires, il acquiert un statut particulier de passion positive en elle-même. On en vient à hiérarchiser les passions, Hume distingue les passions calmes des passions plus fortes ou plus violentes. Il faut attendre Adam Smith (1723-1790) pour que le concept obtienne ses lettres de noblesse. La recherche de l'intérêt ça n'est que le désir commun d'améliorer son sort, nous dit-il : « *Or une augmentation de fortune est le moyen par lequel la majeure partie des hommes se proposent et souhaitent d'améliorer leur sort ; c'est le moyen le plus commun et qui leur vient le premier à la pensée...* »[16], et ce désir est en vérité pour Adam Smith « *calme et sans passion* ». Alors la question se

[15] Vauvenargues, Œuvre complètes, Hachette, 1968, vol.I, p239
[16] Cité par Albert O.Hirschman, *Les passions et les intérêts*, *op. cit*

pose de savoir si l'intérêt peut résister aux passions ? La réponse apportée par la nouvelle pensée économique est bien sûr positive. Hume dans une étude sur l'intérêt préfigure la main invisible : « *L'exercice d'une profession commerciale ou industrielle a pour conséquence infaillible de (...) faire prévaloir l'amour du gain sur l'amour du plaisir* »[17]. On s'accorde à l'époque pour penser que l'amour du gain est une passion particulière, modérée, qui a un lien direct avec la raison calculatrice et qui de ce fait, étant à l'abri des inclinations violentes, peut convenir à la vie en société et lui être profitable.

Par ailleurs, la mécanique des passions ouvre une piste prometteuse en permettant d'entrevoir la prévisibilité des comportements humains ? Hume conclut ses « Réflexions sur les passions » par une déclaration qui pressent le potentiel scientifique d'une telle découverte : « *Je ne prétends pas avoir épuisé mon sujet. Il me suffit d'avoir fait voir que l'origine et le lieu des passions sont assujettis à un mécanisme régulier, et que cette matière est susceptible d'une analyse aussi exacte que le sont les lois du mouvement, l'optique, l'hydrostatique, et toutes les autres parties de la philosophie naturelle.* »[18] L'intérêt a le vent en poupe, la poupe des navires marchands qui sillonnent les mers au profit du doux commerce. On sait que Montesquieu (1689-1785) accréditera cette doctrine du « doux commerce », on lit dans l'Esprit des lois : « ... *c'est presque une règle générale, que partout où il y des mœurs douces, il y a du commerce ; et que partout où il y a du commerce, il y a des mœurs douces* »[19].

Il n'est pas si loin le temps où l'on considérait qu'un homme de qualité ne pouvait s'enrichir que par la force des armes. C'est à un renversement des valeurs que l'on assiste, renversement bienvenu qui accompagne la montée de la bourgeoisie et la mise en cause d'une certaine forme de pouvoir politique.

---

[17] *Ibid.*, p.64.

[18] David Hume, *Réflexion sur les passions*, le livre de poche, Classique de la philosophie, 1990.

[19] Montesquieu, *L'esprit des lois*, XX,1.

D'où vient le sens de l'intérêt général ?

La postérité d'Adam Smith, considéré comme le père de la philosophie économique libérale, est due au statut qu'il donne à l'économie. Il lui confère son autonomie par rapport à la politique, mais aussi et d'abord par rapport à l'éthique de l'action. L'égoïsme devient le ressort de la prospérité, rappelons ce constat célèbre : « *Ce n'est pas de la bienveillance du boucher, du marchand de bière et du boulanger que nous attendons notre dîner, mais bien du soin qu'ils apportent à leurs intérêts. Nous ne nous adressons pas à leur humanité, mais à leur égoïsme ; et ce n'est jamais de nos besoins que nous leur parlons, c'est toujours de leur avantage.* »[20]. Ce sera le génie d'Adam Smith de substituer au pouvoir politique en charge de l'intérêt public, une main invisible guidant l'intérêt individuel de chacun dans le sens de l'intérêt général: « *Chaque individu s'efforce d'utiliser son capital de telle manière que la valeur de son rendement soit la plus grande possible. Généralement, il n'a pas du tout l'intention de promouvoir l'intérêt public, pas plus qu'il n'a l'idée de la mesure dans laquelle il est en train d'y contribuer. Ses seuls objectifs sont sa propre sécurité et son gain personnel. Et, dans cette affaire, il est conduit par une main invisible à poursuivre une fin, ce dont il n'avait absolument pas l'intention. Il arrive fréquemment, qu'en recherchant son intérêt propre, il favorise beaucoup plus celui de la société que lorsqu'il a réellement l'intention de la promouvoir.* »[21]

Nous avons cité David Hume et Adam Smith[22] de concert, une lecture rapide pourrait laisser penser qu'ils sont en accord profond et partagent la même vision moderne, celle qui conduit à un monde désenchanté débarrassé de la sphère religieuse. En réalité, si l'on revient à notre distinction des universaux, Hume serait à classer du côté des nominalistes et Smith du côté des universalistes.

Avant d'écrire « La richesse des nations » Adam Smith rédige une « Théorie des sentiments moraux », bien que tout son ouvrage futur fonde le ressort de l'activité économique sur l'égoïsme de l'homme, il étudie dans sa théorie les principes naturels qui conduisent l'homme : *« à s'intéresser à la fortune des autres et qui lui rendent nécessaire leur*

---

[20] Adam Smith, Recherche *sur la nature et les causes de la richesse des nations*, Paris, GF-Flammarion, 1991, p. 82.

[21] *Ibid.*, Livre IV, ch 2, p.257.

[22] Adam Smith et David Hume, tous deux écossais, avaient noués des relations d'amitié.

bonheur, quoiqu'il n'en tire rien d'autre que le plaisir de les voir heureux »[23]. Le fait marquant est qu'il attribue, à cette nature bienveillante et emprunte de sens de la justice, une utilité. Adam Smith fait le constat fondamental suivant : « *tous les membres de la société humaine ont besoin de l'assistance des autres et ... sont également exposés à leurs atteintes* ». A partir de ce constat, il décrit trois types de société. La première, florissante et heureuse, c'est celle où « *l'assistance nécessaire est réciproquement offerte par amour gratitude et estime* » ; la deuxième, celle où les membres ne sont tenus par aucun lien de gratitude où c'est le lien d'utilité, comme dans une société de marchands, qui fait tenir l'ensemble. La troisième en vérité ne peut tenir, c'est celle où les membres « *sont toujours prêts à se nuire et à se causer du tort* ». Même une société de brigands, pour subsister, doit bannir le vol de son fonctionnement et introduire un minimum de justice, souligne-t-il. Adam Smith conclut que : « *la société peut se maintenir sans bienfaisance, quoique dans un état qui ne soit pas le plus confortable ; mais la prédominance de l'injustice la détruira absolument.* », autrement dit, la société ne peut se maintenir sans la justice. C'est bien un principe « moral » qui est au fondement de la construction. Adam Smith ajoute qu'il en est ainsi parce que c'est le dessein de la Nature, en effet celle-ci, qu'on l'observe dans le mécanisme d'une plante ou dans celui d'un corps animal, est ordonnée à la conservation de l'individu et à la propagation de l'espèce. L'intérêt qui assure cette fonction de conservation de la société peut s'analyser comme la cause efficiente, celle qui fait que le boucher nous nourrit, mais en réalité il faut la distinguer de la cause finale qui est derrière la main invisible et qui s'appelle sagesse de Dieu. Lointain disciple de Thomas d'Aquin et peut-être de Leibniz (1664-1716), Adam Smith affirme que les deux ordres des causes efficientes et finales sont en harmonie entre eux[24]. L'auteur de « La richesse des nations » est, on l'oublie[25], tenant d'une philosophie morale qui certes accorde l'autonomie à l'activité humaine mais qui appartient également à la famille des universalistes.

Hume et Smith sont tous deux écossais, ils se connaissent et se sont liés d'amitié ; bien que partageant des idées communes sur les passions,

---

[23] Adam Smith, *Théorie des sentiments moraux*, Léviathan, Paris, Puf, 1999, p. 23.

[24] Cette philosophie de l'harmonie est développée par Leibniz dans son ouvrage célèbre « la monadologie ».

[25] Les analystes de Smith ont longtemps débattu sur une éventuelle opposition entre la thèse de la *Richesse des nations*, et celle de la *Théorie des sentiments moraux*. Ce débat est connu depuis Joseph Schumpeter comme « *das Adam-Smith-Problem* ».

leur vision fondamentale diffère. Adam Smith, on l'a vu, donne à l'activité économique son autonomie en la fondant sur une loi naturelle régie par la mécanique des intérêts mais la loi de Nature conserve un N majuscule. L'homme est libre d'agir selon son intérêt, il est autonome, il ne dépend pas directement pour ses choix de principes ordonnés par une autorité religieuse. Adam Smith fait pour les mœurs économiques un travail d'autonomisation du réel, pourtant il théorise les conditions d'une vie harmonieuse en les fondant, en dernier ressort sur la sagesse divine. L'ordre économique, quoique autonome et à condition de respecter le principe de justice, il faut encore insister sur ce dernier principe, correspond à un ordre divin. C'est par anachronisme que l'on considère la main invisible comme un principe mécanique amoral. Adam Smith ne s'inscrit nullement dans la tradition des moralistes utilitaristes matérialistes mais bien plutôt son ami Hume. En effet, que dit Hume ? Qu'il faut aller chercher la racine des « intuitions morales » dans les «*goûts et les sentiments* ». Dans son « Enquête sur l'entendement humain », il développe l'idée que : « *tous les matériaux de la pensée tirent leur origine de notre sensibilité externe ou interne* »[26], ou encore, « *toutes nos idées, c'est-à-dire nos perceptions les plus faibles, sont les copies de nos impressions, c'est-à-dire nos perceptions les plus vives.* » Autrement dit : la pensée, les idées naissent du fait de sentir. Hume s'attaque à la thèse de l'existence en nous d'idées innées et au premier chef à l'idée de Dieu : « *entendu comme un Etre infiniment intelligent, sage et bon* » qui, continue-t-il, ne peut être que « *le résultat des réflexions que nous faisons sur les opérations de notre propre esprit et de l'accroissement sans limite que nous donnons à ces qualités de bonté et de sagesse.* ». Il conclut : « *Qu'on poursuive cette recherche aussi loin qu'on voudra : on trouvera toujours à l'examen que toute idée est la copie d'une impression analogue.* » Le raisonnement est le suivant : toute idée complexe est une composition d'idées simples qui sont elles-mêmes des copies d'impression.[27] Et, sûr de son fait, il lance un défi à ceux qui réfutent sa proposition universelle de produire l'idée inverse. Hume a posé la question fondamentale : d'où viennent les idées ? Sa réponse est simple : des sens. Cette vérité devient commune. On la retrouve chez Condorcet (1743-1794): *« nos idées même les plus abstraites, les plus purement intellectuelles, pour ainsi dire, doivent leur origine à nos*

[26] David Hume, *Enquête sur l'entendement humain*, *op.cit.*, p. 63, 64.
[27] *Ibid.*, note p. 64.

sensations »[28]. Deux questions se posent alors : comment fonder le raisonnement spéculatif et comment expliquer le principe moral ? Pour la première question, la thèse de Hume est que les conclusions que nous formons ne sont pas fondées sur le raisonnement ni sur aucune opération de l'entendement mais sur l'expérience des actions causales, en définitive ce sont les faits qui dépendent de l'expérience qui permettent de valider une démonstration. Cette thèse a le mérite de valoriser la méthode scientifique expérimentale mais l'inconvénient de laisser le raisonnement mathématique spéculatif sans fondement. Mais ce qui nous intéresse pour notre propos, c'est le sort fait au sentiment moral. En réalité d'où vient-t-il ? Des intérêts encore et toujours : « *Les caractères qui attirent notre approbation sont principalement ceux qui contribuent à la paix et à la sécurité de la société humaine, comme les caractères qui excitent le blâme sont principalement ceux qui tendent aux désordres publics : d'où l'on peut raisonnablement présumer que les sentiments moraux proviennent, soit médiatement, soit immédiatement, d'un reflet des intérêts opposés.* »[29]. Pour Hume, le cas du mal moral est le même que celui du mal physique, il lui suffit d'introduire le principe de plaisir et de peine comme première source de l'approbation et du blâme pour en déduire des sentiments moraux : « *il est essentiel au vice et à la vertu de produire ce malaise et ce plaisir chez ceux qui le contemplent* »[30]. Cette vérité du principe de plaisir sera reprise et systématisée en science positive de la conduite humaine par la pensée utilitariste.

Fonder la morale sur l'intérêt : limites de l'utilitarisme

L'utilitarisme est une tentative pour transformer l'éthique en science exacte, elle s'inspire du courant antireligieux partagé par Hume qui vise à substituer aux impératifs moraux d'origine religieuse des mobiles réels qui déterminent l'action humaine. L'utilitarisme trouvera dans la recherche du plaisir ou du bien-être (l'utilité) et le rejet de la douleur et du malheur la base matérielle d'une science morale. C'est un effort particulièrement abouti de la philosophie, prise dans le courant de

---

[28] Condorcet, *Esquisse d'un tableau des progrès de l'esprit humains,* Paris, GF-Flammarion, 1988, p. 146.
[29] David Hume, *Enquête sur l'entendement humain*, classiques de poche, 1999, p. 194.
[30] David Hume, *Réflexions sur les passions*, *op. cit.*, p. 81.

l'autonomie, de fonder toute la morale sur l'intérêt. Mais cette piste bute sur une incohérence logique dont la philosophie doit prendre toute la mesure.

Bentham (1748-1832) est le fondateur de l'utilitarisme. Il part du principe que les individus ne conçoivent leurs intérêts que sous le rapport du plaisir et de la peine. Ils cherchent à « maximiser » leur bonheur, exprimé par le surplus de plaisir sur la peine. Il s'agit donc pour chaque individu de procéder à un calcul hédoniste. Au plan de l'harmonie globale, Bentham se rattache à Adam Smith en identifiant toujours l'intérêt de l'individu à l'intérêt universel. La formulation utilitariste est plus quantifiable, ce qui compte c'est la plus grande somme de bonheur totalisé.

John Stuart Mill (1806-1873), le disciple de Bentham, habille la morale utilitaire un peu sèche de sentiments du devoir et d'obligations morales. L'utilitarisme, nous dit Mill, n'exclut pas le sacrifice de soi-même pour le bien des autres mais, par contre, il refuse d'admettre que celui-ci soit en lui-même un bien[31]. Par ailleurs, aimer son prochain comme soi-même constitue la perfection idéale de la morale utilitariste. Alors, en quoi la morale utilitariste se distingue en l'occurrence de la morale chrétienne ? Tout simplement parce qu'elle ne se rattache pas au domaine des choses en soi, elle n'a pas de source divine et n'a son fondement que dans la conscience humaine. Il en découle, que les sentiments moraux ne sont pas innés mais acquis[32]quoique naturels. C'est toute la question et l'ambiguïté de Mill, il fonde la morale utilitariste sur les sentiments sociaux de l'humanité : « *le désir de vivre en bonne harmonie avec nos semblables* »[33]. Ce sentiment tend à se renforcer par les progrès de la civilisation de sorte que : « *les hommes en arrivent à être incapables de concevoir comme possible pour eux un état de choses où l'on négligerait totalement les intérêts d'autrui* », c'est, dit-il, comme « *instinctivement* » qu'ils en viennent naturellement à se préoccuper des autres. Le sentiment social se nourrit donc à la fois de l'intérêt et de la sympathie. L'esprit humain est en progrès et le sentiment du lien qui nous lie aux autres devient toujours plus puissant. La pointe du raisonnement s'achève avec la perfection de ce sentiment : « *ce sentiment, s'il était parfait, empêcherait l'individu de jamais concevoir*

[31] John Stuart Mill, *L'utilitarisme*, Paris, Champs Flammarion, 1988, p. 66.
[32] *Ibd.*, p. 92.
[33] *Ibd.*, p. 94.

ou désirer une situation qui serait avantageuse pour lui, mais dont ses semblables ne partagerait pas les avantages ». La perfection du sentiment repose en dernière analyse sur un avantage personnel quoique non pénalisant pour les autres[34].

Tentons de résumer sa pensée. L'utilité fonde la morale parce que la morale permet aux hommes d'atteindre le bonheur. Ce qui est vraiment utile contribue au bonheur c'est pourquoi l'utilité est considérée comme le critère du bien et du mal. C'est une position que ne renieraient pas les universalistes qui pourraient y voir la confirmation d'un ordre naturel, reflet de la volonté divine. Mais c'est précisément ce que se refuse à faire Mill, au nom d'une théorie issue d'une analyse anthropologique matérialiste basée sur le principe de plaisir et de déplaisir constitutif du bonheur utile. Comment dès lors justifier l'acte gratuit, désintéressé ?

Mill, prisonnier du matérialisme utilitariste, introduit la notion de sentiments sociaux ce qui lui permet de garder un lien indirect avec la recherche de l'intérêt individuel. En effet, par ce biais des sentiments sociaux, il est possible d'admettre que l'on puisse s'intéresser aux autres car on a intérêt globalement à ce que les relations sociales se passent bien même si l'intérêt personnel[35] n'est pas directement concerné. La limite de son raisonnement, c'est bien entendu la morale complètement désintéressée. Il affronte néanmoins la question en admettant le sacrifice de soi-même. Il le réintègre dans sa logique en rappelant que le sacrifice n'est fait que parce que le martyr à en vue un bien pour ses semblables[36]. Mais c'est un sophisme car le sacrifice de soi désintéressé est rattaché à son système de pensée en considérant la fin atteinte : le bonheur de ses semblables. C'est bien là le problème car cela n'explique pas, d'un point de vue matérialiste, l'origine du sentiment. Il n'y a plus de lien avec le principe de plaisir et de déplaisir matériel. L'explication ne peut être que spirituelle mais c'est ce que le point de vue matérialiste se refuse à admettre, il y a donc une aporie dans la démonstration de Mill. En effet, contrairement au sentiment social, la filiation avec l'intérêt individuel est rompue. Mill, conscient de cette limite, conclura son traité sur l'utilitarisme en indiquant qu'il n'est pas nécessaire d'assigner au sentiment de justice une origine particulière[37].

---

[34] Rawls développera cette idée dans sa «*Théorie de la justice* ».

[35] John Stuart Mill, *L'utilitarisme*, Paris, Champs Flammarion, 1988, p. 99.

[36] *Ibd.*, p. 63.

[37] *Ibd.*, p. 156.

La philosophie utilitariste représente l'aboutissement d'une logique morale physiologique, ou neuronale comme on dirait aujourd'hui. Ce type de raisonnement connaîtra un vif succès. Il trouvera sa confirmation empirique, dans les pratiques sociales instinctives de soutien mutuel, également constatées dans le monde animal. Les sentiments désintéressés n'auront pas besoin d'une autre origine. Les philosophies matérialistes s'appuieront sur cette conception pour penser le progrès moral[38]. Pourtant cette philosophie ne peut répondre à la question de l'acte moral désintéressé et par là-même se disqualifie comme principe explicatif global. Il faut néanmoins reconnaître à l'utilitarisme le mérite de faire ressortir la cohérence d'un ordre des choses issu de l'intérêt individuel. Ici l'utilitarisme n'évite pas le piège qui touche toute tentative d'explication du réel par le réel. Quand le réel est observé, il s'en dégage toujours une cohérence et des règles qui fascinent celui qui les met à jour au point de lui faire croire à la seule réalité des phénomènes observés. Mais puisque c'est à bon droit que nous nous laissons guider par la raison, il faut aller aux limites de la réalité phénoménale et en induire l'hypothèse d'un réel méta – physique qui s'impose : l'inclination pour le bien ne peut s'expliquer que par une réalité spirituelle. C'est ce que nous entendons quand nous parlons d'association éthique.

La critique de l'intérêt

La critique la plus magistrale de la morale de l'intérêt viendra de Kant. Kant construit tout son système philosophique moral sur une raison dégagée de l'intérêt individuel, non engluée dans l'intérêt ou l'influence religieuse ; le monde qu'il qualifie de sensible par opposition au monde intelligible, celui de la raison pure, autonome. Il se situe à une charnière, en tant que héraut de la raison autonome il s'inscrit dans les Lumières ; s'il marque la philosophie morale c'est parce qu'il donne à la raison sa pleine autonomie dans le domaine moral, nous l'avons vu. Mais cette autonomie est fondée sur un principe « *a priori* » ; Kant considère que la raison outrepasse ses limites en essayant d'expliquer comment la raison « pure » peut être « pratique », c'est-à-dire morale. Il se contente

[38] Jean Pierre Changeux utilise ce type de raisonnement dans son débat avec Paul Ricoeur, voir « *Ce qui nous fait penser la nature et la règle* », Paris, Odile Jacob, 1998, p. 257-258.

d'affirmer avec force la condition « formelle » de la moralité à savoir le principe d'universalité des règles issues de la raison. Après Kant on ne reviendra pas sur le principe de l'autonomie de la raison dans le domaine moral. Comme sa métaphysique des mœurs ne résout pas la question de l'origine de l'éthique, l'option métaphysique pourtant privilégiée par Kant sera délaissée. En effet, cette dernière a l'inconvénient de rappeler les temps religieux où la raison morale n'était pas autonome.

La question éthique n'a pas cessé d'inspirer la réflexion des pères fondateurs de l'économie libérale. On l'a vu avec Adam Smith, la justice subsiste comme facteur explicatif car c'est elle qui permet à l'intérêt individuel de s'épanouir dans le cadre de l'économie capitaliste naissante. Les utilitaristes vont plus loin en faisant de l'intérêt individuel, donc aussi économique, le critère de la justice et le principe d'une morale. Comme le pensait Hegel, l'histoire dans son mouvement dialectique produit son antithèse et sa synthèse. Rousseau apportera le contrepoint à l'intérêt bourgeois et à la croyance au progrès. Pour lui, la première source du mal est l'inégalité, elle est due au droit de propriété qui chez Locke avait toutes les vertus ; quant aux liens de dépendance mutuelle célébrés par Adam Smith ce ne sont que des liens de servitude qui permettent la répartition inégale des richesses. Rousseau ne s'arrête pas en si bon chemin : des richesses naissent le luxe et l'oisiveté. Enfin le progrès scientifique n'est pas mieux perçu puisque de l'oisiveté sont venus les sciences. Le progrès, dit-il, n'apporte que l'inégalité des hommes et pire, les sciences et les arts doivent leur naissance à nos vices. Ultime conclusion, les riches et les savants ne servent qu'à se corrompre mutuellement[39]. Pour bâtir la société juste, Rousseau compte sur la politique qui peut, seule par la bonne législation, le bon contrat social, conserver l'égalité entre les hommes. La synthèse apparaîtra avec Marx (1818-1883). Il transforme la notion d'intérêts en intérêts de classes, il reprend l'idée d'une mécanique économique à laquelle il applique une dynamique en empruntant à Hegel sa dialectique de l'histoire. Il partage la foi au progrès de son époque et garde du matérialisme utilitariste l'idée d'une société juste réalisée par le jeu des forces économiques. C'est cette dernière idée qui, pour notre sujet, est la plus importante. En effet, Marx considère que les idées naissent des conditions matérielles, le niveau de la conscience des hommes correspond au niveau de développement de

---

[39] Rousseau, *Discours sur les sciences et les arts*, Paris, GF- Flammarion, 1992, voir la réponse au roi de Pologne p. 87.

leurs relations sociales et à mesure que les conditions de production et de communication se développent, la conscience s'enrichit. Modifier la conscience seule, comme le voulait Hegel, ne modifie pas le monde lui-même, c'est en agissant sur les rapports de production que l'on peut le transformer. Cette conception est profondément ancrée dans notre façon d'apprécier la réalité économique. Ainsi on privilégiera les aspects matériels pour expliquer le développement économique. Comme l'économie se perçoit et s'analyse à partir de mesures quantitatives, il est facile de placer les causes matérielles à l'origine de tout.

Des quelques auteurs que nous avons cités, on trouvera un point commun : le souci du bien. En effet, tous ces grands auteurs sont d'abord des philosophes moralistes, ils réagissent à des situations d'injustice qui évoluent avec le temps et cherchent une réponse systémique qui vise la fin de la violence sociale, le respect des droits fondamentaux, la prospérité des peuples, le bien-être matériel, le plus grand bonheur, la fin des inégalités, la justice sociale… N'est-il pas symptomatique que l'influence de Marx sur l'évolution du monde soit due au succès de ses idées politiques et non à la réalisation spontanée de ses théories matérialistes ? Le communisme n'est pas advenu par le déroulement des étapes historiques matérialistes prévues par Marx mais bien par la volonté de ses partisans de réaliser la société communiste. Au nom du souci du bien, les révolutionnaires ont brûlé les étapes annoncées par le philosophe, affirmant par leurs actes le contraire de la philosophie matérialiste qu'ils revendiquaient.

Que retenir principalement de cette brève relecture des théories économiques sous le prisme de l'éthique ? Le premier constat porte sur la multiplicité des théories, il y a une fertilité conceptuelle qui s'oppose au déterminisme matérialiste : au sein d'une même époque on peut penser très différemment. Le deuxième constat porte sur la question du point de départ de la réflexion économique. On y trouvera toujours l'inclination éthique qui nourrit la réflexion dans sa recherche de la vérité. C'est ce point de départ qui relie les réflexions qui par ailleurs partent d'un même état matériel et social.

L’allégorie du métro

L’histoire des idées est austère, elle devient vite complexe, il est alors difficile de prendre de la hauteur pour en cerner les tenants et les aboutissants. Nous proposons pour tenter de fixer les idées de considérer métaphoriquement le métro comme une illustration du monde. Imaginons que nous soyons un voyageur plongé dans un métro ne comportant aucune indication de destination, ni de station. Pour nous repérer, il nous faudrait patiemment noter la succession des stations et l’enchevêtrement des couloirs sans savoir *a priori* où nous nous rendons, privés de tout repère extérieur nous ne devrions qu’à notre patient travail de repérage notre faculté de nous déplacer sans erreur. Chaque nouveau couloir serait une découverte vers des destinations inconnues. D’autres passagers plongés dans la même complexité emprunteraient d’autres couloirs, d’autres stations avec d’autres repères d’une station à une autre. Cet apprentissage empirique de la réalité représente la position de Hume, la connaissance ne se faisant que par l’expérience, l’intelligence spéculative qui permet de déduire le chemin d’un point à un autre étant inopérante en dehors de l’expérimentation. Maintenant imaginons qu’un spécialiste nous conduise dans ce métro, celui-ci se présentant comme l’interlocuteur incontournable pour au moins une partie du chemin sans qu’il nous en livre pour autant le plan. Cet interlocuteur pourrait être assimilé à la religion qui nous propose un chemin tout en gardant ses secrets. L’image est réductrice car la découverte du monde s’est faite au début de l’aventure scientifique essentiellement par des religieux, on a oublié que Galilée était croyant pour ne retenir que l’opposition du magistère romain comme symbole d’obstacle au progrès scientifique, mais ce qui compte c’est l’idée ordinaire que l’on s’en fait et qui correspond à l’écriture moderne de l’histoire. Les Lumières ont été considérées rétrospectivement comme une libération de cette tutelle et la raison le moyen pour comprendre par soi même le chemin à parcourir. Imaginons désormais que les voyageurs s’organisent en nommant les stations et en plaçant aux croisements des couloirs des panneaux de direction. L’organisation nécessiterait au minimum de se mettre d’accord sur les noms utilisés et de ne retenir qu’un nom par station. Cet échange entre les passagers signifierait que les passagers puissent communiquer entre eux pour se comprendre. Un langage commun orienté vers l’élaboration de règles partagées permettrait d’avancer rapidement dans la compréhension de l’organisation des stations. La découverte des relations entre toutes les stations donnerait aux découvreurs l'immense satisfaction de maîtriser leur chemin, un plan serait conçu et partagé entre tous. A ce stade, la découverte et l'ordonnancement des stations seraient considérés comme une victoire de la raison humaine sur l'ordre complexe du métro. L'homme moderne peut être assimilé à cette situation, fort de sa maîtrise progressive et spectaculaire de la nature. Le scientisme représente ce sentiment de la maîtrise du monde par la connaissance objective de l'univers. Si je m'avise maintenant que mon bonheur de passager c'est d'aller d'un point à un autre sans me tromper en m'appuyant non pas sur mon expérience mais sur l'analyse du plan, je reconnais à la raison une capacité qui est mon meilleur guide. Je n'ai plus besoin de personne, un plan construit sur des règles de présentation normées me permet de trouver mon chemin. Ma volonté étant d'aller d'une station à une autre, en me servant de mon intelligence, me suffit à mon bonheur de passager. Je trouve une certaine utilité à aller d'un point à un autre, mon bonheur est défini par cette utilité que je suis seul à évaluer. La morale utilitariste peut être assimilée à cette situation, elle ne dépend que de l'utilité éprouvée par des individus à réaliser tel ou tel acte. J'apprends maintenant qu'un enfant est en danger sur la prochaine station que je dois traverser, la station est vide, le métro est piloté automatiquement, je ne connais pas cet enfant. Pourquoi devrais-je descendre du métro alors que mon bonheur consiste à arriver à ma destination ? Cette question est d'ordre moral, on l'aura tout de suite deviné, mais pourquoi l'a-t-on deviné? L'utilitariste doit passer son chemin, la morale utilitariste n'explique en rien pourquoi, à partir du moment où mon intérêt individuel n'est pas considéré, je dois m'arrêter. J'ai un sentiment moral qui me vient de mon éducation dira-t-on, mais d'où cette éducation le tient-il sinon d'une expérience similaire, la question est donc réactualisée. Kant répond que la raison est capable de comprendre que l'assistance à cet enfant peut être considérée comme une règle qui doit s'appliquer universellement car elle est de l'intérêt général. Le sentiment du devoir, rajoute-t-il, doit être désintéressé, on ne doit pas être motivé par le fait qu'un jour on pourrait se retrouver dans une situation identique. Le devoir ne doit pas être mu par des considérations intéressées même indirectement, et nous savons tous que ces situations existent. Ainsi, le sens du devoir éclairé par la raison me commande de m'arrêter à la prochaine station pour porter assistance à cet enfant. Ce sens du devoir est quelque chose qui, si l'on y réfléchit profondément, est mystérieux. Kant propose de l'assimiler à la raison pure qui déterminerait notre volonté à cause de la connaissance qu'elle a de la sublimité de notre existence suprasensible. Effrayé par cette explication rationaliste qui en définitive fait appel à des considérations métaphysiques, on peut répondre également : c'est ainsi, la chimie produit ce sentiment, nos neurones ont une fonction éthique dans telle partie du cerveau. Cela revient à assimiler la pensée et son support neuronal. C'est la position réductionniste qui prétend expliquer un phénomène complexe en le réduisant à ses éléments les plus simples. Pourtant, un ordinateur qui réalise des opérations qu'une intelligence humaine ne pourrait réaliser ne pense pas, il n'a pas accès à la conscience. La conscience est donc plus que la réaction neuronale à des impulsions électriques. Néanmoins un doute peut subsister quand il s'agit de comportements individualistes où la volonté peut s'interpréter comme la réaction à un principe de plaisir et de déplaisir. Quand on ne peut plus mobiliser cette explication, et c'est le cas pour la conscience morale désintéressée, tout le système noétique, c'est-à-dire d'explication de l'origine de la pensée, est incompréhensible par une cause uniquement matérielle. Il n'en reste pas moins que le sentiment de la toute puissance explicative de la science demeure dans le paradigme moderne et ce sentiment très fort, car ancré lui même légitimement dans des considérations éthiques, suffit à de nombreux esprits pour bloquer la réflexion sur l'origine de la conscience morale désintéressée. Reprenons notre allégorie, nous avons admis le principe de la raison spéculative qui permet de dépasser l'expérience phénoménale : la connaissance directe que nous avons des stations de métro. Il y a une logique à aller d'une station à une autre en passant par le plus court chemin tout en évitant les couloirs les plus longs. Cette logique bien que faible dans notre métaphore est forte dans la réalité. L'esprit humain va montrer dans plusieurs civilisations (babylonienne, égyptienne, chinoise) et notamment dans la civilisation grecque des dispositions à retranscrire cette logique dans un langage formel, mathématique. Le célèbre théorème de Pythagore sur le carré de l'hypoténuse d'un triangle rectangle contribuera à la prise de conscience du pouvoir de l'esprit humain dans la production d'une vérité absolue à l'aide de la seule raison. Platon expliquera la puissance du raisonnement par l'existence parallèle d'un monde des Idées où l'Idée du triangle existerait. Pourquoi donc Platon s'entiche-t-il d'une explication pareille? Parce qu'il lui faut répondre à une question troublante : comment se fait-il que l'esprit humain découvre des vérités abstraites qui expliquent le réel ? N'est-ce pas que ces vérités appartiennent elles-mêmes à une autre réalité ? D'où mon intellect tient-il cette logique si ce n'est d'une réminiscence ou d'un reflet des Idées ? La vérité connue n'est-elle pas en moi, tout en étant autre que moi ?

Imaginons que nous descendions de la rame du métro pour reprendre une autre rame nous emmenant vers une autre destination. Nous avons pris la décision de descendre à cette station après avoir vérifié sur le plan que telle est la bonne correspondance. Qu'elle ne serait pas notre surprise si le plan examiné par notre intelligence ne correspondait plus à la réalité du métro, si tous les repères réalisés patiemment venaient à disparaître, nous serions à nouveau perdus et saisis d'angoisse à la pensée de ne plus pouvoir nous diriger. Cette idée que notre raison correspond à une autre raison, puisque le réel est ordonné et que nous sommes capables de le déchiffrer, pousse Platon à imaginer un autre monde, celui des Idées. Platon représente une position extrême dans l'interprétation métaphysique de la réalité. On désignera cette philosophie comme réaliste où il faut entendre par le mot « réel » non la réalité matérielle mais un autre monde celui des Idées. Aristote réfutera cette correspondance sans pour autant nier la métaphysique, préférant manier des concepts de forme et de matière où la matière est déterminée par la forme. La querelle des universaux, dont nous avons parlé avec Ockham, baignera dans cet univers mental, Ockham ne voyant dans les idées qu'un nom donné aux choses abstraites d'où l'appellation de nominalisme. L'enjeu d'une telle compréhension des réalités devient tout de suite moral car l'existence d'une réalité métaphysique ouvre immédiatement la porte à l'idée du divin. Foi et raison sont alors étroitement liées, l'histoire de cette liaison compliquée est originellement conçue comme évidente. Les philosophes grecs seront les premiers à explorer cette relation, ce n'est que l'écriture moderne de l'histoire qui les opposera. St Thomas d'Aquin se fera le chantre de la raison aristotélicienne. Les croyants confiant dans cette relation ouvriront les portes de la recherche scientifique, y compris Galilée.

La raison fera peur au magistère de l'Eglise car, en remettant en cause l'interprétation littérale de la Bible, elle s'autorise à trouver son chemin seule, d'où de nombreux conflits historiques mais de divorce principiel entre foi et raison il n'y en a pas. La réalité de cette relation mérite d'être reconsidérée selon ses aspects divers et non pas selon un seul angle accusateur.

Notre allégorie trouve ici ses limites car les mathématiques acquièrent au XXème siècle une dimension nouvelle. Les mathématiques ont pris une telle ampleur qu'elles sont capables d'imaginer un métro dans lequel on ne peut pas circuler ! Avec Galilée le bon sens était heurté par l'explication héliocentrique ; il fallut la puissance de la prévision mathématique copernicienne jointe à la vérification expérimentale par la lunette de Galilée pour admettre les faits. Mais maintenant, comment se représenter une image de la réalité décrite par la théorie des quantas ? Comment concevoir un espace temps relatif ? Nos ressources intuitives de bon sens sont dépassées. Or le langage mathématique produit des monstres logiques qui semblent perdre le contact avec la réalité. La raison s'échappe du monde réel sans que son autorité d'accoucheuse de la vérité soit remise en question. La science décrit une réalité qui existe, elle peut prévoir les phénomènes comme elle l'a toujours fait, mais elle peut désormais expliquer ce qui n'existe plus et ce jusqu'à un état proche de son origine. Il ressort de cette nouvelle étape une cohérence troublante de l'univers. Les premiers scientifiques se sont attachés à découvrir des aspects de la réalité puis, peu à peu, les frontières de l'inconnu se sont éloignées pour laisser apparaître de nouvelles perspectives, les lois recoupant un domaine partiel de la réalité se sont réorganisées dans un ensemble plus vaste. Comme pour un puzzle, nous avons suffisamment de pièces pour entrevoir un tableau caractérisé par la cohérence des lois, et surtout le tableau est dynamique. Cette dynamique nous permet de reconsidérer la nature des lois de l'univers. En effet, tant que le tableau est statique, les lois sont perçues comme immanentes à l'univers, elles le régissent et en même temps lui appartiennent. On peut identifier les lois à des mécanismes, c'est-à-dire des propriétés intrinsèques de la matière[40]. Une pensée rationnelle explique alors le réel par le réel. La nature abstraite de la raison et sa correspondance avec la cohérence du monde qui agite certains esprits, prompts à la métaphysique pour tout expliquer, peut bien attendre ! Mais que dire si les mathématiques ramènent le monde à son point d'origine embarquant par le fait même les lois dans un autre temps, dans un autre espace ? Il apparaît alors que les lois « comprimées » dans la masse d'origine contrôlent la matière mais aussi le temps et l'espace. Entendons-nous, on sait que les lois sont stables dans l'univers, intemporelles, alors même que l'univers est soumis à de multiples changements, il faut donc, pour le moins, se poser la question de leur rapport à la matière qui ne peut plus être celui d'un univers statique. La matière, qui dans une vision statique servait d'ultime recours à l'explication mécaniste de la réalité, ne peut plus jouer ce rôle puisque les lois dans un univers en expansion existent en-dehors du temps de la

---

[40] Nous-nous appuyons sur l'analyse de Roland Omnès dans son ouvrage : « *La révélation des lois de la nature* », Paris, Odile Jacob, Sciences, 2008, p. 192-194.

matière. La raison nous conduisant à penser que les lois sont en dehors du temps, l'hypothèse métaphysique peut alors être envisagée. Le contre argument qui consisterait à dire que l'univers n'est qu'une suite de contractions et d'expansions laisse notre question ouverte. En effet, si l'expansion du Big bang n'est que la suite d'une grande contraction, on peut bien se réfugier dans l'explication du réel par le réel pendant la contraction mais plus à partir du point d'expansion puisque alors les lois le précèdent et se dissocient du temps de la matière. Les physiciens appellent ce point une singularité, c'est à dire un point de l'espace – temps où toutes les lois de la physique cessent d'être valides. On ne peut plus rien expliquer puisque tout tend vers zéro. Pour s'en sortir il faut réinjecter du réel comme par exemple un univers en contraction qui atteint un point extrêmement petit où les lois de la mécanique quantique prennent le relais sur les lois de la relativité générale. Lorsque l'univers devient très petit une force répulsive le fait rebondir dans un mouvement d'expansion donnant naissance à l'univers actuel. On appelle cette théorie la théorie du rebond. Les hommes, sans avoir les connaissances actuelles, ont toujours envisagé l'hypothèse d'un monde éternel, ce fut même leur première hypothèse. Ils n'ont pas imaginé qu'une force répulsive contienne l'ensemble des lois de l'univers, mais les Grecs ont, les premiers, dit dans leur langage que le dieu a mis de l'ordre dans le monde éternel, les Hébreux ont pensé que le monde était créé par la parole divine, les chrétiens par le Logos. Que le monde soit créé ou non créé, la rationalité des lois demeure un mystère.

Nous sommes à ce point de la science où nous savons que le métro est créé et qu'il correspond à un ordre intelligible régit par des lois immatérielles intelligentes[41]. L'origine ou l'éternité de l'existence du monde dépasse notre intellect mais la raison peut expliquer son ordre par une solution rationnelle de caractère spéculatif et métaphysique. L'option qui consiste à repousser l'explication par peur de la métaphysique peut se comprendre par l'histoire déformée qui habite le paradigme moderne, mais elle ne peut imputer, sauf à renier la raison spéculative, des arguments irrationnels à l'hypothèse métaphysique.

---

[41] Aristote nous dit dans son traité de l'âme que : « l'intelligence s'identifie d'une certaine façon aux intelligibles ; mais elle n'est effectivement rien avant d'opérer. » pour identifier l'intelligible à l'intelligence il faut que les choses soient immatérielles « car dans le cas des choses immatérielles, il y a identité du sujet intelligent et de l'objet intelligé ». Les lois métaphysiques correspondent à ce cas, c'est pourquoi nous pouvons dire que les lois immatérielles sont intelligentes. Aristote, *De l'âme*, Paris, GF-Flammarion, 1993, p. 227.

Nous avons évoqué plusieurs fois ce concept de paradigme moderne comme s'il s'agissait d'une évidence mais quelles idées véhicule-t-il? Deux idées principales constituent ce paradigme : la première, la plus forte, est que le recours à la garantie divine signifie l'abandon de la réflexion scientifique, la seconde qui est son pendant moral est que la dimension spirituelle n'est due à aucune force surnaturelle considérée par ailleurs comme opprimante. Le paradigme moderne se réapproprie les deux piliers de l'approche religieuse c'est-à-dire : la raison et l'éthique. De manière conflictuelle il revendique la liberté contre l'hétéronomie, il affirme la raison contre la foi.
La religion sur le ring de la pensée est groggy, elle a encaissé deux uppercuts l'un à droite - elle est contre la raison ; l'autre à gauche - sa morale opprime l'homme. Là où elle se pensait la plus forte, elle échoue sans comprendre ce qui lui est arrivé !

Notre thèse est d'affirmer que le souci du bien est de nature spirituelle, même s'il mobilise des régions du cerveau[42], ceci ne peut se concevoir en dehors d'un principe métaphysique qui explique également l'origine des lois de la nature. Nous pensons que l'éthique s'origine dans la même source métaphysique que la science. Il faut donc, pour vérifier la vérité de cette affirmation, démontrer que l'intention éthique n'est pas le produit de l'histoire matérielle des hommes sinon cette intention perdrait son caractère spirituel universel pour n'être que la résultante de cultures particulières. Notre travail nous conduira à rechercher dans le processus de production économique le rôle moteur de la culture, elle même conçue comme mue par l'éthique.

Nous vous proposons maintenant de changer d'époque, de quitter le monde des idées pour revenir à l'origine de l'homme. Ce retour à la nature a passionné nos auteurs des Lumières parce qu'ils y voyaient une assise à leurs théories. Nous partageons ce point de méthode, d'autant plus que nous disposons d'une masse de connaissances incomparables. Peut-être parviendrons-nous, en atteignant les premières strates de la

---

[42] Les neuroscientifiques ont démontré que les *neurones Von Economo* jouent un rôle décisif dans la capacité d'empathie, or ces neurones ne sont pas propres à l'espèce humaine mais partagés par certains animaux comme les grands singes, les cétacés (dauphins, baleines) et les éléphants. Le souci de l'autre n'est pas le propre d'*Homo sapiens,* Neandertal, comme nous allons le voir, en reçu une part, tout comme le monde animal. A ce sujet voir Frans de Waal, *L'âge de l'empathie, Leçons de la nature pour une société solidaire*, LLL Les liens qui libèrent, 2009, p 205-206.

préhistoire, à renouveler notre regard sur ce qui pousse les hommes sur les chemins de l'histoire ?

CHAPITRE 2 - Premières strates culturelles

Le bon sauvage ?

Aussi loin que nous puissions porter notre regard dans la profondeur de la préhistoire, nous trouvons un hominidé attaché à survivre dans une nature généreuse et menaçante. Prenons le perdant de l'évolution : l'homme de Neandertal. Mais, direz-vous, qu'est-ce que vient faire ce surprenant ancêtre dans un essai sur le développement économique ? Il se trouve qu'il est la première victime de la mondialisation. Son cas est intéressant à plus d'un titre : sa famille a su s'adapter à des contraintes climatiques mais il n'a pas résisté à la concurrence d'un autre conquérant : *l'Homo sapiens*. Son échec lié à ses insuffisances intellectuelles nous permettra de comprendre, en creux, tout le poids de la culture dans le succès économique de notre nouvelle espèce. Culture et économie sont indissociables. C'est ce lien que nous projetons d'éclaircir en prenant comme point de départ le lointain cousin Neandertal.

Arrivé en Europe il y a plus de 150 000 ans, il est issu d'une espèce *d'Homo erectus* appelée *Homo Heidelbergensis* qui est venue s'installer dans cette zone chaude et humide. Mais avec l'accentuation des cycles glaciaires, l'Europe s'est trouvée à plusieurs reprises coupée du reste du monde, la calotte glaciaire a mordu largement sur le nord de l'Europe et opposé une barrière infranchissable aux hominidés. Dans les massifs montagneux, notamment celui des Alpes, les glaciers sont descendus dans les vallées et ont restreint les possibilités de communication avec le reste de l'Europe orientale. Les populations d'hominidés se sont alors trouvées coincées dans ces zones de l'Europe occidentale et ont fini par produire sous l'effet de la dérive génétique une nouvelle espèce : l'homme de Neandertal. Avant d'être le perdant de l'évolution, l'homme de Neandertal en fut le grand gagnant. En effet, à la faveur du réchauffement climatique connu sous le nom de Riss Würm, la démographie néandertalienne augmente puis elle se répand au Moyen Orient mais cette fois-ci, à cause d'un nouveau refroidissement climatique qui provoque un rétrécissement de son espace vital, jusqu'en Asie centrale.

De quoi vit notre premier *homo oeconomicus*? Il cueille, il pêche, il chasse et pour faire tout cela, il fabrique des outils. Mais sur tous ces plans, il est moins performant que le nouveau venu, cet intrus de Cro-Magnon, le premier *Homo sapiens* qui a débarqué voilà cinquante mille ans sur son territoire. Neandertal n'invente pas grand-chose. Il est un peu obtus, certes il enterrait ses morts il y a déjà plus de 100 000 ans, il y déposait même des fleurs. On s'émerveille, on s'interroge et si on le croisait dans le métro bien habillé le reconnaîtrait-on ? Admettons au moins que de la famille des hominidés, c'est celui qui a le mieux réussi. Il est capable de tailler des silex, on lui doit même la première industrie dite moustérienne.

Comment s'y prend-t-il ? Ce qui compte dans la taille du silex c'est la capacité de se projeter dans un objet désiré et la mise en œuvre d'une technique pour y arriver. De 1,5 millions d'années à 300 000 ans, les outils de pierre avaient été simples et consistaient en une pierre dégageant un bord coupant obtenu par percussion avec une autre pierre. On tapait un coup sur le bord d'un galet à l'aide d'un autre galet percuteur : un gros éclat se détachait et on obtenait un hachoir. On retournait le galet et on tapait à nouveau : on obtenait un outil plus tranchant. Neandertal hérite d'une nouvelle technique conçue vraisemblablement avant lui, il s'agit du biface acheuléen, véritable « couteau suisse » du Paléolithique.

Le biface est la première amélioration du galet aménagé : c'est le premier outil longuement travaillé. En frappant un bloc de silex avec un percuteur dur, on fait sauter des éclats larges. Le biface ainsi obtenu est ensuite retouché avec un percuteur dur ou avec un percuteur tendre : un os ou un bois de renne. Les parties enlevées ne sont pas jetées ; ces éclats peuvent être tranchants, et donc utilisés pour racler ou pour percer. Les bifaces servent à tout faire : des racloirs, couteaux, burins, perçoirs... Cette nouvelle technique s'est rapidement répandue pour donner l'industrie moustérienne qui a été associée, quoique non exclusivement, à l'homme de Neandertal. Celui-ci l'a poussée à un point inédit.

Il faut, pour qu'une technique se concrétise qu'il y ait un point d'appui technologique qui la précède, « le galet aménagé », une pensée conceptuelle qui anticipe sa réalisation, une *habilis* qui réalise et un environnement humain qui la diffuse. Ce qui est étonnant, par rapport à leurs successeurs, c'est qu'ils n'aient pas employé les os comme matériaux bruts pour faire des outils ni recycler les éclats de silex sur des lances pour améliorer leur arsenal de chasse. On a constaté peu d'évolution dans la fabrication des outils néandertaliens même si certains indices laissent supposer que des traditions régionales différentes se sont constituées au cours du temps. Les Néandertaliens communiquaient entre eux, ils avaient la capacité physique pour produire mais cependant ils ne disposaient que d'une pensée conceptuelle limitée.

On pourrait arguer du fait que les chasseurs-cueilleurs vivaient heureux, dans une relative abondance, la terre étant libre et disponible[43]. Ils n'avaient nuls besoins d'améliorer leurs techniques, ceci expliquant cela. Mais cette vision ne correspond pas à la réalité, la vie de Neandertal était rude, il semble que peu d'entre eux atteignaient l'âge de quarante ans. Leurs squelettes sont les témoins de leurs difficultés alimentaires et des traumatismes endurés. On sait par le taux d'azote 15, qui croît dans les tissus vivant à mesure que l'on s'élève dans la chaîne alimentaire des herbivores aux carnivores, que Neandertal figurait parmi les espèces les plus carnivores de son temps. Quelle était la part de la chasse dans l'activité économique ? Nous ne le savons pas, mais Neandertal chassait certainement comme en témoigne la nature des os de cerf et de daim retrouvés dans certains sites. Il travaillait déjà à la sueur de son front pour satisfaire ses besoins, mais cela n'a pas suffi à le mettre dans une dynamique d'amélioration de la productivité de son activité de chasseur-cueilleur équivalente à celle d'*Homo sapiens*. La comparaison des stratégies de cueillette et de chasse est, à cet égard, éclairante. On sait que les populations de ces deux espèces d'hommes ont partagé pendant une longue période les mêmes régions, c'est le cas de la région du Levant, de 100 000 av J.-C. à 40 000 av J.-C. environ. On connaît en Israël des sites où l'on a retrouvé des fossiles de ces deux types humains. Une étude minutieuse s'appuyant sur des restes d'animaux et des outils de pierre trouvés sur trois sites, dont deux occupés par des néandertaliens et un par des hommes modernes, a pu suggérer des différences dans le mode de vie et l'exploitation du territoire. La première stratégie consiste à changer constamment de site de campement et à déplacer la totalité du groupe au sein d'un territoire pour se procurer des moyens de subsistance en fonction des changements saisonniers ; on parle de « pérégrination continue ». C'est le mode de vie et d'exploitation pratiqué par les néandertaliens. La deuxième stratégie consiste à garder

[43] Certains chercheurs estiment que les conditions démographiques d'une économie de cueilleurs- chasseurs sont de l'ordre de 1 habitant pour 50 km2. On estime la population Neandertal à 10 000 individus en Europe.

l'essentiel du groupe sur un campement semi-permanent situé au milieu d'un territoire et à organiser des sites satellites à proximité de ressources intéressantes, ces derniers sites n'étant visités que par des petits groupes spécialisés. On évite ainsi les déplacements de l'ensemble du groupe en privilégiant de petites expéditions plus rentables dites « rayonnantes ». Les premiers hommes modernes, bien qu'utilisant un outillage lithique relativement proche du style moustérien, adoptent une stratégie où le vagabondage est remplacé par la collecte organisée.

La première victime de la mondialisation

Le long succès évolutif de Neandertal s'essouffle aux environs de 40 000 ans. Au cours de la deuxième ère inter-glaciaire dite, de Würm, des populations de Cro-Magnon s'installent en Europe. Elles passent d'abord par les rives nord de la Méditerranée puis lors d'une deuxième vague par le nord des Alpes. Le territoire de Neandertal est peu à peu fractionné. Il ne faut pas imaginer une vague d'immigration soudaine du type de celle des hordes de Huns au IVème et Vème siècle de notre ère. Au contraire, on a affaire à un phénomène très lent et progressif. On date l'arrivée de Cro-Magon à 40 000 ans et la disparition de Neandertal à 27 000 ans, ce qui fait tout de même 13 000 ans de cohabitation ! On considère que l'expansion démographique se fait à une vitesse de l'ordre de 1km par an ; à l'échelle d'une vie humaine cela reste très modeste. C'est pourtant cent fois plus rapide que la vitesse d'expansion de l'*Homo erectus* qui a conquis le monde au rythme de 1km par siècle.

L'homme de Néandertal, qui s'en était bien tiré jusque là, va se trouver isolé par ce nouveau concurrent humain. Il semble qu'il y ait eu des échanges entre les populations, on a retrouvé chez les derniers néandertaliens des parures avec des dents percées à la mode Cro-Magnon. Les spécialistes nous disent aussi que l'industrie moustérienne a évolué sous l'influence aurignacienne des Cro-Magnon. Mais c'est peine perdue, force est de constater que la greffe culturelle n'a pas pris et n'a pas permis le rebond évolutif qui aurait pu sauver l'espèce Neandertal.

Sous la pression démographique des hommes modernes, les groupes de néandertaliens se sont retrouvés acculés dans des refuges de plus en plus éloignés. La baisse sensible de la démographie a entraîné les effectifs vers des niveaux critiques sanctionnés à terme par l'extinction de l'espèce. Certains spécialistes suggèrent que le flux génétique entre les populations a été rompu allant jusqu'à provoquer des dégénérescences[44] se traduisant par l'impossibilité d'un langage même rudimentaire chez certains individus.

Homo sapiens apporte dans ses bagages une rupture de l'évolution. Jusqu'à maintenant, c'était l'évolution génétique qui présidait à l'évolution. Le buisson des hominidés est constitué de branches multiples obtenues par des changements génétiques opérés dans des populations limitées qui réussissent plus ou moins à s'implanter. *Homo sapiens* ne descend pas de l'homme de Neandertal, il vient d'ailleurs. C'est un petit groupe qui a réussi, comme précédemment l'homme de Neandertal en Europe ou l'homme de Solo en Asie. On voit affleurer une culture de Neandertal. On la suit dans ses actifs : les outils, les parures, les tombes. Mais cette couche culturelle trop limitée ne peut générer l'enchaînement de l'évolution qui va faire son irruption avec l'homme moderne. Chaque espèce d'hominidé est affectée d'un passif de croissance lui permettant de réussir sur notre terre. Ce passif, elle le tient de son code génétique qui produit l'espèce caractérisée par la bipédie, les membres, le larynx, le cerveau … au final une capacité intellectuelle soutenue par un organisme propre à mettre en œuvre sa pensée.

Ce que nous appelons le passif de croissance change radicalement avec *Homo sapiens* du fait de ses nouvelles capacités intellectuelles. Celles–ci génèrent la possibilité de « l'enchaînement évolutionnaire ». Les difficultés de la vie liées à des facteurs naturels, le climat la faune, la flore… sont des facteurs provocateurs de l'évolution. Ils n'expliquent pas intrinsèquement l'évolution mais, en quelque sorte, ils provoquent l'homme moderne qui sollicite son passif de croissance pour y répondre de façon inégalée. La réponse fera progresser la technique, apportera une nouvelle organisation, qui interagira sur une nouvelle conception de la vie en groupe etc… C'est ce que nous appelons l'enchaînement évolutionnaire. Tout est bon pour nourrir l'enchaînement évolutionnaire surtout les difficultés. Mais ce qu'il y a d'absolument nouveau avec l'homme moderne, c'est que le passif de croissance peut s'enrichir de la couche culturelle produite par l'enchaînement évolutionnaire. Or les

---

[44] « L'appareil périphérique nécessaire à la parole existait déjà avant les Néandertaliens ; mais chez quelques-uns du moins, la base du crâne étant plus ou moins plate, le mouvement de descente du larynx a dû, fait évolutif sans précédent, s'inverser dans la lignée conduisant à ces hominidés », Ian Tattersall, *L'émergence de l'homme*, folio essais, Gallimard, 1999, p. 287.

mutations culturelles sont plus rapides que les mutations génétiques. Une société qui adopte une mutation culturelle peut alors très vite prendre l'avantage sur d'autres sociétés. Tout s'accélère, l'aventure humaine peut commencer. L'histoire économique sera alors décrite comme la résultante de l'évolution culturelle et non pas comme la simple résultante de « facteurs provocateurs ». L'évolution économique sera pensée comme la contrepartie active du passif de croissance considéré dans sa totalité biologique et culturelle.

L'émergence de l'homme moderne

Il ne s'agit pas ici de retracer l'origine de l'homme moderne. Fruit des mutations génétiques et de la sélection naturelle, *Homo sapiens* s'impose et couvre en plusieurs vagues de migration l'ensemble du globe. Nous célébrons Christophe Colomb et les marins portugais qui, à partir du XVème siècle découvriront le monde, mais, par un tropisme européen très moderne, nous oublions qu'il y a au moins 60 000[45] ans des hommes et des femmes se sont embarqués pour l'Australie. Même si le climat glaciaire, en abaissant le niveau des océans, réduisait la traversée vers la grande île à 90 km, celle-ci restait une aventure à la Colomb puisque l'horizon au-delà duquel on ne voit plus est estimé à 40km. *Homo* sapiens est vraiment notre frère en aventure !

L'homme moderne a la bougeotte et pourtant il va vivre pendant 30 000 ans dans un monde culturel incroyablement stable. Vers 40 000 ans les hommes commencent à faire montre de leur capacité symbolique et laissent leurs marques sur des supports matériels : outils, statuettes et bien sûr les parois des cavernes ! L'art développé par les hommes de cette époque est comme le révélateur du degré de pensée conceptuelle, il nous sert de marqueur culturel. Or que constatons-nous ? Qu'il n'évolue que très graduellement pendant une période qui s'étend du Paléolithique supérieur au Néolithique… La première période dite aurignacienne s'étend de 35 000 ans à 25 000 ans, elle est caractérisée par une culture matérielle de statuettes et d'objets sur lesquels on remarque une proto syntaxe faite de tailles et de cupules, de cette période date également la grotte Chauvet. La période qui suit dite magdalénienne[46] voit les

[45] C'est une estimation qui reste discutée.

[46] Les spécialistes adoptent des classifications plus fines qui distinguent pour l'Europe par exemple le périgordien, le solutréen, le magdalénien.

premières mises en scène d'animaux dans un schème idéographique. Elle court de 25 000 ans à 10 000 ans. Enfin de 10 000 ans à 5 000 ans on parle de Mésolithique[47], c'est la période des chasseurs de petits gibiers qui précède le Néolithique. On ne connaît pas pour cette période d'équivalent à l'art pariétal de la période précédente. Si l'on prend l'économie pour critère, trois catégories d'art préhistorique se distinguent, celle des chasseurs de grands gibiers, celle des chasseurs de petits gibiers et celle des pasteurs et éleveurs.

Il y a un lien étroit entre l'art et le mode de vie économique pratiqué par ces populations. L'art magdalénien qui correspond à un mode de chasse orienté autour du gros gibier : mammouth, aurochs, bisons... s'exprime principalement par des gravures et des peintures rupestres. La chasse aux gros animaux devait comporter des risques individuels, elle nécessitait une organisation de groupes humains importants, ce devait être une chasse exaltante et valorisante pour un individu qui s'y illustrait. Le sentiment d'exaltation issu de la chasse et partagé par le groupe n'échappe pas aux artistes de l'époque. Avec *Homo sapiens* un saut qualitatif s'est opéré dans le domaine intellectuel, la capacité d'abstraction et de synthèse s'est trouvée renforcée par la capacité de s'exprimer. La forme d'expression des émotions la plus marquante qui nous soit restée est celle que nous retrouvons dans la peinture rupestre. L'homme est désormais un artiste, il a acquis des mécanismes mentaux de symbolisation qui lui permettent par un langage visuel de communiquer ses émotions mais également ses élaborations intellectuelles. C'est parce que l'art est d'abord l'expression d'une symbolique qu'il nous dit quelque chose de la culture de l'époque.

De quoi parle l'art des cavernes ? L'art des chasseurs archaïques n'est pas un art naturaliste. Il ignore tout des montagnes, des fleuves, des fleurs, des plaines... Les grands mammifères herbivores : mammouths, rhinocéros, aurochs, bisons, cerfs, chevaux y sont le plus souvent représentés. Les scènes de vie des animaux comme les accouplements, les allaitements, les affrontements sont ignorés. Par ailleurs, on y voit rarement des prédateurs comme les ours, les loups, les lions. Les animaux sont représentés de profil et toujours stylisés, par exemple les ventres sont arrondis et les membres réduits aux sabots. Les artistes jouent avec les reliefs des parois pour leur donner du volume et renforcer le mouvement. C'est un art qui nécessite une grande maîtrise technique.

---

[47] C'est une chronologie valable pour l'Europe seulement puisque l'on situe la période du démarrage du néolithique au Moyen Orient à environ 10 000 ans.

La grotte de Lascaux datée de 17 000 ans correspond à ce style. On notera que la grotte Chauvet plus ancienne, puisque datée autour de 31 000 ans, se distingue par le choix des animaux. On y trouve beaucoup d'espèces non chassées : le rhinocéros laineux, le lion sans crinière, l'ours herbivore. Les différences que l'on peut observer entre les deux grottes signifient aussi que cette tradition était dynamique et évolutive. Cet art, et de façon plus marquée à la période magdalénienne, est également caractérisé par un système de signes qui accompagnent les dessins et qui semblent raconter une histoire. La figure animale ne suffisait pas à exprimer ce que l'on voulait dire, on y rajoute donc des idéogrammes qui viennent compléter la fresque pour lui donner son sens et surtout on y rajoute un pictogramme universel : la main.

Nous ne prétendons pas restituer le sens direct de cet art et percer l'histoire racontée par la juxtaposition des images et des symboles[48]. Nous pouvons avancer néanmoins que les artistes choisissent des thèmes animaliers qui portent une émotion partagée par le groupe en lien avec leur mode de vie de chasseurs. Il est vraisemblable qu'une part importante de la nourriture provenait de la cueillette, activité habituellement pratiquée par les femmes chez les peuples primitifs, mais pourtant non représentée chez ces peuples de chasseurs-cueilleurs. C'est l'activité liée au monde animal qui inspire l'art. Il est intéressant de constater que les artistes préfèrent magnifier un monde de chasseurs plutôt qu'un monde de cueilleurs. C'est injuste pour les femmes mais c'est ainsi : la culture de l'époque s'appuie sur le monde de la chasse pour le dépasser puisque le thème des peintures n'est pas la chasse mais le monde animal.

On remarquera également que la dimension collective du thème animalier est accompagnée de mains. Ces mains complètent une histoire qui nous reste énigmatique. Elles illustrent la volonté des individus, parfois enfants, de s'intégrer pour un sens que nous ignorons dans une fresque. Toutes les interprétations sont possibles. Les individus souhaitent-ils capter la puissance des animaux, rejoindre en touchant la paroi une force mystérieuse, inscrire leur personne dans une histoire collective ? Quelle que soit l'interprétation donnée de ces fresques, nous voyons qu'un groupe s'est fédéré autour d'une activité économique prestigieuse, qu'il l'a dépassée pour en faire le point de départ d'un système de représentation collectif. Nous constatons des différences de

---

[48] Voir pour cela, André Leroi-Gourhan, *Les religions de la préhistoire*, Paris, Puf, collection Quadrige, 2006.

style, de choix d'animaux représentés au cours d'une période couvrant trente millénaires, mais fondamentalement, la culture développée est similaire et s'appuie sur la même activité économique. Nous pouvons avancer que la culture paléolithique à un lien « organique » avec l'activité économique. Nous voulons dire que sa prégnance est telle qu'elle a un caractère essentiel à l'organisation du groupe. Les valeurs véhiculées par le système mental du groupe en tant que tout représentent les valeurs suprêmes. On reprendra la distinction de Louis Dumont[49] qui parle de société holiste en opposition à une société individualiste où la valeur suprême est représentée par l'individu : sujet pensant, parlant et voulant. De ce fait, cette société holiste ne peut laisser d'espace à une divergence culturelle initiée par un petit groupe d'individus qui pourrait générer l'enchaînement évolutionnaire. La société se reproduit à l'identique indéfiniment reprenant le même modèle culturel. C'est l'explication, nous semble-t-il, de l'incroyable stabilité de la société paléolithique. Ce lien organique explique également la disparition de l'art pariétal concomitante à l'arrivée des chasseurs de petits gibiers.

A la fin du Pléistocène[50], le climat change à nouveau. Le réchauffement climatique, qui nous effraie tant, provoque la disparition des espèces chassées de gros animaux. Pourtant l'*Homo sapiens* ne va pas disparaître, seule la culture paléolithique va disparaître. Ce n'est plus lui qui s'adapte au sens biologique comme le faisait ses instables ancêtres hominidés mais sa culture. On passe d'un mode d'adaptation par mutation génétique à un mode d'adaptation par mutation culturelle. Pour autant le facteur provocateur, en l'occurrence climatique, reste extérieur à la culture humaine.

La sortie des temps glaciaires

L'Epipaléolithique est la période qui succède immédiatement au Paléolithique supérieur, il y a environ 12 000 ans. Elle est marquée par un radoucissement généralisé, accompagné en Europe d'un important développement du couvert forestier et donc d'une modification des

---

[49] Louis Dumont, *Essais sur l'individualisme - Une perspective sur l'idéologie moderne*, Paris, Esprit/seuil, 1983.

[50] Le Pléistocène a débuté il y a 1,800 millions d'années et s'est terminé il y a environ 12 000 ans.

faunes. Le mammouth disparaît, le bison et le renne remontent vers les régions subarctiques de l'Europe. Ils sont peu à peu remplacés par des espèces forestières, notamment le cerf et le sanglier.

Que deviennent les groupes humains de culture magdalénienne ? Il est vraisemblable qu'une partie a préféré suivre les rennes, comme elle le faisait depuis toujours, dans leurs migrations saisonnières. Une autre partie de la communauté, forcément amoindrie, est restée sur place développant une nouvelle économie de chasseurs-cueilleurs caractérisée par des cultures matérielles plus localisées et changeant plus rapidement.

Les hommes se réfugient à l'entrée des grottes ou des abris sous roches, ils vivent aussi en plein air. Chasse, cueillette et pêche leur fournissent leur nourriture. Ils sont encore nomades, suivant les troupeaux afin de pourvoir à leurs besoins alimentaires. La chasse au petit gibier semble importante et les animaux à fourrures sont une proie toujours très prisée. Quant à la cueillette, les différentes fouilles ont permis de retrouver des noyaux de cerises, de prunes, ainsi que des coques de noix, noisettes, glands, permettant d'avoir un bon aperçu de ce que les hommes de l'Epipaléolithique pouvaient récolter. Les expressions artistiques s'y font nettement plus discrètes et sont rarement figuratives, l'art pariétal disparaît.

Cette période de dépression culturelle est suivie du Mésolithique, il y a 9 à 10 000 ans avant notre ère. Le Mésolithique est marqué par de nombreux changements économiques et sociaux. La période Mésolithique s'achève en Europe entre le VIIIème et le IVème millénaires av. J.-C. avec le début du Néolithique.

En se basant sur l'étude des peuples de chasseurs-cueilleurs encore vivants, on sait que la taille d'un groupe oscille autour de vingt cinq personnes en moyenne. Une population de vingt cinq individus est trop fragile pour être stable, principalement à cause du déséquilibre des naissances entre filles et garçons. Or cet équilibre est essentiel dans une société où les tâches sont réparties différemment entre hommes et femmes. Pour parvenir à un équilibre, les bandes doivent donc se raccrocher à une communauté plus grande. La taille optimum de cette communauté est estimée à cinq cent membres. Les changements d'organisation des groupes liés au passage de la chasse aux petits gibiers n'ont donc pas anéanti le système tribal. Mais les chasseurs du Mésolithique qui chassaient des lièvres, du gibier d'eau, et aussi des cerfs n'avaient plus besoin de se mettre à trente. Chacun a pu se mettre à son compte pour atteindre son objectif de chasse. C'est ainsi que la dimension individuelle de l'initiative économique a repris le pas sur la dimension collective. Or cette période, si elle n'est pas productrice d'un art aussi spectaculaire que l'art pariétal, est très inventive du point de vue technique.

La première de ces inventions concerne la taille de la pierre avec l'introduction d'un nouveau procédé de percussion indirecte. Un outil intermédiaire en bois de cervidé permet d'appliquer la force de percussion à l'endroit précis décidé par le tailleur. Cette nouvelle technique offre un degré de liberté nouveau et accentue la « microlithisation » des armatures de chasse par rapport à la période précédente. De petits éléments en silex, les microlithes, sont fabriqués puis fixés sur des hampes d'os ou de bois pour servir de projectiles. Les microlithes d'une longueur inférieure à 40 mm et d'une épaisseur inférieure à 4 mm peuvent être montés à plusieurs sur une même hampe pour constituer la flèche. C'est pendant cette période que se généralise l'arc.

Il est difficile de dater l'apparition de l'arc, car le bois se décompose assez vite. La plus ancienne flèche trouvée date de -10 800[51]. Néanmoins, la petite taille de certaines pointes découvertes à Gravette dans les Cévennes, fait penser que l'arc existe depuis au moins 20 000 ans. Dans ce cas, pourquoi l'arc connu il y a 20 000 ans ne s'est-t-il pas imposé avant dans la culture magdalénienne ? Pour la première fois, nous devons nous poser la question de l'invention technique non diffusée. Il n'y a pas de doute que cette invention aurait été utile aux hommes de l'époque, pourtant ils ne l'ont pas perçue comme telle. On peut avancer plusieurs réponses : premier argument, la technique de percussion indirecte n'étant pas connue, la réalisation de pointes de flèches restait un exercice difficile, deuxième argument, tuer un mammouth à coup de flèches peut sembler vain mais peut être pas un renne, enfin la chasse à l'arc est plus adaptée pour une chasse à l'affût sous un couvert forestier. A ces explications matérielles nous pensons qu'il faut ajouter une explication culturelle qui ne se substitue pas à ces dernières mais fait le lien entre elles. Qu'il nous soit permis d'évoquer un souvenir personnel. A l'occasion d'un voyage en pays Dogon[52], peuple d'agriculteurs issu

---

[51] Elle a été trouvée à Stellmoor en Allemagne du Nord.

[52] Le pays Dogon situé au Mali a été étudié par l'ethnologue Français Marcel Griaule, notamment dans l'ouvrage qui révèle les structures de la pensée sacrée Dogon, *Dieu d'eau*, 1948.

d'une culture trimillénaire, nous avons pu constater la non utilisation d'une superbe charrue neuve donnée par des pères blancs aux villageois. Les femmes Dogons cultivent la terre avec la « daba », sorte de houe qui permet de retourner la terre en se penchant péniblement vers le sol. Interloqué par la non-utilisation de la charrue, nous avons posé la question de savoir qu'elle en était la raison. On nous a répondu que cela aurait désorganisé le travail des femmes et que si elles n'avaient eu plus rien à faire les hommes auraient du les surveiller. Cette réponse, donnée en riant par notre interlocuteur qui mesurait bien chez nous le décalage culturel qu'elle produirait, nous paraît révélatrice d'un facteur essentiel de diffusion de l'invention technique : la cohérence sociale du groupe qui l'accueille. L'invention technique ne doit pas remettre en cause la cohérence du groupe dans son mode de vie, dans ses représentations mentales, or l'arc correspond à une chasse beaucoup plus individualiste. Nous formulons l'hypothèse que pour cette raison première, il n'a pas été adopté par les groupes de chasseurs du Paléolithique supérieur. Ceux-ci n'étaient pas réticents au progrès technique, à preuve ils démultiplient la force du jet de lance en inventant le propulseur. Mais cette dernière invention ne remet pas en question l'activité du groupe, le mode de chasse par rabattage reste le même. Il consiste à cerner un animal, à l'isoler du reste du troupeau et à l'abattre sans doute bruyamment à coups de javelots. Dans ce contexte, prendre son arc et ses flèches et attendre à l'affût qu'un animal de taille modeste se présente pour lui décocher une flèche relève d'un comportement asocial. C'est aller contre ce qui s'est toujours fait. Comment dès lors partager le produit de sa chasse au cours des libations collectives où l'on brode sur le récit de ces moments intenses ? Comment participer aux cérémonies organisées par le chaman dans les grottes décorées de fresques exaltant la puissance animale maîtrisée par le groupe ? Une invention ne peut être partagée par une société que si celle-ci peut culturellement l'intégrer sans remettre en cause la cohérence de l'ensemble qui l'adopte. Il faut en quelque sorte un émetteur de l'invention qui va être un individu ou un groupe d'individus et un récepteur qui sera le groupe d'accueil et qui intégrera l'invention à son mode de vie. Cette capacité d'une société à produire de l'invention intégrée dépend de petites communautés suffisamment autonomes et cohérentes pour être comme des « cercles de liberté[53] » dans une

[53] Nous reprenons cette expression à l'historien Hongrois Jeno Szucs utilisée dans son ouvrage sur la naissance de l'Europe, *Les trois Europes*, Essai, Paris, L'Harmattan, 1985.

organisation plus vaste qui n'annihilera pas l'initiative mais se laissera gagner par elle.

A partir de ces constats, nous proposons l'interprétation suivante sur l'évolution du Mésolithique. La société du Mésolithique évolue et s'adapte parce que les hommes se sont vus comme dépossédés d'une idéologie plurimillénaire. Cette libération a permis l'apparition d'autres formes d'expression, d'autres techniques et une réorganisation sociale sur d'autres bases. A l'occasion de cette recomposition sociale, des cercles de liberté nouveaux apparaissent. Ils vont permettent d'autres inventions correspondant au nouveau mode de vie comme certains types de nasses, des hameçons d'os, des filets et harpons pour la pêche et bien sûr l'arc et des pièges pour la chasse. Cette capacité inventive couplée à la stabilité du climat et à la présence d'une faune non migratrice semble avoir favorisé une augmentation démographique de la population. En France, elle est estimée entre 50 000 et 75 000 personnes pour la période de 6 500 à 5 500 avant notre ère. Ce succès s'inscrit dans un univers géographique plus clément et c'est ce qui peut détourner notre attention de sa cause réelle qui n'est pas le climat mais bien le changement de mentalité. Dans la succession des causes, on trouvera toujours des événements matériels. De l'analyse de cette période on peut induire l'importance du rôle de la pensée dans la transformation de l'environnement économique. Mais aussitôt une interrogation se présente, cette pensée n'est-elle pas elle-même fonction des relations avec la nature ? La conscience de nos chasseurs-cueilleurs n'est-elle pas le produit des conditions matérielles dans lesquelles ils vivaient ? Dans quelle mesure l'environnement naturel conditionne-t-il les représentations mentales ?

Pour tenter de répondre à ces questions on ne dispose que de peu de matériaux. Les groupes humains du Mésolithique laissent peu de traces, on ne leur connaît pas de sanctuaires équivalents à ceux du Paléolithique supérieur. Les grottes ornées de peintures animales ont été abandonnées, elles n'avaient plus de raison d'être, ce qui témoigne d'un profond bouleversement des représentations mentales. Les manifestations artistiques du Mésolithique sont caractérisées par des figures géométriques ou schématiques gravées ou peintes à l'ocre sur les parois rocheuses, sur des galets ou des plaques de pierre et sur les objets. S'y ajoutent des parures et des figurines sculptées.

Par ailleurs, les nombreuses sépultures mésolithiques étudiées en Europe, tant individuelles que collectives, témoignent de pratiques funéraires avec des rites codés. Il existe des tombes architecturées faites de coffres de pierre recouverts d'un tumulus. Les tombes sont donc construites pour recevoir plusieurs corps, inhumés simultanément ou successivement, en position allongée ou fléchie, accompagnés d'ocre rouge, de bois de cerf, de parures faites de coquillages ou de dents, et d'outils. Claude Lévi Strauss a fait remarquer que les sociétés « primitives » étaient dotées d'une métaphysique complexe. L'homme occidental s'emploie à déchiffrer l'univers par l'intelligible, l'homme sauvage poursuit cette même quête mais en l'interprétant à partir de son expérience du sensible. C'est cette interprétation qui produit une culture particulière. Claude Lévi Strauss trouve dans les cultures primitives des invariants structurels comme l'interdit de l'inceste, des ressemblances dans les mythes qui peuvent laisser penser que notre nature biologique nous commanderait alors ces comportements certes riches mais limités dans leur combinatoire. Nous nous trouvons entre deux séries de questions matérialistes qui d'ailleurs se renforcent. La pensée viendrait de notre structure biologique comme le laisse entendre l'anthropologie de Claude Lévi Strauss, mais elle est aussi conditionnée par l'état de nature puis, comme l'homme ne dépend pas que de la nature, par la société. Qu'en est-il alors de notre thèse qui promeut l'éthique comme source de l'évolution culturelle ? L'observation du passage au Néolithique nous permettra de commencer à répondre à cette question.

La naissance de l'agriculture

On parle de révolution au Néolithique. Sa définition axée sur la pierre «lithos » qui passerait de taillée, pour la période ancienne, à polie pour la nouvelle période, n'est pas révélatrice de la révolution opérée. En effet, la révolution c'est d'abord celle de la relation des hommes à la nature. Depuis des millénaires, l'espèce humaine vit de chasse et de cueillette dans un rapport de symbiose avec la nature mais vers 8 500 avant J.-C. au Proche-Orient, pour des raisons que nous allons tenter d'expliquer, l'homme prend possession de la nature pour devenir agriculteur et éleveur. Le Néolithique désigne couramment des sociétés sédentaires dont l'économie est basée principalement sur un système de production de biens vivriers. On le caractérise par la sédentarisation, l'agriculture, la domestication animale, et la fabrication de céramiques. Le processus néolithique se solde, s'il réussit, par l'urbanisation et le commencement de l'histoire, ce qui fut le cas en Mésopotamie à Sumer. La « réussite » sumérienne n'est pas une exception puisqu'on la retrouve des millénaires plus tard en Chine, en Amérique centrale et méridionale mais un millénaire plus tôt, il est vrai sous des formes éclatées, en Afrique. Quant à l'Europe, elle se néolithise sous l'effet d'une diffusion des acquis du foyer proche-oriental. Nous reprendrons cette évolution dans notre prochain chapitre.

C'est une période charnière où l'on oublie *Homo sapiens*. Le discours général sur la période se sépare progressivement de cette notion d'*Homo sapiens* peu convenable pour un homme désormais considéré plus sous l'angle de la culture que de ses aspects morphologiques et de ses capacités biologiques. On cherche chez ces premiers « hommes », le foyer, l'enfance de la civilisation. Jusqu'au Néolithique, l'humanité était égale. A partir du Néolithique, les différences se creusent, certains peuples isolés dans leurs forêts vivent toujours au Mésolithique, d'autres ayant traversé toutes les révolutions expérimentent les étapes de l'histoire. L'étude de cette période devient un sujet sensible, elle se charge d'émotion puisque nous pouvons désormais nous rattacher à une filiation culturelle dans laquelle s'enracine l'état présent de notre société humaine. Le temps de la comparaison et des appréciations subjectives de nos différences avec d'autres sociétés est venu. Dans une société occidentale qui depuis le XXème siècle doute de sa légitimité morale et se méfie de ses dérives racistes et de ses visées civilisatrices, la tentation est forte d'attribuer à la révolution Néolithique des causes déterministes coupant ainsi, à la racine, toute tentation d'hégémonie culturelle.

La question se pose de savoir pourquoi le modèle de production du Néolithique s'est imposé à une population de chasseurs-cueilleurs. Est-ce l'environnement naturel qui détient l'initiative de ce changement, l'homme répondant par un abandon d'un mode de production désormais inadapté ? Ou l'homme qui modifie sa conception de la nature pour recourir à l'agriculture et à l'élevage ? Y'a-t-il un fait de nature ou un fait de culture à l'origine de la révolution néolithique ? Comment comprendre le lien entre le mode de production néolithique caractérisé par des outils, un climat, des villageois plus ou moins organisés et hiérarchisés, soit en langage marxiste une infrastructure, et une superstructure difficilement identifiable à travers les marqueurs de la pensée que sont les représentations artistiques, les artefacts, les nécropoles ?

On sait que selon une certaine pensée déterministe, de l'infrastructure, qui régule l'activité de production découle la superstructure (les institutions politiques, les lois, la religion, la pensée, la philosophie, la morale). Ce sont, toujours selon cette pensée, les transformations du système de production qui impulsent le changement social. *A contrario*, la superstructure est là pour maintenir le mode de production. Pour Marx, la classe dominante qui forme la superstructure crée les représentations mentales à travers les lois, la religion, la philosophie et soumet les consciences pour son seul profit. Relisons Marx et Engels dans le Manifeste du parti communiste : « *Est-il besoin d'aller au fond des choses pour comprendre qu'avec les conditions de vie des hommes, avec leurs relations sociales, avec leur existence sociale, leurs représentations, leurs conceptions et leurs notions, en un mot leur conscience, changent aussi ? Que prouve l'histoire des idées, sinon que la production intellectuelle se métamorphose avec la production matérielle ? Les idées dominantes d'une époque n'ont toujours été que les idées de la classe dominante*[54] ».

La rhétorique sur la lutte des classes s'est amenuisée dans le discours dominant mais le schéma d'un matérialisme déterministe quasi naturel est toujours bien présent dans les esprits. Or, depuis Marx et Engels, les connaissances que nous avons maintenant de cette période charnière du Néolithique ont spectaculairement changé. Elles sont précieuses pour nous permettre de mieux comprendre le processus évolutif parcouru par des bandes vivant depuis toujours de chasse, de pêche et de cueillette pour devenir un peuple d'éleveurs et d'agriculteurs. Nous nous appuierons, très largement, pour décrire ce processus sur les travaux de Jacques Cauvin[55], préhistorien et directeur de recherche au CNRS.

Milieu naturel et cultures humaines à la veille du Néolithique

La révolution néolithique s'enracine au Proche-Orient dans ce que nous avons coutume d'appeler le « Croissant fertile ». Celui-ci s'étale en arc de cercle depuis la mer Morte jusqu'au plateau iranien. Il est composé

[54] Marx et Engels, *Manifeste du parti communiste*, Paris, GF Flammarion, 1998, p. 98-99.

[55] Jacques Cauvin, *Naissance des divinités Naissance de l'agriculture-La révolution des symboles au Néolithique*, Empreintes de l'homme, Paris, CNRS Editions, 1997.

d'une zone de plaines sédimentaires et de collines où l'on retrouve les espèces botaniques et la faune que les hommes du Néolithique ont domestiquées : orge, seigle, blé, engrain sauvage pour les céréales, mais aussi des légumineuses comme les pois, les lentilles, les fèves, les vesces et pour les espèces animales les chèvres, les mouflons, les aurochs, les sangliers. Soulignons tout de suite que cette situation favorable à la vie des hommes n'a pas de caractère exclusif. A la veille du Néolithique, les aurochs et les sangliers qui auraient pu devenir domestiques sont omniprésents autour du bassin méditerranéen. Pour les légumineuses c'est la même chose, on sait que les lentilles sauvages poussaient dans l'Europe tempérée, et qu'on trouvait de l'engrain sauvage, une sorte de blé primitif en Macédoine.

Le climat froid et sec qui accompagnait les hommes de la culture magdalénienne se faisait sentir aussi au Proche-Orient mais il était moins vif qu'en Europe et il fut suivi d'un réchauffement régulier et sans heurt. Les climatologues y décèlent même un épisode beaucoup plus humide que la période actuelle de 16 000 à 13 000 avant J.-C. Si le climat, comme on le lit, avait été le facteur déclenchant du Néolithique, pourquoi n'est-il pas apparu pendant cette période encore plus favorable ? Pour cette période et cette région qui correspond au Magdalénien Européen, on parle de culture du Kébarien. A l'époque dite natoufienne, qui nous intéresse, soit à partir de 12 500 ans avant J.-C., on constate un assèchement du climat, c'est alors le climat de maintenant qui s'installe.

Du point de vue culturel, les hommes du Proche-Orient connaissent le microlithisme dès l'aurignacien, soit avant l'Europe. Or les hommes de cette culture, qui ont eux-mêmes hérité des techniques du microlithique, ne témoignent pas d'un stade avancé dans leurs créations matérielles et artistiques. Par ailleurs, les groupes humains y paraissent restreints. La période située de 15 000 à 12 500 avant J.-C. est qualifiée de Kébarien « géométrique » à cause de la géométrisation des armatures microlithiques façonnées sous forme de rectangles et de trapèze–rectangles. Cette culture se retrouve dans l'ensemble du Proche-Orient de l'Euphrate au Sinaï, de la Méditerranée aux oasis du désert. Nous pensons peut-être un peu vite que la mondialisation est l'aboutissement des cultures mais il fut un temps où elle en était à l'origine.

Cette « mondialisation » originelle préfigure le Natoufien. A cette époque, les groupes se font plus importants, leurs installations sont plus rares en grottes mais très nombreuses en plein air : des camps de base allant jusqu'à 2 000 m2 ont été retrouvés, on y a découvert des espaces habités spécialisés. On retrouve également des « maisons rondes » pas assez nombreuses pour faire un village mais supposant une certaine stabilité.Jacques Cauvin souligne la maturation culturelle progressive qui conduira à un épanouissement, dans la continuité, des derniers chasseurs-cueilleurs du Natoufien.

Le Natoufien

La culture natoufienne s'étend d'Israël à la Syrie actuels, entre 12 500 et 10 000 avant J.-C.. C'est l'époque charnière qui prépare la néolithisation. Les Natoufiens sont encore des chasseurs-cueilleurs mais ils sont les premiers à se sédentariser. Les habitats découverts sont groupés, ce qui définit des villages, les maisons y sont rondes à demi enterrées avec des parois de pierres sèches et une charpente pour soutenir le toit. Les chasseurs développent une industrie de l'os comparable à celle du Mésolithique d'Europe. Ils réalisent également un outillage lourd constitué de mortiers, de pilons et de meules destinés à moudre et à broyer. Un art mobilier existe en os ou en pierre qui représente de petits herbivores cervidés ou des gazelles. Les formes humaines s'y font rares, et quant elles existent, sont sommaires et non sexuées. La conséquence importante de cette sédentarisation des vivants, c'est qu'elle entraîne la proximité des morts. Ceux–ci sont désormais enterrés dans des cimetières mêlés aux habitats.

L'économie natoufienne exploite un large spectre de ressources alimentaires sauvages. Elle ne peut se développer sous sa forme sédentaire que dans les zones suffisamment riches pour rendre inutiles les expéditions alimentaires lointaines. Les Natoufiens adoptent la technique du rayonnage que nos cousins néanderthaliens n'ont pas su imaginer ; souvenons-nous : des groupes restreints et éphémères quittaient le point fixe du village pour une quête alimentaire itinérante. La cueillette de céréales sauvages existe mais elle n'est qu'un des aspects de la quête alimentaire, les villageois ne sont cueilleurs de céréales que tant que celles-ci abondent auprès du village. On ne peut attribuer aux Natoufiens le choix des futures céréales domestiques. Les Natoufiens ont donc une organisation double : les activités domestiques sédentaires se rapprochent du mode de vie néolithique, tandis que la recherche de la nourriture reste mobile, donc de type mésolithique.

L'agriculture sera une invention de villageois sédentaires issus de la culture natoufienne.

La révolution des symboles : les Khiamiens

La dernière étape avant la néolithisation est franchie par les Khiamiens, elle s'inscrit entre 10 000 et 9 500 avant J.-C. Les principaux sites du Khiamien ont été retrouvés à Muyrebet dans le Moyen Euphrate syrien, à Salibiyah sur le Jourdain et à Hatoula dans les collines de Judée. L'outillage découvert suit la tradition natoufienne précédente, la maison est toujours ronde mais sort de la fosse initiale pour être construite en surface. Apparemment, très peu de choses distinguent du point de vue matériel les deux périodes. Pourtant, ce qui les distingue fondamentalement, c'est ce que Jacques Cauvin appelle : « la révolution des symboles ». Un art figuratif fait son apparition et nous permet grâce à l'imagerie développée de repérer le changement de système symbolique. L'art natoufien était essentiellement zoomorphe suivant en cela les lointains ancêtres paléolithiques. Pour la première fois, on découvre des figurines en pierre représentant des figures féminines, naturalistes ou schématiques. Les représentations animales ne disparaissent pas totalement mais la thématique change, on voit apparaître notamment, pas encore sous forme artistique, des têtes de taureau. Des crânes d'aurochs sont enfouis avec leurs cornes dans les murs des maisons. On sait qu'à cette époque la chasse s'orientait couramment sur les herbivores : gazelles, équidés mais très peu les boeufs sauvages. La présence de ces crânes dans les maisons ne reflète donc pas une dimension pratique mais d'abord symbolique. Dans une économie de chasseurs-cueilleurs, nous voyons pour la première fois poindre deux figures symboliques dominantes destinées à un grand succès pendant tout le Néolithique et l'âge de Bronze oriental : la femme et le taureau. Les objets mobiliers représentant des figures féminines vont se multiplier très rapidement dans tout le Néolithique du Proche–Orient. Le thème de la femme et du taureau sera prédominant dans la civilisation de Catal Hüyük située en Anatolie au VIIème millénaire. Les représentations en hauts reliefs monumentaux de la femme, bras et jambes écartées enfantant des taureaux laissent entendre qu'il s'agit d'une déesse. Cette thématique se retrouve sous des compositions différentes dans de nombreux sites de l'Anatolie à l'Irak. L'imaginaire change à l'époque khiamienne, les hommes divinisent les idées de fécondité, de maternité, de royauté, et de maîtrise sur la force animale. Grâce au travail de recherche archéologique, on peut affirmer qu'une mutation mentale a précédé la mutation économique fondamentale du Néolithique. Ceci apporte un démenti à la thèse déterministe matérialiste classique qui fait dépendre la superstructure idéologique de l'infrastructure matérielle. Il ne s'agit pas de conclure de ces recherches archéologiques que les conditions matérielles n'ont pas leur importance. On l'a vu, les conditions matérielles ont joué un rôle dans la sédentarisation sans quoi la néolithisation n'aurait pas eu lieu ; il n'y a cependant pas de doute que la « révolution des symboles » a permis le passage au Néolithique. La sédentarisation n'explique pas tout car, comme le rappelle Jacques Cauvin, il y a vingt-cinq ou trente mille ans dans le Gravettien et le Pavlovien d'Europe centrale, existaient déjà des groupes d'habitations sédentaires accompagnés de sépultures collectives et individuelles où, pour autant, ne s'est effectué aucun processus de néolithisation.

Les premiers paysans

Ce sont les héritiers directs des Khiamiens qui vont, vers 9 500 avant J.-C., créer la première économie agricole. Les spécialistes distinguent trois cultures néolithiques issues des Natoufiens-Khiamiens : le Sultanien au Levant sud (Israël, Jordanie), l'Awaldien au Levant central (Damascène), le Mureybétien au Moyen Euphrate. Elles couvrent le corridor levantin, soit une bande alluviale qui va de la vallée du Jourdain à celle de l'Euphrate en passant par l'oasis de Damas.

Ces trois cultures contemporaines s'échelonnent entre 9 500 et 8 300 avant J.-C.. On y constate un perfectionnement des techniques : l'industrie de l'os comporte des outils nouveaux notamment de travail des peaux, un nouveau type de lame faucille fait son apparition, on retrouve également des lamelles en obsidienne provenant de Cappadoce, mais le passage au Néolithique n'est pas marqué par un « saut technologique ». L'outillage agricole existait déjà au natoufien : faucilles, herminettes en silex, mobilier de mouture et de broyage.

Certains instruments ne deviendront agricoles que par une spécialisation de leurs fonctions initiales comme par exemple des instruments de charpentier ou des meules qui vont autant broyer l'ocre des chasseurs cueilleurs que des végétaux des agriculteurs. Ceci rappelle le phénomène d'exaptation utilisé pour décrire l'évolution naturelle. Une exaptation est une adaptation dans laquelle la fonction actuellement remplie par l'adaptation n'était pas celle remplie initialement, avant que n'intervienne la pression de la sélection naturelle. Par exemple, un organe non modifié est réutilisé à l'identique pour une fonction manifestement non sélectionnée à l'origine. Du point de vue matériel, la transition s'est donc faite très progressivement, sans rupture, en s'appuyant sur les acquis de la période précédente.

A Muyrebet, la domestication des céréales sauvages a été réalisée sur place sans entraîner de délocalisation, ce qui n'a pas été le cas pour le Sultanien où les hommes sont descendus de leurs collines pour s'installer dans des plaines alluviales plus propices. Les semis, dans une phase de protoagriculture, ont été intermittents, le processus naturel de réensemencement étant suffisant pour l'année suivante. Au Mureybétien la pêche, naguère essentielle, disparaît presque entièrement ainsi que la chasse au petit gibier au profit d'une chasse à l'aurochs plus profitable. Il y a un phénomène de choix qui s'opère pour un type de ressources plus rentables conduisant à une spécialisation plus importante des outillages et de l'organisation humaine. Un des traits communs aux premières cultures néolithiques est la brusque montée en superficie des agglomérations concomitantes à une diminution des petites implantations. C'est à Mureybet que l'on trouve les premières constructions rectangulaires connues au monde, plus pratiques pour d'éventuelles extensions. Les archéologues constatent un mouvement de regroupement des populations vers des agglomérations plus conséquentes, ce qui ne signifie pas qu'il y a une augmentation de la démographie globale. Ce phénomène doit plutôt nous interroger sur ce qui motive le désir humain de grégarité et sur sa conséquence qui est une nécessité grandissante de cohérence sociale. Nous voyons alors, comme dans la bande paléolithique, ressortir la culture en tant qu'instrument fédérateur d'une communauté. Notre situation est exceptionnelle : nous pouvons nous comparer, grâce au formidable travail de recherche des scientifiques, à des chercheurs observant à travers leur microscope historique l'ADN culturel assurant à la cellule sociale sa dynamique et sa cohérence.

L'éthique à l'origine de l'enchaînement évolutionnaire

Comment expliquer l'enchaînement évolutionnaire qui caractérise le passage à une économie néolithique ? En quoi la révolution des symboles, qui est un fait « brutal »[56] constaté par l'archéologie moderne, est-elle liée au passage à l'agriculture ? Quels sont les facteurs qui peuvent être mis en avant pour expliquer le continuum évolutif et quelles sont leurs corrélations ? Avant de répondre à ces questions examinons deux contre-arguments fréquemment évoqués : l'explication par la démographie et le processus naturel.

L'explication démographique

L'explication première avancée pour comprendre cette période repose sur l'idée d'un déséquilibre alimentaire survenu entre populations humaines et ressources sauvages. Pourtant, comme le rappelle Jacques Cauvin : « *le passage à l'agriculture n'est pas, à ses débuts, une réponse à une situation de pénurie : tel a été l'apport décisif des fouilles à Murybet.* ». En effet, nous l'avons vu, c'est plus les choix de consommation des ressources alimentaires qui changent au profit d'autres que les ressources qui diminuent ; par exemple la part de la pêche régresse alors que rien n'indique un épuisement des ressources de l'Euphrate. Il ne faut pas en conclure qu'il n y a pas de pression démographique, le contrôle de la fécondité est une constante des sociétés humaines. On sait que le nomadisme des chasseurs-cueilleurs exigeait un espacement des naissances puisque la mère devait porter son enfant jusqu'à ce qu'il marche. Donner naissance à un enfant pendant cette période d'à peu près trois ans aurait pu mettre en danger l'enfant et la mère. Chez les femmes qui portent leur enfant, celui-ci ayant librement accès au sein, l'ovulation s'interrompt et permet de n'avoir en moyenne pas plus d'un enfant tous les quatre ans. Or ce contrôle naturel disparaît avec la sédentarisation. Quand l'enfant n'est plus porté en permanence par la mère il n'a plus libre accès au sein, alors la stimulation du sein est insuffisante et le contrôle ne fonctionne plus. Ceci explique l'augmentation de la fécondité des femmes chez les populations qui se

[56] Jacques Cauvin rappelle que Marx et Engels dans *L'idéologie allemande* dénoncent la préhistoire comme le domaine par excellence où la spéculation historique lâche la bride à son instinct spéculatif parce qu'elle s'y croit à l'abri du « fait brutal » tandis que le matérialisme historique n'expliquerait la formation des idées que d'après la pratique matérielle. Jacques Cauvin ne se prive pas de conclure que, par un piquant renversement, c'est aujourd'hui le fait brutal qui contredit la position matérialiste. *op. cit.*, p. 281.

sédentarisent. De là à expliquer le passage au Néolithique par l'augmentation de la population, il n'y a qu'un pas. Le raisonnement est le suivant : les Natoufiens-Khiamiens se sont sédentarisés, ils ont alors eu des problèmes alimentaires dus à leur croissance démographique, ils ont épuisé leurs ressources alimentaires et ont donc été forcés de trouver d'autres solutions, d'où le passage à l'agriculture. On est dans un déterminisme matérialiste, tout s'enchaîne parce qu'il en est ainsi, la logique semble implacable et naturelle.

Mais à y regarder de près, cette explication est sujette à caution, c'est exactement comme si nous disions que la surpopulation au Bangladesh, à cause de la pression démographique, va provoquer le développement. Pour les premiers peuples néolithiques sédentarisés au natoufien, cette pression démographique existe depuis plus de 3 000 ans et l'environnement climatique n'a pas fondamentalement changé. Les Natoufiens ont répondu à l'augmentation démographique par un essaimage de leurs habitants, non par l'extension des villages, tout comme le faisaient leurs ancêtres au Paléolithique qui en essaimant ont recouvert la surface de la terre. Pour utiliser un langage biologique, c'est comme si la cellule sociale se séparait par scissiparité emportant avec elle le code comportemental sans rien y changer reproduisant dans d'autres espaces le modèle culturel. Or nous constatons dans la zone de première néolithisation un phénomène différent de regroupement de la population au sein de villages plus grands avec une autre stratégie alimentaire : le code comportemental change alors que la pression démographique reste la même. La cellule sociale a en quelque sorte muté sous l'effet d'une volonté du groupe d'adopter d'autres comportements de développement.

L'explication naturelle

L'évolution continue et sans rupture du natoufien aux premiers villages néolithiques peut laisser penser que le passage à l'agriculture s'inscrit dans un processus linéaire naturel. Depuis Condorcet, et son *Esquisse d'une Histoire des progrès de l'esprit humain*(1794), puis *l'Ancient Society*(1877) de l'anthropologue américain Lewis Morgan (1877), que reprendront à leur compte Karl Marx et Friedrich Engels, il était établi que les sociétés humaines passeraient nécessairement par une série de stades les conduisant de l'enfance de l'humanité à son âge adulte. Pour la période Néolithique, les essais agricoles intermittents auraient permis tout naturellement de passer d'une période de cueillette spécialisée dans les céréales sauvages à un état intermédiaire puis définitif d'agriculteurs, nulle volonté humaine dans tout cela sinon un jeu d'opportunités saisies par les premiers agriculteurs. Là encore une vision déterministe, ancrée dans un matérialisme naturel, peut réduire la question du passage au Néolithique au rang des questions sans objet.

Les travaux des botanistes couplés à ceux des archéologues permettent de tirer d'autres conclusions. Les botanistes différencient, grâce à la solidité du rachis, la récolte d'une céréale sauvage et d'une céréale domestique. Qu'est-ce que le rachis ? Le rachis, c'est l'axe de l'épi qui maintient ensemble les graines ou épillets. Les plantes sauvages ont un rachis fragile qui se brise facilement favorisant ainsi la dispersion des graines à leur maturité et donc le réensemencement du champ. La cueillette est alors pauvre puisque beaucoup de graines sont perdues par leur chute. La bonne stratégie consiste à récolter le blé quand il est encore vert pour éviter les pertes de graines et pouvoir augmenter les quantités de graines à semer, et à sélectionner les épis dont le rachis est le plus solide. Avec le temps, grâce à la sélection des hommes, les céréales domestiques sont celles dotées d'un rachis solide. A Murybet on sait par l'analyse des microtraces sur les lames-faucilles que leur usage était tourné vers la moisson de céréales, par ailleurs le développement des silos, du matériel de mouture et une montée de petits rongeurs amateurs de graines suggèrent une spécialisation dans la récolte des céréales. La palynologie, une science chargée de présenter l'état végétal à travers le temps, nous dit que les pollens et les graines sauvages n'ont jamais spontanément abondé. La moisson de blé sauvage est peu productive, il faut donc un travail de sélection pour obtenir de la productivité, on moissonnait à Murybet et pourtant la zone n'était pas favorable aux graines sauvages. Pourquoi dès lors cultiver un blé peu productif et naturellement peu présent ? Si les hommes ont vécu de la récolte des céréales dans un environnement *a priori* peu favorable aux céréales sauvages, c'est parce qu'ils ont délibérément décidé d'y implanter des céréales domestiques. Par conséquent l'argument d'un phénomène naturel tombe. On peut faire le même constat pour les descendants des chasseurs-cueilleurs du Natoufiens et Khiamiens du Jourdain. Ces derniers implantaient leurs villages sur des collines tandis que leurs successeurs du Sultanien se sont installés dans la plaine alluviale. Or les céréales ne poussent spontanément, pour des raisons de pluviosité, qu'à des altitudes supérieures aux plaines alluviales. Le choix d'une délocalisation des villages vers des zones plus riches en humus pour un développement artificiel n'a pu se faire que de façon délibérée en s'appuyant sur l'invention agricole.

Il apparaît donc que l'explication « naturelle » ne peut rendre compte de la totalité du phénomène néolithique. Il y a bien eu une initiative agricole inaugurant de nouveaux comportements face à un milieu naturel propice mais non déterminant.

L'explication culturelle

Il nous reste comme facteur explicatif du passage au Néolithique l'explication culturelle. La thèse est la suivante : les hommes changent leurs comportements économiques sous l'effet de l'évolution de leurs représentations mentales. Certes l'environnement physique doit être propice mais ce ne sont pas des causes matérielles qui provoquent le changement. Comment traquer les changements dans les représentations mentales ? Nous sommes à la préhistoire et nous n'avons pas de traces écrites, pas de mythe disponible, nous n'avons que l'art. Nous l'avons vu au Khiamien, un art figuratif fait son apparition. Il introduit pour la première fois des figurines en pierre représentant des figures féminines, naturalistes ou schématiques. On voit également apparaître sous forme artistique, des têtes de taureaux non chassés reflétant une dimension symbolique. Le thème de la femme et du taureau[57] se répandra dans tout le Moyen-Orient néolithique. Il n'est pas possible de dire en quoi le passage à cette symbolique nouvelle change le comportement économique, nous ne pouvons que constater sa préséance chronologique dans la diffusion du Néolithique moyen oriental.

Si nous reprenons le chemin du Paléolithique, nous pouvons tirer quelques enseignements utiles pour notre réflexion. Quels sont-ils ? Les hommes sont dotés d'un passif de croissance qui dépend de leurs capacités intrinsèques. Ce passif est composé des aptitudes mentales et biologiques : *Homo sapiens* étant de ce point de vue le champion de la catégorie des hominidés. Ces aptitudes sont génétiquement stables mais elles s'enrichissent des connaissances accumulées et transmises par les

---

[57] Europe, la fille du roi de Phénicie, se fit enlever par Zeus métamorphosé en taureau, de leur union naîtra Minos roi civilisateur et législateur. Faut-il voir dans les figurines féminines et les têtes de taureau la symbolique des premières sociétés à « contrat social » ?

cultures. On a vu que le biface naissait d'un premier savoir–faire et que le microlithique dépendait des progrès des techniques de percussion. C'est désormais la culture qui fait la différence. Mais la culture n'a pas forcément le souci de l'évolution, elle se soucie d'abord de la cohérence du groupe et peut donc être un frein à l'évolution. Elle y réussit remarquablement pendant 30 000 ans, maintenant l'homme du Paléolithique dans un monde culturel stable et extraordinairement unifié. Il faut un fait matériel brutal, le réchauffement climatique, pour mettre fin à 30 000 ans de culture paléolithique. Du Paléolithique, nous pouvons également retenir qu'il y a un lien entre la durée d'une culture et son herméticité aux initiatives comportementales générées par les hommes. Plus la culture est hermétique aux innovations plus elle dure, à moins que les circonstances extérieures ne soient plus fortes que la culture, auquel cas elle disparaît. La recomposition progressive à l'Epipaléolithique puis au Mésolithique s'accompagne d'innovations techniques importantes. La fin d'un mode de pensée qui structurait le groupe paléolithique libère de nouvelles opportunités techniques stimulées par des modes de chasse plus individualistes. L'évolution est lente mais l'homme s'adapte à son nouvel environnement culturellement et non génétiquement. La culture a joué un rôle en préservant l'identité du groupe, son organisation sociale, sa dynamique de reproductivité. Elle ne joue encore qu'un faible rôle dans l'évolution car l'homme dépend encore fortement de son environnement naturel. Au Néolithique, il se passe une évolution mentale dont on ignore le contenu. Celle–ci provoque une réorganisation économique majeure.

Comment cela est-il advenu ? Nous proposons une hypothèse à partir des quelques informations dont nous disposons. Nous avons constaté que les villages de cueilleurs-chasseurs s'agrandissent au lieu d'essaimer. Souvenons-nous, les morts sont enterrés dans le village, il est vraisemblable que les populations ont éprouvé le désir naturel de rester auprès de leurs morts. Un sentiment d'appartenance à une communauté plus large que le clan s'est peu à peu élaboré. La communauté de base s'est donc élargie dans un environnement naturel stable et favorable composé de réseaux de villages. Cet élargissement a provoqué la prise de conscience d'une identité commune, ce qui a permis l'échange d'idées nouvelles et l'apparition d'un discours plus conceptuel dont celui de la prévoyance (que nécessite l'agriculture), des cercles de liberté ont permis l'expérimentation de techniques nouvelles. L'idéologie sociale ne s'est pas opposée à ces initiatives. Elle a su y reconnaître son intérêt et se projeter dans l'avenir pour faire un investissement. En effet, se priver de la cueillette de grains murs et préférer cueillir des grains verts pour les réensemencer nécessite des privations qui n'ont pu être compensées que par un surplus de la communauté. Pour réaliser cet investissement, il fallait une communauté organisée, unie et soucieuse du bien général.

Avec cette hypothèse, on explique aisément l'apparition de représentations symboliques nouvelles : les hommes vivent ensemble et éprouvent la nécessité d'exprimer leur identité collective et leurs interrogations fondamentales, de nouvelles représentation mentales s'élaborent peu à peu pour former une nouvelle culture. A l'origine du processus de néolithisation, il y a donc l'impulsion fédérative du souci du bien collectif rendue possible par le dialogue et le partage d'hommes vivant ensemble et ouverts à l'initiative. Chaque société dépend néanmoins d'un état matériel qui la contraint dans ses possibilités d'évolution. Cet état matériel est en quelque sorte la substance qui prendra une forme particulière selon le principe d'organisation culturelle qui lui est appliqué. Ce principe d'organisation culturelle a un rapport étroit avec l'éthique développée par la communauté sociale. L'éthique, qui définit les règles pratiques qu'une société se doit d'appliquer, ne peut philosophiquement trouver son inspiration que dans un principe spirituel.

C'est ce vaste chantier du rôle de l'éthique dans la formation de la culture que nous nous proposons maintenant d'aborder.

CHAPITRE 3 – Vivre ensemble dans un monde clos

Diffusion du Néolithique

Le Néolithique est né au Levant et va se répandre en Mésopotamie où il donnera la première civilisation de l'écrit ; l'Egypte, à l'autre extrémité du croissant fertile, connaîtra un développement identique. Mais pourquoi cette région du Levant n'a-t-elle pas donné naissance, la première, à une civilisation telle que celles de ses prestigieux voisins ? Elle était pourtant bien partie, on observe la formation au cours du IXème et VIIIème millénaires d'importantes agglomérations. Ces sociétés d'agriculteurs font preuve d'une grande complexification, il semble qu'une pyramide sociale se mette en place. On en retrouve les traces dans la taille des habitations d'envergures diverses, la présence de lieux cérémoniels, de personnages charismatiques à crânes « surmodelés », on sait également que les tailleurs de silex se spécialisent, que des fabricants de vases de pierre apparaissent et que des circuits de distributions de ces biens existent. Un millénaire plus tard, en Turquie méridionale, le site de Catal Höyük, une ville de 10 hectares, livre ses habitations couvertes de fresques à motifs cultuels et ses rites funéraires comme témoignage de ce que pouvait être une grande agglomération néolithique. Les spécialistes[58] considèrent que ce site témoigne d'un usage uniforme de l'espace, sans aménagement communautaire ; les pratiques rituelles étant intégrées à la vie quotidienne, on aurait affaire à une société plus égalitaire que les concentrations précédentes et non structurée hiérarchiquement. De façon surprenante, à la fin du VII millénaire, les grandes concentrations humaines du Levant ont disparu pour laisser place à de petites localités égalitaires. Quelle peut en être la cause ? On peut faire l'hypothèse suivante : le début de hiérarchisation sociale n'a pas fonctionné et n'a pas

---

[58] *Le Chalcolithique et la construction des inégalités*, Tome II, Le continent européen, Séminaire du Collège de France sous la direction de Jean Guilaine, Paris, éditions errance, 2007, p. 33.

su apporter les réponses adéquates aux tensions économiques qui existent dans toute société. Sont-elles dues à la démographie, au changement de climat, à la raréfaction des ressources naturelles ? On ne peut trancher, mais il est certain que les hommes ont préféré revenir à un ordre économique beaucoup plus simple en se rassemblant dans des villages de 100 à 200 personnes. Ils ont alors essaimé ce modèle social, qui leur convenait mieux, et ont commencé à sortir du Levant pour gagner l'Europe, l'Egypte et la Mésopotamie. Cette hypothèse est d'autant plus vraisemblable que l'on retrouve le même phénomène beaucoup plus tard au IV millénaire au Proche-Orient ou des tendances à la hiérarchisation des villes seront suivies de phases de dislocation et de refus d'intégration[59]. En Mésopotamie, les agriculteurs se sont retrouvés piégés par leur succès démographique entre mer et déserts. Ils créeront au IV millénaire les cultures d'Obeid, puis d'Uruk ce qui donnera les premières villes puis les premiers Etats du monde, nous y reviendrons. Coincés autour du Nil, dans leur mince oasis fluvial, les égyptiens emprunteront le même chemin de civilisation.

Du côté européen, la géographie se présente différemment, le monde est quasi vide et n'a pas encore de limites. La première conquête de l'ouest peut commencer, ce ne sont pas les maigres effectifs de chasseurs-cueilleurs du Mésolithique qui arrêteront les premiers colons. Cette période représente peut-être un des temps les plus harmonieux de l'humanité, les hommes maîtrisent pour la première fois la production de leur nourriture, sans subir la pression de leurs voisins, la terre est si vaste qu'il leur suffit de se déplacer de quelques kilomètres pour retrouver l'espace vital nécessaire. La colonisation de l'Europe se fera au gré de petits villages qui s'étendront par petites touches. Cela représente une lente migration des idées et des hommes, d'environ 25 kilomètres par génération. Les colons importeront d'Orient les éléments matériels : blé, orge, chèvres, bœufs et même le porc. Ils importeront aussi la culture, on retrouvera sur leurs nouvelles implantations des figurines féminines symbolisant la fécondité, leurs sites funéraires reprendront les pratiques funéraires, les représentations de taureaux s'inspireront largement de ce que l'on a retrouvé à Catal Höyük.

Paradoxalement, la colonisation de l'Europe est née de l'échec du processus d'urbanisation du Levant. Ceci remet en cause une vision mécanique de l'évolution composée d'étapes qui s'enchaînent d'elles mêmes. En réalité, on est en face d'un processus culturel qui doit, pour

---

[59] *Ibid.*, p. 7.

passer à une étape de complexification supérieure, trouver la formule qui permettra d'assurer à l'ensemble sa cohérence. Suivons le mouvement de néolithisation pour y chercher les composants de la formule.

Après l'Anatolie atteinte au VIII millénaire, la péninsule balkanique sera atteinte vers 6 500 environ avant notre ère. De là partiront deux courants : l'un empruntera les côtes méditerranéennes pour atteindre le midi de la France vers 5 800 et poursuivra son chemin vers l'Espagne et le Portugal vers 5 600, l'autre courant, plus dense, couvrira l'Europe centrale puis occidentale vers 5 500. Le Rhin sera franchi vers 5 200 et la jonction entre les deux courants se produira dans le centre de la France aux alentours de 4 800. Une autre période commencera, celle d'un monde clos.

L'émergence d'une société complexe

Pour caractériser les cultures néolithiques qui colonisent le nord de l'Europe par le courant danubien et le sud par la méditerranée, les archéologues se basent sur le système décoratif des poteries. On parle pour le nord de Rubané, à cause d'une décoration en ruban, et, pour le sud de Cardial[60], à cause de l'utilisation d'un *cardium*, ou coque, pour décorer la poterie. On sait, notamment pour la culture de Cardial, que les hommes communiquaient entre différentes aires géographiques. La circulation de certains produits finis indique des réseaux d'échanges depuis le Languedoc jusqu'au Piémont italien[61]. Souvenons-nous que le contact entre les deux courants de colonisation était rompu, depuis leur séparation sur la péninsule balkanique, soit vers 6 500 avant notre ère. Ainsi, les deux mouvements, deux millénaires plus tard, se retrouvent sur cette fin des terres, *finis terrae,* que représente la France sans que l'on distingue d'autres traits marquant de différenciation que les motifs de décoration des poteries. Ce fait incroyable montre que la cellule sociale des petites communautés de 100 à 200 personnes n'a pas bougé. Comme nous l'avons vu pour le Paléolithique, rien ne bouge si le code culturel ne change pas.

---

[60]La réalité est en fait plus complexe, les spécialistes distinguent d'autres courants cf. *La révolution néolithique en France*, Sous la direction de Jean Paul Demoule, Paris, La découverte, 2007, p. 92-93.

[61] *Ibid.*, p. 39.

Du côté européen, avec cette rencontre, le monde devient fini, il faudra attendre 1492 et Christophe Colomb pour aller plus loin ! A partir de ce moment, tout change ! D'abord on perd la trace des chasseurs-cueilleurs du Mésolithique, démographiquement très minoritaires[62], leur culture disparaît, sauf peut être au Pays Basque où la mystérieuse origine de la langue peut être interprétée comme une sauvegarde d'une langue paléolithique face aux langues indo-européennes parlées par les colons. Ensuite, on constate à la pointe de l'Europe en Bretagne et en Vendée, l'apparition de mégalithes. C'est là que viennent buter les deux courants de la néolithisation. Les mégalithes sont des monuments funéraires qui ont pour fonction de marquer un territoire désormais compté. L'érection de ces monuments mobilise une énergie et un savoir-faire considérables. Il faut tailler, transporter et dresser des dalles de plusieurs dizaines de tonnes. Aussitôt se pose la question de l'organisation et de l'autorité nécessaires pour convaincre les membres d'une communauté de fournir ces efforts immenses et hors de proportion avec l'avantage matériel qu'ils pouvaient espérer en tirer. Ce n'est pas l'intérêt individuel qui a permis ce travail mais l'adhésion aux valeurs d'une communauté humaine, en effet, ces monuments ne sont pas des ponts, des canaux, des infrastructures matérielles mais funéraires donc symbolisant l'immatériel. La société, sous la contrainte géographique, est en train de s'inventer un nouveau code culturel, et pour cela, elle part de sa capacité spontanée à imaginer un discours unifiant ; celui-ci n'est pas orienté vers les questions matérielles mais spirituelles. Est-il éthique ? Au sens ou nous l'entendons, comme une valorisation de l'individu, c'est très peu probable mais au sens communautaire c'est certain. Il faut vivre ensemble, faire face à de nouvelles contraintes et le discours a pour but de souder la communauté autour de règles de comportement visant la bonne marche de la collectivité. On l'a vu pour les cultures néolithiques du Proche-Orient, cela n'est pas un processus déterminé, il peut échouer. Les hommes du Levant ont eu la possibilité de vivre dans une collectivité, certes plus puissante mais aussi plus contraignante, et ils n'ont pas maintenu ce choix. Une idéologie collective et nécessairement hiérarchisante s'est trouvée, en quelque sorte, en concurrence avec une autre idéologie de type autarcique valorisant plus l'individu ou son petit groupe d'appartenance et, de ce fait, assurant une plus grande égalité entre les membres de ces petites communautés.

---

[62] On parle pour la France de quelques dizaines de milliers de chasseurs-cueilleurs pour un million d'agriculteurs. *op. cit.*, p. 160.

Partout en Europe la pression démographique s'intensifie et justifie une colonisation intérieure, les premiers occupants du rubané s'étaient cantonnés aux grandes vallées mais désormais ce sont les plateaux qui sont occupés. On retrouve donc, comme un phénomène général qui préfigure les mégalithes, d'imposants monuments funéraires dans l'intérieur des terres. Il s'agit d'espaces circulaires entourés d'un fossé ou d'une palissade et prolongés par une allée bordée d'un fossé de 30 à 230 mètres. L'élite émergente est inhumée dans des tombes creusées dans cet espace, des objets exceptionnels : longues lames, coquillages venus de loin, objets de prestige en os accompagnent les morts. Pour preuve de l'augmentation des tensions, on constate l'installation de certains habitats fortifiés sur des lieux de hauteurs, on remarque également une recrudescence de la chasse avec une valorisation des dents de sangliers et des pointes de flèches dans les tombes.[63] La position allongée des défunts contraste avec la position fœtale constatée pendant la période qui précède l'achèvement de la colonisation néolithique. Apparaissent donc, en parallèle, une recomposition idéologique et un début de hiérarchie sociale. Commence la phase de complexification sociale entre 4 300 et 3 500 ans avant notre ère connue sous le nom de chasséen. Pour résister à la pression démographique[64] il faut produire mieux puisque les terres facilement exploitables ne sont plus disponibles. Le chasséen se caractérise par une intensification des échanges à longue distance sur des produits prisés comme les lames en silex, les haches, les anneaux de disque, les obsidiennes… Certaines productions donnent lieu

---

[63] *Ibid.*, p. 57.

[64] La preuve de cette pression démographique permanente vient d'être apportée par deux anthropologues-démographes, Jean-Pierre Bocquet-Appel, directeur de recherche au laboratoire CNRS « Dynamique de l'évolution humaine : individus, populations, espèces », et Stephan Naji, étudiant en thèse à l'École des hautes études en sciences sociales (EHESS). Ils ont révélé le baby-boom que provoque la sédentarisation. Pour cela, ils ont procédé à une étude statistique des ossements de dizaines de cimetières méso- et néolithiques en Afrique du Nord, en Europe et en Amérique du Nord. Parmi les squelettes, ils ont remarqué que la proportion d'enfants et d'adolescents est beaucoup moins nombreuse dans les cimetières mésolithiques. Elle est d'environ 20 % avant la sédentarisation et atteint les 30 % quelque 600 ou 800 ans après l'avènement du Néolithique. « À l'inverse de ce qu'on pourrait croire, ceci ne veut pas dire que les conditions se sont dégradées et que la mortalité des jeunes a augmenté. Cette proportion montre seulement que la base de la pyramide des âges de la population vivante s'est fortement élargie », décrypte Jean-Pierre Bocquet-Appel. Par contre leurs conclusions qui consistent à expliquer le passage au néolithique par la pression démographique nous paraissent représentatives d'un déterminisme évolutif basé sur les seuls faits matériels.

à de véritables industries. On a retrouvé à Jabline, en Seine et Marne, un site d'exploitation massive du silex comprenant environ 5 000 puits de 2,5 mètres de diamètre et pouvant atteindre 7 mètre de profondeurs soit 35 kilomètres de puits creusés à la main dans du silex avec l'aide de pics en bois de cerf ! C'est vertigineux ! Mais c'est surtout un témoignage de la nécessité d'une organisation sociale capable de réunir des hommes et d'écouler la production dans toute la culture chasséenne. En effet, notons qu'avec une technique rudimentaire mais une organisation sociale adaptée, ces hommes ont réussi à intensifier la production. C'est la présence de cette organisation sociale qui permettra l'adoption des futurs progrès techniques qui suivront, avec notamment l'apparition de la première métallurgie du bronze, nous y reviendrons. Il y a un lien de dépendance qui s'établit entre organisation sociale et progrès technique qui fait perdre le fil des causalités mais, comme on le verra, l'organisation sociale est le support des progrès ultérieurs.

Cette période est souvent qualifiée comme celle ayant engendré les inégalités, on y pose un regard nostalgique sur la nature rousseauiste perdue. Nous ferons remarquer que sans le processus de hiérarchisation, la société ne peut pas faire face à la tension démographique qui la taraude et court à sa perte. La montée des violences dans la société correspond à l'incapacité de trouver des solutions pacifiques de production et de répartition des richesses. En l'absence de nouvelles terres, les solutions ne peuvent venir que d'une meilleure organisation sociale et donc de la montée des inégalités. Il faut considérer que la réserve de productivité est désormais dans le potentiel humain, la société doit sortir des petites communautés autarciques pour se risquer à la dépendance de la spécialisation. C'est une dynamique extrêmement délicate qui ne s'est pas arrêtée depuis et qui ne peut donner son meilleur potentiel que par une organisation sociale juste.

Ce n'est pas par hasard que cette période voit apparaître les premières grandes enceintes cérémonielles. Dans une grande partie de l'Europe occidentale, on retrouve de grandes enceintes à palissades doublées par des lignes de fossés interrompus. A Bazoches-sur-Vesle, une enceinte de ce type a nécessité l'abattage et le transport de 600 troncs d'arbres. L'absence de tout bâtiment, détritus, et la présence de vases de figurines et de parties d'animaux déposés confirment le rôle dédié aux cérémonies religieuses de ce site[65]. On en revient à notre thèse, c'est grâce à la construction d'un discours religieux unifiant que la société peut assurer

[65] *Ibid.*, p. 68.

sa cohérence, et ce discours naît en réaction à une situation de tension économique. Ce qui ne veut pas dire que ce discours soit lui-même pacifique mais, en tout cas, il est fédérateur des énergies collectives. Le terme religieux tire son étymologie du verbe latin *religare,* qui signifie relier, il semble bien que se soit sa première fonction. Dans la thèse matérialiste, il est soutenu qu'une classe sociale suscite une idéologie pour justifier son pouvoir, nous partageons cette idée à condition de bien rappeler la causalité initiale qui nous indique que l'élite naît elle-même d'un processus religieux. Le discours religieux a un pouvoir beaucoup plus unifiant que la coercition par la force parce qu'il est intériorisé et aide à définir une conscience de soi sociale, non pas individuelle mais d'abord collective, dont va bénéficier la classe dirigeante par la suite. Toute l'histoire humaine est faite des débordements politiques de l'idéologie communautaire. Mais c'est bien le discours religieux qui assure originellement le ciment social de la société. Il paraît, en effet, difficile d'imaginer que les premiers chefs aient pu imposer à leur communauté, par la force, de tels efforts, sans gain matériel direct pour eux. Le niveau d'armement étant le même pour tous, avec quelles armées l'auraient-ils fait ? Il aurait donc fallu qu'une majorité de la population impose à une minorité la réalisation de ces ouvrages cérémoniels, ce qui laisse entière la question de la fédération de la majorité de la population.

Le Chalcolithique

Le Néolithique a assuré la transition entre un monde stable où les séquences se comptent en millénaires, et le monde de l'évolution créatrice, où les périodes de civilisations se succèdent en siècles. Le Chalcolithique[66] prépare l'entrée dans l'histoire, c'est ainsi que cet âge du cuivre va se révéler comme une étape capitale de l'évolution des sociétés. L'embryon d'organisation sociale de la fin du Néolithique s'est étoffé, mais c'est au Chalcolithique qu'on y reconnaît le corps de la future civilisation. On peut résumer les traits les plus marquants du Chalcolithique en les classant dans trois catégories. La première sera qualifiée d'idéologique, on y trouvera la présence de nombreuses tombes monumentales, la stylisation des figurines qui se présentent en lignes superposées ainsi que l'augmentation des statuettes masculines. Ces indices témoignent d'un changement d'idéologie caractérisée notamment

---

[66] *chalcos* = cuivre en grec

par la consolidation du pouvoir héréditaire au sein des élites, ils sont donc à rattacher à la deuxième catégorie que l'on qualifiera d'organisationnelle. On remarque, dans cette deuxième catégorie, la présence de maisons, plutôt restreintes, regroupées dans des villages ceinturés et selon un plan parfois ordonné et pensé, ce qui n'était pas le cas dans les grandes concentrations du Néolithique ; on déduit de cet indice l'existence d'une autorité capable d'organiser l'urbanisme. La société est également caractérisée par la présence de sites monumentaux dont les fonctions multiples souvent énigmatiques s'adressent à l'économique, au social, au cultuel. Enfin les armes se font de plus en plus nombreuses et révèlent des tensions et une violence qui ne feront que s'accentuer dans la société. Une troisième catégorie regroupe tous les marqueurs économiques, on citera : les complexes miniers d'exploitation du silex, en effet la future métallurgie du cuivre ne remplace que très progressivement l'industrie du silex ; la domestication du cheval pour un usage attelé et conséquemment, comme une marque de la faculté créatrice des *sapiens*, l'apparition du chariot à deux ou quatre roues ; l'usage de l'araire tiré par des bœufs, peut-être l'invention la plus capitale qui va permettre d'exploiter de nouvelles terres aux sols plus difficiles ; la production de pains de sel destinés à l'échange et enfin l'apparition de la première métallurgie du cuivre qui donnera son nom à ce nouvel âge.

La révolution néolithique s'est faite par le déplacement physique des populations, le Chalcolithique marque profondément les sociétés mais sans qu'il y ait glissement des populations, au contraire le Chalcolithique est un moment d'ancrage dans un territoire. On en retrouve les premières traces en Bulgarie, au point de départ de la diffusion européenne du Néolithique, là où l'embryon social est le plus avancé. Cette période ne correspond pas à une césure brutale mais à une lente évolution. Le début du Chalcolithique, ou Enéolithique en Bulgarie, est daté de 4 900 avant notre ère ; pour la France il faut attendre deux millénaires supplémentaires alors que l'histoire a déjà débuté à Sumer dès le quatrième millénaire. Il semble que nous soyons devant un mouvement inéluctable, c'est comme si une dynamique interne poussait les sociétés vers un état futur commun. Dès qu'on parle d'évolution la méfiance pointe, car toutes les sociétés ne sont pas sorties du Mésolithique, il reste des peuples de chasseurs-cueilleurs et nous savons le sort douloureux que leur réserve notre civilisation moderne, d'autres encore se débattent dans un modèle culturel d'avant la révolution industrielle, par conséquent nous devons intégrer le fait que l'évolution des sociétés n'est pas linéaire.

Toutes les sociétés ne parcourent pas le même chemin, néanmoins on peut discerner une logique évolutive qui trouve ou non à se déployer pour pousser le corps social vers un nouvel état semblable à celui d'une autre société géographiquement éloignée. L'exemple du Néolithique est là pour l'attester, il est né en Chine ou dans les Andes, comme spontanément, déconnecté de l'influence proche-orientale.

Des brèches dans l'évolution

Nous vous proposons d'essayer de comprendre les ressorts premiers de l'évolution en examinant par quelles étapes la métallurgie du cuivre s'est répandue en l'Europe. Nous avons là un exemple instructif, il est parfaitement connu et, de ce fait, moins sujet à interprétations aléatoires ; de plus il marque de façon incontestable un changement culturel profond.

L'histoire de la métallurgie du cuivre ne débute pas en Europe, il faut, pour trouver les premiers objets en cuivre, se tourner vers le Proche-Orient dans les cultures PPNB (pour Pre-Potter Néolithic B), soit une culture qui commence vers 8 700 avant notre ère et qui ne connaît pas encore la céramique. Ainsi, au début du Néolithique, on martèle le cuivre mais sans qu'il en soit tiré un véritable parti, seuls quelques objets de parure sont façonnés ; avec l'apparition de la céramique, les objets seront préalablement chauffés. On parle pour cette phase de première métallurgie ou phase initiale, celle-ci dure jusqu'à la fin du VIème millénaire. Cette période voit apparaître au sud-est de l'Europe en Anatolie une société agraire d'organisation complexe avec un début de différenciation sociale. C'est ici que naîtront les premiers centres métallurgiques : on désigne cette deuxième phase comme phase d'innovation ou de métallurgie précoce. Remarquons que la métallurgie est née de la fabrication de la céramique car c'est aux expériences de cuisson de la céramique à haute température et à l'utilisation de pigments minéraux pour obtenir de nouvelles couleurs que l'on doit l'obtention du cuivre : en chauffant les minéraux de couleur, on faisait fondre le cuivre. Comme pour le biface acheuléen, le progrès technique repose sur un acquis, celui-ci offre à l'esprit humain la base qui permet de repartir vers de nouvelles inventions. Mais cette base ne suffit pas à créer le mouvement du progrès. En l'occurrence, l'acquis pyrotechnique est le fait d'une classe artisanale qui ne peut elle-même apparaître que s'il existe une structure sociale différenciée, or cette société différenciée, où le degré de dépendance augmente entre les individus, ne peut tenir sa cohérence que d'un principe fédérateur et celui-ci, nous l'avons vu, est d'abord religieux. Nous voyons, par cet exemple, que l'organisation sociale crée les conditions nécessaires à l'acquisition puis à la diffusion du progrès technique et que cette organisation sociale est d'abord mue par un système de valeurs. La tentation est forte de s'arrêter dans l'enchaînement des causes à la technique, et de ne voir dans celle-ci que le rouage immédiat qui explique le mouvement, oubliant dans la découverte de la cause immédiate la question première qui produit l'ébranlement de la mécanique. En suivant le fil de ces considérations erronées, on assimilera un état d'organisation sociale à un mode de production. Par suite, l'histoire sera considérée comme un enchaînement d'états sociaux déterminés par une logique purement matérialiste. Ce sera l'erreur de Marx.

Pour bien comprendre cette erreur, continuons notre enquête et reprenons là ou nous l'avons laissée. Durant la même période, la Mésopotamie voit apparaître la culture d'Obeid 3-4 : celle-ci connaît également une organisation sociale hiérarchisée et débouchera sur la culture sumérienne à qui reviendra l'honneur d'inventer l'écriture, pourtant la métallurgie précoce n'y apparaîtra que près d'un millénaire plus tard. Nous voyons dans ce décalage la preuve que la différenciation sociale n'est pas mécaniquement causée par un mode de production. Le schéma matérialiste considéré dans son sens large, c'est-à-dire intégrant comme « matériel » les structures sociales, qui consiste à expliquer la dynamique sociale par des déterminismes inéluctables ne fonctionne pas. Pourtant on écrira encore, dans une logique déterministe, que la sédentarisation aboutit à la formation de sociétés hiérarchisées, d'où une concentration de richesses, d'où de nouveaux besoins, d'où l'apparition de la métallurgie. La difficulté vient du fait que ce type d'enchaînement peut être constaté comme il peut ne pas l'être. Ce qui manque au raisonnement, c'est la possibilité que les choses ne se passent pas ainsi. Et cela change tout pour la compréhension de la dynamique évolutive. En toute logique matérialiste, la métallurgie, dans sa phase précoce, aurait du apparaître en Mésopotamie car c'était la société la plus organisée. Pourquoi cela ne s'est-il pas produit ? Une réponse simple consiste à constater que les mines de cuivre sont présentes en Anatolie et pas en Mésopotamie. On fera remarquer que cet argument ne sera plus un obstacle un millénaire plus tard, il n'est par conséquent pas déterminant. C'est la conjonction d'une organisation sociale permettant l'activité d'une classe artisanale et la présence de minerais de cuivre qui explique la métallurgie précoce. Un décalage dans les modes de production se produit pour un temps équivalent à près d'un millénaire, puis la culture de l'Obeid rejoint la phase de la métallurgie précoce et rentre dans l'âge du Chalcolithique qui précédera l'âge du Bronze suivi, dans la succession des progrès métallurgiques, par celui du fer. Ainsi, si les hommes conservent une capacité créatrice technique et morale, conditionnée par un type d'environnement matériel et culturel qui leur permet de se créer des opportunités culturelles divergentes, une même inclination oriente les civilisations.

Nous avons utilisé à plusieurs reprises le mot embryon pour qualifier la genèse sociale, ce mot a l'avantage de montrer que l'évolution se situe dans un processus mais l'inconvénient de ne pas évoquer la possibilité de la divergence ; la métaphore n'est que partielle car si la nature suit la loi, l'homme peut faire autrement selon d'autres logiques. L'homme n'est pas enfermé dans le monde de la nature ou des structures, au sens des sciences sociales, il peut créer des brèches dans l'évolution.

La diffusion de la métallurgie offre encore un exemple de cet usage d'autres logiques. Il est avéré que la métallurgie précoce se diffuse, dans un premier temps, en produisant des objets de prestige ; il y a bien corrélation avec un état de hiérarchisation sociale et l'usage d'objets en cuivre chargés de promouvoir le statut social de leurs détenteurs. Cette métallurgie se répand en Europe centrale et orientale sur une période de 1 500 ans. On a retrouvé à Varna, une nécropole située dans les Carpates, des milliers d'objets de cuivres, le plus souvent neufs, et destinés à composer un trousseau funéraire. Par contre, l'Europe occidentale ne connaîtra pas cette phase d'innovation, elle passera directement, à la fin du IIIème millénaire avant notre ère, à l'étape suivante de la métallurgie évoluée. L'évolution est donc capable d'emprunter des raccourcis, pourvu qu'elle y trouve le terreau nécessaire, en l'occurrence un type d'organisation sociale hiérarchisée. A l'issue de la phase d'innovation la fonction des objets change, ils deviennent une composante importante de la culture matérielle, l'outillage en cuivre n'a plus alors une fonction de prestige mais d'utilité. Ce changement crée une nouvelle demande beaucoup plus forte ; pour y répondre, les élites organisent des industries et contrôlent les circuits de distribution, il s'en suit une concentration des richesses. Les élites constituent des chefferies, un stade de hiérarchisation intermédiaire entre l'Etat et la tribu, celles-ci accroissent alors leur pouvoir coercitif. Les étapes sautent car la métallurgie évoluée puis intensive répond beaucoup plus efficacement au besoin de concentration du pouvoir politique que la métallurgie précoce. Tout ceci paraît encore mécanique, déterminé, inévitable mais c'est une illusion car c'est en réalité dans l'acceptation ou le refus de la concentration du pouvoir que se situent les divergences fondamentales.

Ce que nous avons qualifié de brèches dans l'évolution est possible du fait du hasard et de la liberté humaine mais, *in fine*, c'est la nature du pacte social qui donne l'orientation fondamentale et la direction de l'évolution. Les brèches de l'évolution comportent une composante liée à la liberté humaine, de même la liberté humaine intervient dans l'acceptation du pacte social. Les archéologues constatent que les sociétés protohistoriques du IIème millénaire d'Europe occidentale refusent l'évolution vers la ville et l'Etat. A la force de concentration, dont nous avons décrit le mécanisme, s'oppose une autre force dont on retrouve la trace dans la chronologie des implantations et des abandons des habitats. Des causes naturelles peuvent expliquer ces cycles de crise comme le climat, l'appauvrissement des sols ou d'une source d'approvisionnement, mais ces causes ne sont déterminantes que parce que le corps social qu'elles attaquent ne sait pas réagir efficacement. Or le corps social ne peut réagir efficacement que s'il est capable d'optimiser les capacités de ses membres, donc d'être organisé sur un mode de complexité adéquat. On a vu que l'expansion néolithique s'était faite sur un modèle social constitué de petites unités de 200 personnes environ et que les tentatives de sociétés complexes proche-orientales du VIIIème millénaire avaient échoué, le phénomène se reproduira au IVème millénaire au Levant[67]. Grâce à l'intensité du travail de terrain réalisé en Israël, à la vitalité des universités locales et à la présence de nombreux instituts occidentaux, une masse de connaissances est désormais accessible. On a longtemps pensé que cette région coincée entre la civilisation naissante d'Uruk en Basse Mésopotamie et l'Egypte avait connu un phénomène urbain sur le mode diffusionniste par le biais de la colonisation issue des centres de civilisation plus avancés. Or le monde levantin du IVème millénaire ne connaît pas l'écriture et ne produit pas d'œuvres comparables à celles de ses prestigieux voisins, il produit cependant des formes originales d'agglomérations. Il y a donc une génération spontanée d'un habitat urbain répondant ainsi à une logique évolutionniste, néanmoins la variabilité des formes d'habitats et l'alternance des moments d'occupation contrarie ce bel ordonnancement

[67] Nous nous appuyons sur l'étude de Frank Breamer, *Le Chalcolithique et la construction des inégalités*, Tome II, Le continent européen, Séminaire du Collège de France sous la direction de Jean Guilaine, Paris, éditions errance, 2007, p. 65.

évolutionniste. On observe des successions de recommencements sans qu'on puisse dégager une évolution linéaire unifiante. Un habitat caractérisé par un système fortifié peut être remplacé par un habitat groupé hiérarchisé puis par un habitat agglutiné non hiérarchisé puis peu dense. Les grands phénomènes à l'œuvre dans les changements urbains constatés ailleurs se retrouvent au Levant : des enceintes fortifiées monumentales, Jéricho est la plus célèbre, des monuments cultuels, des structures manifestant une organisation économique telles que des greniers, des réserves d'eau, des barrages mais c'est la variabilité des systèmes qui prédomine. Observons que le Levant est fragmenté en une quinzaine de micro-régions distinctes ; c'est comme si ses habitants s'essayaient à une complexification sociale mais sans y réussir pleinement, comme si l'évolution échouait à parcourir un chemin tracé mais soudain balayé par les vents de la division.

Ces sociétés présentent le point commun de ne pas avoir réussi à trouver d'accord sur une hiérarchie structurante pour elles-mêmes. D'autres n'ont pas voulu cette complexité. Au cours de la première moitié du IIIème millénaire avant J.-C., on retrouve dans la culture de Cordée[68] un vaste ensemble d'associations de groupes humains qui pratiquent une vie collective relativement égalitaire. Le Cordée ne semble pas participer à la course à la hiérarchisation, on ne retrouve nulle trace de constructions monumentales, dans la majorité des cas les tombes sont individuelles, le fait le plus marquant étant l'opposition systématique dans les sépultures des hommes et des femmes. Dans les choix du mobilier funéraire les hommes sont présentés comme des guerriers et les femmes comme rattachées à la sphère de la production domestique[69]. La cellule sociale vit en relative autarcie, assurant sa production et sa défense avec une faible spécialisation, sinon on ne trouverait pas systématiquement des armes dans les tombes des agriculteurs, par conséquent il n'y a pas de classe de guerriers ce qui est parfaitement cohérent avec l'absence d'indices témoignant d'une hiérarchie sociale. Cette culture préhistorique se distingue par son expansion géographique mais celle-ci ne sera que de brève durée, le Cordée sera rapidement remis en question et remplacé par d'autres

---

[68] Distribuée des bords de la Volga aux rives de la mer du Nord et couvrant presque toute la Baltique, ainsi qu'une grande partie de l'Europe Centrale.

[69] *Le chalcolithique et la construction des inégalités*, Tome I, Le continent européen, Séminaire du Collège de France sous la direction de Jean Guilaine, Paris, éditions errance, 2007, p. 87.

groupes détenteurs d'une organisation sociale plus « compétitive ». Il faut, pour atteindre un niveau de hiérarchie structurant, un levain dans la pâte sociale qui appartient au monde des idées et de l'esprit, le reste : un sol riche, une technique, des armes, un chef de guerre..., ce que l'on pourrait appeler les causes matérielles sont à classer dans la composition de la pâte et non du levain.

Nous avons sous les yeux des sociétés qui se forment. Qu'observons-nous ? Que le chemin de la complexification n'est pas linéaire, mais néanmoins c'est un chemin qui semble aller vers une direction identique, comme un fleuve qui coule et finit par trouver après de multiples méandres son lit vers la mer. Y a-t-il une pente de l'évolution ? On a longtemps considéré qu'elle était ascendante, les détracteurs du progrès, à la suite de Rousseau, l'ont plutôt considérée comme descendante. En vérité l'évolution nous oblige à nous poser deux nouvelles questions : où allons nous et est-il bien d'y aller ? Ce sont des interrogations éminemment modernes qui ont des connotations différentes selon les époques et qui, pour la nôtre, ont pris des atours écologistes : le progrès ne détruit-il pas la nature ? En quels termes nos prédécesseurs se sont-ils posés la question? Avant l'histoire c'est difficile d'y répondre, nous ne le saurons probablement jamais ; avec l'histoire nous pouvons enfin lire les pensées de nos ancêtres, nous allons nous y intéresser. Mais arrêtons-nous à nos premiers constats, nous en savons suffisamment pour formuler l'hypothèse que l'évolution n'est pas qu'une dialectique matérialiste semblable à une muraille infranchissable qui enfermerait l'homme, au contraire nous avons vu que la liberté conditionnée du facteur humain y ouvre une brèche. Cette brèche autorise à renouveler notre vision linéaire de l'évolution et à penser l'évolution comme une suite de pactes sociaux en permanente recomposition qui ont tous comme enjeu le renouvellement de la question éthique fondatrice, en effet plus l'évolution sera déstabilisante pour la cohérence sociale, plus cette question s'actualisera. L'évolution porte donc en germe l'actualisation de la question éthique, l'évolution étant caractérisée par la complexification, l'éthique devra accompagner cette dynamique. Dès lors nous nous posons la question : l'éthique peut-elle être, elle-même, considérée comme susceptible d'évolution ? Un détour par l'ethnonymie nous permettra d'appréhender le principe d'évolution de l'éthique.

Un peu d'ethnonymie !

L'ethnonymie, science des noms d'ethnies, nous fournit un matériau précieux sur la façon dont se percevaient les peuples premiers. Elle apporte un témoignage direct des conceptions fondatrices. Comment les peuples s'appellent eux-mêmes ? Il faut distinguer dans cette recherche ceux qui tiennent leur nom des autres et ceux qui s'appellent eux-mêmes. Donner un nom, c'est prendre le pouvoir sur soi ou sur les autres et donc imprimer sa vision au peuple désigné. Nous avons perdu ce sens de l'appropriation par le nom mais ce sentiment a toujours existé : on sait que dans le judaïsme, la prononciation du nom divin est interdite par refus conscient de s'approprier ce qui dépasse l'homme. Dans l'étude des noms d'ethnie, pour éclairer notre réflexion sur l'évolution, il faut donc se rappeler d'où l'on parle et bien distinguer s'il s'agit du nom endogène ou du nom exogène[70].

On pourrait classer les ethnonymes en deux catégories : la première reprendrait tous les peuples qui se désignent eux-mêmes, ce que nous appellerons la catégorie endogène ; la seconde celle, qui désigne les peuples de manière exogène par le regard de l'autre ; dans cette catégorie nous distinguons ceux qui appellent l'autre par opposition à eux-mêmes et ceux qui les désignent sans acrimonie particulière.

Nous vous proposons un florilège de ces ethnonymes qui mériterait certainement d'être complété de façon plus exhaustive et subdivisé de façon plus fine. Concentrons-nous sur les grandes lignes.

Il est très remarquable de constater que la désignation endogène fait référence à l'humanité du groupe. Par exemple l'Abkahazie, du géorgien « apakhazie », fait référence à l'âme, au sens de « bons, les hommes généreux ». Les Aïnous, aborigènes du Japon se désignent comme « les hommes », ils sont à rapprocher des Bantous, nom générique de certains peuples noirs d'Afrique, qui signifie « les gens, le peuple ». On retrouve ce sens pour Touareg, de l'arabe « tergi, targi, tergah » soit « race, peuple, tribu ». Les Béothuks Indiens de l'Amérique du Nord se désignent également comme « homme » ou « être humain ». De l'autre côté du pacifique, en nouvelle Calédonie, les Canaques ont eu la même idée, « kanaka » est un mot polynésien qui signifie « homme ». Les Carabobo, une tribu guarani du Vénézuela, a un nom qui a pour origine le mot « carai » qui comme par hasard veut dire « homme ». Les Haïdas,

---

[70] Nous nous appuyons sur Serge Losique, et son « *Dictionnaire étymologique des noms de pays et de peuples*», Chambéry, Editions Klincksieck, 1971.

indiens de l'Amérique du Nord, tirent leur nom du mot indien « xa'ida » voulant dire « les gens ». Les Wakash, tribu indienne de l'Amérique du Nord, vient du mot « waukash » qui signifie « bon ». Chaque peuple apprécie son humanité, même les barbares : à titre d'exemple les Huns, ancien peuple vandale dont le nom résonne encore négativement dans notre imaginaire historique, ont une dénomination d'origine mongole qui signifierait « homme ». Les Nenets, peuple de Russie, signifie « les hommes », idem pour les Oudmourt également peuple de Russie. L'origine du mot Khmer semble venir du sanscrit « ksema » qui signifie « bien être tranquillité, prospérité ». Les Aryas (aryens), ancêtres de la famille indo-européenne du sanscrit « arya » se vivent eux comme « noble, distingué ».

Nous avons là le témoignage de la reconnaissance du principe d'humanité dans la communauté formée par l'ethnie. Une communauté d'hommes se forme, s'impose des règles de justice pour durer et découvre une solidarité sur des valeurs partagées qui lui fait dire, par comparaison avec ceux qu'elle ne comprend pas, qu'elle est la représentante du genre humain. Chaque peuple expérimente, en tant que cellule sociale structurée, le principe d'humanité. Le mot homme peut être entendu de différentes façons comme au sens de viril, courageux, ou tranquille, prospère mais en tout cas comme porteur d'une valeur morale.

Et puis vient la notion de peuple choisi, associé à la divinité, que l'on retrouve chez les Tupis, indiens de l'Amérique du Sud, qui vient du guarani « tua » père ou de « tupa » Dieu et « ipi » origine, donc fils ou descendant de Dieu, c'est-à-dire peuple choisi. Israël est un autre peuple choisi plus connu, dont l'origine hébraïque « Yisrael » vient du surnom de Jacob. Jacob fut surnommé « Israël » après sa lutte contre l'ange. Israël signifie « fort contre Dieu ». Juif se dit des habitants de Jérusalem. Jérusalem vient de Urusalim, « uru » est sémitique et signifie « fondation », « Salem » est un nom divin attesté dans la première moitié du IIème millénaire. Donc Urusalim signifie « fondation de Salem » fondation de dieu. Cette ville qui fonde symboliquement l'union d'un peuple à un dieu, puis à Dieu, symbolise paradoxalement la division des peuples. Mais le Levant n'a pas le privilège de la divinité : Lhassa capitale du Tibet vient du tibétain « lha » « Dieu » et « sa » pays, terre, soit « pays de Dieu ». L'auto-désignation utilise également l'origine généalogique qui fait référence à un ancêtre ou à l'ascendance, c'est le cas par exemple du peuple Mandingues, peuple du Soudan qui tire son origine de « Ma » ou mère et de « denk ou ding » pour enfant, soit l'enfant de la mère par allusion à la descendance en ligne utérine en usage chez ces indigènes. Les plus connus étant l'ensemble des peuples sémites leur nom vient de « Sem », fils de Noé, donc descendants de Sem.

Il est également très remarquable que le regard exogène, qui a souvent triomphé dans la dénomination finale, prenne généralement le parti de l'interprétation inverse : les autres sont ce que nous ne sommes pas c'est-à-dire des sauvages, des barbares, des animaux ou toutes sortes de variantes aussi peu amènes. La désignation exogène est donc une autre façon de dire son humanité.

A titre d'exemple commençons avec les Aduatucis, ancien peuple de Gaule, dont la désignation est d'origine celtique et qui sont désignés par les latins comme « très furieux ». C'est aussi le cas des Belges, peuple celtique, dont le sens néerlandais « verbolgen » signifie « en colère » et rapproche les belges d'un peuple de « furieux ». Sur un autre continent, les Bochimans, peuple d'Afrique méridionale ont un nom qui souffre d'un complexe de supériorité : lorsque les Boers Afrikaanders connurent les déshérités du Kalahari, ils crurent se trouver en présence de simples dégénérés et les appelèrent : gens « man » de la futaie « bosje » d'où « bosje man ». Les boers, eux, sont plus civilisés, ils se désignent comme « boor » qui voulait dire à l'origine « agriculteur ». Plus loin de nous dans le temps, mais tout aussi révélateur, la Lyaconie, ancien pays d'Asie Mineure mais dont l'origine du nom est grecque donc exogène, vient du Grec lykos, soit « le loup », ce qui laisse supposer des relations conflictuelles entre les Grecs et ce peuple. Sous d'autres cieux on retrouve les mêmes comparaisons, les Mohicans qui tirent leur nom de l'algonquin « maingan » signifie également « loup ». Le cas des Quades, peuple de l'ancienne Germanie, et qui doivent l'origine de leur nom à l'adjectif germain « kwaad » soit « méchant, laid, corrompu » est révélateur du mécanisme d'appellation par opposition, en effet ce nom ne fut pas créé par ce peuple lui-même mais par d'autres tribus, surtout la tribu voisine qui avait des rapport inamicaux avec les Quades et qui, par contre, elle, se donnait le nom de « bons » en opposition à ses voisins. On retrouve cette opposition chez les Iroquois, peuple indien du Canada, dont le nom leur a été donné par les français et qui l'ont dérivé du mot « algonquin » qui signifiait « les vrais serpents » mais les Iroquois s'appelaient «Ongwehonwe », « les hommes supérieurs ».

Quelquefois on veut bien admettre que les autres ne sont pas si terribles, c'est le cas des Abiens peuple de Scythie, du grec « a » privé et « bia » violence autrement dit « qui n'a jamais fait la guerre ».

Les autres, si la violence n'est pas au fondement de leur relation, se verront alors désignés de façon plus neutre comme des hommes d'un lieu, de la mer, de la forêt. C'est le cas des Agathyrses ancien peuple de Sarmatie, du turc « agaceri » « forêt » ou des Alains également peuples de Sarmatie dénommés cette fois-ci par les Grecs « peuples de la montagne » du grec « Alanoi », ou encore des Angrivari un ancien peuple germain appelé par les latins « ceux qui habitent au bord du fleuve Angro ». Les Cosaques, peuple russe, doivent leur nom au turc « kasaks » qui signifie nomade. Le mot « arab » signifierait également « le nomade qui vit sous la tente » auquel cas ce nom leur serait donné par les sédentaires de la civilisation assyrienne, berceau des Sémites.

La géographie ou les activités n'ont pas le monopole de la désignation, en cette matière l'imagination est reine, citons le cas des Pygmées qui tirent leur nom du grec « pugmaios » soit « haut d'une coudée ». La mythologie grecque plaçait les pygmées en Éthiopie, aux sources du Nil, parfois en Inde. C'est de ce nom grec qu'on appela les pygmées de la forêt équatoriale.

L'ethnonymie fait aussi référence à un processus d'unification plus ou moins réussi. Par exemple les Betsimisaraka, l'un des peuples de Madagascar du mot Malgache « Betsi-mi-saraka » qui signifie « ceux qui ne se séparent pas » ou « qui ne sont séparés » autrement dit « les indépendants ». Les Catawba, une tribu indienne de l'Amérique du nord du mot indien « katapa » qui signifie « divisé » rappelle une séparation d'un autre peuple. « Fulbé » en anglais « Fumlani » et en français « Peul », population répandue entre le Darfour et le Sénégal, voudrait dire « les éparpillés ».

Dans ce processus d'unification, d'autres font référence à une histoire comme les Baoulés, peuple de la côte d'Ivoire. Les tribus Baoulé, talonnées par leurs ennemis, se trouvèrent arrêtées par le fleuve Camoe. Les féticheurs, pour apaiser les flots, exigèrent de la reine Abla Pokou (XVIIIème) le sacrifice de son enfant. Le génie du fleuve accepta alors de laisser passer les fuyards. Donc « Baoulé » signifie « le petit mourut », de « ba » petit « ou » mort et « élé » forme du passé. On ne peut s'empêcher de penser à la thèse Girardienne du sacrifice du bouc émissaire.

Les peuples se comprennent comme humains et ce dans le cadre d'un processus d'unification qui aboutit à l'entité peuple. Cette fierté de l'identité humaine s'arrête aux limites de l'ordre social auquel on appartient. Rappelons-nous, dans un temps historique très proche, la découverte de l'Amérique et des indiens a donné lieu à la controverse célèbre de Valladolid. Lors de cette controverse, le dominicain Bartolomé de Las Casas affronte le théologien Sépulveda, la question se posant de savoir si les indiens sont des hommes à convertir ou de simples animaux à exploiter. Las Casas considérait les indiens comme des hommes à part entière dotés d'une âme, Sépulveda cherchait à légitimer l'esclavage pour la bonne exploitation de la conquête mais le verdict fut prononcé en faveur de Las Casas. La position officielle de l'Eglise et du roi Catholique considérait les amérindiens comme de véritables humains. L'application pratique fut autre chose mais là nous touchons une autre dimension de l'éthique qui s'inscrit dans des mœurs et pas seulement dans des principes.

Les Grecs[71] en considérant les autres peuples comme des barbares, ont appliqué un principe d'identification par opposition qui est le lot de toutes les sociétés humaines. La violence commence là où l'humanité de l'autre n'est plus perceptible. C'est un principe qui vaut à l'échelle d'un peuple comme à l'échelle d'un individu. Si l'individu est le produit de son environnement social, comme fabriqué par le peuple auquel il appartient, alors la violence ne peut cesser que par le triomphe d'un peuple sur tous les autres. Si nous dépendons de rapports structurants qui enferment notre liberté dans le groupe, alors la violence est générée par le communautarisme et ne peut s'éteindre que par le triomphe d'une communauté. A l'inverse, si l'individu ne dépend pas en totalité du groupe, il a la capacité de retrouver l'humanité de l'autre dans un autre groupe et de dépasser la violence communautaire. Seul l'individualisme référé à un principe supérieur au groupe peut dépasser la violence, mais attention en disant cela, nous n'oublions pas que l'individu ne peut se concevoir indépendamment du groupe, et que c'est par le groupe qu'il arrive au principe d'humanité, il s'agit donc d'articuler les deux. L'histoire de l'évolution éthique peut s'analyser comme la perception partagée de l'autre universel à travers et au-delà du groupe. Le principe d'humanité, au début limité à un groupe, va s'élargir au fur et à mesure de la complexification de la société. Nous en déduisons une règle

---

[71] Aristote justifiera l'esclavage en rabaissant les esclaves au rang des animaux domestiques. Cf. Aristote *Les Politiques,* livre I, v, 1254b : « Ainsi celui-là est esclave par nature qui peut appartenir à un autre (aussi lui appartient-il en fait) et qui n'a part à la raison que dans la mesure où il peut la percevoir, mais non pas la posséder lui-même. Les autres animaux ne perçoivent pas la raison, mais obéissent à des impressions. Quant à leur utilité, la différence est mince : esclaves et animaux domestiques apportent l'aide de leur corps pour les besoins indispensables. ».

fondamentale pour comprendre l'évolution : la complexification de la société active le principe de reconnaissance identitaire et donc d'humanité.

Le philosophe français René Girard apporte un éclairage novateur sur le processus interne de formation de l'idéologie identitaire. Il introduit l'idée de mimétisme comme principe de fonctionnement de toute société et explique la violence sociale par le désir mimétique, il y ajoute le concept de bouc émissaire en indiquant que la violence née du désir mimétique se concentre sur un bouc émissaire innocent et chargé d'absorber toute la violence du groupe pour lui sauvegarder son identité : l'exemple des Baoulés est symptomatique de ce processus, l'enfant, victime innocente, est sacrifié pour permettre au peuple de subsister. Les mythes, pour Girard, sont le reflet de cette histoire de la violence identitaire. Nous intégrons la thèse girardienne à notre réflexion en la plaçant dans un moment du processus historique. Pour qu'il y ait désir mimétique, il faut que la société soit inégalitaire ce qui n'a pas toujours été le cas, il y a donc une culture humaine d'avant le mimétisme. Le Néolithique, puis le Chalcolithique sont à l'origine de sociétés inégalitaires où le désir mimétique peut trouver à s'exprimer. Il faudrait faire une typologie des sociétés pour mesurer le lien de correspondance entre la théorie mimétique et le degré d'inégalité des sociétés, afin de bien comprendre toutes les finesses de cette relation. En attendant, la thèse girardienne a l'avantage de replacer la violence au sein même du processus identitaire quand bien même nous avons fait l'éloge du souci du bien comme constitutif de l'identité sociale. Cela n'est pas contradictoire si l'on veut bien se défaire de quelques représentations mentales manichéennes : l'homme n'est ni ange ni démon, on laisse alors la place à une réflexion féconde sur l'articulation du souci du bien et du désir mimétique. Nous rappellerons que la crise mimétique se résout dans le sacrifice en vue du bien de la communauté, sacrifice certes scandaleusement injuste mais orienté vers un bien. Ainsi la violence n'est pas dissociable du principe éthique constitutif de la cellule sociale.

Nous avons retracé la préhistoire de l'évolution d'ordre matériel et constaté qu'elle n'était pas linéaire, de même l'éthique qui est à l'origine de cette évolution matérielle est soumise à une évolution qualitative non linéaire. Celle-ci se mesure par l'extension du principe d'humanité aux différentes sociétés et à leurs relations.

CHAPITRE 4 - L'histoire de l'éthique commence à Sumer

Nous nous proposons dans cette partie de traquer le principe d'humanité, né de l'inclination éthique, et de suivre son évolution à travers les premières sociétés historiques. La naissance de la première culture de l'écrit en Mésopotamie du sud apporte des indices pertinents de la formation de ce principe d'humanité.

L'élargissement du cercle culturel

Nous sommes au Vème millénaire av. J.-C., on parle de l'époque d'Obeid. La mer remonte du VIème au IVème millénaire, elle est à 1 à 2 mètres au-dessus du niveau actuel, il faut peut-être y voir l'origine lointaine du souvenir du déluge. Le climat correspond au climat actuel, les températures d'été sont les plus chaudes du globe, la période précédente située entre 8000 et 5000, dite de l'optimum climatique holocène, s'est terminée mettant fin aux phases chaudes et humides et aux hivers doux. Le climat, qui explique souvent beaucoup de choses, n'est plus optimum, pourtant c'est à cet endroit et à ce moment que va naître la future civilisation de l'écrit. A quoi ressemble la société de cette époque ? C'est une société agricole faite de réseaux de villages, l'agriculture y est prospère grâce à l'irrigation ce qui traduit l'existence d'une organisation communautaire dense et largement répandue. Un signe nous parait symptomatique, on n'a pas retrouvé d'armes sur les sites archéologiques datant de cette époque, les sociétés obeidiennes ont donc l'air de sociétés pacifiques. Il semble qu'il y ait une unité culturelle pacifiée qui va permettre de passer à l'étape suivante, celle dite d'Uruk entre 3700 et 3100 av. J.-C. Les réseaux de villages deviennent des entités indépendantes structurées autour de villes. C'est dans ce cadre qu'apparaissent les premières traces d'écritures sur pierre ou argile. Ce sont des pictogrammes abstraits ou géométriques. Les lectures proposées indiquent qu'il s'agit d'opérations de comptes ou de listes de toutes natures destinées à faciliter l'échange ou la comptabilité, on voit apparaître également des sceaux cylindriques décorés qui nous indiquent que nous sommes dans une société où se pratiquent les échanges matériels où la confiance entre les contractants doit s'attester et se garantir, signe que les échanges dépassent le premier cercle communautaire.

Les archéologues mettent également l'accent sur l'apparition de représentations humaines réalistes, non schématiques ou stylisées. Ce fait n'est certainement pas du au hasard mais au mouvement « humaniste » qui accompagne la complexification sociale : l'homme se reconnaît et s'assure dans le monde des représentations une place éminente, place que les figurines du Néolithique et du Chalcolithique n'avaient jamais occupée à ce point. L'homme apparaît désormais comme à la source des représentations physiques et des concepts divins. L'homme a fait les dieux à son image avant de proposer que Dieu ait fait l'homme à son image, dit-on classiquement. Il y a du vrai dans cette façon de voir les choses, mais il faut préciser le point de vue sur cette figure de style courante : en effet, ne peut-on pas dire plutôt que la conscience humaine a restitué aux dieux la part d'humanité incompréhensible qu'elle était en train de se découvrir ? C'est faire plus grand cas de la spiritualité de nos ancêtres et donner à leur inspiration le bénéfice de l'évolution, nous allons nous en expliquer.

Nous sommes au seuil de sociétés guerrières où la violence ne va cesser de se développer. Une lecture rapide pourrait accréditer la thèse rousseauiste du bon sauvage, celui-ci vivant dans des sociétés primaires pacifistes et universelles, comme en témoigne les fascinantes longévité et unité des cultures paléolithiques, le reste de l'histoire étant à comprendre comme une dégradation de cette situation originelle. Cette vision ne traduit pas la dynamique de l'évolution. Il n'y a pas un bon sauvage qui dégénérerait en violent civilisé, mais un humain aux prises avec l'évolution matérielle, une force de complexification de la société qu'il génère lui même par l'adoption de pactes sociaux constamment travaillés par la recherche de solutions éthiques plus universelles, solutions rendues nécessaires par l'élargissement du cercle culturel. Il y a un progrès vers l'universel kantien, mais délimité par une culture dont l'identité fragile est en lutte avec d'autres identités culturelles qui vivent le même processus. « *L'humanité s'étend aussi loin que l'unité d'une culture* »[72] disait Husserl.

[72] E. Husserl, *Sur le Renouveau - Cinq Articles*, Vrin, Paris, 2005, p. 42.

Résurgence d'une culture

L'histoire mésopotamienne a été découverte récemment au XIXème siècle. On en avait quelques traces dans le texte biblique qui évoque les conflits des royaumes d'Israël puis de Juda avec l'empire néo assyrien (IX^{ème}siècle-612) puis néo babylonien (612-539), mais jusqu'au déchiffrement de l'écriture en coin, dite cunéiforme, la limite des temps connus se confondait avec le texte biblique. Au début du XIXème siècle un jeune professeur allemand de Göttingen, Georg Friedrich Grotefend, se met en tête de déchiffrer l'écriture cunéiforme. Il établit à partir de l'étude d'une série d'écritures retrouvées sur des falaises inaccessibles un système ingénieux de décodage par recoupement avec les noms de rois achéménides[73] connus des historiens grecs. Son travail limité ouvre pourtant la voie à de nombreux chercheurs européens qui vécurent alors fébrilement, dans leur bureau, une aventure intellectuelle qui aboutira à déterrer pas moins de trente siècles d'histoire mésopotamienne. Une civilisation perdue, dont seule affleuraient quelques ruines délaissées, remontait à la surface de nos connaissances. Près d'un demi-million de tablettes cunéiformes écrites en sumérien et en akkadien furent ainsi exhumées. Un monde ressurgissait, celui qui voisinait avec la première période du Néolithique. C'était mieux que la mythique Atlantide : trois mille ans de civilisation, soit ce que nous avons vécu depuis l'origine de la révélation du peuple de l'alliance ; voilà qui pouvait redonner de la profondeur à l'histoire. Du coup la perspective biblique fut reconsidérée et c'est avec étonnement que l'on découvrit en 1872 que le récit du Déluge était antérieur à celui de la Bible. Il devint évident que la culture biblique s'inspirait de récits mésopotamiens : de l'épisode du roi Sargon, récupéré enfant des eaux du fleuve, au récit du serviteur souffrant vivant le même drame que Job, le juste malheureux, en passant par la tour de Babel sans oublier Abram[74] le chaldéen originaire de la prestigieuse basse Mésopotamie. Cet arrière plan mésopotamien ne peut plus être ignoré, il redonne de la perspective à nos conceptions et permet de retracer plus aisément les cheminements de notre culture.

---

[73] La dynastie Achéménides perse et non mésopotamienne utilisait l'écriture cunéiforme.

[74] Avant qu'il ne soit Abraham

La première genèse de l'histoire : le Poème d'Atrahasîs

Parmi les témoignages sur la façon de penser le monde, les mythes constituent des pièces de choix et spécialement les mythes de genèse. Les mythes constituent une forme d'explication non philosophique, non scientifique, non politique mais religieuse, au sens de *religare,* des choses, pour autant la raison n'est pas absente des récits mythologiques. L'imagination calculée [75] de leurs auteurs s'emploie à démontrer l'origine des choses en vue du pacte social à défendre ou à construire, en racontant une histoire. Il en est ainsi pour le Poème d'Atrahasîs, ou du supersage. Ce poème date du début du deuxième millénaire avant J.-C. il est contemporain de l'époque du code d'Hammurabi (1750 av. J.-C.), c'est la plus ancienne « Genèse » connue, elle embrasse l'histoire religieuse de l'homme depuis la sortie des mains de son créateur jusqu'à la fin du déluge et les commencements du temps historique. Avant d'aborder le texte, il convient de souligner[76]que cette œuvre créée de toutes pièces n'en représenta pas moins l'esprit et l'*aggiornamento* de cette époque, ce qui explique sa diffusion pendant plus d'un millénaire, contribuant ainsi à forger un même univers culturel mésopotamien autour de ses deux pôles babylonien et assyrien. Une source principale néo assyrienne est complétée par des fragments de texte paléo babyloniens. Le texte traverse des périodes pendant lesquelles le pouvoir passe de Babylone à Assur. Le contexte politique est important car il donne un indice de ce que peut être la fonction du mythe : le pouvoir mésopotamien basculera alternativement son centre de gravité du sud au nord, le pouvoir devra donc trouver des moyens de légitimer son autorité en conservant une unité culturelle, il s'appuiera naturellement sur la mythologie. Nous vous proposons l'extrait suivant[77] :

Avant la création de l'homme

Lorsque les dieux (faisaient) l'homme,
Ils étaient de corvée et besognaient ;
Considérable était leur besogne,

---

[75] Nous reprenons l'expression de Jean Bottéro in « *Lorsque les Dieux faisaient l'homme* », NRF, Gallimard, 1993, p. 83.

[76] Nous nous appuyons sur le commentaire de Jean Bottéro, *op. cit.*, p. 528.

[77] Extrait tiré de « Lorsque les dieux faisaient l'homme – Mythologie mésopotamienne », Jean Bottéro et Samuel Noah Kramer, NRF, Gallimard, 1993, p. 530-538.

Leur corvée lourde, infini leur labeur.
Car les grands Anunnaku, aux Igigu,
Imposaient une corvée septuple !
Leur père à tous, Anu, était leur roi ;
Enlil-le-preux, leur souverain ;
Ninurta, leur préfet,
Et Ennugi, leur contremaître.
Tombés d'accord,
Les grands-dieux avaient tiré au sort leur lot :
Anu était monté au ciel ;
Enlil avait pris la terre pour domaine,
Et le verrou qui barricade la mer
Avait été remis à Enki-le-prince.
Quand Anu fut monté au ciel,
Les dieux de l'Asû y descendirent :
C'est alors que les Annunaku célestes
Imposèrent aux Igigu leur corvée.
Et ces dieux d'excaver les cours d'eau
Et d'ouvrir les canaux qui vivifient la terre.

Ainsi creusèrent-ils le cours du Tigre, Et
après, celui de l'Euphrate.

Pendant cent ans, ils besognèrent -
Pendant cinq cent ans, ils besognèrent -
Pendant neuf cent ans, ils besognèrent -
Pendant mille ans, ils besognèrent !
Quand ils eurent entassé toutes les
montagnes,
Ils firent le décompte de leurs années de
besogne.
Quand ils eurent organisé le grand
marécage méridional
Ils firent le décompte de leurs années de
besogne :
alors à déblatérer et récriminer, ...

S'ensuit une révolte des dieux qui vont assiéger le palais d'Enlil. Celui-ci convoque les grands-dieux pour savoir ce qu'il convient de faire. Faut-il faire la guerre ? Les grands-dieux décident de s'enquérir du motif de la révolte. Les dieux se plaignent alors de l'excessive besogne qu'on leur a imposée. Enlil à l'air de découvrir le sort tragique fait aux dieux et, touché aux larmes, décide en accord avec les grands-dieux de créer l'Homme. Le texte reprend, apparaît alors Bêlet-ilî, également appelée Mammi et Nintu la matrice :

« Puisque Bêlet-ilî, la matrice, est ici,
C'est elle qui mettra au monde et produira
L'Homme pour assurer la corvée des
dieux ! »

Interpellant donc la déesse, ils demandèrent
A la sage-femme des dieux, Mammi-
l'experte : « C'est toi qui sera la matrice à
produire les hommes ?
Eh bien ! Produit le prototype humain :
Qu'il porte notre joug-
Qu'il porte notre joug imposé par Enlil-
Que l'homme assume la corvée des dieux ! »
Mais Nintu ayant ouvert la bouche,
Répliqua aux grands-dieux
« Par moi seule, cela ne peut se faire ;
Mais avec le concours d'Enki,
Oui l'opération est possible !
Lui seul peut tout purifier :
Qu'il me livre l'argile en état, et moi
j'opérerai ! »
Enki ouvrit alors la bouche
Et s'adressa aux grands-dieux :
« Le premier du mois, le sept, ou le quinze,
Je décréterai une lustration avec bain.
Lors on immolera un dieu,
Avant que les dieux se purifient par
l'immersion
A sa chair et son sang,
Nintu mélangera de l'argile :
Ainsi seront associés du dieu et de l'homme,
Réunis en l'argile,
Et, désormais, nous serons de loisir !
De par la chair du dieu

Il y aura, aussi, dans l'Homme, un
« esprit »,
Qui le démontrera toujours vivant après sa
mort.
Cet « esprit » sera là pour le garder de
l'oubli ! »

Et les grands Anunnaku,
Assignateurs des destins,
De répondre : « Oui ! », tous ensemble.
Le premier du mois, le sept, ou le quinze,

Enki décréta donc une lustration avec bain,

Et le dieu Wé, qui avait de l'« esprit »,
On l'immola en pleine assemblée.
A sa chair et son sang
Nintu mélangea de l'argile,
Pour que fussent associés du dieu et de
l'Homme,
Réunis en l'argile
Et que les dieux fussent ainsi, désormais de
loisir
De par la chair du dieu,
Il y eut aussi, dans l'Homme, un « esprit »
Qui le démontrerait toujours vivant après sa
mort.
...

Cette genèse mésopotamienne est à comparer à la genèse biblique. Ce qui frappe en premier lieu, c'est le fait que le monde n'est pas créé mais seulement aménagé par les dieux inférieurs. Les hommes de cette époque appartiennent à un univers existant depuis toujours, englobant de nombreux dieux qui vivent en société hiérarchique et inégalitaire. Les hommes habitent dans le même monde que les dieux mais, en quelque sorte, à un autre étage et ils n'en ont pas la clé. Leur monde revêt un caractère mystérieux, il est gouverné par les grands dieux selon leur bonne volonté. Cette conception d'une nature pré-existante à l'univers divin est évidemment très éloignée de la conception d'un monde créé par un Dieu monothéiste et dissocié de ce Dieu. Le polythéisme, et c'est une constante de la pensée mythique, est associé à une nature incréée. Le multiple polythéiste appartient à une vision englobante, immanente de l'univers, par opposition l'universel monothéiste est indépendant du monde créé. Ces visions théogoniques déterminent des types d'organisations socio-économiques dans la mesure où le rapport à la nature change : si le monde appartient aux dieux, l'horizon de compréhension se limite, l'esprit humain cherche à comprendre la volonté des dieux avant la nature du monde et bloque, de ce fait, ses capacités d'exploitation de la nature. A l'opposé, pour un univers conçu comme créé et comme mis à disposition de l'homme, la maîtrise de la nature devient possible. Pour basculer d'une conception à l'autre, on va le voir, il faudra un long apprentissage qui passera par l'élargissement de la notion d'éthique universelle.

Revenons à notre texte. Nous constatons que ce mythe est construit autour de la question du travail des dieux et de la pénibilité du labeur. Ce travail est réparti de façon inégale, les grands dieux vivent dans l'insouciance et les Igigu, une espèce de dieux inférieurs, pour la besogne. Le parallèle est immédiat entre la condition royale et la condition ordinaire du peuple, le mythe parle de l'état d'une société inégalitaire. La révolte gronde, preuve que l'injustice des situations entre les dieux supérieurs et inférieurs pose un problème d'éthique. Néanmoins la recherche d'une solution juste, équitable, est circonscrite au cercle restreint des divinités, comme si l'inégalité était le lot du monde des humains. On a vu que la solution pour s'échapper du labeur était de créer l'Homme ; c'est aux hommes de supporter le poids du travail pour le compte des dieux. Le mythe est une histoire constitutive, de type *religare* qui suggère aux hommes d'accepter leur place dans la conception immuable du monde.

Mais l'Homme n'est pas totalement détaché de l'univers divin, l'esprit lui vient d'un dieu, la chair de la glaise ; deux natures composent l'humanité. C'est en vérité la grande question de l'origine de l'homme et de son rapport au divin qui est posée. L'esprit de l'Homme vient du dieu Wé, réponse en quelque sorte spontanée au mystère de la pensée ; si l'on sait que l'esprit n'est pas d'argile on ne sait pas d'où vient cette faculté de penser avec de la matière. Jean Bottéro fait remarquer qu'en akkadien : « *homme au sens de individu de l'espèce humaine s'articulait awêlu/awîlu* » et que « *dans ce mot, il y avait à la fois du wê (aWELu) et du dieu- en akkadien ili/elu (awÊ/ÎLU)* ». Ainsi mettre du dieu-Wé dans la conception originelle de l'homme revient à inclure la nature divine dans l'homme et, ce faisant, à préparer la révélation biblique de l'homme créé à l'image de Dieu. Le mythe cherche une explication et ce sera dans une histoire doublement fondatrice de la communauté divine et humaine qu'elle sera imaginée. René Girard nous a appris que dans une société inégalitaire, le mimétisme produit un désir qui déclenche un acte de violence fondateur et libérateur d'une tension identitaire. Le dieu Wé y laissera sa vie en sacrifice. Pourquoi lui ? Pour la seule raison qu'il a de l'esprit. Point de justice ou de raison à ce choix, juste le besoin d'une lustration pour faire passer la violence au bénéfice de l'assemblée des dieux qui seront désormais de loisir. Le sacrifice d'un seul vaut bien le repos de tous ! L'assemblée, pour laver ce crime, éprouvera seulement un besoin de purification, preuve que la conscience éthique peut se monnayer contre un bon rituel dans la pensée mythique.

Il est bon de mesurer le décalage que produit une telle histoire sur notre conscience. Evidemment tous ces crimes mêmes imaginaires nous répugnent. Ils inspiraient à nos ancêtres une crainte respectueuse qui leur donnait le cadre de leur comportement social : il fallait respecter l'autorité imposée par l'organisation politique et la vie était enchaînée à un destin qui dépendait des désirs divins, incompréhensibles mais apprivoisables par le rituel sacrificiel. Néanmoins, dans ce récit, la porte reste ouverte pour une idée plus grande qui évoluera dans le cadre de la civilisation mésopotamienne, celle de la vie après la mort liée à l'origine divine de l'esprit. La simplicité de l'énoncé est remarquable, la vie est démontrée après la mort par la présence de l'esprit en l'homme :

Il y eut aussi, dans l'Homme, un
« esprit »
Qui le démontrerait toujours vivant
après sa mort.

Mais alors, dira-t-on, qu'est devenu le dieu Wé qui pourtant est mort ? C'est compliqué en économie polythéiste de faire vivre et mourir les dieux comme les hommes. Le mythe a ainsi introduit dans son propre récit, de façon contradictoire, la question de la vie après la mort.

Ethique et polythéisme

Nous voudrions citer ici, à nouveau, le philosophe Hume dont nous connaissons maintenant la conception matérialiste de l'origine des idées. Que disait Hume sur l'idée de Dieu, souvenons-nous : « *entendu comme un Etre infiniment intelligent, sage et bon*[78] », Dieu ne peut être que « *le résultat des réflexions que nous faisons sur les opérations de notre propre esprit et de l'accroissement sans limite que nous donnons à ses qualités de bonté et de sagesse* ». Bien que ne partageant pas l'idée de l'origine du sentiment moral, conçu par Hume comme issu des sens et orienté vers l'intérêt, nous partageons sa conception liant sentiment moral et idée divine mais en lui donnant un arrière-plan historique et non pas naturel. Les « *qualités de bonté et de sagesse* » sont le produit de notre propre esprit, et c'est bien par notre réflexion, mûrie par l'histoire rajouterions-nous, que nous les accroissons sans limite pour arriver à l'idée d'un « *Etre infiniment intelligent, sage et bon* ». Alors, quel rapport avec notre Genèse babylonienne ? La Genèse babylonienne peut être considérée comme le premier témoignage *a contrario* de cette réflexion en gestation. L'éthique est, nous l'avons vu, elle aussi soumise à la dynamique de l'évolution, elle est le résultat d'une réflexion de l'homme sur sa condition humaine. La Genèse babylonienne nous dit par défaut que l'idée d'un Dieu « *Etre infiniment intelligent, sage et bon* » n'est pas une donnée immédiate de l'expérience humaine puisque nous n'en voyons pas trace dans le mythe babylonien. L'idée d'un dieu infiniment bon est le fruit d'un aboutissement culturel, elle n'est pas spontanée pour la raison humaine, c'est bien vainement que nous pourrions en trouver des indices dans notre premier récit de genèse. Quand Hume pense au Dieu bon, il appartient à l'univers culturel monothéiste et chrétien, il est comme pris en flagrant délit d'influence culturelle judéo-chrétienne, alors que tout son discours consiste précisément à se dégager de l'influence religieuse. Hume considère comme naturel un mode de pensée qui n'est en fait qu'une élaboration culturelle. Les qualités de bonté et de sagesse, un millénaire avant le monothéisme juif et deux millénaires avant le Dieu d'amour des chrétiens, ne sont pas encore ontologiquement du registre du divin pour l'homme mésopotamien. Hume, père fondateur de la pensée laïque, refuse son héritage culturel monothéiste au nom de conceptions

[78] David Hume, *Enquête sur l'entendement humain*, *op. cit.*, p. 63, 64.

faussement « naturelles » dont il ne sent pas le goût d'universel concocté par la culture religieuse judéo-chrétienne. La nature et la culture sont proches l'une de l'autre, car la culture transforme l'homme et, par cette transformation, elle lui crée une seconde nature. Comme Hume, on ne sait plus alors distinguer ce qui est du registre de la culture et de la nature. Hume ne peut concevoir que l'idée du Dieu Bon, qu'il tient pour naturelle, soit avérée à la conscience humaine par la rencontre de l'idée du Dieu un et de l'éthique. Cette rencontre sera le fruit d'un moment culturel exceptionnel. Quatre mille ans d'histoire mésopotamienne n'auront pas suffit à trouver les conditions de cette rencontre.

Sagesse mésopotamienne

Pour comprendre par quels chemins les hommes ont fini par associer l'éthique et l'idée de Dieu il faut partir de ce qu'il y avait avant le monothéisme. Quel meilleur point de départ que celui où s'enracine une partie des récits bibliques ? Grâce aux travaux des archéologues et des assyriologues, nous pouvons désormais accéder aux systèmes de pensée des mésopotamiens. Le demi-million de tablettes exhumées par les archéologues comporte un volet sapientiel où l'on peut retrouver ce qu'était leur morale. Plusieurs genres littéraires se côtoient : des proverbes, des enseignements de sages, des codes, des dialogues et des complaintes. Dans cette masse de textes, nous choisirons quelques exemples qui permettront de mieux apprécier la proximité avec ce peuple antique. Quelques proverbes et de courts extraits de récit de sagesse nous permettront d'entendre, depuis le début de l'histoire, ce que pouvait être une réflexion éthique ; la longueur du temps fait perdre la notion du réel passé, il devient alors facile soit de sacraliser soit de déshumaniser une pensée. Grâce à la découverte de nombreux textes, nous pouvons remonter le temps, déjouer ces pièges et prendre la mesure de leur contenu moral. Commençons par quelques proverbes sumériens issus d'une longue série, rédigés sur sept cent tablettes, qui témoignent de l'antique sagesse humaine ; qu'on en juge par ces extraits :

« Celui qui fait voile avec le vent dans la loyauté,/Utu[79] *cherche toujours pour lui un havre sûr./Celui qui fait voile avec le vent à des fins de méchanceté/Toujours, loin des côtes, il le mène au naufrage »*

« Le cœur n'engendre pas le sentiment de haine ;/ la bouche, elle engendre le sentiment de haine. »

« Pour beaucoup de gens, un mot amical est un compagnon.»

« Dis un mensonge, puis dis la vérité:/elle passera pour un mensonge. »[80]

La sagesse se présente également, dans cette littérature sapientielle, par la parole du sage. Celle-ci tire sa légitimité de l'histoire lointaine d'un personnage charismatique. Il en est ainsi pour l'enseignement de Shuruppak dont deux versions sumériennes du milieu du IIIème millénaire nous livrent la substance :

« En ce jour, en ce jour lointain, en cette nuit, en cette nuit reculée,/ en cette année, en cette année lointaine,/ en ce temps-là vivait celui qui possédait la sagesse,/ l'homme aux paroles ingénieuses,/ qui connaissait la parole, au pays de Sumer,/ vivait Shuruppak, celui qui possédait la sagesse,/l'homme aux paroles ingénieuses,/ qui connaissait la parole, au pays de Sumer. »

Mais l'ingéniosité de Shuruppak s'arrête aux frontières de Sumer, il conclut ses conseils sur une mise en garde face à l'étranger :

« Un chien inconnu est méchant ; un homme inconnu est redoutable !/ Sur les chemins inconnus en bordure du pays montagneux, les dieux du pays montagneux sont mangeurs d'hommes. »

Les mémoires des peuples sont ainsi marquées par des personnages qui par leur éthique agissent comme le centre de gravité d'un espace culturel dont l'au-delà devient celui de la barbarie. Tout l'enjeu d'une société qui grandit est d'arriver à élargir ce fonds de valeurs pour assimiler les nouveaux arrivants. Les conquêtes impériales contribueront à repousser les limites de l'espace culturel. L'histoire de la Mésopotamie est faite d'assimilation des peuples à la culture sumérienne. Cette zone de

[79] Dieu du soleil et de la justice invoqué par les voyageurs solitaires.
[80] Sagesses de Mésopotamie, Cahiers Evangile, Editions du cerf, 1993.

plaine autour du Tigre et de l'Euphrate se trouve au carrefour de trois continents et ses terres n'ont pas manqué d'attirer les ethnies désireuses de sédentarisation à la mode néolithique. Les sumériens sont arrivés du sud-est au IVème millénaire, c'est eux qui ont mis en place l'économie agricole centralisée qui a servi de base aux premières cités-Etat, c'est eux qui ont découvert l'écriture et c'est eux qui ont donné naissance à une vigoureuse culture intellectuelle. L'éclat des sumériens, peuple de langue non sémite, fut tel que les peuples qui suivirent ont toujours considéré la langue sumérienne, non parlée, comme celle des lettrés, à l'instar de notre latin que l'on utilisait dans les milieux intellectuels et religieux bien après la chute de l'empire romain. Par vagues successives, des plateaux de l'est, des montagnes du nord ou des steppes qui bordaient le désert arabique, les Sémites se sont fixés autour d'Akkad (2350-2100). A partir de 2350, Sargon d'Akkad annexe les cités Etats sumériennes, unifie la Mésopotamie et lance des expéditions militaires. L'emploi de l'akkadien se généralise, l'écriture cunéiforme est reprise. Ce premier exemple d'hybridation culturelle se continuera avec l'infiltration lente des amorites (2000), puis des cassites (1600-1100), d'origine incertaine peut être indo caucasienne, et enfin les araméens (1100-1000). Les trois mille ans d'histoire mésopotamienne ne sont pas d'un bloc mais au contraire le fruit d'une hybridation de peuples et de constructions d'unités politiques variables. Celles-ci conserveront et enrichiront la culture sumérienne donnant ainsi à la succession des royaumes et des empires une unité. Un processus d'acculturation s'opèrera dans cette région et concernera tous les peuples qui bordent la Mésopotamie dont, bien entendu, le petit et jeune peuple hébreu.

Revenons à la littérature sapientielle en nous appuyant sur des textes de l'époque cassite (1530-1160) ayant connu une large diffusion ; la pensée s'affine. Le sage y développe des remarques de bon sens, et valorise la morale utilitaire en la fondant sur une bonté active :

« Confronté à une dispute, va-t-en, ne t'en occupe pas !/Si la dispute te concerne, éteins ce qui s'enflamme !/ Car la dispute est comme une fosse grande ouverte,/ un mur instable qui ensevelit son ennemi./On se rappelle ce qu'un homme a oublié et on l'accuse ! »

« Avec celui qui te cherche querelle, ne te fâche pas ;/à celui qui te fait du tort, fais du bien en échange ; à qui te veut du mal, conserve ta justice !/ Envers ton ennemi, montre toi rayonnant et, s'il te jalouse, fais lui des largesses ! ».

Nous n'en sommes pas encore à tendre l'autre joue à notre ennemi mais l'on ne peut s'empêcher de relever le parallèle. Cette attitude pleine de sagesse plaît aux dieux, l'éthique du point de vue de l'homme mésopotamien est approuvée par les dieux :

« *Que ton esprit ne tende pas au mal, car cela est agréable aux dieux,/tandis que le mal[...]est une abomination pour Marduk*[81]*,/ressasser[l'injustice], une abomination pour Nirtuna.* »[82]

Le sage n'oublie pas le respect dû aux dieux et nous livre un précieux témoignage sur l'utilité du sacrifice dans la relation au dieu personnel:

« *Appelle ton dieu chaque jour dans la prière ;/sacrifices et demandes font partie des parfums !/ aie soin d'offrir à ton dieu une offrande spontanée./ C'est là ce qui est dû à la divinité : / que l'on prie, qu'on appelle, la main sur le nez./Tu lui donnes un grain et tu gagnes un talent,/ et de plus, tu te trouves avec ton dieu en plein accord. /Toi qui es encore en apprentissage, lis sur la tablette:/ 'Révérer les dieux attire leur faveur,/ le sacrifice est source de vie au-delà de toute attente'/ En outre la prière obtient le pardon des péchés./ Celui qui révère dieu, personne ne le méprise ;/ celui qui craint les Annuaki* [83]*prolonge ses jours.* »

Dans la multiplicité du panthéon Mésopotamien on trouve beaucoup de dieux dotés de fonctions de spécialiste, mais ça ne suffit pas ! Apparaissent également les dieux personnels : « *Appelle ton dieu chaque jour dans la prière* », nous dit le texte. C'est grâce au dieu personnel que l'on établit le contact en vue de nouer une relation particulière destinée à protéger sa vie terrestre. Il faut éviter en quelque sorte le courroux divin et se ménager par le sacrifice ses bonnes faveurs. Il s'ensuit que les malheurs ou la maladie sont dus à un manquement, même inconscient, envers un dieu. Le manquement aux dieux constitue la première réponse à la question du mal : le mal est causé par le péché de l'homme, pour y remédier l'homme doit contenter son dieu par des sacrifices. Cette explication peut être considérée dans sa spontanéité comme une pensée

---

[81] Premier des dieux qui supplantera Enlil, Enki et Enu « Sagesse mésopotamienne » ; *ibid*, p. 52.

[82] Dieu de la guerre et de la chasse

[83] Le mot recouvrit primitivement l'ensemble des dieux des Sumériens. A plus basse époque, ce sont les dieux des régions inférieures, opposés aux Igigi du ciel. « Sagesse mésopotamienne » ; *ibid*, p. 52 – 54.

archaïque et elle doit être positionnée au centre de la relation homme/dieux. Cette relation de nature sacrificielle sera progressivement remise en cause par l'introduction de l'éthique dans la sphère divine : si je dois me conformer à une éthique de vie personnelle et sociale et que les dieux ont en charge le respect de cette éthique, la correspondance doit être parfaite ce qui suppose que les dieux polythéistes sont d'accord entre eux sur ce sujet, première difficulté ; enfin en admettant que ce soit le cas, comment expliquer que l'homme pieux souffre alors que celui qui ne l'est pas vit bien ; cette dissociation n'est elle pas à terme de nature à saper l'ordre sacrificiel polythéiste ? La recherche de la justice au plan individuel ne peut être dissociée de l'ordre de la société qui elle même doit correspondre à l'ordre voulu par les dieux, or ces relations posent problème et fragilisent la cohérence du système polythéiste.

Le code d'Hammurabi

Les textes cités précédemment apportent certes des témoignages d'une conscience morale personnelle mais qu'en est-il au niveau civil ? La société se doit-elle de protéger la veuve et l'orphelin ou, au contraire, seule règne la violence impulsée par le plus fort? Pour tenter de répondre on dispose de plusieurs codes législatifs dont le célèbre code d'Hammurabi, roi de Babylone (1792-1750). Avec le code d'Hammurabi on change de registre : l'éthique mise en avant n'est plus seulement personnelle, elle revêt un caractère général destiné à la bonne marche de la cité. Ce texte de quelque 3 500 lignes est encadré par un prologue et un épilogue, il comporte dans sa partie centrale 282 « articles ». Le prologue et l'épilogue font en quelque sorte la promotion du roi et de ses dispositions. Ce texte est gravé sur une stèle de 2,5 m de haut. Au sommet de la pierre on retrouve le Dieu Samas, le soleil, dieu de la justice ; le roi y est figuré debout devant Samas lui remettant les insignes du pouvoir : le cercle et le bâton. L'illustration du haut de la stèle atteste du lien avec le divin, le prologue explicite cette relation :

« Les dieux An et Enlil, pour améliorer le bien-être des gens, prononcèrent mon nom à moi, Hammurabi, prince pieux, qui révère les dieux, afin de proclamer la justice dans le pays, d'éliminer le mauvais et le pervers, d'empêcher le puissant d'opprimer le faible, de paraître comme le dieu Soleil Samas sur tous les hommes et d'illuminer le pays.

Je suis Hammurabi, le pasteur, l'élu d'Enlil, celui qui amasse richesses et prospérité, celui qui parfait toute chose pour la ville de Nippur.(...) Pasteur des peuples, je suis celui dont les œuvres plaisent à Istar. »

L'épilogue rappelle que c'est par le roi que la justice, voulue par les dieux, est garantie dans le royaume :

« Pour que le fort n'opprime pas le faible, pour rendre justice à l'orphelin et à la veuve, j'ai écrit mes précieuses paroles sur ma stèle et je l'ai dressée devant ma statue de « Roi de justice », dans Babylone, la ville dont les dieux Anum et Enlil ont élevé, dans le temple de l'Esagil, le temple dont les fondements sont aussi définitivement assurés que ceux des cieux et de la terre, afin de promulguer la loi du Pays, pour rendre les sentences du pays, pour faire droit à l'opprimé... Que l'opprimé qui a un procès aille devant ma statue de « Roi de Justice », qu'il lise ma stèle écrite, qu'il écoute mes précieuses paroles et que ma stèle lui relève son procès afin qu'il voie la sentence le concernant et que son cœur s'apaise ! ».

Le corps du texte ne correspond pas vraiment à un code cohérent recouvrant des domaines biens délimités, mais plutôt à une succession de réponses données à des cas pratiques dont les particularités ont été effacées pour leur donner un caractère général. Le « code » constitue un florilège de cas d'espèces destinés à rendre la justice. La seule méthode utilisée par le « Roi de justice » est de partir de l'expérience concrète, il n'y a pas de démarche conceptuelle générale basée sur des principes moraux ; néanmoins la justice mésopotamienne cherche un principe fondateur car, bien que les sentences demeurent enracinées dans le particulier, il est symptomatique de constater que c'est le dieu Samas, dieu de justice, et non Marduk qui légitime le pouvoir. La justice divine représente une référence. Deux références se superposent alors : celle du roi qui représente l'ordre civil et celle des dieux dont le système éthique est pressenti mais non explicité. La justice plait aux dieux, mais qu'est ce que la justice ? Est-elle réellement la même pour chaque dieu ? Ces questions non résolues fragilisent l'édifice polythéiste. Si je me retrouve dans le malheur, la justice du roi va partir de la faute pour punir le coupable, donc c'est que je suis innocent, alors comment expliquer que mon malheur est en relation avec un quelconque courroux divin à mon égard, on a ainsi deux justices qui se superposent avec des logiques différentes.

Le polythéisme pose, à cet égard, de nombreuses difficultés rationnelles. Pourtant Hammurabi n'hésite pas et va chercher, non pas dans le dieu de la guerre mais de la Justice, la meilleure justification à son pouvoir présenté comme mu par « le souci du bien ». Les autres dieux ne sont pas oubliés mais ils interviennent pour étayer l'ensemble. Il est à noter que cette capacité pour un roi de disposer du pouvoir légitimant de la justice est une force. Le roi qui doit passer par un pouvoir religieux établi sur une base morale, quelle qu'en soit l'assise (une Eglise ou un texte fondateur), perd de son pouvoir. La longévité de la civilisation mésopotamienne s'explique en partie par la capacité toujours renouvelée pour les acteurs politiques de mobiliser dans le fonds polythéiste, la justice et les dieux nécessaires à la consolidation du lien social. C'est ainsi que Marduk, sous Hammurabi, simple dieu de Babylone, changera de statut à la faveur de la promotion politique de Babylone pour finir par coiffer le panthéon. Cette capacité permettra au pouvoir politique de durer mais bloquera également l'évolution vers le monothéisme. Pourquoi évoluer quand la souplesse polythéiste permet de mobiliser les figures du panthéon au gré des besoins politiques ?

Encore une remarque, ce serait une mauvaise interprétation que d'attribuer à ce code une fausse justice sous prétexte qu'il reprend la loi du Talion. Pour mieux comprendre, examinons quelques dispositions du code :

« Si un homme a crevé l'œil d'un homme, on lui crèvera son œil. S'il a brisé l'os d'un homme, on lui brisera son os. S'il a crevé l'œil d'un simple particulier, ou bien s'il a brisé l'os d'un simple particulier, il payera une mine d'argent. S'il a crevé l'œil de l'esclave d'un homme ou brisé l'os de l'esclave d'un homme, il payera la moitié de sa valeur. »

« Si un homme a cassé une dent d'un homme son égal, on lui cassera sa dent. S'il a cassé la dent d'un simple particulier, il paiera un tiers de mine d'argent. »

« Si un homme a frappé la joue d'un homme d'un rang supérieur à lui, il sera frappé dans l'assemblée avec un fouet de bœuf soixante fois. Si le fils d'un homme a frappé la joue du fils d'un homme qui est comme lui, il paiera une mine d'argent. Si un simple particulier a frappé la joue d'un simple particulier, il paiera dix sicles d'argent. Si l'esclave d'un homme a frappé la joue d'un fils d'homme, on lui coupera son oreille. (…) »

« Si un homme a frappé une fille d'homme et lui a fait expulser son fœtus, il paiera dix sicles d'argent pour son fœtus. »

« Si cette femme est morte, on tuera sa fille (à lui). Si c'est à une fille de simple particulier qu'en la frappant il lui a fait expulser son fœtus, il paiera cinq sicles d'argent. Si cette femme est morte, il paiera une demi-mine d'argent. S'il a frappé une esclave d'homme et lui a fait expulser son fœtus, il paiera deux sicles d'argent. Si cette esclave est morte, il paiera un tiers de mine d'argent. »

La loi du Talion résumée dans la fameuse formule : « Œil pour œil, dent pour dent » peut laisser croire à un mouvement de vengeance systématique et de ce fait barbare, en réalité, à la lecture de ces sentences, on comprend que le « Roi de justice » cherche à maîtriser de façon proportionnée, en respectant les hiérarchies sociales, le châtiment infligé. La loi du Talion est une évolution positive dans la mesure où elle introduit de la proportionnalité dans le châtiment et vise à substituer à la vengeance une violence contenue. On remarquera que le système de châtiment ne fait pas appel à la prison, la prison est un luxe qui coûte cher, on préfère avoir des esclaves que des prisonniers : tout le monde doit travailler pour se nourrir. Dans ce contexte, il est logique que le législateur ait recours à la compensation monétaire et à la compensation corporelle puisque la privation de liberté par enfermement n'est pas envisageable.

Le juste souffrant

On aura compris, à la lecture de ces différents textes, que l'homme mésopotamien est familier d'une éthique, et que la société mésopotamienne est mue par la recherche d'une certaine justice. Le pouvoir y trouve le liant nécessaire à la consolidation de l'édifice politique, l'homme ordinaire des règles de conduite et leur justification. La cohérence des pouvoirs divins et de gouvernement n'est pas sans occasionner certaines difficultés, chacun peut constater que, dans certains cas, l'attitude de l'homme pieux n'est pas récompensée par les dieux. Ce constat donnera lieu à une littérature qui connaîtra son apogée dans la Bible avec le livre de Job. Par analogie avec ce cas, on a donné au poème retrouvé sur des tablettes écrites après 800, le nom du « juste souffrant ».

Des tablettes nombreuses, mais toutes fragmentaires, ont été retrouvées à Assur, Babylone, Sippar, Ninive[84] et aux confins du pays Hurrite (originaires des montagnes du nord-est de la Mésopotamie). Des indices littéraires invitent à situer la composition du poème dans la deuxième moitié de l'époque Cassite au XIIIème et XIIème siècle. Cette très large diffusion atteste de l'intérêt pour cette question chez les contemporains de la fin du deuxième millénaire et du début du premier millénaire. On rappellera que c'est aussi la période de gestation du peuple hébreu. Ce texte traduit une évolution de la réflexion et une recherche réelle sur le sens de la vie et de la nature des relations aux dieux. En soi, l'existence de ce texte, témoigne de l'autonomie d'une pensée qui n'hésite pas à se poser des questions déstabilisantes. L'homme éprouvé qui prend la parole s'appelle Subsi-mesre-Sakkan, ce qui signifie : « Rends moi riche, Sakkan », Sakkan étant le dieu des troupeaux. Le nom même du personnage indique que sa relation au divin est comprise dans la perspective d'un bonheur économique. Ce personnage est un dignitaire, donc quelqu'un qui a bénéficié de la faveur divine, par ailleurs sa situation connue de tous en fait un cas exemplaire.

Le poème commence par un hymne : *« Je veux louer le Seigneur de sagesse, le dieu [avisé] ;/il s'irrite la nuit, mais pardonne le jour. »* Le dieu de sagesse désigné est Marduk, son instabilité nocturne est compensée par sa sagesse diurne : *« irrésistible est sa fureur, et sa rage est un ouragan ; mais son penchant est secourable et son cœur prêt au pardon »*. Marduk n'est visiblement pas commode mais on peut s'en arranger. Il est aussi omniscient : *« Le Seigneur pénètre ce que disent les dieux dans leur cœur »* ce qui lui permet d'être le vrai chef du panthéon. Ceci établi, le juste souffrant se plaint d'avoir été rejeté par les dieux et dans sa plainte on découvre que l'art divinatoire aurait dû lui servir de guide *« Pour moi les augures étaient embrouillés et toujours enflammés./Ni le devin ni le liseur de songes ne pouvaient éclairer mon chemin »*. Le voilà abandonné de tous : *« En dépit de ma nombreuse parenté, je suis devenu solitaire »* et déprimé : *« Le jour est soupir, la nuit lamentation, /tout le mois n'est que plainte, l'année n'est que tristesse »*. D'où vient ce malheur, d'autant plus inexplicable que le personnage se considère comme juste ? : *« Moi, pourtant, j'ai été fidèle à la supplication et à la prière:/la prière était ma sagesse, et le sacrifice, ma loi »*. L'homme dans la détresse continue à raisonner, il lui faut une explication, elle se présente ainsi : *« Mais ce qui paraît bon à un*

[84] Dans la bibliothèque d'Assurbanipal.

homme/pourrait être une offense pour son dieu,/ce qui est méprisable au jugement d'un homme pourrait plaire au dieu ! » Cette explication sous forme d'exclamation est étonnante et en quelque sorte anti-naturelle pour notre serviteur mais en l'absence d'autres solutions, il faut s'y résoudre : *« Qui peut connaître la volonté des dieux dans le ciel ?/ Qui peut saisir le dessein du dieu des profondeurs ? Où les mortels ont-ils jamais appris la voie de dieu ? ».* Suit une longue description des souffrances endurées et une certaine aigreur vis-à-vis des dieux *: « Mon dieu n'est pas venu à mon secours, il n'a pas saisi ma main ;/ ma déesse ne m'a montré aucune pitié, elle n'a pas marché à mon côté. »* Ce comportement des dieux est reconnu de tous : *« Tout mon pays a dit de moi :' Comme il a été traité injustement !' ».* On n'étouffe pas le sentiment d'injustice de l'homme, il est viscéralement enraciné dans sa nature alors même que sa croyance vient le contredire. Il y a dans ce cas un conflit entre le sentiment d'injustice subit et le comportement injuste des dieux alors que dans le même temps on croit, on l'a vu dans les citations sapientielles précédentes, à la justice divine. Alors, comment l'auteur va-t-il s'en sortir ? On a vu que Marduk était d'humeur changeante, il finit donc par se calmer : *« Lorsque le cœur de mon seigneur fut calmé/et quand fut apaisé l'âme du miséricordieux Marduk, /quand il eut accueilli ma supplication/ et accordé son bienveillant pardon/ il dit pour moi :'Cela suffit !'.. ».* Le conflit se résout par la reconnaissance par le juste souffrant d'une faute qu'il ne peut pas définir mais qu'il suppose quand même. : *« à la porte de la Remise du péché, j'ai été acquitté de ma faute ».* C'est la persévérance du juste souffrant qui est ainsi récompensée : *« Suppliant et implorant, je n'ai cessé de prier devant eux : »*, *in fine* les vieilles recettes marchent, tout rentre ainsi dans l'ordre et celui-ci doit être respecté. *« Les babyloniens ont vu comment Marduk ramène à la vie/et toutes les régions ont exalté sa grandeur ».* L'auteur ou les auteurs de cette œuvre pouvaient–ils imaginer d'autres solutions au conflit ? Imaginons-les pour eux. Une première solution pouvait consister à faire reporter l'origine du malheur sur un dieu qui se serait en quelque sorte trompé en attendant que Marduk rectifie les choses ; mais non, Marduk est responsable et tous les dieux lui sont soumis, par ailleurs, on l'a vu précédemment, le bien plaît aux dieux. La dimension éthique est donc rentrée dans la totalité du panthéon Mésopotamien, mais celle-ci reste mystérieuse, on la veut mais on ne la comprend pas et donc on accepte d'être pêcheur sans savoir pourquoi, alors même qu'on est convaincu objectivement d'avoir fait ce qu'il fallait. Une autre solution aurait été de considérer que le malheur n'a pas de rapport avec un péché quelconque, mais cette solution était impensable car elle aurait supposé une sortie du régime divinatoire qui liait les personnes à une destinée et donc aux dieux, cette dernière solution aurait sapé l'autorité divine et, par conséquent, l'ordre politique qui y était étroitement associé. Nous ne sommes pas si éloigné de notre question économique initiale car l'on voit, par la présentation de la dernière solution, par quelle porte il faut passer pour ouvrir un espace de liberté aux hommes. Cette porte a toujours un rapport avec les conceptions religieuses : le polythéisme bloque la porte.

Le polythéisme renvoie au bonheur terrestre, notre personnage souffrant ne s'appelle pas pour rien « Rends moi riche, Sakkan », le prix à payer en est une soumission incompréhensible au destin. La croyance polythéiste est fragile car elle ne tient en définitive que par la victoire politique, si l'empire s'accroît c'est que les dieux sont les meilleurs, si le pouvoir s'effondre les dieux perdent leur légitimité d'ordonnateur du bonheur terrestre, l'homme se retrouve alors sans dieux.

Cette situation sera, d'une certaine façon, celle du peuple hébreu. Coincé dans la partie la plus austère du Levant, contraint au nomadisme et à l'esclavage, endetté, pauvre et sans Etat, il est le seul à pouvoir inventer autre chose de radicalement nouveau. Abraham le chaldéen, Moïse l'égyptien nous rappellent que, malgré sa pauvreté, le peuple hébreu appartient à la culture de son époque. Il connaît les contradictions de l'éthique polythéiste mais lui peut s'en échapper, libre qu'il est de se constituer en peuple organisé.

Dynamique de la transcendance

Nous touchons là un point fondamental : celui de savoir par quelle dynamique la transcendance du Dieu monothéiste a pu se produire. Ce point est fondamental car c'est par le monothéisme que le monde moderne apparaît, la genèse de cette apparition est connue mais son explication profonde est contestée. Nous soutenons que la recherche de l'universel, dont le monothéisme est une étape essentielle, est produite par une dynamique de l'éthique. L'inclination éthique est la force qui travaille en profondeur les sociétés et qui à l'origine enclenche le processus de production de l'organisation socio-économique. Comprendre comment l'on passe d'une société polythéiste à une société monothéiste c'est donc saisir le principe générique.

Dans cette réflexion, on ne peut ignorer la thèse de Marcel Gauchet. Celle-ci consiste à décrire la trajectoire du religieux des origines jusqu'à l'avènement de notre monde moderne en la caractérisant par la désintégration de la religion en tant que principe organisateur de la société. L'originalité de sa thèse est de montrer que c'est au christianisme, religion de la sortie de la religion, que l'on doit l'émergence du monde moderne.

Gauchet établit un lien entre la dimension religieuse et le fait social. Il pense le phénomène religieux dans son essence comme : « *l'établissement d'un rapport de dépossession entre l'univers des vivants-visibles et son fondement* [85]». Cela signifie que le religieux est un mouvement par lequel l'homme se dessaisit de la maîtrise du réel pour le compte d'un au-delà immanent ou transcendant et se place, du point de vue temporel, dans la dépendance de l'originel. Il y a, pense Gauchet, une énergie négative du religieux qui vise l'immobilité et qui freine l'entrée dans l'histoire au profit de la reconduction de la loi établie. L'intérêt d'un tel point de vue est qu'il est paradigmatique de notre époque : l'idée que le monde moderne s'est fait contre la religion est une évidence des mieux partagées. Plus subtilement, Gauchet défendra que c'est grâce au christianisme que la fabrique de l'histoire moderne s'est réalisée, mais à son corps défendant.

Suivons son raisonnement. Il distingue plusieurs étapes de la religion. Dans sa forme initiale et radicale la « *dépossession* » religieuse « *vaut inclusion cosmobiologique* », à ce stade l'homme fusionne avec la nature, il ne peut être question de chercher à la maîtriser. Nos lointains ancêtres du Paléolithique sont à classer dans cette catégorie religieuse. L'exceptionnelle longévité de la culture paléolithique peut alors s'analyser comme la combinaison d'un fondement extérieur, la nature habitée par les esprits, et de l'intangibilité de l'origine. L'unité du groupe est parfaite, l'être se confond avec la norme du groupe, la fusion est telle qu'il n'y a pas de place pour une morale individuelle pas plus qu'il n'y en a pour un impératif social qui prévaudrait contre les aspirations individuelles. Telle est la situation originaire. Puis arrive le temps des dieux. Le paradoxe, nous dit Marcel Gauchet, réside dans le fait que la montée en puissance des dieux s'est en réalité faite au profit des hommes. Les dieux n'ont pas asservi les hommes, comme on le pense d'habitude, au contraire, ils les ont mis sur le chemin de la liberté. Comment cela

---

[85] Marcel Gauchet, *Le désenchantement du monde- Une histoire politique de la religion*, nrf, Gallimard, 1989, p.11.

s'est-il produit ? C'est une de ses idées centrales : plus les dieux sont grands, distants de l'homme, plus l'homme leur fait supporter l'invention du monde, or en s'engageant dans cette voie ils iront chercher un sens à l'origine découvrant de ce fait la nécessité de la raison. Ce mouvement ira de pair avec une réappropriation progressive qui passera au premier chef par celle du pouvoir des hommes sur eux mêmes. Comprenons bien le raisonnement : « *Plus Dieu est pensé et révéré comme le Tout-Autre, et moins ce qui commande l'existence de ses créatures est perçu et agi par eux comme autre.* »[86]. Très vite, le politique se placera comme intermédiaire entre les dieux et les hommes s'emparant ainsi, sous des modalités diverses, du religieux. La lecture du fait religieux devient alors politique. Les rois, on l'a vu avec la Mésopotamie, s'attribueront un lien particulier avec le divin, les dieux seront ainsi pris dans les avatars politiques et deviendront socialement contestables. Pourquoi ? Et bien, répond Gauchet, parce que l'Etat est par nature en devenir alors que les dieux sont censés garantir l'intangibilité : « *on entre avec l'Etat dans l'ère de la contradiction entre la structure sociale et l'essence du religieux*[87] ». Cette contradiction ne se combat pas dans l'histoire, ce ne sont pas deux forces qui s'annulent mais qui paradoxalement se renforcent, et de citer l'irruption de la guerre d'expansion impériale comme : « *l'une des plus grandes forces spirituelles et intellectuelles qui aient œuvré dans l'histoire*[88] ». L'empire est cause d'universalisme, cela se conçoit aisément, et l'empire est également porteur de l'accentuation de la hiérarchisation sociale. Cette dernière idée, plus subtile, est une déclinaison de sa thèse de la distanciation entre le politique et le religieux : la hiérarchie doit être lue comme un phénomène qui introduit l'altérité dans le lien social et qui participe de la distanciation. Il faut bien saisir que pour Gauchet la vie spirituelle naîtra de cette « *déchirure du proche et du lointain*[89] » voilà pourquoi la logique cachée de l'Etat produit de la religion. De quelle religion s'agit-il alors ? Du monothéiste parce que : « *Au sein d'un univers posé comme ultimement un, la pensée répond à une logique de multiple ; alors que dans un univers partagé entre présence et absence surgit une pensée gouvernée par la visée de l'un*[90]. ». Maître du paradoxe, Gauchet voit dans :

[86] *Ibid*, p. 27.
[87] *Ibid*, p. 31.
[88] *Ibid*, p. 31.
[89] *Ibid*, p. 40.
[90] *Ibid*, p. 48.

« *[l']écart inexorablement creusé entre les pouvoirs terrestres et le principe divin*[91] » l'origine de « *l'âge du questionnable virtuel* ». En économie monothéiste, on se pose des questions qui échappent au pouvoir, et les questions religieuses sont par essence des questions qui concernent l'immuable alors que le pouvoir terrestre est, par essence, voué à la mobilité, d'où conflit, paradoxe : en s'affirmant, le pouvoir libère l'énergie spirituelle qui va le combattre.

Laissons là Marcel Gauchet. Tentons d'extraire de cette rapide synthèse un viatique pour notre pensée. Qu'approuvons-nous dans ce que dit notre auteur et que contestons-nous ?

Rappelons-nous la situation des hommes du Paléolithique. L'Homo sapiens est le fruit d'une rupture dans le buisson des hominidés, il est potentiellement ce qu'il est aujourd'hui, ne le sous-estimons pas. Son premier élan a été de prendre possession du monde animal dont il se sentait proche et vulnérable. Il en a pris possession par la chasse organisée collectivement et par la religion. De cette religion nous ne connaissons rien sinon son expression artistique. L'art pariétal est extrêmement construit : les animaux se répondent dans un dualisme désormais avéré[92], la place des espèces animales est codée, dans une grotte tout est symbole. Nous savons aujourd'hui que l'homme du Paléolithique a construit un système de représentation complexe dont nous ignorons le sens mais dont le caractère est religieux. Il n'y a pas de représentation de la nature dans l'art paléolithique, il n'y a pas non plus de représentations de dieux, il n'y a que des animaux peints ou sculptés et quelques figures humaines généralement féminines. Ces dernières répondent à une plastique proche du dessin animal, les artistes de l'époque partaient d'une courbe cervico-dorsale pour y accrocher des détails simplifiés aux extrémités. C'est comme si la femme sortait du monde animal pour s'en distinguer, un peu comme dans ces tableaux où d'un poisson jaillit, par succession d'images, un bateau. L'*Homo sapiens* sait qu'il n'est pas un animal ; l'art pariétal est à interpréter, à l'inverse de ce que prétend Marcel Gauchet, comme l'affirmation de son humanité par la maîtrise religieuse du monde animal. Nulle dépossession, mais exactement l'inverse, *Homo sapiens* va chercher à maîtriser un monde animal conceptualisé pour assurer sa survie terrestre. S'il ne choisit pas

[91] *Ibid*, p. 52.

[92] Notamment à la suite des travaux d'André Leroi-Gourhan, *La religion de la préhistoire*, Paris, Puf, 2006.

de thèmes naturels - la cueillette est pratiquée par les femmes qui subviennent aussi à l'alimentation - c'est parce que le prestige est du côté de la chasse, c'est par la chasse que s'affirment les valeurs de courage, de ruse mais aussi de solidarité.

De ce foyer de valeurs naîtra une religion de chasseurs. Ce contexte cynégétique est l'occasion pour l'homme d'affirmer son humanité en prenant possession du monde animal. Quand l'organisation économique changera au Mésolithique puis au Néolithique, l'on verra apparaître des figures mi-homme mi-animal qui signifieront une évolution progressive des croyances vers les dieux anthropomorphes. Il importe de bien saisir que le fait générateur qui produit ces changements de croyance est de même nature. Bien qu'il se prolonge dans des organisations socio-économiques différentes et donne des faits religieux différents, il s'agit ultimement de la recherche de l'identité humaine et des moyens de la protéger et non pas d'un facteur extérieur « provocateur » et en aucun cas générateur. La séquence est la suivante : de l'inclination éthique naît un groupe humain qui se reconnaît humain et qui pour protéger sa vie sociale construit, à partir d'un état matériel, une *forma mentis* complexe qui le soude et reflète son identité, cette identité se traduit par une organisation politique qui maintient l'ensemble, à l'instar de la gaine cellulaire qui contient la cellule. Notre pensée moderne est partie sur l'enchaînement inverse semant la confusion : l'effet est constamment pris pour la cause ; confusion que renouvelle l'analyse de Gauchet qui prend l'Etat pour la cause du fait religieux. La vie spirituelle naîtrait d'un choc tectonique entre deux blocs, celui de l'Etat et celui de la « dépossession religieuse », comme une source qui sourdrait de la montagne. Mais la localisation géographique au sortir de la montagne ne donne pas l'origine de la source, et quand bien même on aurait trouvé la source, il faudrait dire de quoi est constituée l'eau. La vie spirituelle n'est pas explicable par les rochers, c'est bien tout le problème d'un point de vue matérialiste qui à chaque fois qu'il se trouve confronté à l'inexplicable présence de l'esprit en l'homme s'en sort par la montagne, autrement dit par quelque chose qui existe en lien avec l'esprit mais qui n'est pas l'esprit. Les modernes, en s'efforçant de comprendre la nature, se sont caché l'évidence de l'inexplicable par du matérialisme historique. Toute l'humanité primitive, certes « coupable » de mythologie, a reconnu, elle, que l'argile n'était pas l'esprit humain !

Revenons sur le sens étymologique de la religion. Nous avons jusqu'à présent fait référence au terme *religare* en soulignant la dimension sociale de la religion qui sert à relier une communauté humaine en insistant sur son rapport fusionnel avec le pouvoir politique. Il y a une autre étymologie, moins courante, mais tout autant significative et même essentielle avec le terme *relegere.* On entend cette fois-ci, non pas la dimension sociale que l'on pourrait qualifier d'extérieure, mais la dimension intérieure au sens de « recueillir » ou de *legere* « ramasser ». Ainsi la religion consiste à ramasser, recueillir quelque chose. Le religieux se recueille, il va chercher une parole qu'il médite, un écrit, une révélation qui lui permettent de relier (*religare*) son identité humaine à celle des autres. Fondamentalement il recueille ce qui fait son originalité d'homme, c'est à dire l'inclination éthique qui est en lui pour élaborer ou partager un produit culturel que l'on appelle religion. Les hommes du Paléolithique recueillent dans leur vie de chasseur, par comparaison avec le monde animal, la substance de leur différence qui est d'être des « animaux particuliers » : des humains. Le principe d'humanité les relie dans une tribu qui, c'est le deuxième temps du mouvement religieux, cherche à maîtriser sa survie terrestre en prenant possession symboliquement par le rite, dont témoigne l'art pariétal, des esprits du monde animal ou en lien avec celui-ci. Le *relegere* prend alors son sens de « relire » les différentes recettes opératoires du rite sacrificiel destiné à obtenir les faveurs des esprits. Gauchet pense que confier aux esprits l'origine du monde est une forme de dépossession, nous pensons au contraire que la religion s'explique en partie par le désir de maîtriser la vie terrestre, ce désir suscitant la projection d'une explication spirituelle ritualisée. La projection évolue en respectant une loi qui semble produire des effets constants : c'est un fait que les premières sociétés complexes « projettent » des explications, on dira aussi des mythes, polythéistes et jamais monothéistes. Le multiple vient d'abord à l'esprit puis vient le principe d'unité. Quelle en est la raison?

Au Néolithique, le monde animal ne disparaît pas totalement mais se place en retrait au profit de la nature. Le système de valeurs, individuel et collectif, se développe autour d'une organisation économique de type agricole. Le monde est maîtrisable partiellement par la culture et l'élevage, des communautés humaines naissent autour de cette nouvelle organisation économique. Les hommes sortent de l'autarcie des petites communautés et se spécialisent. L'individualité s'affirme avec l'autonomisation économique, par ailleurs la nature se cultive et donc se maîtrise, quoique partiellement. Le frottement des groupes humains dans des unités politiques, allant du village à la cité-Etat puis au royaume, contribue à détacher définitivement l'individu de la nature comme un enfant qui grandit se détache de sa mère pour s'affirmer et s'éveiller à la rencontre des autres enfants. Cet homme est toujours mu par les mêmes désirs de maîtrise de son bonheur terrestre ; il dispose d'une raison, grande pourvoyeuse d'explications. Le mythe joue ce rôle explicatif, bien qu'éloigné de notre philosophie par la méthode, il s'efforce de répondre aux grandes questions, et bâtit par ce qui nous apparaît désormais comme un curieux mélange de principes de sagesse, de règles politiques, d'observations naturelles, un récit globalisant où les dieux anthropomorphes tiennent lieu de principe explicatif. Tentons de répondre à notre question initiale : pourquoi le polythéisme plutôt que le monothéisme ? Nous pourrons alors répondre à cette deuxième question : pourquoi les dieux sont anthropomorphes ?

Polythéisme et anthropomorphisme

Pour ne retenir qu'un principe explicatif, il faut que les hommes le séparent du monde, que le monde soit créé par ce principe car un principe dans le monde n'explique pas le monde mais seulement ses phénomènes. Cette disjonction du monde de son principe ne peut être spontanée, car l'idée de l'un ne vient à l'esprit que par le cheminement moral au sein de groupes humains limités. Les chemins sont variés, on le verra avec le peuple hébreu et la civilisation grecque. On trouve des traces de l'un dans la civilisation mésopotamienne mais comme inachevées : Marduk cherche à s'imposer mais n'arrive pas à simplifier le panthéon jusqu'à l'élimination des autres dieux, on en retrouve également des traces dans la civilisation égyptienne avec la religion d'Akhenaton mais sans la dimension communautaire. La montée vers l'universel est un mouvement historique qui s'appuie sur des constantes humaines mais qui ne peut se révéler que dans des situations historiques particulières. Si l'un n'est pas immédiat à la pensée, reste le multiple. Le polythéisme manifeste le désir de compréhension des phénomènes humains et naturels inexplicables ; les dieux sont des forces immanentes qui représentent un degré de l'être des choses mais inclus dans le monde et non externe à ce monde, de ce fait le monde leur appartient. On retrouve l'idée de dépossession religieuse de Marcel Gauchet : tant que les dieux commandent à la nature et régissent les destins des hommes ceux-ci ne peuvent aspirer à maîtriser la nature. Marcel Gauchet a raison de parler de dépossession dans les faits mais tort dans l'esprit, dans la mesure où l'intention de maîtrise est bien là mais bridée par le mauvais choix qui a été fait de déléguer l'ordonnancement du monde aux dieux en tentant néanmoins de les contrôler par la pratique religieuse. Il ne faut pas imaginer les civilisations polythéistes comme dépourvues d'initiatives de maîtrise du monde, en cette matière nous n'avons pas de système binaire : le monothéisme s'opposant au polythéisme. L'homme garde l'initiative de ses choix terrestres et prend des assurances divinatoires pour mieux agir. Malgré tout, cette conception l'empêche d'investiguer le monde au-delà de préoccupations très immédiates. Ainsi, il existait une science mathématique en Mésopotamie, elle servait à calculer les problèmes pratiques rencontrés dans l'administration, l'ingénierie de grands travaux et le commerce. Par contre, son caractère spéculatif fut détourné vers l'astronomie en raison des présages déduits de la course des astres. Les mésopotamiens pensaient que les dieux écrivaient l'avenir dans les cieux, ils croyaient que ces signes étaient lisibles et que l'on pouvait connaître leur sens d'où l'intérêt des mathématiques pour anticiper les mouvements célestes porteurs de sens. On[93] trouve dans les mathématiques cunéiformes des problèmes du second degré, des problèmes linéaires à plusieurs inconnues, des problèmes du troisième degré résolus par factorisation, des calculs de volumes complexes. Le raisonnement géométrique s'apparentait à celui développé plus tard dans les textes mathématiques en langue grecque puis arabe, mais il manquait aux mathématiciens mésopotamiens une vision d'un monde où les lois de la nature auraient été lisibles en langage mathématique pour progresser sur le chemin de la connaissance.

Pour l'homme mésopotamien, les forces qui dirigent le monde de la nature et des hommes sont inexplicables, sinon par des présences divines. C'est-à-dire des êtres supérieurs qui ne peuvent sortir complètement des catégories humaines dans la mesure où ils habitent dans ce monde. Les dieux sont donc revêtus des caractéristiques morphologiques des hommes. Pour ce qui est des caractéristiques spirituelles, un doute subsiste : le serviteur souffrant ne comprend pas ce qui a pu déplaire aux dieux dans sa conduite mais il s'y soumet et accepte, sans l'identifier, sa faute. L'homme a recueilli en lui une aspiration à la justice et a produit une pensée éthique, ne sachant pas d'où lui venait la faculté de penser, il

[93] Sous la direction de Pierre Bordreuil, Françoise Briquel-Chatonnet et Cécile Michel, *Les débuts de l'histoire*, *Le Proche –Orient, de l'invention de l'écriture à la naissance du monothéisme*, Paris, Editions de la Martinière, 2008, p. 290.

l'a attribuée aux dieux. L'homme a donc imaginé des formes divines à son image physique et, par un processus d'auto-révélation, restitué aux dieux une part de son sens éthique opérant par là un lien entre ce qu'il considérait comme certainement du domaine humain à savoir le sens de la justice et, probablement, du domaine du panthéon divin, une Justice impénétrable. Le polythéisme contient les germes du monothéisme parce qu'il véhicule une pensée éthique qui se cherche. On a séparé monothéisme et polythéisme pour marquer la radicale supériorité du monothéisme perdant ainsi de vue l'effort constant des hommes pour comprendre le monde et négligeant leur aspiration éthique fondamentale. Ce faisant, on est passé à côté du principe générique : l'inclination éthique.

Il suit de cette réflexion que la continuité, basée sur les mêmes ressorts anthropologiques, est la règle de la piété, ce qui d'une certaine façon relie tous les croyants au-delà de la figure d'Abraham. Le changement est à comprendre comme le dégagement progressif d'options théologiques plus pertinentes, ce qui permet de faire une place à l'hénothéisme[94] hébreu et surtout modifie la compréhension de la révélation religieuse. De notre point de vue, la révélation religieuse en sort renforcée et non pas fragilisée. Il nous faudra retourner au Levant pour confirmer cette affirmation.

Arrêtons-nous un moment sur les acquis de notre réflexion. Nous avons cherché dans la préhistoire le ressort profond de l'évolution des sociétés, l'histoire nous a confirmé notre intuition initiale. Les sociétés élargissent leur cercle culturel et passent d'un état matériel à un autre grâce à la réalisation d'un pacte social qui se définit sur des principes éthiques limités. L'organisation sociale tient sa forme de l'économie culturelle. Les contraintes matérielles n'en sont pas absentes ni inconséquentes mais elles ne sont pas génératrices. Introduire la roue a des conséquences sur l'organisation économique et permet de modifier les circuits de production, de concentrer le pouvoir mais fondamentalement la société ne change pas. L'invention matérielle pousse au maximum de sa potentialité un état culturel, ce qui laisse croire que l'invention matérielle génère l'évolution mais en réalité elle ne fait qu'en utiliser la force cinétique bénéficiant d'un élan donné, apportant des changements grâce à cet élan mais jusqu'à un point d'équilibre. Il faut que l'invention soit de nature à s'accaparer l'énergie cinétique pour devenir elle-même force génératrice. C'est par exemple le cas de

[94] Un seul dieu pour un peuple mais sans dénier aux autres peuples leurs dieux.

l'écriture, car celle-ci contribue fortement à élargir le pacte social et donc à faire bouger les lignes[95]. En trois mille ans, la Mésopotamie a inventé et utilisé les inventions des autres. La civilisation mésopotamienne a certes évolué, le passage d'une économie néolithique à une économie impériale traduit un substantiel changement mais son univers matériel n'a pas connu le décalage de nos trois derniers millénaires, il s'est trouvé bloqué et incapable de passer à une autre phase. Les inventions matérielles n'ont pas révolutionné la société mésopotamienne, il n'y a pas eu d'enchaînement économique capable de faire sortir radicalement la Mésopotamie de son cadre matériel. La raison en est simple, les évolutions majeures sont toutes liées aux changements de perceptions culturelles nés de l'élargissement de la notion d'universel, or la Mésopotamie s'est figée sur une universalité impériale supportée par une théologie polythéiste. Ce système mental a produit une dynamique d'évolution économique mais a atteint un point ultime pour finir par la chute de l'empire assyrien, puis babylonien sans trouver l'énergie spirituelle du renouvellement du pacte social.

La culture est une recherche permanente de l'universel que ce soit dans l'art, la politique, la science, ou la religion. Tout progrès vers l'universel bouleverse en profondeur la société d'une façon parfois invisible mais certaine. Le mouvement vers l'universel naît de l'inclination éthique. Celle-ci permet d'élaborer des formes sociales diverses mais orientées vers la recherche commune d'une solution au vivre ensemble. La proto-communauté créée est d'abord morale, elle inclut des individus qui consentent à se traiter réciproquement comme des fins en soi. Les choses dégénèrent ensuite, sous l'effet de la construction d'un pouvoir qui capte les ressources économiques et entretient les inégalités, c'est ce qu'avait bien vu Rousseau, un point de déséquilibre finit par être atteint, la crise advient, des sociétés disparaissent, d'autres se créent.

Est-ce que les hommes sont meilleurs avec la succession des civilisations ? Vaste question ! Leur conscience éthique s'affine et son champ d'attention s'élargit, mais dans le même temps l'élargissement

---

[95] Mais l'écriture peut s'opposer à l'évolution, c'est par exemple le cas de l'écriture cunéiforme quand elle sera concurrencée par l'alphabet phénicien plus facile à maîtriser, les scribes pratiquant l'écriture cunéiforme chercheront alors à conserver leur pouvoir et freineront la diffusion d'une innovation menaçant leur statut.

multiplie les difficultés : le prochain est reconnu dans l'autre plus lointain mais la communauté de vie agit toujours comme une force gravitationnelle qui attire dans sa sphère éthique ses éléments les plus proches. Il faut se hisser au-dessus de la communauté éthique d'origine pour percevoir, toujours plus loin, l'autre dans sa ressemblance universelle.

CHAPITRE 5 – La recherche de l'universel

L'association éthique

Le monothéisme est issu du peuple hébreu. Il n'a pas été reçu, mais créé par la raison humaine à la suite d'une combinaison de facteurs historiques qui se sont étalés sur une période de huit siècles, soit du XIIIème siècle avant J.-C. au retour de l'exil babylonien au VIème siècle avant J.-C. Le monothéisme hébreu introduit dans la pensée humaine la notion d'universel. Cette notion n'est pas spontanée mais travaillée par la réflexion historique d'une communauté qui, la première, a associé l'éthique à la divinité. La rencontre de l'idée de dieu et de l'éthique a produit, dans un contexte historique particulier, comme inéluctablement, le Dieu monothéiste. Cette rencontre nous intéresse car elle changera lentement et profondément les cultures qui succéderont au monde polythéiste. Elle ouvrira d'autres perspectives à la pensée humaine et permettra le saut qualitatif que n'ont pas réussi à réaliser les systèmes impériaux construits à la suite de la révolution néolithique. L'histoire de cette rencontre n'est pas achevée mais en cours, toutes ses potentialités n'en ont pas été exploitées. Dire le Dieu monothéiste dans un universalisme éthique commun a beaucoup à apporter à une société mondialisée qui doit construire un pacte social à l'échelle globale. L'enjeu de ce nouveau pacte est d'amortir les différents chocs de civilisations et, de ce fait, d'assurer les conditions d'une prospérité économique globale ; mais revenons à la genèse de cette rencontre.

Une histoire restaurée

Grâce au travail de l'exégèse biblique commencé au XIXème siècle et au travail des archéologues approfondi durant la seconde moitié du XXème siècle, cette histoire si lourde de sens a pu être restaurée. Comme on peut dire d'un tableau qu'il a été restauré, les couleurs d'origine de cette histoire ont repris tout leur éclat ; le travail de composition est désormais admis par une communauté scientifique qui reste cependant divisée sur le sens et le crédit qu'il faut donner à cette œuvre.

L'histoire biblique a d'abord été reçue comme un témoignage incontestable car célébrée dans un cadre religieux. Progressivement, les aspects créationnistes ont été battus en brèche, une lecture théologique a fini par admettre le symbolisme de la genèse du monde tout en considérant comme historique le récit du peuple hébreu. Les premiers archéologues étaient mus par la recherche des preuves des événements historiques retracés par la Bible, mais leur travail a produit des résultats différents de ceux attendus. C'est désormais cette histoire qui est remise en cause : les patriarches, la sortie d'Egypte, l'Exode, la conquête de Canaan, la splendeur du royaume de Salomon. Tout est passé au scalpel de l'historiographie moderne : des chameaux qui ont conduit Joseph en Egypte mais qui n'ont été utilisés comme bête de somme que bien postérieurement à cet événement, aux murailles de Jéricho qui n'existaient pas au moment des faits supposés, en passant par les guêtres de Goliath qui le font ressembler à un hoplite grec du VIème siècle av J.-C. plus qu'à un philistin du XIIème siècle, une multitude de détails ne correspondent plus à la geste biblique. La saga du peuple hébreu apparaît comme une histoire parfois inventée, souvent magnifiée, toujours réécrite. Bien que déstabilisante pour des communautés de croyants bercées par cette histoire, il n'est plus temps de s'opposer à la critique historique ni même de jeter le corpus théologique avec l'eau du toilettage historiographique. Ce travail de restauration est salutaire car il permet de renouveler notre compréhension de la révélation en l'inscrivant, à travers l'histoire d'un peuple, dans la nature humaine universelle.

Tentons de reprendre les éléments principaux de cette histoire tels que l'état des recherches peut en dessiner les contours aujourd'hui[96]. On peut faire démarrer l'ethnogenèse du peuple hébreu au XIIIème siècle avant J.-C. soit près de vingt siècles après l'invention de l'écriture. Il faut considérer le peuple hébreu comme jeune. Dans une région encombrée de peuples, il lui faudra faire sa place. La Palestine est une terre habitée depuis des millénaires. Au cœur de la révolution néolithique, elle n'a cependant jamais occupé qu'une situation marginale. Au plan régional, la Palestine est à l'extrême sud du croissant fertile, ce demi-cercle de terres

[96] Pour une vision globale on recommandera « *La Bible et l'invention de l'histoire* », Mario Liverani, Montrouge, Bayard, 2008 ; pour les recherches archéologiques on se référera aux travaux d'Israël Finkelstein et Neil Asher Silberman « *La Bible dévoilée* » Folio histoire, New York, Gallimard, 2001 ; « *Les Rois sacrés de la Bible* », Paris, Bayard, 2006 ou en encore, d'Israël Finkelstein « *Un archéologue au pays de la Bible* », Paris, Bayard, 2008.

agricoles qui nourrira les menaçants empires mésopotamiens, et à la périphérie de l'Egypte, terre de refuge lors des périodes de disette. C'est une terre de passage entre grandes civilisations. La Palestine est partagée entre les hautes terres et les basses terres. Les hautes terres vont, pour la partie méridionale, du sud d'Hébron situé sur les monts de Judée aux montagnes de Samarie interrompues par la vallée de Jezréel au nord. Les basses terres encadrent cet ensemble. A l'ouest, la grande plaine du littoral constitue la partie principale qui s'achève au sud par les collines de Shefelah. De l'autre côté des hautes terres à l'est, la frontière est constituée par la Mer Morte qui se continue par la plaine du Jourdain et plus au nord par la vallée de Beth-Shéan. Ernest Renan avait cru discerner l'origine du monothéisme dans l'étendue du désert propre au mysticisme, mais ce qui caractérise le paysage c'est la fragmentation du territoire composé de montagnes et de collines sans que jamais le regard puisse trouver des horizons suggérant l'infini divin. On estime la population à une centaine de milliers d'habitants, quand les deux empires qui l'encadrent en comptent plusieurs millions. C'est un nain politique sous la dépendance de l'Egypte qui la contrôle avec un minimum de frais. Nous en avons le témoignage par les lettres de Tell el Amarna. Elles constituent un recueil de la correspondance diplomatique entres les roitelets de Canaan et l'administration égyptienne, elles donnent de précieuses informations sur la situation politique au milieu du XIV siècle av J.-C.. On y apprend notamment que seules quelques garnisons suffisent à contrôler le pays : Gaza sur la côte sud, Kumidi dans la Bekaa libanaise et Sumur sur la côte Nord ; si l'on y rajoute les troupes qui faisaient le tour du pays pour ramasser l'impôt, on estime à 700 individus le personnel nécessaire au contrôle du territoire syro-palestinien. Les petits rois locaux situés dans les basses terres conservent leur autonomie, tout en sollicitant la puissance égyptienne pour régler leurs nombreux différents. Celle-ci se montrait d'ailleurs peu sensible à ces sollicitations, ce qui laissait subsister des situations de rivalités permanentes entre des pouvoirs fragiles. L'économie cananéenne s'organise autour de nombreux Etats cantons. Un Etat canton c'est une ville modeste de 5 000 à 10 000 habitants qui comprend un palais où demeurent le roi et l'administration du royaume. La population se scinde en deux, on trouve les hommes du roi qui ne possèdent pas de moyens de production et qui représentent à peu près 20% de la population et les hommes libres qui possèdent les moyens de production et exploitent la terre dans les villages alentours. Les hommes libres vivent dans une situation de précarité forte car le pouvoir politique ne joue pas son rôle d'amortisseur économique.

Ainsi, lorsque l'année de récolte est mauvaise, les familles qui ne possèdent pas assez de terre doivent, pour obtenir des céréales, recourir à l'emprunt avec intérêt qui peut conduire à l'esclavage pour dette. Or la société cananéenne est en crise, les rois ne proclament plus d'édits de remise des dettes, les correctifs sociaux cessent de fonctionner et l'on voit apparaître une nouvelle classe de paysans désargentés qui, pour échapper à l'esclavage, fuient leur pays ou se livrent au brigandage. Les royaumes ayant multiplié les traités d'assistance réciproque pour la recherche de fugitifs, ceux-ci se voient contraints de se diriger vers les zones difficilement contrôlables : les steppes désertiques et les hautes terres. Ces fugitifs sont appelés « Abiru » ou « Hapiru », la signification du mot évoluera pour prendre celle d'« ennemi » et plus tard le sens ethnique d' « Hébreu ». Certaines lettres de Tell el Amarna retracent les difficultés des roitelets de Canaan face aux Hapirus, ceux-ci sont accusés de ne pas respecter la souveraineté du Pharaon. Parmi cette nombreuse correspondance, citons celle d'Abdi-Héba, prince de Jérusalem, à Aménophis IV : « *Au roi mon Seigneur, dis : ainsi parle Abdi-Héba, ton serviteur : je tombe sept fois et sept fois aux deux pieds du roi mon Seigneur. Vois l'action qu'ont faite Milikilu et Shuardatu contre le pays du roi mon Seigneur : ils ont engagé des troupes de Gazru, des troupes de Gimtu et des troupes de Qiltu et se sont emparés du pays de Rubutu ; le pays du roi a fait défection au profit des Hapirus. Et maintenant, qui plus est, une ville du pays d'Urusalim, nommée Bit-Ninurta, une ville du roi, a fait défection du côté des hommes de Qiltu ! Que le roi écoute Abdi-Héba, ton serviteur, et qu'il envoie des troupes de soldats qui rendent au roi le pays du roi. Car s'il n'y a pas de troupes de soldats, le pays du roi aura fait défection au profit des Hapirus... Et que le roi s'occupe de son pays*[97] ! ».

La situation est également critique dans les basses terres. Le prince de Guèzèr, une ville qui se trouve entre la plaine côtière et la montagne à la hauteur de Jérusalem, s'en plaint au Pharaon : « *Au roi, mon Seigneur, mon Dieu, mon Soleil, dis : ainsi parle Milkilu, ton serviteur, la poussière de tes pieds : je tombe sept fois et sept fois aux pieds du roi, mon Seigneur, mon Dieu, mon Soleil. Que le roi sache que sont fortes les hostilités contre moi et contre Shuwardata ; alors que le roi mon Seigneur sauve son pays de la main des Hapirus ! Sinon, que le roi mon Seigneur envoie des chariots pour nous prendre, pour que nos serviteurs*

[97] Israël et les nations d'après les textes du Proche-Orient ancien, Cahiers Evangile, Paris, Editions du cerf, p. 31.

ne nous abattent pas. De plus, que le roi mon Seigneur interroge Yanhamu son serviteur sur ce qui se passe dans son pays[98] ». La menace des Hapirus est bien réelle, on la retrouve dans de nombreuses lettres.

Mais comment savoir si ces Hapirus ont un lien avec les Hébreux ? On a retrouvé, dans un fragment de lettre sur papyrus du XIIIème siècle av J.-C., soit entre un demi-siècle et un siècle après le témoignage des roitelets cananéens, leur mention dans la construction de la ville de Ramsès : « *Distribue des rations aux hommes de troupe et aux Hapirus qui font le transport de pierre pour le grand pylône... de Ramsès Miamoum.*[99] » ; à l'époque ramesside, la main d'œuvre pour les grands travaux publics est fournie par l'armée soit le premier groupe cité, et par les prisonniers de guerre et les esclaves, les Hapirus sont à classer dans cette catégorie. Les Hapirus ont donc quitté Canaan soit par la force, soit par la famine et travaillent sur les chantiers de Ramsès II. Par ailleurs la Bible nous indique en Ex 1,11 que les Israéliens ont participé à la construction des villes de Pitôm et de Ramsès. Les auteurs de la Bible assimilent les Israéliens au groupe des Hapirus. Ceci devient une certitude à partir du moment où l'on prend comme date de l'écriture de ce texte le VIIème siècle av. J.-C., les spécialistes s'accordent pour dater la rédaction de ce texte à l'époque de Josias, roi de Juda. En effet, on ne voit pas comment la tradition israélite aurait pu mentionner à une époque tardive ces deux villes abandonnées vers 1100 av. J.-C., si ce n'est à travers le souvenir d'un événement réel. *A contrario* la sortie d'Egypte fait mention d'une négociation entre Moïse et le royaume d'Edom, or ce royaume n'existait pas au XIIIème siècle av.J.-C., l'archéologie nous en apporte la preuve, ce dont ne disposait pas les auteurs tardifs du texte biblique qui utilisaient un contexte de leur époque, la réalité du royaume Edomite au VIIème siècle av J.-C., pour imaginer une situation anachronique. Quand ils ne se trompent pas sur une situation historique, alors qu'ils n'ont plus accès direct à l'information pour produire le contexte d'un récit, c'est qu'ils rapportent un fait réel. Les Hapirus ont donc bien un lien avec le peuple d'Israël. Ils sont à l'origine des agriculteurs puis les déracinés de la crise cananéenne, les victimes de la cupidité des prêteurs palatiaux. Nous n'avons que le témoignage de leurs brigandages mais il est très vraisemblable qu'un mouvement d'immigration se soit créé sur plusieurs siècles. Alors, comme tous les immigrés pauvres, ils sont attirés par la société la plus riche, la mieux

---

[98] *Ibid.*, p. 28.
[99] *Ibid.*, p. 34.

organisée, la seule capable de gérer les crises alimentaires : l'Egypte. La crise n'éclate pas d'un coup, il semble donc cohérent d'imaginer une émigration absorbée progressivement par le pays d'accueil. Le peuple hapiru se reconstituera au-delà des frontières de Canaan, soudé par une origine et un quotidien communs.

Nous disposons, pour évaluer la durée de cette crise, des découvertes archéologiques qui apportent un témoignage sur le long terme et nous indiquent que durant la période du Bronze récent, soit entre 1550 et 1150 av. J.-C., l'habitat est en déclin. Le territoire des hautes terres est passé de 220 sites à 25 sites habités. La Palestine au moment où écrit le prince d'Urisalim, Abdi-Héba, est donc dans une crise profonde où chacun lutte pour sa survie. L'archéologie nous indique que seule une population limitée d'agro-pasteurs occupe désormais les hautes terres. L'élevage des moutons et des chèvres y est prédominant. Ceci montre que l'activité pastorale a repris le dessus sur l'agriculture lourde qui nécessite du bétail difficile à déplacer en cas de disette. Soulignons qu'à la période précédente au Bronze moyen (2000-1550 av J.-C.) la population est estimée à 40 000 personnes sur les 220 sites. Les Hapirus ne se réfugient donc que très temporairement dans les hautes terres puisque celles-ci se vident.

Ce phénomène d'attraction vers les plaines riches d'Egypte n'est pas nouveau et les pharaons s'en méfient. Ils ont certainement en mémoire la domination des Hyksôs entre 1730 et 1550 av J.-C.. Ce groupe de sémites venu de Palestine régnera sur la partie septentrionale de l'Egypte, ils en seront chassés par le Pharaon Ahmosis au XVIème siècle av. J.-C. Celui-ci les poursuivra jusqu'à leur citadelle située au sud de Canaan où un document Egyptien nous raconte qu'il finira par remporter l'assaut après un siège prolongé. Le déclin du pays de Canaan commence à cette époque. Il est possible que la tradition biblique superpose deux périodes distantes de quatre siècles pour attribuer aux Hébreux, esclaves du XIIIème siècle, le prestige des Hyksos du XVIIème siècle av J.-C.

Nous retrouvons des traces extra-bibliques des Israéliens sur la stèle de Merenptah datée de 1210 av J.-C.. Le pharaon Merenptah se vante d'avoir exterminé un certain nombre de peuples dont un qui ne s'abrite pas derrière une cité mais qui tient la campagne « Israël ». Les Hapirus, cette fois-ci appelés Israël, sont de retour en Palestine. Comment cela s'est-il produit ? Le récit biblique de l'Exode et de la conquête de Canaan ne correspond pas aux recherches archéologiques. Pour le récit de l'Exode, on ne trouve aucune trace extra-biblique de l'évènement : aucun pharaon n'a été retrouvé mort noyé, aucun reste d'un groupe de six cent mille personnes traversant le désert pendant quarante années n'a été arraché aux sables des sites de l'itinéraire biblique, pas la moindre allusion à l'événement ne peut être détectée dans la documentation égyptienne, pis, certains royaumes évoqués n'existaient pas. Quant à la conquête de Canaan, il y a bien des traces de villes anéanties mais les dates ne correspondent pas à la période supposée de la conquête, par ailleurs elles sont, comme Jéricho, dépourvues de murailles ; on sait que le récit biblique insiste sur les fameuses murailles de Jéricho. Un long travail croisant les observations archéologiques, la critique textuelle et l'analyse des documents aussi divers que l'armement de Goliath, a permis de situer la rédaction du récit d'au moins cinq siècles postérieurement aux événements décrits dans le Pentateuque. Pourtant les Hapirus sont bel et bien sortis d'Egypte et ont fondé sur des bases religieuses nouvelles une communauté. Cette communauté s'est installée, comme le suggère la stèle de Merenptah, ailleurs que dans les cités, soit dans les campagnes des hautes terres. L'archéologie qui souvent contredit le récit biblique cette fois-ci lui donne raison : les nouveaux villages des hautes terres à partir du XIIème siècle ont une caractéristique commune, ils sont dépourvus d'os de porcs. Cette observation n'est pas valable pour les époques antérieures. Les Hapirus sont devenus Israélites. Nous avons en-dehors de la Bible le témoignage certain d'une adoption de coutumes alimentaires nouvelles de caractère religieux. En effet, aucune donnée extérieure de type climatique ou agricole n'imposait ce choix, d'ailleurs les autres communautés qui se forment à la même époque dans des conditions matérielles semblables consomment du porc. Cette installation marque le départ d'un ordre nouveau. Une communauté soudée va reconquérir les hautes terres pour retrouver à l'époque du Fer I (1150-900 av J.-C.) les sites d'habitation du Bronze moyen, soit près de 250 sites, et dépasser les 40 000 habitants estimés pour atteindre jusqu'à 250 000 habitants à la fin du VIIIème siècle. Au début du XIIème siècle av J.-C. un événement majeur intervient : les anciens royaumes de Canaan s'écroulent définitivement sous le choc des peuples de la mer qui secouent toute la côte du Levant, seule l'Egypte repoussera l'agresseur. Parmi eux les Philistins, sans doute bien équipés et aguerris, s'empareront des cités palatiales de Canaan, tandis que sur les hautes terres, le peuple hébreu composé de tribus commencera un processus d'étatisation qui aboutira aux royaumes de Saul, puis de David et de Salomon. Là encore l'archéologie portera un coup sévère aux descriptions magnifiées d'un âge d'or somme toute modeste. Les peuples de la région s'affranchiront de la pression du royaume Hittite désormais déconfit et de la tutelle égyptienne, ils auront deux siècles sans avoir de tribut à payer à qui que ce soit.

Plus fondamentalement les Israélites devront leur succès à la mise au point d'un nouveau pacte social à caractère religieux. Dans la région, c'est un phénomène qui se produira pour les différents royaumes en constitution : les Edomites au sud, les Moabites à l'Est, les Amanites au nord et encore plus au nord les Araméens promis à un grand succès linguistique dans l'empire Assyrien[100]. Mais, de tous ces peuples disparus, seuls les Israélites ont traversé l'histoire, qu'avaient-ils de plus pour durer ?

Un Dieu juste

De la même façon que l'histoire biblique a subi quelques réécritures, la conception monothéiste n'est pas venue en une seule fois. La révélation monothéiste, puisque c'est bien de cela qu'il s'agit, est sortie du polythéisme en passant par l'hénothéisme[101]. Ce que les autres peuples n'ont pas réussi à faire, les Israélites l'ont fait, sur plusieurs siècles, grâce à une conception du divin qui a immédiatement fusionné avec l'éthique. Les Israélites sont à l'origine des immigrés, leur conscience de peuple naît sur une autre terre que la leur. Ils sont profondément marqués par l'injustice économique de leur histoire : l'esclavage pour dette, la fuite, puis les travaux forcés. Au Néolithique, à la veille des premiers Etats, le monde est encore vide, chaque peuple jouit de sa terre sans subir l'injustice de la rareté territoriale. Les hommes cherchent des explications à leur situation d'éleveur, d'agriculteur, de citadins ; ainsi naissent les dieux, nous en avons parlé. Pour le peuple hébreu l'explication recherchée n'est pas du même ordre, ils veulent d'abord savoir pourquoi ils n'ont pas de terre avant d'expliquer la pluie, la fertilité de champs qu'ils n'ont pas. Poussés par la raison qui cherche des explications, ils découvrent un Dieu qui va réparer l'injustice subie collectivement, un Dieu qui va leur promettre une terre, un Dieu juste. Ce faisant, ils vont associer le sens de la justice au divin et comme tous les peuples, ils souderont leurs humanités à ce Dieu communautaire. Ce

---

[100] Les Hébreux en exil à Babylone parleront araméen et reviendront avec cette langue « internationale ». A l'époque du Christ on parlait araméen en Palestine.

[101] La croyance hénothéisme considère l'existence d'un seul Dieu pour un peuple mais accepte l'existence d'autres dieux pour les autres peuples.

Dieu sera d'abord le leur, sans exclusivité pour les autres peuples, ce n'est que plus tard que le monothéisme apparaîtra. Yahvé, ou Eholim seront au départ concurrencés par les petits dieux de la fertilité, les dieux des peuples voisins feront quelques incursions notamment dans la partie septentrionale des hautes terres où l'influent dieu Baal fera bondir les prophètes de Yahvé[102]. La raison inspirée par l'éthique, dont nous reconnaissons l'origine spirituelle et non matérielle, pourvoira au monothéisme. Comment penser le divin, s'il est juste, autrement qu'unique ? La justice des immigrés, des petits, s'applique à tous les petits, elle est universelle. La tradition biblique s'en souviendra en recommandant d'accueillir les immigrés « *car vous avez été des immigrés au pays d'Egypte*[103] ». Un Dieu éthique traverse les frontières nationales, c'est plus facile à comprendre quand on a soi-même été victime de l'injustice. Si Dieu traverse les frontières, Il n'a plus de raison d'avoir des concurrents et devient en quelque sorte le Dieu le plus fort. L'idée, pour un peuple humilié, de savoir qu'il a, malgré toute sa détresse, le Dieu le plus fort est structurante. Par contre, cette représentation divine est très contraignante car elle crée *de jure* un lien de dépendance fondé sur le respect de l'éthique. Dieu veut la justice, mais quelle est la justice voulue par Dieu ? Cette question revêt deux aspects : l'un personnel et l'autre politique, n'oublions pas que la religion relie les hommes entre eux dans une communauté politique. Le deuxième aspect politique traverse toute la réécriture biblique qui fournit des explications aux réussites et échecs des royaumes d'Israël et de Juda. Le toilettage historiographique a permis de restaurer l'histoire en s'appuyant sur cette clé explicative qui anime les rédacteurs : les échecs de l'histoire sont dus aux infidélités des rois et du peuple à Yahvé. Toute l'œuvre biblique est écrite en vue de cette démonstration. En régime mésopotamien, l'échec politique aurait signifié la mort du Panthéon, le régime politique en s'effondrant aurait manifesté la faiblesse de ses dieux ; pour Israël ou plus précisément Juda, c'est exactement l'inverse qui se produit. La politique est lestée d'éthique, comme un culbuto qui se renverse, le poids d'éthique permet toujours de se redresser car l'éthique est à la base du système politique. Il revient aux prophètes de le rappeler aux puissants. Il

[102] Ainsi lorsque le roi d'Israël Ochozias (853-852) s'adressa à Baal-Zébub, dieu philistin et non à Yahweh, le prophète Elie réagira vertement : « N'y a-t-il pas de Dieu en Israël que vous alliez consulter Baal-Zébub, dieu d'Eqrôn ? C'est pourquoi ainsi parle Yahvé : le lit où tu es monté, tu n'en descendras pas, tu mourras certainement ! et Elie s'en alla » (2 R 1, 3-4).
[103] Ex 22,20 ; Dt 10,19.

faut bien distinguer ici le rôle des prophètes bibliques de celui des prophètes des royaumes de l'Orient ancien. Le Dieu Shamash qui domine la stèle de code d'Hammourabi était consulté pour les expéditions guerrières. Les prophètes assyriens avaient pour mission d'interpréter la réponse divine, on ne laissait partir l'expédition qu'après s'être assuré d'une réponse positive. Le prophète était un devin au service du roi : on prenait par cette consultation une garantie sur la victoire. Les prophètes bibliques jouent également ce rôle mais il semble que la fonction divinatoire soit effacée par la censure biblique pour finir par ne laisser subsister qu'une prophétie imprécatrice, dénonciatrice de l'injustice des hommes. Un des premiers prophètes, Amos (780-745), originaire de Juda, n'hésite pas à s'attaquer à la cour du royaume d'Israël et à dénoncer la corruption des élites : « *Assemblez-vous sur les montagnes de Samarie, voyez quel amas de désordre en son sein, quelles oppressions au milieu d'elle ! Ils n'ont pas le sens de l'action droite, ces entasseurs de violences et de rapines dans leurs palais – oracle du Seigneur.* »[104]. Les accents d'Amos sont franchement modernes dans leurs aigus économiques contre les marchands : « *Ecoutez ceci, vous qui vous acharnez sur le pauvre pour anéantir les humbles du pays, vous qui dites : « Quand donc la nouvelle lune sera-t-elle finie, que nous puissions vendre du grain, et le sabbat, que nous puissions ouvrir les sacs de blé, diminuant l'épha, augmentant le sicle, faussant les balances menteuses, achetant les indigents pour de l'argent et un pauvre pour une paire de sandales ? Nous vendrons même la criblure du blé*[105] ». Il est remarquable que la société de cette époque accepte la violence de ces critiques et en fasse la ligne conductrice, au nom du Dieu de justice, des comportements sociaux. La justice devient la référence absolue de la conduite des hommes et ceci ne peut être dissocié, dans sa genèse, de la conception du Dieu monothéiste.

Le système théologico-politique récupère la référence à la justice divine pour justifier une situation politique et légitimer un projet. Soulignons que dans cette conception, Dieu reste au service des hommes. Le sens de la relation divine est, de ce point de vue, semblable à ce que l'on concevait dans les empires polythéistes. Le changement vient de la place faite à l'éthique dans le système politique, celle-ci devient fondatrice du système. Mais les faits seront durs pour cette idéologie politique car Dieu sera déroutant pour son peuple. La promesse divine

[104] Am 3, 9-10
[105] Am 8, 4-6

semblera bien fragile au regard d'une histoire tourmentée. Les multiples déceptions politiques conduiront la réflexion théologique à approfondir l'aspect personnel de la justice voulue par Dieu. La politisation de l'éthique, à classer du côté du *religare,* ne doit pas faire oublier le versant personnel, du domaine du *relegere,* qui cheminera parallèlement à la réflexion politique. A la vérité, et c'est ce qui est passionnant, il chemine toujours !

Les chemins du monothéisme

Nous avons établi une distinction entre l'historicité du récit biblique et la véritable histoire telle que les recherches ont pu la restaurer. L'attestation d'une réécriture biblique des évènements donne toute sa valeur à la théologie, tout simplement parce qu'elle montre que la conception monothéiste est le fruit d'un processus de réflexion qui permet au *logos* de révéler les conséquences du Dieu éthique. Par comparaison, les empires post néolithiques resteront enfermés dans leur conception polythéiste, ils n'évolueront plus sur le plan intellectuel ni matériel, ayant épuisé leur dynamique. Ce n'est pas un hasard si au VIème siècle une grande partie des empires antiques totalitaires sera remise en question par un discours à la recherche d'une éthique. Des personnalités d'un type nouveau symboliseront les aspirations de leur communauté : en Israël, les grand prophètes ; en Iran, Zoroastre (fin du VIIème) ; en Chine, Confucius (550-480) ; en Inde, Bouddha (560-480) mais également en Grèce, les philosophes ioniens. Cette période offre une remarquable convergence de personnalités qui lui vaudra le nom « d'époque axiale ». La reprise et la rédaction à cette époque du corpus de textes, considéré ultérieurement comme la Bible, participera du mouvement axial. De nouvelles bases seront jetées. Pour Israël, elles continueront les tendances individualistes, ouvriront vers l'universel, et affirmeront l'existence d'un monde créé.

L'affirmation de l'identité éthique

Intéressons-nous à nouveau à deux textes que nous avons déjà croisés : le sacrifice d'Abraham et le livre de Job. Nous savons désormais que le peuple juif baigne dans la grande culture assyrienne. Il en revendique une certaine affiliation par Abraham, le Chaldéen venu d'Ur après avoir traversé le croissant fertile. Quand le rédacteur de la Genèse écrit le récit du sacrifice d'Abraham, il sait que pour ses lecteurs, les sacrifices d'enfants sont concevables. Abraham est de son temps, il se met en route pour satisfaire son Dieu car il n'a pas de prise sur le monde autrement qu'en respectant son Dieu. De ce point de vue, Marcel Gauchet qui parle de « dé maîtrise du monde » au profit de la divinité a raison. Mais l'histoire apporte une bonne nouvelle au lecteur de cette époque : ce que désire l'homme c'est également ce que veut Dieu : Isaac ne sera pas sacrifié. Nous l'avons dit, la justice divine ne diffère pas de celle des hommes, elles sont associées. Abraham, le soumis chaldéen, aura sa descendance promise et l'assurance que Dieu veut ce qui est juste. On peut donc désormais être juste sans crainte de contrarier Dieu. C'est une libération, car Dieu s'approche au plus intime de ce que nous sommes et non pas, comme le pense Gauchet, parce que le Dieu monothéiste est rejeté dans les hautes sphères laissant ainsi le champ libre à l'homme. Retenons que le nouveau Dieu juste ne s'oppose pas à la volonté individuelle du sage. C'est un grand pas vers l'affirmation de l'identité éthique constitutive de l'individualisme.

Le livre de Job développe la même idée, il reprend un thème que l'on a retrouvé, nous l'avons vu, dans la littérature mésopotamienne mais également dans la littérature égyptienne. Rappelons la question : comment le juste peut-il souffrir alors qu'il respecte son dieu ? Le mésopotamien répond que l'on a toujours quelque chose à se reprocher, on ne connaît pas tous ses péchés mais les dieux eux savent, il faut donc se résigner à son sort en attendant que les dieux se calment. C'est le raisonnement que tient Abraham quand il prend la route de Moriya avec son fils. Pour l'égyptien, il faut s'accrocher à la vie et surmonter son désespoir, il n'attend rien des dieux. Qu'en est-il de Job, l'israélien monothéiste ? La réponse de Job est caractérisée par sa résistance aux discours de ses amis qui reprennent l'argumentaire mésopotamien et qui tentent de lui faire comprendre que sa situation doit bien s'expliquer par un péché quelconque, mais non, Job s'obstine, il est juste, il n'en démordra pas, il n'a rien à se reprocher : « *En quoi ai-je failli ? Montrez-le-moi !* [106]» dit-il crânement. Il est sûr de son fait et ne s'inclinera pas car « *Ma justice est en cause*[107] » et encore : « *jusqu'à mon dernier souffle, je maintiendrai mon innocence, je tiens à ma justice et je ne la*

[106] Jb 6, 24
[107] Jb 6, 29

lâche pas ; en conscience je n'ai pas à rougir de mes jours[108] ». Le conflit est sévère d'autant plus que Le puissant ne fausse pas la justice, le mésopotamien pouvait avoir un doute mais pas l'israélien, Dieu est droit. La résistance de Job est paradoxale, c'est Job contre Dieu au nom de Dieu. A ses amis qui insistent sur le même argumentaire, il réplique vertement : «*Vraiment, la voix du peuple c'est vous, Et avec vous mourra la sagesse, Moi aussi, j'ai une raison, tout comme vous, je ne suis pas plus déchu que vous.* ». Voilà que Job se défend au nom de sa raison et de sa justice ; elles sont revendiquées de manière associée pour demander des comptes à Dieu. L'homme est désormais pleinement homme au nom de la raison et de la justice. Comment tout cela se termine-t-il ? Dieu rétablit Job dans ses biens et sermonne ses amis qui n'ont pas parlé de Dieu avec droiture comme Job qui par sa révolte contre Dieu, au nom de Dieu, a défendu la justice et la raison. Job ne recule pas comme le mésopotamien, il est « fort contre Dieu[109] » mais admet cependant le mystère de l'univers. La foi est sauve, le respect dû à Dieu est renforcé par la prise de conscience que l'homme est distingué par sa raison et sa justice. Cette idée est révolutionnaire et de nature paradigmatique, c'est-à-dire de celles qui changent l'ordre du monde.[110]

La communauté comme lieu de naissance du Dieu juste

Pour faire un Dieu monothéiste, il faut une communauté indépendante. Le monothéisme n'est pas l'idée de l'être suprême au sens du dieu révolutionnaire issu des idées des Lumières. Le monothéisme biblique n'est pas non plus le dieu d'Akhenaton, le pharaon égyptien de la XIIème dynastie qui au XIVème siècle av J.-C. proclama le culte d'Aton après avoir tenté de supprimer toutes les autres divinités. Akhenaton n'arrivera pas à faire triompher son monothéisme à cause de l'existence d'une société organisée sur un autre mode religieux, son pouvoir de pharaon n'y suffira pas.

[108] Jb 27, 5-6

[109] Rappelons qu'Israël signifie étymologiquement « fort contre Dieu ».

[110] La tradition talmudique y puisera l'idée que « La Torah n'est plus dans les cieux » DT 30, 12 et que c'est au sage par un travail d'étude sans cesse renouvelé d'interpréter son application. Ce dénouement néanmoins reste sur le schéma classique de la récompense terrestre finale du juste.

L'idée de Dieu doit être associée dès le départ à la justice des hommes, et nous l'avons vu, celle-ci ne se perçoit à l'origine que dans une communauté humaine limitée. Sans communauté éthique pas de Dieu juste, c'est la raison de l'échec d'Akhenaton et de l'être suprême révolutionnaire ; le déisme n'a qu'un tort c'est qu'il ne s'intéresse pas à la justice des hommes. Néanmoins, la seule conjonction du Dieu juste et de la justice humaine ne suffit pas, il revient, en effet, à la raison humaine le soin de déduire progressivement les implications théologiques du rapprochement de l'idée de dieu et de justice. Au plan historique, les Hébreux seront les premiers à emprunter cette voie. Ils concevront d'abord un dieu perçu comme concurrent des autres dieux nationaux, ce que nous appelons l'hénothéisme, puis, comme conséquence de l'universalisme des valeurs de justice, le monothéisme.

Nous aboutissons à ce paradoxe que le peuple qui aura révélé le monothéisme et son universalisme l'aura fait au nom d'une alliance nationale et exclusive : l'universel monothéiste advenant pour un peuple particulier. C'est un processus de révélation historique qui se déroule par le pouvoir de la raison inspirée, en conséquence rien n'est achevé, la raison travaillée par l'éthique peut produire d'autres étapes vers l'universel. Se pose alors la question de savoir comment l'universel peut advenir par le particulier pour le reste de l'humanité, sans que le particulier y perde son identité, et sans que le reste de l'humanité ne soit considéré comme une identité secondaire? L'universel est né dans une communauté, il ne peut qu'en déborder, ou renaître dans d'autres communautés. D'autres formes religieuses sont donc inévitables au regard de cette recherche du Dieu juste. S'il en est ainsi, les religions du Dieu juste ne peuvent être pensées qu'en lien étroit avec cette première modalité de l'universel. Le Dieu juste qui conjugue particularisme et universalisme ne peut dès lors se concevoir indépendamment de la raison et appartenant exclusivement à une communauté.

L'autonomie du monde créé

La conception monothéiste change la vision que les hommes se font du monde. Le monde n'est plus peuplé de dieux qui en déterminent l'ordre mais il est désormais créé par Dieu. Les dieux ne sont plus et pourtant, à l'issue d'un long processus, il en reste Un. Le principe monothéiste induit alors la création du monde. Car, nous l'avons dit, pour ne retenir qu'un principe explicatif divin, il faut que la raison le sépare du monde, que le monde soit créé par ce principe car un principe dans le monde n'explique pas le monde mais seulement ses phénomènes. Désormais, à côté du monde sensible, dans lequel nous vivons, existe un principe supérieur divin qui correspond avec la volonté humaine par une éthique à partager. La pensée deutéronomique ne tirera pas les conclusions de type scientifique qui découleront de cette nouvelle vision du monde autonome dans sa réalité matérielle, elle s'attachera par contre à définir les implications relationnelles de cette nouvelle vision.

Si les dieux ne sont plus dans le monde, celui-ci prend de facto de l'autonomie. L'exercice divinatoire mésopotamien qui consistait à focaliser les sciences mathématiques sur le déchiffrage du sort est désormais vain. Cette libération d'une conception d'un monde prédéterminé ne produira pas immédiatement de conséquences dans la recherche de la compréhension du monde, il faudra attendre la Grèce pour exploiter ce potentiel atteint par des chemins différents. Néanmoins la question du lien avec Dieu se pose dans l'ordre politique et personnel. Du point de vue politique, les auteurs de la Bible cherchent à expliquer une situation politique désastreuse par un comportement éthique défaillant, prenant, il faut le souligner, le contre-pied de la thèse de Job. L'exil est du à l'infidélité des rois d'Israël et de son peuple à la parole de leur Dieu : c'est plus facile quand on est nombreux de trouver un fautif pour expliquer la situation. L'accent est mis, contrairement à la culture mésopotamienne, sur la Justice divine comme preuve de l'inconduite du peuple là où les mésopotamiens justifiaient leur puissance par la supériorité de leurs dieux. Dans cette théologie, Dieu demeure au service des hommes et de son projet matériel en tant que peuple. Théologie qui peut tenir longtemps mais qui, si les faits s'obstinent contre le projet, doit se replier soit sur l'avenir, ce qui signifie espérer en l'avenir d'un messie terrestre réparateur, soit quitter le domaine politique pour se concentrer sur les questions personnelles, nous l'avons vu avec le cas de Job. Le judaïsme du Temple évoluera vers un judaïsme rabbinique qui saura conserver la dimension communautaire par le biais d'un ritualisme orienté vers une spiritualité personnelle. Le judaïsme concentrera son énergie spirituelle pour conserver la flamme universelle dans un corps de lois destinés à ses seuls affidés. Le peuple juif connaîtra un destin scandé par une suite de drames pour avoir révélé un principe trop grand pour un seul peuple. Dans l'impossibilité ontologique de transmettre le feu sacré aux autres peuples par l'ouverture de sa communauté, il subira la violence à cause de son identité non partageable. Les communautés humaines ne peuvent s'entendre que si elles se reconnaissent une identité partageable, c'est ce à quoi doit s'attacher la raison éthique par-delà les cultures et les identités religieuses.

Au paradigme polythéiste succèdera le paradigme monothéiste. Un nouveau monde matériel sera possible, il se construira sur les bases d'une fusion entre la pensée philosophique grecque et la rencontre de l'universalisme judéo-chrétien, nous y reviendrons dans ce chapitre. Pour le moment remontons plus au nord de la Méditerranée pour nous fixer sur les rives de la mer Egée.

Les chemins retrouvés de l'équité

La culture grecque archaïque, puis classique est née de l'effondrement du système palatial mycénien. Sur le rivage levantin, on a vu que le système palatial cananécn s'est également effondré. Les mystérieux « peuples de la mer » sont-ils originaires de la civilisation mycénienne en crise, l'effondrement de la civilisation mycénienne provoquant alors, par un jeu de dominos, l'effondrement des royaumes de Canaan ? On peut en discuter. Nous allons nous intéresser maintenant au mode de recomposition qui se produira à la suite de ces évènements. Nous avons vu que dans les hautes terres de Palestine un nouveau peuple s'était formé revendiquant son aspiration à la justice divine tandis que les philistins reproduisaient le schéma palatial dans les anciens petits royaumes cananéens. En Egée, les Grecs vont trouver une autre formule, originale, et revendiquer la liberté dans le cadre d'un système politique de cités-Etats, *la polis,* basée sur l'équité des semblables. Nous y voyons un retour à l'ordre perdu, égalitaire, des petites communautés du Néolithique d'avant la hiérarchisation du Bronze. Nous avons observé, à partir du Chalcolithique, l'enclenchement d'un phénomène de hiérarchisation sociale se manifestant par des chefferies, puis des Etats, aux différentes périodes du Bronze. Cette ethnogenèse difficile n'a pas toujours fonctionné, elle s'est produite grâce au levain religieux rapidement exploité par le pouvoir politique. Le pouvoir a joué un rôle bénéfique en permettant organisation et spécialisation du corps social. Mais avec l'intensification des échanges marchands, les inégalités se sont accrues, la violence pour l'acquisition des richesses s'est intensifiée, la cupidité et la mégalomanie des puissants ont enflé, le tout finissant par provoquer de profonds déséquilibres économiques. Les pactes sociaux se sont alors vidés de leur éthique. La Grèce est née d'une de ces crises.

Que pouvons-nous observer de cette recomposition ? Quels enseignements en tirer par rapport à notre thèse qui valorise l'éthique comme aiguillon de la composition sociale ?

L'instabilité du modèle palatial du Bronze

La civilisation mycénienne se distingue en filigrane dans la vie des petites royautés immortalisées par Homère dans l'Iliade et l'Odyssée. Agamemnon qui mène l'expédition contre Troie est roi de Mycène, Homère assimile ainsi le prestige du passé mycénien à l'origine du monde grec. Rappelons quelques dates : la civilisation Mycénienne court du XVIème au XIIème siècle avant notre ère ; on situe la renaissance grecque au VIIIème siècle. Les « siècles obscurs » qui séparent ces deux périodes absorbent la décomposition d'un monde : l'écriture se perd, la mémoire du peuple se transmet désormais par l'oral, seules appartiennent au présent les ruines monumentales des ouvrages mycéniens, les habitations ne sont plus que de simples huttes couvertes de chaume, la démographie s'effondre, le pouvoir se dilue en chefferies. Mais, comme pour des colons qui arrivent sur une terre inconnue, le monde nouveau porte en lui quelque chose du passé. Ce quelque chose c'est la religion. On a pu lire sur des tablettes en linéaire B retrouvées dans un palais mycénien situé à Cnossos, en Crête[111], la mention des dieux grecs. Si tous ne sont pas mentionnés les principaux sont là : Zeus, Héra, Athéna, Poséidon, Artémis, Dionysos. Ce fait est capital, il atteste du levain commun et explique pourquoi la Grèce composée de multiples cités-Etats indépendantes, les *poleis,* conserve néanmoins une unité culturelle. Dans l'évolution des sociétés la Grèce archaïque en est, en quelque sorte, à la phase deux, c'est un « remake ». Il est donc intéressant de savoir pourquoi la civilisation s'effondre tout en transmettant ce qui fut son levain, et sur quelles bases idéologiques le processus d'ontogenèse va se réactiver. Pour mieux comprendre, il nous faut dire quelques mots de la société mycénienne.

La civilisation mycénienne, bien que nous ayant laissé des trésors extraordinaires[112], n'est pas socialement originale. Elle s'apparente à

[111] La culture crétoise minoenne avait développé son propre panthéon, différent du panthéon mycénien, ce qui distingue génériquement ces deux civilisations.
[112] On citera les cercles des tombes de Mycènes.

beaucoup de chefferies nées au Chalcolithique puis constituées en royaume au Bronze. Elle appartient, par son organisation politique, à l'univers culturel du Proche-Orient, mais sans avoir accompli toutes les étapes de la centralisation que l'on retrouvera, par exemple, dans le royaume hittite voisin. Elle partage avec le royaume hittite, situé sur l'autre rivage de la mer Egée, la passion des chevaux et l'usage du char de guerre[113]. Les richesses fabuleuses trouvées dans plusieurs cercles de tombes à Mycènes attestent, pour une période située entre 1650 et 1550, qu'une classe sociale de chefs locaux s'était constituée et avait accaparé à son profit les richesses naissantes d'une société encore considérée à la période précédente[114] comme autarcique et pauvre. Quatre grands palais se distinguent sur le continent auxquels il faut rajouter un palais crètois à Cnossos. Il existait peut-être ailleurs d'autres palais car, du fait des constructions postérieures, ceux-ci sont difficilement repérables. Se distinguent également des maisons princières entourées d'un noyau urbain. On estime[115] qu'au XIIIème siècle, dans la région centrale de l'Argolide, la population avait atteint le même niveau qu'au début de l'époque classique soit huit siècles plus tard. Les témoignages architecturaux des palais et des sépultures donnent l'impression d'un ensemble où prédominent quelques centres de pouvoir tenus par quelques grandes familles princières. Le pays n'est pas unifié par un roi, chaque palais est dirigé par un *anax,* terme qu'utilise Homère pour désigner Agamemnon le roi des achéens. L'*anax* est responsable de la vie religieuse[116] mais ce roi n'est pas détenteur d'un pouvoir absolu. Il est entouré de fonctionnaires dont le premier est le général en chef. Celui-ci jouit d'un domaine confortable mais moindre que celui du roi. Le territoire est découpé en districts administratifs dirigés chacun par un préfet. Ce dernier maintient l'ordre auprès du *démos* que l'on traduira par la communauté, le peuple. Le préfet est aussi désigné comme le *basileus*, un seigneur local maître d'un domaine rural et vassal de l'*anax.* A côté du *basileus*, un Conseil des Anciens confirme la relative autonomie du *démos* villageois[117]. Dans le même sens, on notera que le *démos* tient son territoire de lui-même et non comme certains fonctionnaires royaux de

---

[113] Jean Pierre Vernant, *Les origines de la pensée grecque*, Paris, Puf, 1962, p. 12.
[114] Il s'agit de l'Helladique moyen, l'Helladique Ancien II est manifestement plus prospère on y trouve des proto palais disparus à l'Helladique moyen.
[115] Claude Mossé, Annie Schnapp-Gourbeillon, *Précis d'histoire grecque*, Liège, Armand Colin, 2005, p. 60.
[116] Jean Pierre Vernant, *Les origines de la pensée grecque*, *op. cit.*, 1962, p. 23.
[117] *Ibid*, p. 28.

l'*anax.* De façon signifiante, Homère traduira également roi par *basileus,* en effet nous avons en place, au sein de la société mycénienne, les bases de l'organisation de la future *polis.* En s'effondrant, le pouvoir palatial laissera une organisation suffisamment autonome pour se régénérer en une multitude de pouvoirs indépendants.

Cette civilisation faite de petits royaumes n'en a pas moins des contacts internationaux. C'est une civilisation du Bronze qui dépend pour son approvisionnement en cuivre de l'extérieur, aucune trace de mine n'a été repérée à une date aussi haute en Grèce. Chypre avec ses nombreuses mines apparaît comme le fournisseur le plus immédiat. Pour couler du bronze il faut également s'approvisionner en étain, or celui-ci est introuvable en Méditerranée. Les gisements les plus proches se trouvent au Portugal, en Bretagne, et en Angleterre. Le bronze est fondamental pour les rois guerriers mycéniens. Au royaume de Pylos on recense au moins quatre cent forgerons[118]. On comprend que la civilisation du bronze est déjà une civilisation internationale, dont les circuits commerciaux sont captés par les principaux usagers et fabricants, les rois. On notera que la plupart des artisans et industries de Pylos sont qualifiés de « royal » ce qui atteste du fait que le pouvoir royal contrôle la fabrication. Quant aux marchands on ne sait pas s'ils sont indépendants du pouvoir. Cette organisation est source de grandes richesses mais aussi de grandes tensions, car qui contrôle le bronze, contrôle le pays. Les causes de l'effondrement de la civilisation mycénienne sont débattues, notamment sur le point de savoir si c'est le peuple dorien qui, en tant qu'envahisseur, est la cause de la catastrophe. Quel que soit le rôle d'un facteur extérieur celui-ci n'a pu avoir d'effet qu'à cause d'une faiblesse intérieure qui s'analyse comme une tension exacerbée entre les pouvoirs, préfigurant ainsi les futures guerres du Péloponnèse. Les fameuses tombes en cercle découvertes à Mycènes donnent une idée, par leur richesse, de la mégalomanie qui s'était emparée des classes dirigeantes. La poursuite non contrôlée de la richesse a introduit un facteur d'appauvrissement du *démos* dont on sait qu'il se nourrissait frugalement sinon mal, et a entretenu la convoitise entre des rois appartenant, pour parler comme René Girard, au même univers mimétique. En l'absence d'un roi capable d'imposer son autorité, la

---

[118] Claude Mossé, Annie Schnapp-Gourbeillon, *Précis d'histoire grecque*, Liège, Armand Colin, 2005, p. 71.

division l'a emporté entraînant dans la chute la civilisation mycénienne aussi sûrement que n'importe quel facteur extérieur.

L'héritage religieux

La civilisation mycénienne sort d'un processus inéluctable où la hiérarchisation produit la spécialisation, la richesse et la surexploitation du *démos*. Ce parcours n'a rien d'original, il suit la mauvaise pente de l'histoire vers plus d'oppression et la trahison de ce qui fit l'unité d'un peuple au moment de son ontogenèse. Nous retrouvons là une règle de l'histoire dont nous empruntons la formulation à la philosophe Simone Weil : « *toute société est cimentée par la religion du pouvoir qui fausse les rapports sociaux et permet aux puissants d'ordonner au-delà de ce qu'ils devraient imposer* »[119]. Passé ce moment de pessimisme, nous partageons également avec Simone Weil une visée optimiste de la détermination humaine ; elle formulait son constat d'espérance ainsi : « *rien au monde ne peut empêcher l'homme de se sentir né pour la liberté* »[120]. C'est très précisément ce que nous constatons dans le « remake » grec. La Grèce est admirable car elle nous a restitué, après que la gangue palatiale se fut brisée, le noyau libertaire intact qui pousse les hommes à défendre une éthique de l'équité. En effet, à quoi assistons-nous après l'effondrement du système palatial mycénien ?

Du XIIème au IXème siècle on parle de « siècles obscurs ». Tout ne disparaît pas mais la lumière qui permet aux archéologues de distinguer une civilisation perd de son intensité. La partie la plus à l'ouest du Péloponnèse s'éteint, Pylos est entièrement détruite. Certains de ses habitants fuient pour aller occuper l'Ionie, ce greffon donnera naissance à la philosophie ionienne. Faut-il voir dans cette précocité le résultat d'une régénération du fait d'un nouveau départ sur des bases plus neuves qu'ailleurs? La partie centrale du Péloponnèse se vide, l'Attique mieux conservée continue d'émettre quelques rayons de lumière. Le reste du monde mycénien se fragmente en une multitude de petites entités disparates, les sociétés ne disparaissent pas, gardant ainsi un lien avec le passé, mais le ressort de l'unité aussi bien que de la dynamique de

---

[119] Simone Weil, *Réflexion sur les causes de la liberté et de l'oppression sociale*, folio Essai, Gallimard, 1955, p. 67.
[120] *Ibid*, p. 85.

croissance sont cassés, les cités- Etats palatiales perdent définitivement la recette pour se reconstruire sur le même modèle. Une autre société peut naître à partir d'un nouveau *modus vivendi.*

Nous observons une dégradation apparente du niveau de vie mais tout n'est pas négatif car se crée ce que nous avons appelé un cercle de liberté ; ce moment où les hommes s'échappent d'un carcan sociétal pour découvrir de nouvelles opportunités et innover. La première innovation concerne l'utilisation du fer pour l'armement. Les spécialistes[121] font remarquer que le fer ne représente pas, dans sa phase initiale, un progrès mais la solution alternative du pauvre, un pis-aller. En effet les circuits commerciaux se sont effondrés, le cuivre et surtout l'étain deviennent rares. Le fer, plus difficile à travailler, est aussi, à produire, plus coûteux en combustible ; il doit son succès à un immense avantage : ses gisements sont nombreux et accessibles. Les armes en bronze seront encore pendant longtemps associées au prestige des soldats comme en témoigne les descriptions des batailles homériques. Ce n'est qu'après avoir appris à maîtriser sa production que l'on trouvera dans sa relative souplesse par rapport au bronze des qualités de résistance plus adaptées à l'outillage notamment au soc de l'araire. Alors l'âge du Fer succédera à l'âge du Bronze. La deuxième innovation majeure concerne l'adoption de l'écriture alphabétique empruntée aux phéniciens au IXème siècle. Après avoir perdu l'usage du linéaire B qui était l'apanage des scribes palatiaux, un phénomène de décentralisation comparable à celui de l'approvisionnement du fer permettra aux marchands de s'emparer de la technique plus simple de l'écriture alphabétique. Cette découverte offrira également aux cités naissantes un vecteur pour consigner les lois et aux poètes le moyen de transmettre les trésors épiques fondateurs. Ce qui se passera en Grèce, l'adoption de la métallurgie du fer et l'utilisation d'une écriture alphabétique, se passera aussi en Palestine au moment de la reconstruction des royaumes de Juda et d'Israël. On constatera que ces phénomènes appartiennent à l'ordre de l'évolution matérielle. Dès lors, où se cache la puissance de l'éthique ?

C'est par la poésie épique que nous pouvons le mieux pénétrer l'univers mental de cette période de recomposition. Si l'on accepte

---

[121] Patrice Brun, Pascal Ruby, *L'age du fer en France, Première villes, premiers Etats celtiques,* Paris, La Découverte, 2008, p. 43.

l'idée[122] qu'Homère ne décrit pas la société mycénienne, détruite depuis plus de cinq siècles, mais plutôt une société idéalisée remontant à quelques générations, nous disposons d'une source d'informations sur l'organisation sociale de l'époque des siècles obscurs[123]. Remarquons qu'Agamemnon a du mal à faire respecter son autorité. Imagine-t-on dans une armée centralisée qu'un général boude la bataille à cause d'une querelle personnelle avec le généralissime, c'est pourtant ce que fait Achille en délaissant la troupe des Achéens en route vers Troie. Homère imagine un récit à partir d'une structure tribale réelle qui n'est manifestement pas celle des quelques cités Etats mycéniennes mais celle issue de la chute du pouvoir palatial. Nous y voyons qu'avant de partir en guerre, une assemblée débat. Il est recommandé à Agamemnon de grouper les hommes par pays et par clan « *pour que le clan serve d'appui au clan, le pays au pays* » cette méthode permettra de contrôler l'ensemble, ainsi Agamemnon saura « *qui, des chefs et des hommes est un brave ou un lâche, puisqu'ils iront par groupe à la bataille* »[124]. Ce denier membre de phrase est la clé de la compréhension de la structure sociale. Nous sommes en présence d'une société clanique qui néanmoins partage une unité culturelle et peut, pour une même cause, partir unie à la bataille. Mais l'unité ne peut être atteinte que si la société respecte une organisation qui s'appuie sur la base. Voilà tout le secret de la Grèce renaissante : autonomie et unité et nous rajouterons, pour tenir compte du contexte guerrier du récit, rivalité.

Jusqu'à maintenant, l'unité d'un peuple se faisait par la perte de l'autonomie des clans puis des tribus. La Grèce archaïque fait son unité par l'autonomie retrouvée. A rebours de la formation classique des sociétés du Bronze, elle trouve des espaces de liberté pour les futures entités politiques : les *poleis*. C'est une civilisation naissante héritière d'un r*eligare* qui a déjà fait son unité culturelle. Elle peut se dégager, grâce à son héritage religieux, de la pression d'un pouvoir unificateur et oppressant. L'archéologie religieuse confirme cet héritage et cette unité originale. On constate, comme preuve de l'héritage, la permanence

---

[122] Claude Mossé et Annie Schnapp-Gourbeillon, reprennent cette thèse de M.I. Finley ; *Précis d'histoire grecque*, Armand Colin, Claude Mossé Annie Schnapp-Gourbeillon, Liège, septembre 2005, p. 97.

[123] Un argument fort cité par Moses I Finley va dans ce sens : le monde mycénien enterrait ses morts alors que dans les poèmes homériques on les incinèrent, ce qui est une des caractéristiques des « siècles obscurs » voir Finley, *Les premiers temps de la Grèce*, Champ Flammarion, 1980, p. 102.

[124] Homère, *Iliade*, Gallimard, 1975, II, 345-381.

spatiale des lieux de culte entre les époques mycéniennes et archaïques[125]. Pour l'unité, entre 900 et 800, une activité religieuse est perceptible par la multiplication des offrandes sur les sites des futurs grands sanctuaires grecs et ceux-ci, fait remarquable, sont souvent situés à des carrefours de routes. La dimension religieuse est d'abord « inter-*poleis* » même si chaque *polis* naissante se choisira son dieu tutélaire. Ainsi la Grèce archaïque renaît en s'appuyant sur la religion des ancêtres. Un révisionnisme laïc nous conduit trop souvent à voir dans cette civilisation, l'anticipation laïque de notre propre société. Cette démarche est somme toute assez classique, elle consiste à projeter sur le passé les valeurs fondatrices de notre référentiel moral présent. Acceptons néanmoins un rapprochement ; parmi ce référentiel, il y a une valeur que nous partageons et qui nous rattache, par filiation culturelle, à la Grèce archaïque et classique : l'équité, ce désir de justice entre des hommes égaux et par conséquent libres.

Une éthique d'homoiois

A la fin des « siècles obscurs » les petits rois disparaissent. La structure sociale que nous voyons dans les poèmes homériques était fragile, elle sera remplacée par une aristocratie obligée de s'organiser en s'appuyant sur le *démos* composé de petits propriétaires terriens. Avec l'effondrement de la population, la société s'appauvrira considérablement, les friches s'étendront sur un territoire parcouru par un peuple de pasteurs. Il faudra attendre la nouvelle organisation sociale pour que les agriculteurs reprennent possession du territoire. Les aristocrates leur garantiront des terres et, compte tenu du rapport de force favorable aux agriculteurs, une participation au pouvoir ; il faut y voir l'amorce de la citoyenneté. La ville ne ressemble plus à la cité mycénienne ornée d'un palais dominant une citadelle, elle se fond avec la campagne et forme un tout. On a pu observer que dans la multitude[126] de *poleis* naissantes une grande partie des propriétaires agriculteurs vivaient en ville et partaient le matin exploiter leurs terres. A cet égard,

[125] Claude Mossé, Annie Schnapp-Gourbeillon, *Précis d'histoire grecque*, Liège, Armand Colin, 2005, p. 100.
[126] La *polis* grecque donnera un réseau de plus de 1000 *poleis,* ce qui constitue la plus grande culture de la cité Etat de l'histoire. Cf. Mogens H.Hansen Polis, *Une introduction à la cité grecque*, Histoire, Paris, Les Belles lettres, 2008, p. 177.

l'organisation était très différente de celle que l'on retrouvera dans notre Moyen Age où villes et campagnes étaient antagonistes. La *polis* était donc un territoire où la majorité de la population vivait en ville sans qu'il n'y ait de distinction tranchée entre citadins et campagnards. Seules les grandes *poleis* comme Sparte ou Athènes auront une majorité de leur population qui vivra à la campagne.

Les *poleis* se formèrent par synœcisme, c'est-à-dire par fusion de villages ; on sait qu'à l'époque archaïque, Athènes était formée de nombreux villages, Sparte sera la résultante du synœcisme de quatre villages. Un nouveau phénomène unificateur apparaîtra en lien avec la constitution des *poleis* formées de citoyens libres : le culte des héros. L'historien A. Snodgrass[127] fera remarquer en examinant la carte des cultes héroïques que celle-ci coïncide avec le statut des personnes : il n'y a pas de héros dans les terres où prédominent les paysans dépendants, particulièrement en Laconie, Thessalie et Crète. *A contrario* là où la paysannerie est libre, les cultes héroïques abondent. Il s'agit d'un processus unificateur semblable à celui résultant du *religare* mais à un niveau subsidiaire qui vient confirmer l'autonomie d'une communauté appartenant par sa culture à un *religare* plus vaste. On y voit le moyen collectif de légitimer la possession terrienne des habitants d'une *polis* par un passé prestigieux.

La composition de l'Iliade a été réalisée au milieu du VIIIème siècle en Ionie, l'Odyssée serait un peu plus tardive. Les deux poèmes s'appuyaient sur une tradition orale de bardes qui se déplaçaient dans le monde grec[128]. Il n'y a pas de doute que l'immense succès de l'épopée homérique s'explique par le fait qu'elle donnait aux propriétaires fonciers l'arrière-plan héroïque où chaque *polis* pouvait ancrer sa légitimité sociale en valorisant son propre héros.

Les propriétaires sont des *homioios*[129], c'est-à-dire des semblables, qui au début travaillent la terre, partagent la même vie dans la cité et délibèrent dans l'Agora. L'idée de citoyenneté est née dans la Grèce archaïque, elle fit la spécificité de la culture grecque. C'est une aspiration éthique qui unissait les hommes entre eux, le pouvoir devait être contrôlé afin de conserver à tous ces copropriétaires des droits politiques. Cette aspiration d'équité ne tarda pas à être contrariée d'abord par l'oligarchie,

[127] Anthony Snodgrass, *La Grèce archaïque*, Hachette Littératures, Pluriel, 1986, p. 48.
[128] Finley, *Les premiers temps de la Grèce*, Champ Flammarion, 1980, p. 101
[129] Ce terme est utilisé pour désigner les citoyens spartiates, remarquons néanmoins qu'ils rejetteront le travail agricole pour se spécialiser dans l'art de la guerre.

puis par la tyrannie. Mais elle resta le modèle des citoyens grecs. Jean Monnet disait à propos de l'Europe qu'elle ne coalisait pas des Etats mais unissait des hommes, cette réflexion nous suggère la comparaison avec Homère qui appelle Agamemnon, le chef des coalisés achéens, également « *le pasteur d'hommes* ». En Grèce l'échafaudage social se fonde dès l'origine archaïque, comme pour notre société, sur l'homme libre.

Ce processus se consolide au VIIIème siècle, il est accompagné d'une forte augmentation de la démographie. Anthony Snodgrass[130] estime que la population de l'Attique en l'espace de deux générations, entre 780 et 720, fut multipliée par sept. Les ressources foncières se raréfièrent alors sous la pression démographique. Quand la terre vient à manquer, trois solutions se présentent : l'émigration, le conflit, le progrès.

Dès le VIIIème siècle les Grecs choisirent d'émigrer ; les premiers à le faire furent les Eubéens pour des raisons de recherche de terres arables et également d'approvisionnement en minerais. Ils fondèrent leurs premières colonies sur la rive orientale de Sicile puis sur la rive italienne du détroit de Messine. Ils furent suivis par les Corinthiens qui fondèrent Syracuse et biens d'autres puisqu'on estime que dans la seconde moitié du IVème siècle, 40% des Grecs vivaient dans des colonies[131]. Ces colonies avaient une caractéristique commune : elles reproduisaient le modèle originaire d'autonomie et de ce fait ne conservèrent pas de lien de dépendance politique avec la cité colonisatrice. Ce mode de duplication atteste de la force du principe de citoyenneté dans la *polis* grecque même si, encore une fois, les colonies connaîtront aussi l'oligarchie et la tyrannie[132].

Le conflit menace le principe de citoyenneté dans la mesure où les troubles favorisent l'émergence de pouvoirs autoritaires mais en sens inverse, il le renforce. En effet, la dissémination des petites cités-Etats, augmenta les risques de rivalités entre des pouvoirs jaloux de leur autonomie et fragmenta les possibilités de réunir une armée. Chaque *polis* dut se défendre en s'appuyant sur son propre corps de citoyens. C'est ainsi que les aristocrates « éleveurs de chevaux », les chevaliers, durent composer avec les fantassins pour défendre la cité. Les fameux Hoplites formèrent une armée redoutable de soldats citoyens motivés par

---

[130] Anthony Snodgrass, *La Grèce archaïque*, Pluriel, 1986, p. 28.

[131] Mogens H.Hansen, Polis, *Une introduction à la cité grecque*, Histoire, *op. cit.*2008, p. 103.

[132] On citera le plus connu, Denis tyran de Syracuse et ami de Platon.

la défense de leur mode de vie et de leurs propriétés. En échange, le pouvoir ne put être que partagé, ce rapport de force défavorable aux pleins pouvoirs d'un chef assura au principe de citoyenneté une certaine garantie. Avec la constitution d'entités plus importantes et l'apparition d'inégalités économiques plus marquées, des déséquilibres s'introduiront dans l'édifice social, le rapport de force changera et autorisera des débordements de pouvoir au-delà de ce qui est légitime.

Observons que l'égalité entre les citoyens d'origine se distordra avec le succès de la nouvelle formule. La richesse retrouvée attisera les convoitises, la *stasis* ou guerre civile sera le lot de nombreuses cités. Une étude portant sur 122 *poleis* fait ressortir 279 cas de guerres civiles pour les périodes archaïque et classique. On estime que la plupart des *poleis* connurent au moins une fois la guerre civile dans leur histoire[133]. L'historien Mogens H. Hansen fait remarquer que pour une *polis*, l'harmonie était bien plus importante que l'autonomie. L'autonomie ne fut jamais divinisée alors que l'harmonie ou *homonoia* fut personnifiée et élevée au rang de déesse. Les Grecs surent voir dans le principe d'harmonie une valeur bien plus forte que l'indépendance de leur cité affirmant à travers la déesse *homonoia* la prédominance de l'éthique de l'équité.

Cette célébration de l'*homonoia* fondée sur l'équité entre citoyens ne doit pas nous faire oublier que l'équité s'arrêtait au citoyen. On sait que le statut de citoyen était réservé à ceux qui partageaient la propriété foncière, tout au moins aux origines. Or avec le succès, la société allait se diversifier et s'ouvrir pour les besoins de la production. L'assemblée de propriétaires n'envisagea pas de diluer sa souveraineté aux métèques, pour l'essentiel des hommes libres qui travaillaient dans le commerce et l'artisanat, et surtout la société grecque était au-delà de l'égalité citoyenne profondément inégalitaire puisqu'elle faisait de l'esclavage un principe d'organisation économique nécessaire à l'épanouissement du citoyen libre. Se dégager des tâches de production matérielle restera un idéal atteignable avec l'aide des esclaves. On parle de 30% d'esclaves dans la population, voire 50%. Il est très remarquable que l'éthique de l'équité soit née dans une petite communauté assurant à celle-ci les règles de la démocratie mais qu'elle y resta comme coincée, incapable de formaliser un principe éthique applicable à l'humanité dans sa totalité. Qu'il est difficile de voir le prochain au-delà du groupe qui vous donne ses valeurs d'humanité !

---

[133] Mogens H.Hansen, Polis, *Une introduction à la cité grecque*, *op. cit.*, p. 152.

Nous avons observé lors des époques précédentes l'évolution de la statuaire pour constater que l'homme, lentement, sur des millénaires, se représentera son humanité par des figures de plus en plus à sa ressemblance. En Grèce l'art plastique anthropoïde jaillira avec exubérance signifiant cette autorévélation, développée à un point jusqu'alors inconnu, du principe d'humanité. Prenons l'exemple du *Kouros*, il s'agit de la figure d'un jeune homme nu qui constitue un cadre de référence pour la statuaire grecque. Cette référence plastique est surtout un marqueur d'humanité associant beauté et idéaux de vie. L'historien A Snogdgrass nous indique[134] que le *Kouros* est, soit placé sur la tombe comme monument funéraire, soit consacré à une divinité ; il nous précise que dans les deux cas le défunt ou le dédicant n'ont rien à voir avec la représentation du *Kouros*. Le *Kouros* est une figure abstraite qui joue le rôle d'un marqueur d'humanité : le défunt symbolise son appartenance à cette communauté d'hommes, le dédicant se présente aux dieux sous cette catégorie estimable d'hommes. La statue anthropoïde désigne une appartenance, une identité communautaire exclusive. Si l'on peut être distingué par le *Kouros*, honoré de cette appartenance, d'autres hommes en sont exclus et l'on pense bien entendu aux esclaves. On reste confondu par la position d'Aristote sur l'esclavage. Son argumentation développée dans le livre I de la *Politique* est de nature principielle : l'esclave est esclave parce qu'il est né esclave. Ceci arrange parfaitement les intérêts des citoyens libres qui comptent sur cette ressource servile, pour vivre pleinement leur vie de citoyen. Au nom d'un principe de liberté humaine, Aristote justifie l'esclavage par la nature : « *Car celui qui par nature ne s'appartient pas mais qui est l'homme d'un autre, celui-là est esclave par nature* ». C'est un raisonnement circulaire qui s'appuie sur la comparaison avec l'instrument nécessaire à l'action. Le maître est destiné à l'action, il lui faut donc un instrument pour exécuter l'action et ce sera l'esclave : « *est l'homme d'un autre celui qui, tout en étant un homme, est un bien acquis, et un bien acquis c'est un instrument en vue de l'action et séparé de celui qui s'en sert* »[135]. Il n'y a rien d'immoral à cela, au contraire Aristote préserve à ses yeux et à ceux de ses concitoyens l'apparence de la justice, il n'hésite pas à affirmer : « *Que donc par nature les uns soient libres et les autres esclaves, c'est manifeste, et pour ceux-ci la condition d'esclave est avantageuse et juste.* ». Pourquoi donc leur condition serait avantageuse et juste? Et bien

[134] Anthony Snodgrass, *La Grèce archaïque*, *op. cit.*, p. 216.
[135] Aristote, *Les politiques*, Paris, GR Flammarion, 1993, Livre 1, 1253b.

parce que l'esclave : « *n'a la raison en partage que dans la mesure où il la perçoit chez les autres mais il ne la possède pas lui-même* ». Cette situation d'infériorité intellectuelle de l'esclave ne peut guère lui laisser espérer mieux que son sort dans la cité grecque. Le parallèle avec les animaux est tentant et il sera fait : « *les animaux ne perçoivent aucune raison, mais sont asservis à des impressions. Et pour l'usage on ne les distingue guère : l'aide physique en vue des tâches indispensables nous vient des deux, les esclaves et les animaux domestiques* »[136].

Aristote n'ignorait pas que le grand Solon au VIème siècle avait réformé en profondeur Athènes en abolissant la servitude pour dette. Ce que n'avait pas fait les rois cananéens, Solon, lors de son archontat, confronté à un déséquilibre économique entre les grandes familles nobles et les petits paysans libres menacés ou tombés dans l'esclavage pour dette, l'avait réalisé : les dettes furent abolies, ceux qui avaient été réduits en esclavage retrouvèrent la liberté ; d'autres qui avaient été vendus à l'étranger comme esclaves furent rapatriés. Solon promulgua une nouvelle loi : aucune personne libre homme ou femme ne pouvait être désormais prise en gage. Solon fit cette réforme au nom de la justice, contre la rapacité des riches. Reprenons ses propos tenus sur l'Agora[137] : « *Ce sont les citoyens eux-mêmes qui (…) veulent détruire la grande cité, en cédant à l'appât des richesses ; et aussi les chefs du peuple à l'esprit injuste, qui se préparent bien des maux par leur grande démesure* ». Mais pour les familles nobles comme pour les classes de petits paysans, d'artisans et de petits commerçants, l'esclavage des autres était, malgré les réformes de Solon, dans l'ordre des choses et nécessaire à leur citoyenneté d'homme libre. L'esclavage ne chemina pas en parallèle avec la liberté, il la nourrit ; c'est peut-être ce qui, sur le plan conceptuel, nous est le plus étranger à la culture grecque. Mais c'est aussi, sur le plan humain, ce qui nous lie avec Aristote : en effet, dès que nos intérêts personnels sont en jeu, nous perdons le sens de l'éthique universelle pour nous forger des raisons particulières de croire que nous sommes seuls dans le juste. La reconnaissance du juste universel est l'objet de la raison éthique ; elle peine, même chez les plus grands esprits, à le discerner.

L'institution de la *polis* fondée sur une éthique entre semblables, produira néanmoins de nombreux fruits de l'esprit, y compris la

---

[136] *Ibid,* Livre 1, 1254b.

[137] Cité par Moses I.Finley, *Les premiers temps de la Grèce*, Champs-Flammarion, 1980, p. 146-147.

recherche de l'universalité du bien. Malgré ses limites, la société sera travaillée de l'intérieur par la raison éthique. Les Grecs, par d'autres chemins que les Hébreux, atteindront les principes universels. Quels furent les cheminements de leur pensée éthique ? En quoi peut-on faire un parallèle avec le monde hébreu ? C'est l'origine d'une pensée libérée qu'il faut maintenant retracer.

Une pensée libérée

C'est en Ionie, au VIIème siècle avant J.-C., sur la côte asiatique de la mer Egée, que nous pouvons pour la première fois observer la pensée humaine s'épanouir indépendamment de la mythologie. La côte ionienne est composée de petites vallées au climat agréable qui ont abrité les implantations des Grecs chassés du Péloponnèse par l'effondrement du système palatial mycénien. Les cités ioniennes ont donné de nombreux grands penseurs présocratiques : Thalès de Milet, Anaximandre, Anaximène, Héraclite à Ephèse, Pythagore dans l'île de Samos et Xénophane. Hésiode le dernier poète à exprimer sa pensée sous forme mythologique venait, par son père, un siècle au préalable lui aussi d'Asie mineure, plus précisément d'Eolie une contrée proche de l'Ionie. Un petit siècle sépare Thalès de Milet d'Hésiode mais une révolution mentale les distingue. Hésiode appartient au vieux monde, celui qui apporte une réponse au mystère du cosmos par l'explication mythologique. La théogonie d'Hésiode attribuera à Chaos l'origine du monde, Chaos n'est pas dieu mais l'abîme béant d'où proviendront la nuit et le jour, Gaia la terre lui succédera pour abriter les dieux immortels maîtres des cimes de l'Olympe neigeux. Le monde naît et les dieux en sont issus en sorte que Chaos et Gaia peuvent être assimilés à des entités divines. Le troisième sur la liste des naissances des premiers temps est Eros cette fois-ci bien distinctement désigné en tant que dieu. Dans ce cadre de pensée, il n'est nulle part question d'imaginer une nature autonome régie par ses propres lois. Thalès, lui, appartient au futur, il cesse de penser à la mode ancienne. Que fait-il de si extraordinaire ? Il pense à la fois comme un moderne et comme un ancien. Il cherche à expliquer l'origine des choses en recourant à la nature ; il est moderne car sa réponse remplace l'explication mythique par une explication physique; l'origine et l'ordre du cosmos sont les sujets qui interrogent les hommes depuis toujours, en cela il y a continuité avec Hésiode, mais ce sont dorénavant des problèmes explicites auxquels il faut apporter une réponse par la nature en s'appuyant sur des raisonnements où les éléments sont dépouillés de la référence aux dieux. On prête à Thalès de Milet d'avoir prédit une éclipse, on rappelle que c'est à l'école des sciences babyloniennes qu'il devait ce savoir ; la nouveauté grecque consiste bien dans la manière d'utiliser les connaissances des autres civilisations pour en appliquer les méthodes aux questions essentielles. Cette nouvelle approche vaudra à Thalès l'honneur d'être qualifié de précurseur de la science grecque. Thalès peut également être qualifié d'ancien car il cherche Le principe d'explication ; il se demande avec la pensée mythique comment l'ordre a pu être établi, comment le cosmos a pu émerger du chaos. Il ne cherche pas, comme notre science moderne, les lois particulières de la nature mais le principe d'origine. Observons néanmoins que son champ d'investigation n'est pas si éloigné de notre science moderne, en effet, nous l'avons vu dans notre premier chapitre, après un long détour vers les lois particulières de la nature, ces mêmes lois ramènent la science moderne aux questions des origines. Thalès échafaude des théories à partir d'observations limitées ; celle attribuant à l'eau le principe fondateur peut paraître fantaisiste. Peu importe, ce qui compte c'est le changement de registre du principe explicatif mythique vers la *phusis.* Il faut comprendre par *phusis*, comme le soulignera Pierre Haddot : « *à la fois le commencement, le déroulement et le résultat du processus par lequel une chose se constitue* »[138] ; la nature est alors conçue comme le résultat d'un processus qui a sa propre logique. Comment une chenille devient papillon est une question plus difficile et plus troublante pour l'esprit que l'observation de la délicatesse des membrures de l'aile du papillon. Le monde est complexe et en plus il évolue selon un ordre, c'est ce qu'exprime la notion de *phusis*, notion qui mettra au défi nos premiers penseurs. Notons que la *phusis* n'exclut pas dieu ; au contraire, pour notre philosophe Ionien, l'intelligence du monde est le dieu, mais il faut désormais expliquer la *phusis* par la raison et ne pas évacuer les questions par des discours mythologiques. Il y a là un risque de confusion, on pourrait percevoir la naissance de la pensée grecque comme opposée à la religion alors qu'elle se réclame de dieu. La doxographie[139] nous rapporte que pour Thalès : « *l'intelligence du monde est le dieu ; car tout est à la fois animé et plein de démones ; l'humide*

[138] Pierre Hadot, *Qu'est ce que la philosophie antique* ?, Folio Essai, Gallimard, 1995, p. 29.
[139] La doxographie consistait à rassembler les « opinions » des philosophes.

élémentaire est pénétré par la puissance divine qui le met en mouvement »[140]. Si Thalès rejette la mythologie en tant que principe explicatif de la nature, n'en subsiste pas moins dans la religion le *relegere* qui continue à intéresser la raison humaine sur des thèmes comme l'origine du monde et la justice. Thalès est physiologue mais est aussi sage parmi les sages, il comptera parmi les sept sages du panthéon laïc grec. Il sera suivi par des émules ; on parlera avec Anaximandre et Anaximène d'école de Milet, Thalès n'est donc pas un cas isolé mais illustre un changement culturel profond.

Pourquoi cette coupure dans la pensée à ce moment, à cet endroit ? Essayons une tentative d'interprétation en partant de la notion de cercle de liberté. La pensée mythique associe au pouvoir des dieux les grands principes d'origine. Tout est rassemblé dans le même discours, les institutions divines justifient les institutions terrestres, la sagesse donne du sens au tout, le *religare* scelle ainsi la société au point qu'aucune pensée radicalement nouvelle ne peut s'en échapper, tout converge vers la consolidation de l'institution humaine qui se construit. Hésiode, parallèlement à ses activités agraires, était un *aède*, c'est-à-dire un barde composant ses poèmes pour un auditoire ; il exploite la veine mythologique dans une époque intermédiaire où la jeune *polis* émerge des temps obscurs. Le principe constitutif de la *polis* est, nous l'avons vu, l'égalité entre les citoyens ; la *polis* ne fait qu'hériter d'un *religare* commun plus large qui unit la civilisation grecque en respectant la diversité des pouvoirs locaux. Nous avons, à maintes reprises, distingué le *religare* comme une fonction de la religion ; le *religare* avait jusqu'à maintenant, dans notre présentation, pour rôle de relier les hommes dans un processus identitaire de construction d'une souveraineté, la mythologie tenait dans ce processus une place centrale. Mais dans le cas grec, la communauté culturelle, avec son corpus mythologique, précède la constitution du pouvoir, le pouvoir n'a plus besoin de la mythologie pour se construire. Autrement dit, la mythologie n'envahit pas tout le champ de la société, on peut penser à côté, un cercle de liberté apparaît. Les esprits curieux, supérieurs, sont autorisés à penser spontanément hors du registre mythologique car cela ne remet pas en cause l'existence du pouvoir dans la *polis*. Après que la *polis* aura affirmé sa force institutionnelle, les hommes penseront et chercheront des explications.

---

[140] *Penseurs grecs avant Socrate – de Thalès de Milet à Prodicos*- Paris, GF-Flammarion, 1964, p. 48.

On verra alors, comme dans un arc-en-ciel, un spectre de tendances intellectuelles se déployer. La grande époque de la raison grecque se déclinera dans les siècles classiques et helléniques autour de trois arcs principaux : la physique, l'éthique et la logique[141]. La physique s'intéressera à l'ordre de la nature, l'éthique sera relative à la meilleure communauté humaine, la logique traitera de la pensée individuelle en accord avec la raison. Dès lors, la lumière de la raison se réfractera pour donner ses couleurs à la philosophie antique.

Les penseurs présocratiques

Pour mesurer le champ d'intervention de la réflexion philosophique à sa naissance, soit pendant une période courant du VIIème siècle au Vème siècle, nous proposons d'appuyer l'analyse sur une revue des penseurs présocratiques. Qu'y cherchons-nous ? Nous cherchons à comprendre ce que produit une pensée vierge aux prises avec une liberté toute neuve. Nous y cherchons les premières traces de la raison éthique. Certes, les penseurs grecs ne sont pas exempts d'influence, on a vu que Thalès tenait sa science astronomique des babyloniens, que l'alphabet venait des phéniciens, on prêtera aux égyptiens la science de la géométrie d'où Pythagore tirera son fameux théorème. Les Grecs ne sont pas isolés et dépendent des autres cultures, nul ne le niera, mais néanmoins la configuration politique dans laquelle ils se trouvent, autorise des expressions marquées par une liberté jusque-là inconnue. C'est un moment exceptionnel ! Comme un savant dans son laboratoire, nous pouvons extraire des pensées et analyser ce qui traverse le cerveau des hommes quand ils se livrent à leurs premières réflexions sur le mystère du monde.

Après Thales de Milet tournons notre regard vers son successeur Anaximandre, il naquit vers 610 et mourut aux environs de 547, il fut le chef de l'école milésienne au VIème siècle. D'Anaximandre, retenons qu'il dit que le principe des êtres est l'infini, tout provient de l'infini et tout s'y dissipe. Pourquoi l'infini ? Parce qu'il conçoit la génération des

[141] Nous reprenons les catégories des stoïciens qui considéraient que pour bien enseigner la philosophie et inviter à sa pratique il fallait exposer les théories physique, logique et éthique.

êtres et des choses comme un phénomène continu de production qui telle une machine gourmande en énergie ne doit manquer de rien. Il suit de sa théorie qu'il y a eu des mondes infinis formés et détruits successivement. La matière est placée dans l'illimité. La pensée d'Anaximandre est à classer dans la réflexion physique. Elle représente une option de l'alternative fondamentale : soit le monde de la matière existe de tout temps, soit il est créé. Pour Anaximandre comme pour Hésiode la matière a toujours existé car le chaos n'est pas le néant. Les êtres proviennent du principe infini, c'est aussi là qu'ils s'y dissipent suivant une loi de nécessité. Très curieusement Anaximandre introduit à ce stade la notion d'injustice, cause de l'expiation des êtres dans cette matière infinie ; comme si tout son système devait malgré tout trouver un sens.

Intéressons-nous maintenant à Pythagore et à son école. Pythagore est un homme né vers 569 et mort vers 475, son aura est grande dans le monde grec, bien que n'ayant rien écrit, il laisse un mouvement qui se réclame de sa pensée. Les pythagoriciens ont spéculé sur les nombres : « Tout est nombre » pourrait être leur slogan. L'influence de la géométrie les incite à concevoir les nombres comme une réalité concrète. En arithmétique la division entre le pair et l'impair les conduits à classer l'impair dans l'indivisible, et le pair dans le divisible indéfiniment, ce qui fait entrer la notion d'illimité dans leurs raisonnements et leur conception du monde. La fascination des nombres les incitera à attribuer à ceux-ci une valeur morale : la justice sera représentée par le nombre 4 ou 9 qui, en tant que carrés, sont des nombres parfaits. Dans notre arc-en-ciel, l'arc de la logique sera en continuum avec celui de l'éthique. Au IVème siècle ou au IIIème siècle, un texte issu des cercles pythagoriciens appelé « les vers d'or »[142] rend compte de leur enseignement moral. Le texte commence par une recommandation à vénérer les dieux, suivie par celle d'honorer également ses parents puis divers conseils incitant à pratiquer la justice et la « divine sagesse » prolongent les vers. La promesse qui accompagne les recommandations révèle le rapport entre les conceptions morale et cosmogonique des auteurs : « *si tu possèdes ses principes, tu connaîtras l'essence des dieux immortels et des dieux mortels, les différences de toutes choses et les liens qui les unissent* ». C'est par l'application des principes moraux que l'on accède à l'essence des dieux et conséquemment à la connaissance des lois de la nature : connaissance de la nature et connaissance divine sont une. En conclusion, le lecteur est

---

142 *Penseurs grecs avant Socrate – de Thalès de Milet à Prodicos*, Paris, GF-Flammarion, 1964, p. 41.

incité à avoir confiance en la démarche pythagoricienne puisque: « *les mortels sont de race divine et que la sainte nature leur montre et leur découvre tous les secrets* ». Dans le système pythagoricien la raison éthique s'est trompée d'objet : c'est par le respect de la sagesse divine que « *toutes choses et les liens qui les unissent* », c'est-à-dire les lois de la nature, sont connus. Il peut nous paraître étrange d'associer les vertus morales à la connaissance de la nature ; pénétrés de science moderne, nous savons bien que la découverte des lois de la nature n'est pas l'œuvre des saints mais des scientifiques. Or des hommes éclairés font cette association, pourquoi donc ? Remarquons, d'une part, que l'état des connaissances scientifiques est très limité, on ne peut pas imaginer à l'époque que la technicité et la somme des connaissances accumulées par la science seront inaccessibles à un seul homme ; il est donc parfaitement concevable à cette époque d'être un sage et un homme savant maîtrisant l'ensemble des connaissances. D'autre part on perçoit plus nettement le lien entre la racine des lois et l'intelligence du monde ; la *phusis* est un processus d'auto-génération de la nature mais très vite le mouvement, c'est-à-dire le principe dynamique, doit pouvoir s'expliquer en-dehors de la nature. Ceci conduit à penser qu'il existe un autre ordre que celui de la matière : celui des chiffres et celui de l'éthique. Autrement dit, la physique ne peut se concevoir sans un ordre logique auquel appartient également l'éthique. Cet autre ordre se confond avec le monde des dieux, d'où suit la possibilité de connaître, par la sagesse divine, les secrets de la nature. Par ailleurs la théorie pythagoricienne associe la nature humaine à la nature divine ; on est toujours dans un système polythéiste où Zeus est le père universel, et où les hommes sont assurés par le respect d'une conduite éthique de participer à la nature divine. Connaissance rationnelle et divinité sont liées dans un monde où la nature est sainte. La sophia est encore à la fois connaissance et sagesse.

Que les esprits critiques se rassurent, il existe aussi des penseurs qui raillent les vielles superstitions. Xénophane de Colophon est de ceux-là ; on citera son passage le plus célèbre : « *Les éthiopiens disent de leurs dieux qu'ils sont camus et noirs, les Thraces qu'ils ont les yeux bleus et les cheveux rouges* ». Et celui-ci : « *Si les bœufs et les chevaux et les lions avaient des mains et pouvaient, avec leurs mains, peindre et produire des œuvres comme les hommes, les chevaux peindraient des figures de dieux pareilles à des chevaux, et les bœufs pareilles à des bœufs, bref des images analogues à celles de toutes les espèces animales.* »[143]. L'anthropomorphisme de la religion grecque n'échappe pas à Xénophane. Quant à ses analyses sur la nature, elles se rapprochent de celle d'Anaximandre : le monde est infini, la terre s'étendant indéfiniment dans toutes les directions, il y a une infinité de soleils différents éclairant une infinité de terres habitées. Pour autant le monde n'est pas vide de dieux, il affirme très nettement à la suite de sa critique du polythéisme : « *il n'y a qu'un seul dieu, maître souverain des dieux et des hommes, qui ne ressemble aux mortels ni par le corps ni par la pensée.- Tout entier il voit, tout entier il pense, tout entier il entend- Mais c'est sans aucun effort qu'il meut tout par la force de son esprit* ».[144] Nous sommes à la frontière du monothéisme, là où les spéculations sur la nature conduisent au principe universel assimilé le plus souvent au dieu supérieur mais non unique.

Prolongeons notre revue avec Parménide. C'est un homme qui appartient à la fin du VIème siècle et au début du Vème siècle. On ne connaît pas précisément ses dates de naissance et de mort. Il est le chef de l'école dite des Eléates implantée à Elée, une colonie grecque du sud de l'Italie. Parménide restera dans l'histoire de la pensée comme le fondateur de l'ontologie. Dans son traité « De la nature », Parménide se met en scène. Il se figure comme un jeune homme reçu par la Divinité ; celle-ci lui délivre un message sur la recherche de la vérité. La Divinité le met en garde en distinguant la vérité, qui seule peut être tranchée par le raisonnement, des opinions humaines qu'il faut connaître mais auxquelles il ne faut accorder aucune créance. Parménide cherche donc la voie de la vérité à l'aide du raisonnement. Il s'attaque au principe explicatif du tout. Ecoutons-le : « *La première [voie de recherche] dit que l'Etre est et qu'il n'est pas possible qu'il ne soit pas. C'est le chemin de la Certitude, car elle accompagne la Vérité. L'autre, c'est : l'Etre n'est pas nécessairement, le Non-Etre est. Cette voie est un étroit sentier où l'on ne peut rien apprendre. Car on ne peut saisir par l'esprit le Non-Etre puisqu'il est hors de notre portée* »[145] et encore : « *Il y a une foule de signes que l'Etre est incréé, impérissable, car seul il est complet, immobile et éternel* ». Parménide découvre comme principe explicatif la notion d'Etre, il s'appuie sur la logique pour fonder une physique. D'autant plus que l'Etre de Parménide est assimilé à un objet physique : « *Puisque donc il a une limite extrême, l'Etre est complet, il ressemble à*

---

143 *Ibid*, p. 64.
144 *Ibid*, p. 65.
145 *Ibid*, p. 95.

la masse d'une sphère bien arrondie s'équilibrant partout elle-même ». Parménide ne sort pas du monde le principe explicatif : le monde est composé d'anneaux, au centre se trouve « *la Divinité qui gouverne tout* » ; l'Etre est dans le monde et le meut de toute éternité. Sa théorie est fondée sur un principe d'Etre global dans la physique mais pas à côté de la physique ou méta-physique. Dans notre arc-en-ciel, l'arc de la logique côtoie celui de la physique.

Avec Anaxagore de Clazomènes nous pénétrons maintenant dans l'Athènes du Vème siècle. Anaxagore y fut condamné à mort pour athéisme, il dut sa survie à la protection de Périclès, son élève. On accusera Socrate lors de son procès de partager les vues athées d'Anaxagore. Que lui reprochait-on ? Son esprit trop scientifique, dira-t-on, le conduisant à proférer des affirmations sur la matière incandescente des astres qu'il assimilait à des corps terrestres. Intolérable pour l'imagination populaire qui y voyait des divinités ! Anaximandre considérait que la matière était placée dans l'infini temporel. Anaxagore rajoute une dimension à l'infini, il conçoit la matière comme infiniment petite et infiniment grande. Tout est matière, elle est infinie dans le temps et dans l'espace, elle est l'être de Parménide, ce qui lui vaudra cette formule fameuse : rien ne se perd, rien ne se crée. Quant à la matière, elle est composée d'éléments semblables, par exemple l'or est composé de minuscules paillettes d'or, l'os d'un assemblage de petits os et ceci à l'infini car : « *Comment du non-cheveu le cheveu proviendrait-il, et la chair de ce qui n'est pas chair ?*»[146]. Ne sourions pas trop vite à cette explication qui nous semble bien naïve. Alors se dit Anaxagore, si le monde est plein de matière, d'où vient le mouvement, ce que nous avons appelé la *phusis*, ce processus de transformation du monde vivant ? Et là il ne voit qu'une possibilité : de l'intellect, répond-t-il. N'allons pas croire que l'intellect est une force divine, non, et en cela il est vraiment moderne, l'intellect c'est encore de la matière mais : « *c'est de toutes les choses la plus légère et la plus pure ; il possède toute espèce de connaissance de tout et la force la plus grande* »[147]. Pour risquer une comparaison moderne, nous dirions que l'intellect c'est l'ADN du monde : la matière expliquée par la matière, ou encore le cheveu par le cheveu ! Et oui, car l'ADN du monde, c'est toujours de la matière et pas de l'intelligence. Là on ne peut aller plus loin, il faut choisir : soit l'esprit est issu de la matière et alors il ne peut pas en être à l'origine soit

---

[146] *Penseurs grecs avant Socrate – de Thalès de Milet à Prodicos*, *op. cit.*, p. 148.
[147] *Ibid*, p. 149.

c'est autre chose. Mais l'intellect ne peut pas, comme le dit Anaxagore, être une espèce de super matière intelligente. Que l'esprit soit lié à la matière, l'humanité l'a toujours su, mais que « au fond » de la matière se trouve un intellect dépourvu d'intelligence spirituelle, c'est affirmer le principe et son contraire. Prenons un exemple, quand la fleur pousse et qu'au bout de la tige apparaît un bouton de rose, sa croissance est intelligible mais elle n'est pas intelligente car à aucun moment la fleur n'a la possibilité de choisir d'être un bouton de tulipe. Pour qu'il y ait intelligence, il faut une initiative, un choix, une liberté. Or la liberté n'est pas une notion qui appartient à la physique mais à l'éthique. Autrement dit la matière intellect ne peut sortir du déterminisme et, de ce fait, elle ne peut être la véritable intelligence libre de choisir. Anaxagore choisit la matière intellect, autrement dit la quadrature du cercle, et se faisant, exclut l'arc éthique de son système[148]. Anaxagore pousse la logique matérialiste à ses extrêmes. Démocrite qui ne l'aimait pas renouvelle génialement la compréhension de la matière mais reste coincé dans la même explication tautologique du mouvement.

Terminons donc notre rapide revue, avant de conclure, par Démocrite. Démocrite est un homme du Vème siècle, il est contemporain de Socrate. Le monde de Démocrite est composé d'une infinité d'atomes de tailles différentes et d'assemblage composites qui sont l'Etre de Parménide mais dilué dans la matière atomique. Débarrassé de l'Etre global de Parménide, il se retrouve avec un monde dont il faut expliquer la dynamique. Sa réponse est simple : le mouvement, le processus–nature ou la *phusis* du monde vient de l'espace, du vide entre les atomes, autrement dit du non-Etre. Démocrite en quelque sorte prend le contre-pied de Parménide. Comment expliquer alors le mouvement ? Les atomes, dit Démocrite, sont : « *illimités en grandeur et en nombre et ils sont emportés dans le tout en un tourbillon* ». Le monde a pour cause le hasard car c'est du hasard que provient la formation du tourbillon. Mais alors comment faire pour que le tourbillon ne dégénère pas en un magma incohérent ? Démocrite répond par le constat de la causalité des phénomènes : si le hasard ne génère pas le chaos, c'est que sa théorie introduit la causalité qui produit des ensembles par nécessité[149]. Pour

[148] Si on ne lui connaît pas de réflexion éthique, il n'est pas dépourvu d'éthique. Son attitude de recherche est considérée par lui même comme éthique : aux athéniens qui lui reprochaient de se désintéresser des affaires publiques, il répondait que « le ciel était sa patrie et la contemplation des astres sa mission.», *ibid* p. 143.

[149] Jean-Paul Dumont, *Les écoles présocratiques*, Folio essais, 1991, p. 404.

Démocrite, le constat de l'ordre de l'univers tel que nous le voyons est un principe d'explication suffisant : on explique le réel par le réel, c'est tout. Aristote ne manquera pas de faire remarquer que l'explication qui consiste à dire que : « *cela est et que cela se produit toujours ainsi, ce n'est pas faire une supposition correcte* », dire que cela s'est passé auparavant ne suffit pas, il faut chercher le principe de ce « toujours »[150]. On le voit, le débat sur le hasard et la nécessité ne date pas de Jacques Monod et de son célèbre essai de philosophie naturelle sur la biologie moderne mais bien du début de la pensée rationnelle. Démocrite s'intéresse également au souverain bien, il l'appelle bonheur ou « euthymie », attitude dans laquelle l'âme est en repos ; les épicuriens systématiseront cette idée de repos de l'âme en s'appuyant sur une physique inspirée de Démocrite. Revenons à notre arc-en-ciel : chez Démocrite, l'arc de la physique côtoie l'arc de la logique par nécessité mais on ne sait pas pourquoi, quant à l'arc éthique il dépend fortement de la physique, nous nous en expliquerons plus loin en traitant de l'épicurisme.

Tentons de tirer quelques conclusions de notre revue. Au premier chef, nous constatons que les présocratiques créent des théories reposant sur des raisonnements logiques qui privilégient la cohérence à l'observation. L'observation basée sur les sens reste suspecte ; Parménide l'appellera « *la voie de l'opinion* », Anaxagore dira : « *A cause de la faiblesse de nos sens nous sommes impuissants à distinguer la vérité* »[151]. Notre science expérimentale est loin d'être une évidence pour les présocratiques, puisque le constat expérimental passe par l'utilisation des sens dont on se méfie. Remarquons également que la théorie est souvent un système qui combine physique, logique et éthique et toujours un système qui combine deux des trois arcs. La raison s'y réfracte et aboutit soit à l'expression d'un principe unique fondamental de caractère physique globalisant ou, comme pour Démocrite, atomistique. La pensée va vers l'unité du principe quel que soit son caractère physique. Quant à la divinité, elle appartient au monde matériel, elle n'est pas hors du monde comme dans le monothéisme hébreu. La compatibilité avec le Panthéon grec est ainsi respectée car le divin est expliqué par les théories du monde. La justice se raccroche au divin ou se perd dans la nécessité de l'ordre du monde. Il est par ailleurs très clair pour les présocratiques

---

[150] *Penseurs grecs avant Socrate – de Thalès de Milet à Prodicos*, *op. cit.*, p. 192-193.
[151] *Ibid*, p. 150.

que le raisonnement est un moyen d'accéder à la vérité de la nature physique et de l'esprit. L'origine matérielle de l'esprit ne le coupe pas des dieux avec lesquels il est relié par la justice dont les dieux restent garants. On a donc un monde très différent de celui que nous nous représentons : les forces spirituelles humaines et divines sont issues de la matière et elles y cohabitent, voire y collaborent.

De tout ceci, il ressort avant tout la volonté pour chacun des présocratiques de construire la théorie la plus cohérente et complète possible. Ce désir d'atteindre la *sophia,* considérée à la fois comme sagesse et savoir, s'appellera *philo sophia* ou désir de sagesse, ou encore prédilection pour la sagesse. Les présocratiques manifesteront le désir d'accéder à un savoir total assimilé à la *sophia.* La volonté des hommes demeure certes tournée vers le pouvoir et l'acquisition des richesses, mais leur réflexion fondamentale n'en sera pas moins dirigée vers la recherche de la sagesse. La Grèce qui présentera les conditions politiques suffisantes à la liberté de l'esprit produira la philosophie et ce n'est pas par hasard mais par nécessité naturelle de l'esprit humain. La fertilité de l'esprit grec imaginera des théories expliquant l'ordre du monde en respectant une démarche rationnelle soucieuse de produire une éthique. Nous y reconnaissons l'expression de la raison éthique ; au Vème siècle à Athènes la philosophie deviendra à la mode. Assurés de l'émergence spontanée d'une pensée éthique globalisante, il nous faut maintenant comprendre quels rapports cette pensée entretient avec notre sujet : le développement économique. Le voyage peut nous paraître long, mais il ne peut être raccourci, car ce n'est qu'en saisissant différences et points communs entre le paradigme polythéiste grec et le monothéisme juif, puis chrétien que les possibilités d'une nouvelle société économique se révéleront.

De la *phusis* au *nomos*

Prolongeons donc encore un peu notre voyage au pays de la philosophie. Les cosmogonies qui décrivent l'origine du monde et surtout les cosmologies qui traitent du rapport qu'entretient le monde avec l'ordre finissent par lasser les Grecs. Un doute s'instaure, les théories sont si diverses et contradictoires que l'on en viendra à se demander si ce savoir ne nourrit pas des ambitions trop hautes. Le *Kosmos* est comparable à un gros animal dont les entrailles indiscutablement obéissent à un ordre fascinant, chaque organe est infiniment plus complexe que n'importe quelle machine humaine, la disposition des organes répond à une organisation invariable dont on ne sait d'où vient la cohérence. Alors devant une telle complexité tout *logos* sur le sujet ne relève-t-il pas de la simple spéculation ? Le vrai savoir est-il dans la connaissance de la *phusis* ? A quoi peuvent bien servir ses théories ? Telles sont les questions que se posent les Grecs.

Dans une société démocratique, s'il est quelque chose d'utile, c'est de savoir parler en vue de gagner l'assentiment de ses concitoyens. Aussi des penseurs habiles à manier le *logos* feront profession d'art de discourir plutôt que de spéculations physiologiques. L'intérêt pour la *phusis* cédera la place au goût pour la rhétorique orientée vers des fins politiques. Athènes, la ville phare du Vème siècle, saura attirer ces nouveaux intellectuels qu'on appellera les sophistes. Leurs origines diverses dans le monde grec les rendront sensibles à la relativité des lois appliquées dans les différentes cités. Métèques à Athènes, ils en concevront un certain scepticisme sur le caractère absolu des lois. Leurs leçons dispensées moyennant finances les conduiront à servir des intérêts divers. La réflexion sur la *phusis* universelle laissera la place à une réflexion sur le *nomos* relatif. On voit facilement les conséquences d'un pareil déplacement de la réflexion : les sophistes se complairont dans la défense de thèses contradictoires et aboutiront à un certain scepticisme intellectuel et moral. Le plus célèbre des sophistes, Protagoras, résumera sa conception relativiste des choses et de l'être par une formule désormais classique : « *L'homme est la mesure de toutes choses* ». Néanmoins, grâce à eux, un nouveau débat rentrera dans le champ de la philosophie, il consistera à chercher ce qui dans la société des hommes[152] est de l'ordre de la nature et ce qui est de l'ordre des conventions ? Pour ce qui est de l'ordre des conventions, les causes sont faciles à trouver, elles appartiennent à une société particulière. Aristote donnera les critères pour discerner nature et convention : tout ce qui dans le principe peut être indifféremment de telle façon ou de la façon contraire, est légal[153], c'est-à-dire de l'ordre de la convention ; pour ce qui est de la nature, tout ce qui a partout la même force est naturel. Ce faisant on assimilera la nature des sociétés à notre gros animal, le *Kosmos*, et l'on retombera sur la

[152] Platon, *Phédon,* GF, 1965, 99d.
[153] Aristote, *Ethique à Nicomaque*, Le Livre de poche, Classique de la philosophie, 1992, Livre IV, VII, 1.

question de l'ordre naturel avec les mêmes types de réponses : soit la nature s'explique par la nature, ce qui revient à expliquer les lois par les caractéristiques particulières des sociétés qui les adoptent, soit elle s'explique par une puissance qui fait que les choses sont disposées du mieux qu'il est possible[154] auquel cas on attribuera à l'origine des lois une orientation universelle. Cette dernière option est bien entendu la réponse des deux grandes figures de la philosophie classique : Platon et Aristote. Les deux philosophes emprunteront la voie de l'Etre en le débarrassant de ses scories matérielles pour l'assimiler à la divinité. Tels deux phares éclairant la nuit de la pensée, ils capteront l'attention des frêles embarcations chrétiennes venues des rives du Levant qui y reconnaîtront tout de suite la lumière familière du *logos* de leur *Christos*.

Le dieu des philosophes

C'est Socrate qui allumera les brasiers de nos deux phares. Socrate, comme les sophistes, délaissera les spéculations physiques au profit de la recherche des principes auxquels il dira : « *regarder en eux la vérité des choses.* ». Socrate est un déçu d'Anaxagore, il a cru que celui-ci affirmait que l'esprit est l'organisateur et la cause de toutes choses, mais nous l'avons vu, l'intellect d'Anaxagore n'est que de la matière et Socrate comprenant que les cheveux sont expliqués par les cheveux tombera de haut. Ecoutons sa déception car en vérité toute la philosophie prend comme point de départ cette question de l'origine de l'ordre du monde: « *Avançant dans la lecture, je vois un homme [Anaxagore] qui ne fait aucun usage de l'intelligence et qui au lieu d'assigner des causes réelles à l'ordonnance du monde, prend pour des causes l'air, l'éther, l'eau et quantité d'autres choses étranges. Il me sembla que c'était exactement comme si l'on disait que Socrate fait par intelligence tout ce qu'il fait et qu'ensuite, essayant de dire la cause de chacune de mes actions, on soutînt d'abord que, si je suis assis en cet endroit, c'est parce que mon corps est composé d'os et de muscles, que les os sont durs et ont des joints qui les séparent, et que les muscles, qui ont la propriété de se tendre, et de se détendre, enveloppent les os avec la chair....* »,[155]

---

[154] Platon, *Phédon*, GF, 1965, 98d.
[155] Platon, *Phédon*, GF, 1965, 98d.

intarissable, Socrate déploie sa déception dans un labyrinthe de causes matérielles où se perd la raison et de conclure : « *Mais appeler causes de pareilles choses, c'est par trop extravagant* ». Socrate décide donc de changer de méthode. Vu le peu de pertinence des spéculations d'Anaxagore, il s'oriente, conscient de ne rien savoir, vers la recherche des causes véritables. Or celles-ci, dit-il, ne peuvent êtres regardées que dans les principes. Comment compte-t-il s'y prendre ? : « *Quoiqu'il en soit voilà le chemin que j'ai pris. Je pose en chaque cas un principe, celui que je juge le plus solide, et tout ce qui paraît s'y accorder, qu'il s'agisse de causes ou de toute autre chose, je l'admets comme vrai, et, comme faux tout ce qui ne s'y accorde pas* » [156]. De la *phusis* il passe à l'éthique en s'appuyant sur le dialogue logique, qu'il appellera dialectique[157], pour atteindre la vérité. La *sophia* est moins connaissance de la *phusis* et plus connaissance du *nomos.* Avec Socrate l'éthique s'accorde désormais avec la logique, la philosophie est vraiment désir de sagesse.

Au IVème siècle avant J.-.C, au siècle où le judaïsme sacerdotal dirige la nation des Hébreux, la pensée humaine, par le moyen explicite de la raison, découvre le dieu non pas unique mais démiurge et bon. Socrate a frappé ses contemporains par sa capacité exceptionnelle à cerner les contradictions des opinions de ses interlocuteurs en conduisant un dialogue serré, guidé par la recherche des vertus éthiques. Et surtout, il forcera l'admiration en appliquant à sa propre vie ses principes : Socrate fera preuve d'un courage et d'une maîtrise de soi admirable face à une mort qu'il ne cherchera pas à éviter. Le récit du Phédon où Socrate partage avec ses compagnons ses dernières réflexions est poignant, Socrate ne triche pas, Socrate est vrai en pensée et en acte, Socrate est digne. Platon en a retiré une idée essentielle : le bon existe. L'exemple de la vertu a beaucoup fait pour mettre le premier grand philosophe sur le chemin d'un principe divin plus « moderne ». Quant à Socrate il ne cache pas que son attitude est inspirée par son dieu : « *Et c'est, je vous le répète, le dieu qui m'a prescrit cette tâche par des oracles, par des songes et par tous les moyens dont un dieu quelconque peut user pour assigner à un homme une mission à remplir* ».[158]

Platon est philosophe au sens où il désire la sagesse et où, contrairement à son maître Socrate, il construit un système de pensée

---

[156] Ibid, 99d.

[157] Platon, *La République*, Folio essais, Gallimard, 1993, livre VII 532 b.

[158] Platon, *Phédon,* GF, 1965, 33c.

comportant les trois dimensions logique, physique et éthique. Pour bien comprendre sa pensée, partons d'une distinction essentielle qu'il fait entre l'intellect et l'opinion. L'intellect appréhende ce qui fait l'objet d'une explication rationnelle et ce qui toujours reste identique[159]. Par opposition, l'opinion, par le biais de la perception sensible, s'intéresse à ce qui se corrompt et ne peut faire l'objet d'une explication rationnelle. Pour Platon l'intellect est donc capable de saisir l'intelligible et cet intelligible est éternel. C'est donc qu'il existe un autre monde, celui des Idées qui sera allégorisé dans le célèbre mythe de la caverne au livre VII de la République. D'où vient alors ce monde ? Pour Platon la réponse est double : d'une part, de la matière inorganisée, on retrouve le fameux Chaos d'Hésiode, et d'autre part, du principe organisateur, soit le dieu démiurge qui transforme le chaos en ordre. Le dieu est un artisan qui s'empare d'une matière éternelle pour lui donner la meilleure forme possible, c'est pour cela que le monde est beau et bon. S'il n'en était pas ainsi, le monde serait resté à l'état de chaos. Ecoutons Platon : « *Il est évident pour tout le monde que le démiurge a fixé les yeux sur ce qui est éternel ; ce monde en effet est la plus belle des choses qui ont été engendrées, et son fabricant, la meilleure des causes.* »[160] et encore : « *parce que le dieu souhaitait que toutes choses fussent bonnes, et qu'il n'y eût rien d'imparfait dans la mesure du possible c'est bien ainsi qu'il prît en main tout ce qu'il y avait de visible – cela n'était point en repos mais se mouvait sans concert et sans ordre- et qu'il l'amena du désordre à l'ordre, ayant estimé que l'ordre vaut infiniment mieux que le désordre* »[161]. La suite est éclairante, elle donne l'explication du fondement de la rationalité : « *Par suite, ce qui a été engendré, c'est en conformité avec ce qui peut être appréhendé par la raison et par la pensée, c'est-à-dire en conformité avec ce qui reste identique, qu'il a été fabriqué par le démiurge.* » Puis Platon, suivant son raisonnement, en vient à l'idée biblique de l'image, mais comme son point de vue n'est pas d'abord personnel, c'est le monde et non pas l'homme qui est image et l'image n'est pas celle de Dieu mais celle du monde des idées. Platon a compris que l'intellect qui produit un discours sur ce qui demeure ne peut être lui-même que stable et inébranlable[162] sinon la rationalité s'écroule. Il s'en suit, pour Platon, que notre raison doit correspondre à une autre

[159] Platon, *Timée,* Paris, GF Flammarion, 2001, 28a.
[160] *Ibid*, 29a-c.
[161] *Ibid*, 30a.
[162] *Ibid*, 29a-c.

réalité qu'il désigne comme le monde des Idées. S'il n'en était pas ainsi, pour reprendre la comparaison de notre premier chapitre, il ne nous serait plus possible de nous diriger dans le métro car le plan de notre raison ne suivrait plus l'ordre du monde. Platon imagine, pour tenter d'expliquer cette correspondance, que chaque être est comme dédoublé dans le monde des Idées, la correspondance se faisant par une sorte de « participation » dont il ne précise rien. Cette conception nous semble invraisemblable, elle le sera aussi pour Aristote qui en démontrera les incohérences logiques. La première étant que la participation du monde sensible au monde des Idées n'est pas explicitée, la seconde étant que le monde des Idées est incapable de rendre compte de l'état intermédiaire de transformation. A quelle Idée éternelle peut correspondre l'être intermédiaire en phase de transformation ? Platon explique l'ordre mais sa théorie reste bien faible sur sa transformation, il se contente de régler le problème en assimilant la transformation au corruptible tandis : « *que l'intelligence vise ce qui est, l'essence* »[163]. Il aura cette formule expéditive dans le Timée[164] : « *ce que l'être est au devenir, la vérité l'est à la croyance* », signifiant ainsi que l'être est permanent, qu'il ne devient pas et que la vérité ne s'intéresse qu'à l'éternel, alors que la croyance ou l'opinion se distrait du corruptible.

Retenons de notre rapide visite à la philosophie platonicienne que pour la première fois, un dieu est sorti du monde physique. Jusqu'à maintenant les premiers dieux étaient soit issus de la matière, c'est la vision de la mythologie grecque, soit appartenaient à l'ordre physique du monde, c'est la position des philosophes présocratiques. Le dieu démiurge de Platon crée à partir d'une matière éternelle mais il n'appartient pas à l'ordre physique puisqu'il l'ordonne en quelque sorte du dehors. Retenons également que ce démiurge est bon car l'ordre rationnel qu'il fabrique est le meilleur qui soit. Ainsi la raison philosophique grecque ne conçoit pas la rationalité sans sa dimension éthique. C'est un aspect que nous ne voyons plus aujourd'hui, sous l'influence du paradigme moderne qui valorise l'objectivité de la raison scientifique au détriment de la recherche du fondement rationnel de la pensée.

Aristote formé à l'Académie de Platon apportera sur les mystères du monde un autre éclairage. Tentons de poser, par analogie, l'équation du mystère du monde qui préoccupe la philosophie grecque de Thalès à

---

[163] Platon, *La République*, folio essai, Gallimard, 1993, Livres VII, 534 a.
[164] Platon, *Timée*, Paris, GF Flammarion, 2001, 29 a –c.

Aristote. C'est une analogie car notre équation ne concerne pas le monde quantifiable mais son mystère ontologique[165] ; notre équation ne peut donc déterminer des rapports mesurables entre des inconnues. Pour autant la raison n'est pas inopérante : on l'a vu, les philosophes cherchent avec plus ou moins de réussite des réponses rationnelles.

Il résulte des réflexions des philosophes que l'équation du mystère du monde a trois inconnues : la génération, l'ordre, le mouvement. Aristote s'attaque au problème et y apporte une solution radicalement nouvelle. Son devancier, Platon, était coincé par la conception commune aux physiologues que rien ne pouvait être créé à partir du non-être, il s'en suivait que tout ce qui existait venait nécessairement des « étants »[166], c'est-à-dire des êtres déjà constitués. En effet comment imaginer que du néant puisse naître quelque chose ? Aristote sort de cette impasse et crée un concept de substance qui désigne la matière mais également la forme que prend cette matière et enfin la combinaison des deux. La forme que Platon imaginait dans le deuxième monde des Idées, Aristote l'intègre à la matière par le biais du concept de substance. Ce qui explique qu'une fleur soit ce qu'elle est, c'est sa forme[167] qui, par son action, le déroulement de son programme ADN dirait-on aujourd'hui, donne à la matière[168], qui est à considérer initialement comme en puissance, son plein épanouissement. La matière est agie par la forme qui permet son accomplissement, état qu'il nomme l'entéléchie[169]. Aristote considère le non-avènement de la matière comme un état de non–étant par accident, la matière reste en soi une substance.[170] Ainsi, il contourne la difficulté de la génération à partir du non-étant sur laquelle butaient ses prédécesseurs, en effet, la forme incorporelle peut exister indépendamment de la matière

---

[165] Le discours sur l'être comme premier principe.

[166] Voir la critique de la position d'Anaxagore par Aristote dans *Physique*, GF Flammarion, Paris, 2002, I, 4, 187 a-b, critique qui s'étend aux anciens philosophes également, voir, *Physique* 1, 8, 191 a.

[167] « j'appelle forme l'être ce que c'est de chaque chose et sa substance première » Aristote, *Métaphysique*, Paris, GF Flammarion, 2008 livre Z , 1032 b.

[168] « j'appelle en effet matière le substrat premier de chaque chose inhérent à partir duquel quelque chose advient, non par accident » Aristote, *Physique* I, 9, 192a.

[169] « La forme est nature de la matière ; en effet, chaque chose est dite à partir du moment ou elle est en entéléchie plutôt que quand elle est en puissance. » Aristote, *Physique*, II, 1, 193a-b.

[170] « Nous en effet, nous disons que la matière et la privation sont différentes, et que l'une, la matière, est non-étant par accident alors que la privation l'est en soi, et que l'une, la matière, est d'une certaine manière presque une substance, alors que la privation ne l'est pas du tout. » Aristote, *Physique*, I, 9, 191b-192a.

qui ne naît donc pas du non-étant. En créant les notions de forme en acte et de matière en puissance, il introduit l'idée d'accomplissement et élucide par là-même la deuxième inconnue de l'ordonnancement du monde. Celui-ci n'est pas vain, il est fait en vue d'un accomplissement ; il dira dans le traité « De l'âme » : « *Tout ce qui est naturel, en effet, se trouve répondre à un but* ».[171]L'ordre de la nature a donc ses raisons que la raison humaine peut connaître. Il est alors aisé pour Aristote de transférer cette théorie de la nature à la nature de l'homme. Par ce transfert, la physique rejoint l'éthique. Dans ses traités « Ethique à Nicomaque » et « De l'âme », Aristote explicitera ce parallèle. La forme correspond à l'âme humaine qui accomplit l'homme sur deux plans : corporel et éthique. L'âme est le principe intérieur du corps, en conséquence elle réalise le corps naturel[172], mais elle intervient également, à l'aide de la raison, pour l'accomplissement de chaque homme en vue de son bien propre, son bonheur[173] : « *si tout cela est vrai* », dira Aristote, « *nous pouvons admettre que l'œuvre propre de l'homme en général est une vie d'un certain genre ; et que cette vie particulière est l'activité de l'âme, et une continuité d'actions que la raison accompagne* »[174]. Et, rajoutera Aristote, le genre de cette vie est celui de la vertu qui poursuit le bien : « *par suite, le bien propre de l'homme est l'activité de l'âme dirigée par la vertu.* »[175].

Cette vertu n'est pas uniquement dirigée vers nous-mêmes, elle s'adresse également aux autres. Aristote développera dans l' « Ethique à Nicomaque » une praxis de la morale. C'est, dira-t-il, par notre conduite avec les autres dans les transactions de tous ordres que nous nous montrons ou iniques ou équitables[176]. Esprit encyclopédique, curieux de tout, Aristote en viendra aussi à réfléchir à l'économie. Il constatera que les hommes, du fait de leurs besoins pratiques, ont entre eux des échanges. Adam Smith s'inspirera de ce même constat pour nous dire que c'est de ce besoin et non de la bonté du boucher que nous devons notre repas. Cette célèbre citation introduira de la confusion dans les esprits qui en retiendront que l'économie n'a pas de caractère éthique.

---

[171] Aristote, *De l'âme*, Paris, GF Flammarion, 1993, III, 12, 434 a.

[172]: « En conséquence l'âme est la réalisation première d'un corps naturel qui a potentiellement la vie », ibid, II, 1, 412 a-b.

[173] « L'homme doit trouver le bien dans son oeuvre propre. », *Ethique à Nicomaque*, I, 4, 10.

[174] *Ibid,* I, 4, 14.

[175] *Ibid*, I, 4, 15.

[176] *Ibid,* II, 1, 7.

Aristote voit l'économie d'un point de vue très différent, il s'intéressera aux questions économiques par le biais de la vertu. Poursuivons le raisonnement avec le stagiritte ; il ne manquera pas de préciser que l'échange n'est possible que par la monnaie et, fera-t-il remarquer, cette dernière est une convention humaine qui s'appuie sur la loi et tient d'ailleurs son nom d'un dérivé du mot loi.[177] La loi dit ce qui est juste et le juste en économie c'est « *l'exact milieu entre un certain profit et une certaine perte* »[178]. Il faut, pour respecter ce juste milieu, une mesure unique qui puisse s'appliquer à tous, c'est précisément la fonction dévolue à la monnaie. La monnaie, instrument de la justice, quelle révolution ! Voilà ce qui s'appelle remettre les choses à leur juste place ! Aristote, plus que tout autre, s'appuiera sur sa raison pour percer le mystère de la cause ultime. Pour autant, il n'oubliera pas la réalité de la nature physique, humaine et sociétale en sorte que sa pensée se méfiera des spéculations négligeant le rapport au monde sensible ; expliquer la participation de l'incorporel au corporel sera son cheval de bataille et le motif de sa rupture avec la cosmologie Platonicienne[179]. Contrairement à la science moderne, il n'expérimentera pas mais il aura le souci constant d'intégrer toute la réalité sensible dans une théorie rationnelle. La métaphysique est couramment comprise comme ce qui est à côté ou au-delà de la physique, pas pour Aristote. Pour lui tout est lié, dés lors la physique ne peut se comprendre sans son fondement métaphysique qui génère et ordonne toute la réalité sensible.

La deuxième inconnue est désormais levée : l'ordre du monde correspond à un accomplissement en vue d'un bien ; mais qu'en est-il de la dernière inconnue qui concerne le mouvement ?

Le monde, dira Aristote, se meut sous l'effet de causes, chaque cause antérieure produit un mouvement, il faut donc remonter à la cause initiale, celle qui ne dépend de rien, pour trouver le premier moteur[180]. Si celui-ci ne dépend de rien, cela signifie qu'il est accompli, c'est alors, pour reprendre le vocabulaire d'Aristote, une entéléchie parfaite, il s'en suit qu'il est éternel, sinon il serait corruptible et, comme la physis y puise sa forme, il est sans matière mais il demeure acte car c'est ainsi qu'il impulse le mouvement. Aristote s'est opposé à Platon, néanmoins il

---

[177] *Ibid,* V, 5, 9.
[178] *Ibid,* V, 4, 14.
[179] Voir par exemple ses remarques acerbes sur les explications creuses de Platon, dans *Métaphysique,* Livre A, 992 a-b.
[180] Aristote, *Physique*, VIII, 6, 258b.

garde de sa fréquentation avec l'Académie la conviction que l'ordre du monde est orienté vers le bien, on l'a vu avec sa théorie de l'accomplissement. Il peut donc affirmer en utilisant une formulation très naturaliste que : « *le dieu est l'animal éternel et le meilleur, de sorte que la vie et la durée continue et éternelle appartiennent au dieu, car le dieu est cela même.* »[181]. Le dieu d'Aristote n'est pas très éloigné de celui de Platon, cependant son cosmos est compris de façon très différente, il n'accorde pas à la matière le statut d'éternité et d'infini. Seul le dieu qui produit le mouvement est éternel, la matière s'inscrit dans cette totalité mais ne peut pas par son infinité l'englober, ce serait absurde[182], car le dieu serait comme absorbé par la matière. Par ailleurs, Aristote a cette remarque fulgurante à propos de l'infini, il dit que ceux qui imaginent l'infini ne se rendent pas compte qu'ils détruisent la nature du bien car nous agissons tous en vue d'un terme et l'accomplissement en vue d'un bien est un terme qui s'oppose à l'infini[183]. Aristote à force d'intelligence a résolu, à sa façon, l'équation du mystère du monde. C'est en associant la physique à la métaphysique qu'il trouvera la cause du mystère du monde sous forme du dieu bon et éternel.

Prenons maintenant un peu de recul sur ce que nous savons du dieu des philosophes. Le dieu d'Aristote et de Platon a mis le monde en ordre et l'a orienté vers le bien, Aristote est plus précis sur la relation avec la matière et les dieux ne sont d'aucune utilité dans son raisonnement, il est monothéiste dans son principe bien qu'il accepte les dieux de son époque. Aristote a ouvert la porte entre le monde sensible et le principe divin, il a établi une continuité entre la matière et la forme, entre le corporel et l'incorporel, entre la physique et la métaphysique. Il a également donné un sens à l'action morale en la rattachant à l'ordre du monde et en la fondant sur le bien éternel. Le dieu bon et rationnel sera comme arraché par la raison spéculative à la substance du monde. L' « *animal éternel et meilleur* » passera par la porte du ciel pour y monter et s'installer à la place de Dieu. Quand le Christ « *engendré, non pas créé* »[184] par Dieu le Père descendra du ciel sur la terre, il trouvera la porte laissée ouverte par un dieu qui aura fait trois siècles auparavant le chemin inverse. Rappelons-nous que les évangiles qui retracent une

---

[181] Aristote, *Métaphysique,* Livre Λ, 1072b 29-30.
[182] Aristote, *Physique*, III, 6, 207a.
[183] Aristote, *Métaphysique*, livre α 994b 10-16.
[184] Formulation du credo de Constantinople.

histoire vécue en araméen sont écrits en grec. Ce n'est pas par hasard si le quatrième évangile de Jean, le plus théologique au sens aristotélicien qui plaçait la théologie au sommet des philosophies théoriques[185], fut rédigé dans l'île grecque de Patmos. Remémorons-nous le prologue du texte pour entendre ses consonances aristotéliciennes :

> « *Au commencement était le Verbe (logos)*
>
> *Et le Verbe était avec Dieu*
>
> *Et le Verbe était Dieu.*
>
> *Il était au commencement avec Dieu.*
>
> *Tout fut par lui,*
>
> *Et sans lui rien ne fut.*
>
> *Ce qui fut en lui était la vie.*
>
> *Et la vie était la lumière des hommes.* »

Aristote n'aurait pas souscrit à ce prologue[186] mais sa pensée y aurait trouvé des parallèles. Il aurait sans doute remplacé Verbe par intellect[187], à la notion de commencement se serait substituée celle de premier moteur, il aurait parlé au présent : « Tout fut par lui » se serait transformé en « tout est par lui », signifiant ainsi la création « continuée » du monde, le « tout » se serait appelé substance mais surtout le dernier verset aurait perdu de sa chaleur communicative pour valoriser l'approche « théorétique », c'est-à-dire un mode de vie intellectuel consacré à la connaissance en tant qu'elle apporte le bonheur.

La sagesse des hommes est parvenue au dieu, principe unique, par le biais de la raison éthique en privilégiant la raison ; les monothéismes juif,

---

[185] Aristote, *Métaphysique,* livre E 1025 b 19-20.

[186] Au 3ème siècle après J.-C. Porphyre l'interprète de la pensée de Plotin, philosophe réussissant la synthèse de la pensée de Platon et d'Aristote, s'opposera aux chrétiens. Il dira : « Comment admettre que le divin soit devenu embryon, qu'après sa naissance, il ait été enveloppé de langes, tout sali de sang, débile et pis encore. » cité par Pierre Hadot dans « *Plotin ou la simplicité du regard* », folio essais, Gallimard, 1997, p. 26.

[187] « Ainsi le bien dans la catégorie de la substance, c'est Dieu et l'intellect » in, *Ethique à Nicomaque,* I, 3, 3.

puis chrétien, ont privilégié la dimension éthique mais c'est la même raison éthique qui a guidé les hommes vers Dieu. Paul devant l'Aréopage à Athènes ne s'exprimera pas autrement : « *Si d'un principe unique il a fait tout le genre humain pour qu'il habite sur toute la face de la terre ; s'il a fixé des temps déterminés et les limites de l'habitat des hommes, c'était afin qu'ils cherchent la divinité pour l'atteindre, si possible, comme à tâtons et la trouver ; aussi bien n'est–elle pas loin de chacun de nous. C'est en elle en effet que nous avons la vie, le mouvement et l'être. Ainsi d'ailleurs l'ont dit certains des vôtres*»[188] . Si nous considérons que la raison éthique est fondée dans la rationalité divine, nous devons comprendre ses avancées comme des révélations « *à tâtons* ». La révélation est alors aussi vue comme un processus d'évolution de la raison éthique dans l'histoire des hommes. Il devient donc concevable que dans l'histoire humaine cette raison trouve sa pleine manifestation. C'est pourquoi, dans la tradition chrétienne, le Christ sera considéré comme le *Logos* incarné, manifestant ainsi la parfaite adéquation de la raison divine à la raison éthique humaine.

L'allégorie de la montagne

Il ne faut cependant pas trop forcer les points de convergence avec la sagesse antique ; en effet, force est de constater que le dieu des philosophes restera cantonné dans un cercle restreint d'intellectuels. Aristote et Platon créeront des écoles mais pas des religions. Le succès du néoplatonisme dans la société romaine n'y changera rien. A quoi peut donc tenir cette différence ? Il nous semble que les philosophies du principe unique, à la différence des monothéismes juif et chrétien, n'ont pas su créer avec Dieu une relation forte et accessible à tous. Imaginons pour mieux saisir les différences une petite allégorie que nous situerons dans la montagne. Admettons que les sages qui s'inscrivent dans les traditions platonicienne, aristotélicienne et stoïcienne[189] aient entrepris de gravir une montagne dont le sommet serait le principe unique et bon. Tels des alpinistes chevronnés, ils ont emprunté la façade la plus austère, celle de la raison. Equipés de leur dialectique, à l'aide de leurs

---

[188] Ac 2, 26-28

[189] Nous excluons les traditions épicurienne, sceptique et cynique qui ne reconnaissent pas l'existence d'un principe unique bon.

connaissances, ils s'accrochent à la montagne et progressent lentement vers le sommet. L'exercice est difficile mais le but leur semble clair et leur raison est soutenue par une volonté entraînée par la difficulté. Nous voulons signifier par là que la philosophie antique n'est pas qu'un exercice de la pure raison, il s'accompagne également d'un choix de vie qui implique toute la personne. Nos philosophes alpinistes s'engagent totalement, comme Socrate l'avait fait avant eux. Ils offrent un modèle de vie qui s'accorde aux principes qu'ils enseignent. La sagesse du monde n'est véritable sagesse que si elle transforme le sage, autrement dit, il n'y a de savoir que s'il y a progression existentielle en direction du Bien[190]. Ce n'est donc pas sur ce point, le fait que le philosophe aurait une approche purement intellectuelle par opposition au religieux qui engagerait la totalité de sa personne dans la foi, que se produit la différence. Observons maintenant l'autre versant, un groupe d'hommes figurant le peuple hébreu gravit la montagne par le côté éthique, nous avons décrit précédemment son itinéraire. La pente est plus praticable pour le plus grand nombre. Ils sont bien organisés et montent en rangs serrés, leurs chants résonnent dans la montagne, leur rythme et leurs mouvements sont bien coordonnés. C'est par un effort partagé qu'ils visent le sommet. Soulignons que la montagne est une, le versant éthique touche le versant raison, d'ailleurs au sommet on ne voit plus de différence. Nous voulons juste dire que la raison et l'éthique ne sont pas exclusives l'une de l'autre, quelle que soit l'approche. Par contre la montée sur le versant éthique est moins acrobatique et concerne tout le monde. C'est là que se situe la vraie différence mais le but est le même. La raison finit par trouver le versant de l'éthique, parce que ce qui meut la raison c'est le désir d'un bien. La vie en communauté suscite naturellement des règles éthiques, ainsi une communauté d'hommes qui vit dans une société régie par des lois justes peut partager la vision des sages sans en suivre la dialectique « acrobatique ».

Revenons à notre montagne sur le versant éthique, il semble qu'au milieu de la colonne un groupe se soit détaché. Une certaine agitation en a perturbé la montée régulière. Quelques hommes se sont séparés pour prendre une autre voie vers le sommet, ils redescendent dans la vallée pour y inviter tous les habitants à suivre leur chemin, leur groupe grossit et finit par dépasser en nombre la première colonne, ce sont des chrétiens. Au sommet quelques individus se détachent, ils sont bien équipés et s'attaquent au dernier mur, on les appelle des saints sur le

---

190 Pierre Hadot, *Qu'est-ce que la philosophie antique ?*, *op. cit.*, p. 252.

versant éthique et des sages sur le versant raison. Chacun d'où il est sur la montagne peut désormais admirer la vue et contempler les sommets. C'est la religion qui permet cette ascension au plus grand nombre et c'est ce qui lui vaut son succès. Notons cependant que le nombre des alpinistes et la différence des chemins ont aussi modifié la perception générale de la montagne. Les sages peu nombreux se sont enfermés dans leur élitisme et ont eu tendance à dédaigner les pentes plus douces ; autrement exprimé, ils pensent qu'il faut fuir le monde et s'échapper de la chair pour restituer à l'âme sa pureté. Plotin, le philosophe antique qui s'approchera le plus de la vision chrétienne, tout à ses expériences mystiques, sous-estimera néanmoins l'approche par le monde sensible, il restera attaché à une vision dévalorisée de ce monde.[191] Le rôle du monde sensible comme propédeutique constitutive de l'élévation de l'âme, bien que mal compris, restera pour les religions essentiel. On se rappellera que dans le christianisme, le Credo tient à la résurrection de la chair autant qu'à la vie éternelle. Quant aux religions, sous l'effet de l'autonomie de la science, elles ont temporairement perdu, aux yeux du plus grand nombre, le fil naturel avec la raison, mais laissons là ces perturbations historiques, elles ne sont pas notre sujet. D'aucuns demanderont ce qui se passe en haut de la montagne pour les quelques individus parvenus au sommet. Question un brin provocante, tant la situation semble impossible au commun des mortels, mais question prometteuse car il se passe quelque chose d'inattendu : l'expérience mystique. Celle-ci se traduit par un fort sentiment de présence de l'être de Dieu qui sublime le sentiment de soi jusqu'à paradoxalement faire oublier le soi. Alors le mode de connaissance change, la raison n'est plus le bon « organe » pour appréhender un autre type de connaissance qui se caractérise par une sorte d'infusion d'amour ; ce n'est pas la connaissance de Dieu qui est au bout de l'escalade mais le sentiment de sa bouleversante présence. Pierre Hadot commentant Plotin décrira ce phénomène de dépassement de la rationalité ainsi : « *L'âme peut en effet dépasser la rationalité et s'élever au niveau de l'esprit pensant, c'est-à-dire à cet état de transparence à soi-même et en même temps de totalité et d'universel qui le caractérise. Mais elle peut aussi dépasser l'intuition intellectuelle, propre à l'Esprit pensant, pour s'élever au niveau de l'Esprit aimant et vivre avec lui le contact enivrant avec le Bien dont toutes choses émanent*[192] ». St Paul qui

[191] Voir la conclusion éclairante de Pierre Hadot dans *Plotin ou la simplicité du regard*, Folio essai, Gallimard 1997, p. 200.
[192] *Ibid*, p. 198

a vécu sur le chemin de Damas la rencontre mystique exprimera, avec pudeur, une idée semblable: « *Je connais un homme en Christ qui, voici quatorze ans - était-ce dans son corps ? Je ne sais, Dieu le sait - cet homme-là fut enlevé jusqu'au troisième ciel. Et je sais que cet homme – était-ce dans son corps ? était-ce sans son corps. Je ne sais, Dieu le sait - cet homme fut enlevé jusqu'au paradis et entendit des paroles inexprimables qu'il n'est pas permis à l'homme de redire*[193]. » Il dira aussi, avec la radicalité qu'on lui connaît : « *Que personne ne s'abuse : si quelqu'un parmi vous se croit sage à la manière de ce monde, qu'il devienne fou pour être sage ; car la sagesse de ce monde est folie devant Dieu*[194] ». C'est la suffisance des sages gonflée de ruse qui inspire à St Paul cette dénonciation sans appel. Pour mieux comprendre, transformons nos alpinistes en astronautes ; un St Paul technologique aurait peut-être souscrit à cette comparaison en disant que pour rentrer dans l'espace divin, il faut que la fusée se sépare de ses boosters, les boosters figurant la raison, la foi, l'acceptation de la séparation pour se mouvoir dans une autre réalité.

Changement de paradigme

Sortons de notre allégorie et revenons maintenant à notre analyse. On le sait maintenant, le judaïsme scelle la relation avec Dieu par l'histoire du peuple élu et par des pratiques religieuses particulières qui visent une spiritualité universelle. Le christianisme paulinien sortira du *religare* juif pour ne conserver que le *relegere* le plus universel. On le résumera par le grand commandement issu du Deutéronome(6-5) et du Lévitique (19-18) et fusionné par le Christ : « *Tu aimeras le Seigneur, ton Dieu, de tout ton cœur, de toute ton âme, de toute ta force et de tout ton esprit et ton prochain comme toi-même*[195] ». Pour reprendre une image, c'est comme si le christianisme débordait de la société juive pour s'écouler dans le monde païen. Aux premiers temps de l'Eglise, l'universalisme juif, par le biais du christianisme affranchi des pratiques de la Loi, se libèrera dans un monde qui n'est pas le sien. L'identité du groupe judéo-chrétien de

---

[193] 2 Co 12, 2-4
[194] 1 Co 3, 18-19
[195] Lc 10, 27

Jacques, à la jonction de la Loi et de l'ouverture païenne, n'y survivra pas. L'avenir du christianisme se dessinera dès lors au sein du monde païen. L'universalisme chrétien y prendra peu à peu forme pour se mêler au substrat romain et donnera, pour parler comme Aristote, une substance chrétienne à l'empire. La forme universaliste chrétienne agira sur la matière du monde romain pour accomplir la chrétienté en puissance. Ce faisant, *de facto* la catholicité[196] chrétienne sera prise dans une limite mondaine. Il ne faut pas y voir un engluement mais au contraire le résultat d'un processus de fécondation permanent d'une société par des valeurs. Ce qui est en puissance dans une société s'accomplit grâce à la forme que prennent ses valeurs et ce sont les hommes, par les valeurs qui les animent, qui agissent pour la transformation de ce monde. Le moteur ultime est celui des valeurs. Le succès du monothéisme chrétien permettra de mettre fin au paradigme polythéiste, il apportera un changement de valeurs essentiel en introduisant l'universel comme référent sociétal. Désormais, dira St Paul, pour ceux qui ont revêtu le Christ : « *il n'y a ni Juifs ni Grecs, il n'y a ni esclaves ni hommes libres, il n'y a ni homme ni femme ; car tous vous ne faites qu'un dans le Christ Jésus*[197] ».

Nous avons maintenant bien établi la nature rationnelle de la relation entre la pensée philosophique grecque et le christianisme. Il résulte de la diffusion du christianisme, avons-nous conclu, un élargissement des valeurs universelles. Nous prétendons en retrouver la trace dans l'organisation économique. Cela peut paraître étrange quand on sait qu'un siècle après la conversion de Constantin, l'empire romain d'Occident s'écroulera et qu'il en sera fait le reproche aux chrétiens, du fait de la perte des valeurs de l'empire « universel » qui s'en serait suivi. Mais notre échelle de temps porte sur des cycles beaucoup plus longs que ceux des économistes. La genèse de la nouvelle civilisation sera très lente, heurtée par de multiples événements qui rendent son interprétation délicate. Pour se diriger dans le labyrinthe que constituent les évènements historiques, nous avons besoin d'un fil d'Ariane. Nous proposons, à travers l'examen des écoles de philosophie épicurienne puis stoïcienne, d'analyser par différence avec les valeurs chrétiennes leur impact sur les conceptions liées au travail humain : la valeur donnée au travail sera notre fil d'Ariane. Nous comptons ainsi, guidés par les représentations

[196] On sait que catholique veut d'abord dire universel.
[197] Ga 3, 28

que les hommes se font du travail, appréhender plus finement l'influence des valeurs sur le mouvement de la société.

Le concept d'élasticité de la valeur travail

Il nous faut nous expliquer sur cette notion d'élasticité empruntée au vocabulaire économique. Elle est appliquée à la relation entre une offre et une demande selon l'évolution des prix de l'offre. Plus le prix augmente, plus la demande diminue. Au point où la demande s'arrête, l'élasticité devient nulle. Elle peut aussi fonctionner en sens inverse, sur des produits de qualité quand un prix soutenu alimente la demande. Il existe une relation de ce type entre la représentation que les hommes se font du monde et la manière dont ils conçoivent leur engagement dans celui-ci. Dans notre fonction, les représentations mentales tiennent le rôle de l'offre tandis que la demande correspond aux hommes et à la place qu'ils souhaitent occuper dans ce monde. On peut ensuite déduire la valeur qu'ils accordent au travail de leur engagement dans le monde. L'étendue de leur perception de l'universel détermine la relation. La fonction est alors la suivante : plus les hommes vivent dans des sociétés dont les représentations favorisent les valeurs universelles, plus ils sont disposés à s'engager dans le monde, par conséquent plus leur travail sera valorisé à leurs propres yeux. Ceci posé, illustrons successivement cette relation par l'épicurisme, le stoïcisme et le christianisme.

Vers la fin du IVème siècle av. J.-C. une grande partie de l'activité philosophique se concentre à Athènes dans quatre écoles : l'Académie continuera l'œuvre de Platon, Aristote, dissident de l'Académie, créera le Lycée, Epicure aura son école appelée le Jardin, et Zénon le fondateur du stoïcisme la Stoa. Ces écoles de philosophie seront aussi des écoles de vie, c'est particulièrement vrai pour celles des épicuriens et des stoïciens. Le monde grec n'est pas satisfait de ses dieux, il a besoin dans le prolongement de la réflexion philosophique d'un code de vie que ne lui apporte pas la religion des ancêtres. La mythologie vieillit, les classes cultivées en prennent à leur aise avec les mythes. Il n'est que de voir dans le Banquet avec quelle liberté les compagnons de Socrate se servent des dieux pour habiller leur éloge de l'amour. Pausanias n'hésitera pas pour les besoins de sa démonstration à dupliquer Aphrodite et Eros : « *Tout le monde sait bien qu'il n'y a pas d'Aphrodite sans Eros. Si donc il n'y avait qu'un seul Aphrodite, il n'y aurait qu'un seul Eros ; mais, puisqu'il y a bien deux Aphrodites, il s'ensuit nécessairement qu'il y a aussi deux Eros.* »[198]. Cette liberté de ton avec les dieux vaudra à Socrate un bon prétexte d'impiété pour justifier sa condamnation. Plus fondamentalement, la mythologie ne fonctionne plus que sur le mode *religare*, elle sert principalement à affirmer l'appartenance à une cité. L'historien Paul Veyne s'est posé la question de savoir si les Grecs croyaient vraiment à leurs mythes. On pourrait résumer sa position ainsi : « *pour le philosophe, le mythe était donc une allégorie des vérités philosophiques ; pour les historiens, c'était une légère déformation des vérités historiques*[199] », mais comme le peuple continuait à croire au merveilleux et que chaque cité fondait son unité sur une origine mythique célébrée dans des panégyriques politiquement corrects, les doctes, nous dit Paul Veyne : « *se partageaient entre deux principes : le rejet du merveilleux et la persuasion que les légendes avaient un fond de vérité ; d'où leur conscience embrouillée* »[200]. Le succès des écoles philosophiques correspond à un besoin inné de l'intelligence de débrouiller les choses, en l'occurrence celles de la religion. La dimension *relegere* se verra donc dévolue par défaut aux écoles de philosophie. C'est bien à tort qu'on[201] voit dans les philosophes antiques des laïcistes de la première heure quand on y verrait plus sûrement des intellectuels en recherche d'une spiritualité pour leur *religare*. Epicure et Zénon se voudront moins élitistes que leurs illustres prédécesseurs Platon et Aristote, ils forgeront à l'usage de leurs disciples des petits mémentos résumant leur sagesse, facilitant ainsi l'accès à une pensée riche mais ramassée dans ce que l'on appellera des dogmes. On retrouve avec nos philosophes antiques le vrai sens du mot dogme, soit un condensé de rationalité constituant l'aboutissement et le socle d'une pensée. De la même façon, les dogmes chrétiens, qui dans la vulgate moderne signifient le contraire de ce que nous affirmons ici, ne diffèrent pas dans leur conception[202].

---

198 Platon, *Le Banquet*, Paris, GF Flammarion, 1998, 180d.
199 Paul Veyne, *Les Grecs ont-ils cru à leurs mythes ?,* Points essai, Seuil, 1983, p. 75.
200 *Ibid*, p. 67.
201 Luc Ferry reprend cette thèse dans La Tentation du christianisme, associant laïcité à rationalisme comme si le rationalisme ne pouvait qu'être laïc, cf. *La Tentation du christianisme*, Nouveau collège de philosophie, Paris, Grasset, 2009, p. 46.
202 Pour une Compréhension, du processus d'élaboration des dogmes on consultera Bernard Sesboüé, *Jésus-Christ dans la tradition de l'Eglise*, Jésus et Jésus-Christ N°17, Paris, desclée, 1982.

Les Epicuriens

Commençons par le dogme Epicurien. On pourrait introduire à la pensée d'Epicure par les quelques vers suivants appelés « Le quadruple remède » :

> « *Les dieux ne sont pas à craindre,*
>
> *la mort n'est pas à redouter,*
>
> *le bien facile à acquérir*
>
> *le mal facile à supporter.* »

En guidant le jugement de ses disciples par une philosophie appropriée, Epicure se veut thérapeute[203]. Mais de quel mal souffrent les hommes ? Du trouble de l'âme provoqué par la crainte des dieux et de la recherche des plaisirs non nécessaires. La thérapie préconisée consiste donc, à l'aide de la philosophie, à s'exercer à la tranquillité de l'âme. Pour cela il n'est nul besoin d'escalader la montagne : la tranquillité de l'âme est, en quelque sorte, dans le pré, « *le bien est facile à acquérir* » ! Le mot savant pour désigner ce bonheur champêtre est ataraxie.

Epicure peut être considéré comme le plus moderne des philosophes antiques car, contre l'option socratique et platonicienne, il considère qu'il n'y a pas de principe du Bien. Ce Bien qui attirait les hommes est une illusion, de même la peur des dieux est une illusion. Les hommes se sont forgé sur ces sujets de fausses opinions que la philosophie doit démonter. Seuls comptent le présent et les sensations vécues, d'où il suit que la raison du philosophe propose aux hommes d'atteindre le bien-être dans leur état corporel. Non pas que les dieux disparaissent mais seulement les prétendues relations qu'ils étaient supposés entretenir avec les hommes. L'homme épicurien, à l'instar de l'homme moderne, est ainsi libéré du poids des dieux. La conséquence logique de cette dissociation, c'est que le monde physique est vidé de sa providence divine, l'ordre du monde n'appartient qu'à la nécessité physique, il n'y a point d'intelligence divine régissant le tout. Il en découle que les dieux n'ayant pas participé à l'ordre du monde, celui-ci n'a pu être créé mais existe depuis toujours. La physique d'Epicure, basée sur la physique de Démocrite, se représente le monde comme éternel et illimité. Que font alors les dieux ? C'est

[203] Pierre Hadot, *Qu'est-ce que la philosophie antique ?*, *op. cit.*, p. 162.

simple, ils vivent tranquillement loin des problèmes terrestres, ils jouissent du plaisir d'exister ! C'est précisément ce statut d'êtres dégagés des contraintes terrestres qui fait qu'ils sont admirés car : « *Ce qui est bienheureux et incorruptible n'a pas soi-même d'ennuis ni n'en cause à un autre, de sorte qu'il n'est sujet ni aux colères ni aux faveurs ; en effet, tout cela se rencontre dans ce qui est faible*[204]. » On en arrive à ce qui est le plus connu dans l'école épicurienne, le principe de plaisir. Mais pour éviter de tomber dans le contraire de ce que préconise Epicure, soit une ascèse du plaisir, et non pas une débauche du plaisir, il faut bien comprendre que le bienheureux est celui qui ne souffre pas. La recherche du plaisir n'est là que pour compenser une souffrance par suite d'absence du plaisir, de fait lorsque nous ne souffrons pas, nous n'avons plus besoin du plaisir. Or le désir de certains plaisirs peut provoquer de la souffrance, c'est pourquoi il faut savoir se contenter des plaisirs nécessaires, ceux qui évitent « *la tempête de l'âme* [205]».

Les économistes tireront d'Epicure le principe de plaisir comme outil de mesure des choix individuels : « *car, nous dit Epicure, c'est le plaisir que nous avons reconnu comme le bien premier et congénital, et c'est à partir de lui que nous commençons à choisir et refuser et c'est à lui que nous aboutissons, en jugeant tout bien d'après l'affection prise comme règle* [206]». Mais cette légitimité économique cache une attitude anti-économique plus profonde, foncièrement le sage stoïcien cherche à se retirer des soucis du monde, l'ataraxie est difficilement compatible avec l'agitation des activités humaines. Il convient de souligner que dans l'épicurisme tout est lié, mais comme à l'inverse du néoplatonisme : la physique incréée plutôt que le monde ordonné par un principe unique, la perception du monde par les sensations plutôt que par la spéculation d'une raison rattachée au monde des Idées, la recherche d'une morale ascétique tournée vers la matérialité du corps plutôt que la spiritualité de l'âme tendue vers un principe du Bien. Le sage épicurien se représente l'homme dans le monde comme un agrégat corruptible d'atomes éternels tendu vers la particularité de son plaisir nécessaire. Le tableau du monde est complété par une physique mue par le hasard et la nécessité, celle-ci demeurant inexpliquée. Il n'y a donc pas de principe universel explicatif. Epicure en concevra une discipline de vie tournée vers la tranquillité de l'âme, autrement dit l'acceptation du monde tel qu'il est aux fins de notre

---

[204] Epicure, *Lettres, maximes, sentences*, Classiques de poche, 1994, p. 199.
[205] *Ibid*, p. 194.
[206] *Ibid*, p.194

équilibre personnel. Cette représentation conduira au désengagement des affaires humaines.

Tentons maintenant d'introduire les paramètres épicuriens dans notre fonction d'élasticité de la valeur travail. Du côté de l'offre, nous avons une représentation mentale concevant les hommes dans le monde comme des identités finies et corruptibles ; il y a bien des dieux qui font songer à l'universel mais les hommes n'ont aucun lien avec ceux-ci, la notion d'universel n'a donc que peu de conséquences sur leur existence personnelle. Insistons sur le lien entre l'universel et le principe platonicien du Bien car la disparition du Bien affecte la conception de l'universel, c'est Epicure[207] qui nous l'explique : « *Considérant ce qui est commun, le juste est le même pour tous, car c'est quelque chose d'utile dans la communauté mutuelle des hommes ; mais considérant la particularité du pays et toutes les autres causes que l'on veut, il ne s'ensuit pas que la même chose soit juste pour tous*[208]. » Quand le juste est relié à l'utile, indépendamment de son fondement spirituel, il est *de facto* relatif, c'est pourquoi la philosophie épicurienne n'est pas universaliste. Du côté de la demande, les hommes cherchent à s'accorder le plus possible au monde tel qu'il existe, mais pour s'y fondre, pas pour le transformer. Admettons que la petite entreprise épicurienne ait grossi au point de faire d'innombrables disciples, autrement dit, pour rester dans notre analogie, que la demande augmente. La volonté des disciples épicuriens étant de se retirer des soucis du monde, il en résulterait naturellement une diminution de la valeur travail dans cette société à proportion des hommes pratiquant l'épicurisme. Nous en concluons que l'élasticité de la valeur travail de la sagesse épicurienne est négative.

Les stoïciens

La physique stoïcienne conduit à une éthique particulière dont le présupposé de départ est inverse de celui des épicuriens. Les stoïciens tirent de leur physique l'idée que le monde est ordonné par un principe divin, ils en déduisent avec Platon et Aristote l'existence du Bien. Le

---

[207] Ou plus vraisemblablement ses disciples qui ont composé ce recueil à partir des paroles du maître.

[208] Epicure, *Lettres, maximes, sentences, Maximes capitales*, Classiques de poche, 1994, p. 206.

regard du sage est à nouveau tourné vers le sommet de la montagne. Comme pour les épicuriens, le monde est infini mais il n'y a qu'un seul cosmos se mouvant dans un temps infini. Le principe divin ordonne le monde, et le pénètre, Aetius dira : « *Dieu est un fluide se répandant à travers la totalité du monde*[209] », Tertullien rajoutera : « *Les stoïciens veulent que Dieu se soit étendu à travers la matière comme le miel à travers les rayons*[210] ». Cette présence divine jusque dans la matière fait naître l'idée que la providence divine s'étend à toutes choses. Il s'ensuit qu'il ne reste plus beaucoup de place pour la liberté individuelle et le libre arbitre ; la Providence s'est muée en destin. Les stoïciens aux prises avec cette idée contraignante trouveront néanmoins une raison pour y mêler un peu de liberté. Quel est leur raisonnement ? Tout ce qui se passe dans le monde a une cause et cette cause dépend de l'ordonnancement divin, donc la Providence explique tout, c'est leur postulat initial. Par ailleurs, ils partagent avec les épicuriens la dimension thérapeutique de la philosophie et cherchent à calmer les tourments de l'âme. Comme les épicuriens, ils constatent que l'ordre du monde leur échappe mais les épicuriens n'y voient personne à la manœuvre quand les stoïciens y voient un principe divin. Leur remède consistera à accepter les coups du destin puisque celui-ci est voulu par Dieu, quand les épicuriens chercheront à s'en prémunir tout en se glissant dans l'ordre du plaisir. Epictète[211] argumentera en disant : « *ce qui tourmente les hommes, ce n'est pas la réalité mais les opinions qu'ils s'en font* [212]». Le vrai mal est dans la représentation erronée que l'on se fait des situations en projetant sur celles-ci nos désirs contrariés. Il résumera la solution par la formule suivante : « *N'attend pas que les évènements arrivent comme tu le souhaites ; décide de vouloir ce qui arrive et tu seras heureux* ». Autrement dit, le destin qui ne dépend pas de nous doit être accepté, il ne sert à rien de se lamenter sur son sort en imaginant que la situation vécue est un mal qui ne nous est pas dû. Le stoïcien conserve néanmoins une certaine raideur face au sort, comme s'il n'en pensait pas moins et qu'il était décidé à lutter contre l'adversité. Il ne cherche pas à fuir ou à se retirer du monde comme l'épicurien et ce comportement s'explique par le

---

[209] *Les stoïciens*, textes choisis, Paris, Puf, 2003, p. 61.
[210] *Ibid*, p. 60
[211] Epictète (50-130), cet esclave à suivi les leçons de Musonius Rufus ; en 90 exilé, avec de nombreux philosophes, il se réfugie en Epire, où il eut de nombreux disciples et, entre autres, Arien qui a recueilli ses *Pensées* et ses *Entretiens* d'après Les Stoïciens textes choisis, Paris, Puf, 2003, p. 10.
[212] Epictète, *Ce qui dépend de nous*, Le manuel, Paris, Arléa, 2004, p. 17.

postulat initial. En effet, l'homme appartient à la nature, il est intégré dans l'ordre du monde et participe à la chaîne des causes. Quand les évènements se déroulent par une succession de causes et que celles-ci le sollicitent à son tour, il peut user de sa raison, qu'il a en commun avec l'intelligence divine, pour participer au destin. Cette participation fait que l'indifférence aux coups du sort ne produit pas un comportement de retrait. Le sage stoïcien n'abandonne pas sa situation dans le monde car il sait voir dans ses choix, ses aspirations pour le bien, son amour de ses proches : la loi fondamentale intérieure qui appartient aussi à l'ordre divin. Il distingue donc ce qui ne dépend pas de lui, qu'il faut accepter stoïquement, de ce qui dépend de lui, et ce qui dépend de lui est d'ordre éthique : c'est l'intention de faire le bien. La volonté de bien faire subsiste dans l'enchaînement imprévisible des évènements en raison même de son inspiration commune par le Bien divin. Cette volonté de faire le bien s'appuie sur la raison philosophique qui trouve sa source dans une raison transcendant l'individu. C'est la cohérence entre l'exigence pour le bien de la raison interne et la raison divine qui conduit le sage stoïcien au bonheur.

En reconnectant la rationalité humaine à l'ordre divin, les stoïciens se meuvent dans un univers profondément rationnel, cependant ils doivent répondre à la question éternelle et *a priori* irrationnelle de la souffrance de l'homme juste. Comment la figure du juste souffrant est-elle compatible avec l'ordre de la Providence ? Sénèque[213] s'emploiera à traiter cette question ; sa thèse sera la suivante : « *le malheur est une chance offerte à la vertu* [214]», car l'épreuve est envoyée par la Fortune pour nous permettre de prendre la mesure de nos propres forces et de parvenir ainsi à la connaissance de soi. Par conséquent, l'homme de bien, en vertu de la loi même qui fait de lui un homme de bien, est celui qui souffre[215]. Cette idée prend à contre-pied l'idée qui sous-tendait les relations avec la divinité ; on se souvient que celle-ci liait les efforts de l'homme juste pour le bien à une récompense divine, suivant ainsi la pente primitive de la religiosité humaine à négocier quelque chose avec son dieu. Le stoïcien ne négocie rien, il accepte son sort avec le courage de la raison car il est convaincu que tout s'enchaîne dans les affaires privées comme dans les affaires publiques, par conséquence. Nous avons

---

[213] Il est né à Cordoue en 4 av. J.-C., il se suicide en 65 ap. J.-C. sur l'ordre de Néron dont il fut l'un des précepteurs voir, *Les Stoïciens textes choisis*, Puf, p. 10.
[214] Sénèque, *La Providence*, arléa, 1996, p. 31.
[215] *Ibid*, p. 20.

toutefois rappelé que la liberté humaine n'était pas absente des conceptions stoïciennes. Cette combinaison de destin et de liberté produit une curieuse conception de l'engagement « sous réserve »[216]. J'agis, dira le sage stoïcien, sous réserve que ce que je décide corresponde au destin ; si le destin contrarie mes intentions, c'est que je me suis trompé alors j'accepte ce qui s'est produit.

Reprenons maintenant l'exercice réalisé pour les épicuriens, en activant notre fonction sur l'élasticité de la valeur travail. L'offre est ici caractérisée par un monde éternel, ordonné par un principe divin et mis en action par sa Providence, l'homme est relié aux dieux par la vertu, sa raison reconnaît son fondement universel dans la rationalité divine. La demande correspond à un engagement sous réserve que ce qui est fait s'accorde à la Providence, celle-ci n'étant pas connue *a priori* mais *a posteriori*. Appliquons à la demande notre machine à multiplier les stoïciens et imaginons une société uniquement composée de stoïciens. Le monde romain qui aura l'honneur d'un empereur stoïcien en la personne de Marc Aurèle est assez proche de cette société. Il en résulterait une société active mais dont les capacités d'évolution seraient freinées par l'obsession de correspondre à l'ordre existant. Dans la société romaine esclavagiste où le travail humain n'est pas valorisé en tant que tel, les blocages sociétaux ne peuvent pas être dépassés, les discours portant des contre valeurs, comme par exemple la dénonciation par Epictète des comportements vis-à-vis des esclaves[217], se heurtent immédiatement à l'ordre préexistant. L'universalisme stoïcien est bloqué par un état de société, un ordre social considéré comme le reflet de la Providence. Nous en déduisons que l'élasticité de la valeur travail est proche de zéro.

Les chrétiens

Nous ne prétendons pas appréhender l'histoire des chrétiens en quelques pages, la tâche est impossible et apparaîtrait bien vaine. Il s'agit plutôt ici de suivre la méthode adoptée précédemment en considérant les représentations chrétiennes dans leurs grandes lignes sous leurs aspects physique, logique et éthique. En reprenant les catégories de

---

[216] Pierre Hadot, *Qu'est-ce que la philosophie antique ?, op. cit.*, p. 209.
[217] Epictète, *Ce qui dépend de nous, op. cit.*, p. 111.

la philosophie stoïcienne, nous voulons examiner le christianisme par un angle délaissé. On sait que les apologistes chrétiens pendant les premiers siècles de l'Eglise se sont appuyés sur la philosophie grecque[218]. Ils puisaient dans ces catégories, et plus largement dans la culture de leur époque[219], les concepts et le vocabulaire pour présenter leur nouvelle religion à un public de Romains soumis aux influences des différentes écoles de philosophie[220]. Une telle méthode permettra de faire ressortir la nouveauté du christianisme tout en l'inscrivant dans un univers philosophique qu'il a progressivement assimilé.

Le christianisme, enraciné dans la cosmologie juive, apporte une conception révolutionnaire du monde parce qu'il est tout simplement créé ex nihilo. Jusqu'à maintenant, les philosophes n'avaient pas envisagé que le monde puisse être créé à partir de la parole divine. Il existait de tout temps, Platon y avait fait intervenir l'ordre bienfaisant du démiurge, Aristote le liait de toute éternité au premier moteur, sa génération étant continûment associée à la puissance divine. Le monde chrétien étant créé, il n'était plus nécessaire de le considérer comme éternel, or ceci, par conséquence logique, modifiait la représentation éthique. Nous le savons maintenant, les conceptions physiques sont en relation avec la logique et l'éthique. Pour le christianisme, l'ordre du monde vient de la parole de Dieu qui dans la Genèse est la source de la création ; cette même parole dans le prologue de l'évangile de Jean revêt une dimension plus explicitement philosophique, elle est aussi *Logos*. Le Verbe crée un monde rationnel auquel participe l'homme et pour que ce soit bien clair, ce *Logos* se fait chair en la personne du Christ. Il suit de cette conception de la genèse du monde que Dieu n'est pas dans le monde à la manière des stoïciens. Dieu en est à l'origine et conserve un lien avec la physique par

---

218 Citons, entre autres, saint Basile qui dans un ouvrage « *Aux jeunes gens sur la manière de tirer profit des lettres helléniques* » reconnaîtra aux récits grecs s'appuyant sur la vertu une valeur didactique. Paris, Les belles lettres, 2002.

219 Justin écrira au IIème siècle dans sa Grande apologie : « En affirmant l'ordonnance et la création de toutes choses par Dieu, nous paraîtrons enseigner la doctrine de Platon ; l'embrasement universel, celle des stoïciens. En disant que les âmes des méchants conservent le sentiment après la mort et subissent la peine de leurs crimes, que celles des justes, exempts de peines, ont un sort heureux, nous paraîtrons d'accord avec les poètes et les philosophes. En défendant d'adorer l'ouvrage des mains des hommes, nous parlons comme le comique Ménandre et tous ceux qui ont écrit dans le même sens. Ils ont proclamé que le Créateur est plus grand que la créature. » Justin Martyr œuvres complètes, Paris, Migne, 2006, p. 40.

220 Pierre Hadot, *Qu'est-ce que la philosophie antique ? op. cit.*, p. 384.

l'élaboration des lois de la nature mais il n'est pas dans la matière. Son omniscience n'est pas une Providence muée en destin, il laisse les hommes à leur affaire dans un monde mis à leur disposition temporairement. Si le monde offre un espace de liberté, les hommes n'en sont pas moins liés à leur Dieu. De cette nouvelle configuration résulteront des relations éthiques modifiées. L'éthique développée par les philosophes n'est pas caduque, le principe du Bien, considéré comme moteur et but des comportements humains, bien entendu subsiste. Ce qui change, c'est la façon d'interpréter le juste dans l'ordre terrestre. Le sage stoïcien, le philosophe platonicien ou aristotélicien ou encore pythagoricien tendent vers le bien et pratiquent la vertu autant que le raisonnement pour être vraiment sage. Le sage chrétien fait de même mais il considère, c'est une grande différence, qu'il est pêcheur. Mais attention à ne pas tomber dans le contresens commun : le mal qu'il doit combattre par l'exercice de la vertu philosophique doit lui permettre, non pas de fuir la chair, mais de la bonifier, il regarde vers la montagne comme les autres philosophes mais c'est en vue d'une amélioration terrestre, passage obligé, propédeutique à l'élévation de l'âme, en vue de sa rédemption et finalement de son salut. Le péché n'est pas une condamnation du monde mais au contraire sa justification. Vérité simple dans la bouche du Christ[221] mais difficile à comprendre pour le monde y compris chrétien ! Le Dieu des chrétiens est venu pour les pécheurs[222] quand le dieu des philosophes ne se serait pas souillé dans la corruptibilité du monde.

Pour escalader la montagne, le chrétien n'est pas tout seul, il escalade en Eglise, Il va, grâce à l'Eglise, bénéficier d'un sérieux coup de main. L'exercice de la vertu, cette escalade vers le sommet, est difficile pour tous les hommes ; le chrétien s'octroie une aide en considérant que l'âme qui anime le corps est habitée par le principe du bien. En quoi cela peut-il l'aider ? Le fait de savoir que nous avons en nous-même ce que nous cherchons à atteindre donne à tous l'accès aux sommets qui, de ce fait, ne sont plus le privilège d'une élite intellectuelle détentrice d'une connaissance ou d'une gnose. En réalité, tout découle du rôle renouvelé du corps. Le corps n'est plus la prison[223] de l'âme des platoniciens mais

---

[221] Mc 2, 17 « Je suis venu appeler non pas les justes, mais les pécheurs »
[222] Mc 2, 17 et Lc 5, 32
[223] *Phédon* 62b2-5 : « Nous, les humains, sommes comme en prison et nul ne doit s'affranchir lui-même de ces liens ni s'évader. ».

le temple de l'Esprit[224]de St Paul. Cet Esprit, qui fait l'homme à l'image de Dieu, est le principe de participation avec le monde du Bien. Cette conception est proprement révolutionnaire car il existe désormais une passerelle incorporelle entre Dieu et l'homme par l'Esprit. Il suffit à l'homme par son esprit, sa raison éthique, de reconnaître l'Esprit Saint pour entrer en communion avec Dieu. C'est ce que Platon n'avait pas su expliciter. Si désormais le corps est autorisé à accueillir l'Esprit Saint, on peut expliquer que l'homme soit attiré vers le Bien par une capacité à le reconnaître qui est comme une parcelle secrète, et déjà présente, de ce Bien en l'homme. L'homme, du point de vue chrétien, est donc habité par un principe universel qui se révèle en lui par le raisonnement philosophique, par l'exercice de la vertu, et c'est là qu'intervient le coup de main, par l'administration des sacrements. Les sacrements chrétiens jouent un rôle dans l'ascension parce qu'ils signifient la présence divine dans la réalité humaine ; présence mystérieuse, actualisée par les sacrements, qui donne l'énergie pour avancer d'un cœur léger.

Les néoplatoniciens postérieurs à Plotin[225] avaient bien imaginé une aide de cette sorte, on l'appelait la « théurgie » ; ce mot apparu au IIème siècle désignait des rites purificateurs de l'âme destinés à lui permettre de contempler les dieux, cette théurgie ne prétendait pas « forcer les dieux » mais juste se soumettre à leur volonté. Il a cependant manqué à la sagesse des philosophes antiques le déclic de la corporéité bonifiée par sa fonction de temple de l'Esprit. Ne l'oublions pas, tout s'enchaîne et tout part de la création du monde par le Dieu *Logos*. Celui-ci libère le monde du destin et assigne à la vie terrestre une visée divine. Les hommes sont dotés, comme Aristote l'avait bien vu, d'une âme individuelle, « forme » particulière de la « matière » corporelle, agissant pour accomplir la totalité de la « substance » humaine. Précisons que le christianisme ne considérera pas que l'âme ait existé de toute éternité et qu'elle ait chuté du monde intelligible dans le monde sensible ; l'âme aussi est créée, et de ce fait elle est indissociablement liée au corps par lequel elle accomplit son chemin sur terre dans la perspective de son salut futur.

Il nous reste à examiner le rôle que joue la Providence dans le système chrétien. En principe, car sa conception variera[226], elle n'interfère pas

---

[224] 1Co 6, 19

[225] Pierre Hadot, *Qu'est-ce que la philosophie antique ?, op. cit.*, p. 262.

[226] On pense notamment à la prédestination Calviniste et à la confusion avec l'autorité publique qui justifiera le césaro-papisme et la théocratie pontificale.

avec la liberté humaine. La puissance divine est comme mise à disposition des hommes par le moyen de la prière, il ne tient qu'à eux d'appeler la seule puissance qui compte, l'Esprit Saint[227] et, il va de soi qu'elle conserve sa propre liberté d'intervention : la grâce qui rend «*Dieu sensible au cœur*[228] ». Il n'est plus question de chercher à maîtriser Dieu par des sacrifices aux bonnes fins de nos volontés terrestres. Tout est orienté vers la fin divine, l'homme est invité à d'abord rechercher cette fin, le reste suivra[229]. La Bonne nouvelle s'avère, au premier abord, difficile à pratiquer car elle suppose une réorientation des aspirations humaines contraignante par ses implications éthiques. Le Paradis se mérite, alors que ce qui préoccupe l'homme c'est prioritairement son bonheur terrestre. Les hommes n'aspirent pas spontanément à la vie éternelle, la mort est trop puissante pour inspirer l'éternité, au contraire elle suscite bien plus certainement le sentiment de vide et de néant. Il est symptomatique que la résurrection des morts faisait débat dans la communauté juive entre les Sadducéens et les Pharisiens. Les Sadducéens ne croyaient pas à la vie éternelle, ils représentaient pourtant la classe sacerdotale, ainsi le premier monothéisme pouvait se concevoir sans vie éternelle mais pas sans survie de la communauté, attestant par cette divergence que les croyances en l'au-delà ont finalement moins d'importance que l'appartenance communautaire immédiate. Le système chrétien tiendra compte également de ce désir de bonheur terrestre. Après cette visite des catégories philosophiques chrétiennes, comment comprendre l'engagement du chrétien dans le monde ? Entre ses aspirations à la cité céleste et son souci de la corporéité, comment va-t-il s'orienter ? S'isoler du monde ou le dominer comme la Genèse l'y invite[230].

Il nous faut réactiver notre fonction sur la valeur travail avec les paramètres propres au christianisme. Pour bien distinguer ces paramètres, tentons de comprendre ce qui a fait son succès par rapport aux philosophies antiques. On peut comparer l'épicurisme à une petite PME

---

[227] Lc 11,13 « Si donc vous qui êtes mauvais, savez donner de bonnes choses à vos enfants, combien plus le Père céleste donnera-t-il l'Esprit Saint à ceux qui le lui demandent ».

[228] On reconnaîtra la référence pascalienne « Pensées » paragraphe 225.

[229] Ma 6, 33-34 « Cherchez d'abord le Royaume et la Justice de Dieu, et tout cela vous sera donné par surcroît. Ne vous inquiétez donc pas pour le lendemain : le lendemain s'inquiètera de lui-même. A chaque jour suffit sa peine. ».

[230] Gn 1, 28

locale, le stoïcisme à une grosse PME aux dimensions internationales - Marc Aurèle sera empereur et stoïcien- pourtant ce ne sont pas ces PME qui prendront le marché des âmes mais la petite entreprise montée par des émigrés, Pierre et surtout Paul, qui réalisera au bout de trois siècles un coup de maître avec la conversion de l'empereur Constantin. Le marché des âmes restera néanmoins concurrentiel car on oublie souvent de dire que le successeur de Constantin, son fils Constance II, sera hérétique et que l'empereur Julien, le successeur de Constance II, tentera de restaurer l'ancienne religion. La situation de l'entreprise chrétienne dans l'empire romain demeurera donc très fragile. On considère que seulement cinq ou dix pour cent de la population est chrétienne sous Constantin[231]. La PME chrétienne deviendra malgré tout une multinationale, elle devra son succès à une représentation du monde plus universelle que celle de ses concurrents. Dans le christianisme, chaque homme est considéré comme une personne qui compte aux yeux de Dieu et qui bénéficie de son amour ; ce regard est parfaitement novateur. St Paul ne s'y trompera pas en affirmant, rappelons-le : « *il n'y a ni Juifs ni Grecs, il n'y a ni esclaves ni hommes libres, il n'y a ni homme ni femme ; car tous vous ne faites qu'un dans le Christ Jésus*[232] ». Un principe de fraternité sera posé, celui-ci dépassera dans ses implications pratiques ce que pouvait imaginer St Paul qui n'en voyait pas les conséquences sociales. Il est vrai que son horizon temporel était limité par les temps eschatologiques qui, croyait-on dans les premières communautés chrétiennes, étaient imminents. Mais plus fondamentalement, cet écart de perception nous alerte sur la difficulté à tirer toutes les conséquences, dans l'ordre social, des principes les plus universels, inscrivant ainsi dans la matérialité des choses le véritable effort éthique : « *L'esprit est ardent mais la chair est faible* »[233] dira le Christ, résumant avec acuité les limites de nos bonnes intentions. L'universalisme chrétien est égalitaire dans son principe, il saura séduire les riches comme les esclaves par une approche de la vie terrestre tournée vers un Bien transcendant mais accessible dès ce monde avec le soutien de l'Eglise. Cette organisation de soutien des âmes n'existait pas chez les concurrents, elle se révélera une institution pérenne à travers les siècles, survivant à l'effondrement de l'empire romain, et capable d'assumer les vides politiques qui en

---

[231] Paul Veyne, *Quand notre monde est devenu chrétien* (312-394), Bibliothèque, Paris, Albin Michel Idées, 2007.
[232] Ga 3, 28
[233] Mt 26, 41

résulteront. L'espérance du salut individuel des âmes emportera l'avantage final et portera un coup définitif aux écoles de philosophie qui ne pourront supporter la concurrence de la future multinationale. Ne nous méprenons pas, espérer au sens chrétien, ça n'est pas renoncer mais c'est désirer et participer dès maintenant à la présence divine en sachant que la Bonne nouvelle a le pouvoir immédiat de transformer notre vie spirituelle. Le christianisme, dans son orthodoxie, respectera la tension entre la présence au monde et l'aspiration au désengagement du monde pour la contemplation. Les monastères bénédictins en offrent un bon exemple : ils proposeront une vie hors du monde basée sur le travail et la prière mais leur puissance économique deviendra si forte qu'il faudra les réformer pour retrouver l'idéal de pauvreté.

Il est temps de retrouver notre fonction d'élasticité et de l'appliquer au christianisme. L'offre chrétienne est constituée par une représentation égalitaire, fraternelle, de personnes universellement liées en Christ ; du côté de la demande, le chrétien s'engage dans la cité mais garde une priorité plus haute. L'homme chrétien respecte l'ordre du monde mais ses valeurs, correctement appliquées, sont corrosives et finissent par attaquer et déstabiliser cet ordre. L'universalisme égalitaire casse, en son principe, les modèles aristocratiques et sape les fondements d'une société où le travail est méprisé pour être dévolu aux esclaves. Chaque homme doit user de ses talents[234] quels qu'ils soient, sa récompense ne viendra pas de sa position dans l'ordre social mais du mérite qu'il aura eu à faire fructifier ses talents dans la société, le travail s'en trouvera donc valorisé ; c'est pourquoi, la méritocratie laïque doit plus aux chrétiens qu'aux Grecs. Les valeurs chrétiennes détruiront le paradigme polythéiste pour y substituer un monde monothéiste riche de potentialités sociales nouvelles. Nous en concluons que l'élasticité de la valeur travail est positive.

Si l'on s'appuie sur nos trois exemples : l'épicurisme, le stoïcisme, le christianisme, on voit que les représentations mentales déterminent le degré d'engagement dans le monde. Plus celles–ci sont fondées sur des idées qui tendent vers l'universel, plus elles fournissent de motifs d'engagement, le travail s'en trouve valorisé et l'ordre social en mouvement. C'est le lien entre la valeur travail et sa capacité à renouveler l'ordre social qui détermine l'élasticité, *a contrario* on

[234] Voir la parabole des talents, Lc 19, 12-27 ; Ma 25, 14-30.

comprend qu'une société qui valoriserait le travail bien fait mais où chacun resterait à sa place, dans un ordre immuable, n'aurait pas d'élasticité. Il sera facile d'indiquer que ce schéma ne correspond pas à la réalité des sociétés chrétiennes qui se sont succédées. Au premier chef, l'esclavage qui n'est pas dénoncé par St Paul. Prenons garde de ne pas tout confondre. Les réalités historiques des cultures chrétiennes sont multiples : la culture chrétienne antique est différente de la chrétienté du Moyen Age qui elle-même diffère de la société de la Renaissance. Les valeurs ne sont pas immédiatement transcrites dans la réalité, elles ne sont qu'une inspiration donnée à une culture matérielle particulière. Rien n'est figé, chaque époque comprend et applique son socle de valeurs différemment. Ceci posé, il faut bien comprendre que le principe d'universalisme se heurte à la matérialité de la culture, il est en butte à l'identité culturelle d'un peuple, d'une classe, d'un individu ; les hommes, conditionnés par ces situations culturelles particulières, doivent produire un effort éthique pour l'appréhender puis l'appliquer. L'identité est le point d'appui de l'effort éthique, le danger, comme nous l'avons vu dans notre petit tour d'horizon des ethnonimies, est qu'elle en soit le seul horizon. Le succès du christianisme réside dans les clés qu'il fournit pour produire cet effort, mais ces clés ne l'exonèrent pas des conditionnements culturels ni même des erreurs dans l'interprétation de son socle de valeurs. Ces erreurs, qu'on appellera les tentations du christianisme, sont au nombre de trois[235] :

- La première consiste à voir le monde comme un but en lui même, il en résulte que les hommes doivent s'engager pour soulager la misère du monde. Cette lutte absorbe tout, au point de privilégier l'action politique considérée comme la méthode la plus efficace pour résoudre les malheurs du monde. La théologie vise alors d'abord la libération matérielle et oublie la spiritualité de Marie, préférant s'affairer comme Marthe à l'organisation des choses[236]. Le Christ, nous rapportent les Evangiles synoptiques, sera tenté au désert. Cette première erreur correspond à la première tentation du Christ. Après avoir jeûné pendant quarante jours, le diable dit à Jésus : « *Si tu es le Fils de Dieu, ordonne à cette pierre de devenir du pain* ». Jésus lui répond : « *Il est écrit : Ce n'est pas*

[235] Nous reprenons la distinction développée par Fabrice Hadjadj dans *La foi des démons ou l'athéisme dépassé,* Paris, Salvator, 2009, p. 38-45.
[236] Lc 10, 38-42

seulement de pain que l'homme vivra[237] ». Rechercher le pain est légitime mais l'homme vit aussi d'autre chose et cette autre chose qui est la parole divine, reste prépondérante.

- La deuxième erreur[238] prend le contre-pied de la première : pourquoi s'acharner à vouloir transformer le monde quand la contemplation comble l'homme ? On reconnaît la position des sages et sa version chrétienne dans la dérive quiétiste. Dans les Evangiles de Luc et de Matthieu, le diable conduit Jésus à Jérusalem. Il place Jésus à un endroit symbolique, le faîte du Temple, et lui dit : « *Si tu es Fils de Dieu, jette toi d'ici en bas ; car il est écrit : Il donnera pour toi ordre à ses anges de te garder, et encore : ils te porteront sur leurs mains pour t'éviter de heurter du pied quelque pierre* ». Le Diable est fin connaisseur des écritures, il cite les psaumes, ça n'empêchera pas Jésus de le contrecarrer à l'aide d'une autre citation puisée dans le Deutéronome : « *Tu ne mettras pas à l'épreuve le Seigneur ton Dieu*[239] ». Que fait le diable ? Il propose à Jésus la solution de facilité en s'appuyant sur une conception erronée de la Providence : Dieu s'occupe de tout avec sa brigade d'anges. Par conséquent, avec de tels raisonnements, laissons courir la Providence qui pourvoit au bonheur beaucoup mieux que l'acharnement besogneux des hommes. C'est la garantie assurée du statu quo de la société et de ses injustices. Réfugions nous dans la prière au détriment de l'action, semble dire le diable, après avoir dit le contraire. La dénonciation de la religion comme « opium du peuple » trouvera dans cette tentation son inspiration la plus classique.

- Il y a trois tentations disions-nous, des trois la troisième est la plus subtile. Le diable décide de conduire Jésus très haut, en sorte qu'il puisse contempler d'un seul coup d'œil tous les royaumes de la terre, il lui dit alors : « *Je te donnerai tout ce pouvoir avec la gloire de ces royaumes parce que c'est à moi qu'il a été remis et que je le donne à qui je veux. Toi donc, si tu m'adores, tu l'auras tout entier* ». Pour nous qui connaissons Jésus, la ficelle semble un peu grosse, le diable lui propose en fait moins que ce qu'il a déjà et de toute façon on ne voit pas très bien comment cela pourrait l'intéresser, lui qui a créé le monde ! La réponse fuse : « *il est écrit : Tu adoreras le Seigneur ton Dieu, et c'est à lui seul*

[237] Lc 4, 3-4
[238] La troisième chez Luc, la deuxième chez Matthieu.
[239] Lc 4, 10-12

que tu rendras un culte ». Alors, dira-t-on, en quoi la tentation est-elle subtile ? C'est simple, le royaume de la terre n'est pas celui que l'on croit, il peut être celui de César mais aussi celui du Pape, à l'inverse celui du Pape peut être celui de César. Quand le royaume terrestre se mêle de royaume céleste, commence la tentation du césaro-papisme ou de la théocratie pontificale, les deux variantes de la même tentation. L'esprit qui habite l'Eglise est-il celui de Dieu ou celui des hommes ? Dans les basses régions terrestres, on ne sait plus très bien, la chair et l'esprit sont soudain bien difficiles à distinguer et surtout il y a ce désir persistant de faire advenir la cité céleste dans la cité terrestre et là, le diable s'en donne à cœur joie ! Le diable s'empare de la vérité et fait son show. Les hommes naturellement orientés vers la vérité sont prêts à toutes les contre-vérités pourvu qu'on ne touche pas à leur identité. Ils veulent que leur identité soit arrimée à la vérité qui les arrange. Mais la vérité est comme une anguille, elle nous file entre les doigts, d'où le désir de la fixer une bonne fois pour toute, quelque part entre un panthéon et un livre sacré. Qu'on en finisse ! disent les hommes, qu'on sache ce qu'est la vérité ! Alors, elle est placée au sommet du code d'Hamourabi, gravée sur les tables de la loi, lovée dans les écritures, cadenassée par l'autorité ecclésiale mais certainement pas écrite sur le sable qui s'efface[240] ! Une bonne vérité communautaire qui soude les hommes entre eux, il n'y a rien de mieux pour faire une société solide et stable! On le voit, la façon dont la vérité fonde la société ne peut pas nous être indifférente. On subodore que son statut va avoir des conséquences sur l'organisation sociale, son dynamisme, sa puissance créatrice et destructrice, la place qu'elle laisse aux hommes pour se bâtir un monde.

Nous avons voulu montrer dans ce chapitre qu'il se dégage, au sein de cultures très différentes, une tendance historique visant rationnellement et religieusement à l'universalisme des valeurs. Nous constatons que la force de ce principe est déterminante pour l'ordre matériel du monde car elle déclenche des comportements humains d'engagement dans sa transformation, proportionnels à son étendue. Il nous faut montrer maintenant plus précisément selon quelles règles les valeurs modifient la société, par quelles chaînes de conséquences des notions universelles produisent un état sociétal matériel et pour quelles raisons l'impact des mêmes principes universels varie. A la recherche de ces enchaînements logiques, aidés de notre fil d'Ariane, nous serons conduits à examiner

[240] Jn 8, 8

dans nos prochains chapitres les raisons pour lesquelles certaines sociétés n'ont pas réussi le passage à une économie développée alors que d'autres l'ont réussi.

CHAPITRE 6 – Au seuil de la modernité

La voie romaine : une impasse vers le développement

La chute de l'empire romain d'Occident nous donne le témoignage de l'épuisement d'une société bâtie sur les principes inégalitaires et polythéistes nés à l'âge du Fer, quand bien même le christianisme semble accompagner sa perte. Saint Augustin s'emploiera dans la Cité de Dieu à faire ressortir, sous le faste de la civilisation romaine, la barbarie des mœurs dans le but d'attribuer aux seuls vices de l'empire la responsabilité de l'échec, empire que les contemporains chrétiens considéraient pourtant comme l'apogée de la civilisation[241]. Pour surmonter cette catastrophe et garder à l'histoire une perspective, l'évêque d'Hippone proposera une thèse totalement novatrice, inspirée de sa culture chrétienne, en posant le principe des deux cités : l'une céleste, l'autre terrestre. St Augustin se gardera de tomber dans le piège de la troisième tentation : celle qui veut réaliser la cité céleste sur terre ; Augustin tiendra fermement la séparation de leurs destins, ce que ne fera pas l'augustinisme politique au Moyen Age. La Cité de Dieu est certes présente dans l'Eglise mais elle ne peut y être réalisée. La Cité de Dieu représente tout à la fois, un idéal, un principe critique et un contre pouvoir à la cité terrestre. Dans cette perspective, nous dit-il, la chute de l'empire romain doit être relativisée. St Augustin sera témoin de deux dynamiques qui, après s'être croisées, se sépareront ; l'une s'épuisera, elle est fondée sur un modèle économique prédateur où la richesse et le pouvoir se concentrent dans les mains des familles aristocratiques, l'autre naîtra, elle ignorera ses virtualités mais portera en elle le principe de l'égalité humaine au-delà de la cité-Etat d'origine. Les deux dynamiques croiseront leurs courbes sous Constantin, premier empereur romain chrétien. Alors, pourquoi les valeurs chrétiennes, portées au faîte du pouvoir politique, ne réussiront-elles pas à transformer la société romaine ? N'avons-nous pas soutenu jusqu'à maintenant que c'étaient les valeurs qui faisaient la société ? Les valeurs font la société mais les sociétés ont leurs propres dynamiques, y compris quand celles-ci

---

[241] Voir Eusèbe de Césarée, *La théologie politique de l'empire chrétien-Louanges de Constantin*, Sagesses chrétiennes, Paris, Cerf, 2001.

s'épuisent, leurs propres forces d'inerties ancrées dans les circuits et les intérêts économiques, les relations sociales et les institutions politiques. Or, les principes doivent pénétrer les organisations humaines pour les faire changer, c'est un processus difficile, qui ne peut se faire au démarrage que dans les interstices de la société existante ou à la faveur de sa décomposition, dans ce que nous avons appelé des cercles de liberté, c'est-à-dire des espaces de reconstruction où les nouveaux gènes éthiques vont configurer des cellules sociales différentes pour reconstruire de part en part un nouveaux corps sociétal.

Pour appréhender ce processus, tentons de retracer la dynamique économique propre à l'empire romain. Nous allons le voir, l'histoire de Rome est celle d'un succès mal partagé. La Rome archaïque naît de l'agglomération réussie de différents noyaux familiaux libres, les *gentes.* Pierre Grimal nous rappelle que : « *seuls les pères -c'est-à-dire les chefs de familles- possédaient toutes les prérogatives des citoyens*[242] ». A côté de ce régime de liberté, existe une catégorie de dépendants qui n'appartiennent pas directement à la famille mais qui lui sont rattachés, « les clients ». Les clients sont, comme les fils de famille, libres, contrairement aux esclaves, mais ils relèvent toujours de l'autorité d'un père. Pierre Grimal souligne que : « *Le régime familial fondé sur la prééminence et la responsabilité du père, qui paraît avoir préexisté à Rome elle-même, se trouvait ainsi étendu, dès le commencement de la ville, à toute une partie de la société assemblée par Romulus*[243] ». On voit par comparaison que l'origine de la cité grecque est plus fermement fondée sur le rassemblement des semblables, les *homoiois*, elle est plus égalitaire dès son origine. Toute la question pour le pouvoir romain va être de gérer la croissance et de savoir à quel niveau de liberté intégrer les nouveaux venus. Les clients, contrairement aux métèques grecs, reçoivent du père un peu de terre, ils sont donc par la terre intégrés à l'assemblée des copropriétaires d'origine. Il n'en reste pas moins que la cité romaine se constitua autour de son aristocratie et le principe d'égalité des citoyens entre eux resta un idéal, nous dit Pierre Grimal, « *contredit de très bonne heure par les faits*[244] ». A l'origine du succès romain, on trouve un pacte social basé sur la vertu exemplaire du paysan-citoyen-soldat. Il figure la dynamique romaine alimentée par le travail agricole, la liberté citoyenne et la conquête guerrière. Toute société s'imagine un âge

[242] Pierre Grimal, *Les erreurs de la liberté dans l'antiquité*, Pluriel, 1990, p. 30.
[243] *Ibid,* p. 31.
[244] *Ibid,* p. 39.

d'or où ses poètes projettent avec nostalgie et lyrisme l'aura morale fondatrice. Pline qui parle du début de l'époque républicaine entame ce couplet : « *En ce temps–là, les généraux cultivaient les champs de leurs propres mains, et la terre, on peut le croire, s'ouvrait avec joie sous un soc couvert de lauriers et sous un labour triomphal, soit que ces grands hommes finissent les semailles avec le même soin qu'ils faisaient la guerre et missent autant d'attention à la disposition de leurs champs qu'à celle leurs camps, soit que, sous des mains honnêtes, tout fructifie mieux, parce que tout se fait plus scrupuleusement* ». Pline exprime une nostalgie car il vit dans un autre monde au visage moins radieux, il sait que le pacte fondateur a été travesti. Les victoires militaires ont apporté des terres, de la richesse mais également l'esclavage. Pline poursuit sur une musique plus grave: « *Mais aujourd'hui ce sont des esclaves aux pieds enchaînés, des mains de forçats, des visages marqués au fer, qui font ces mêmes travaux. Pourtant la terre, à qui on donne le nom de mère et dont la culture est, dit-on, un culte, n'est pas si sourde qu'on puisse croire, quand l'hommage même qui lui est dû est ainsi aboli, qu'elle n'est ni offensée ni indignée*[245]». En réalité Pline ne dénonce pas l'esclavage mais le déséquilibre qu'il a produit sur la société des origines. Que s'est-il passé ?

Partons du Vème siècle à l'avènement du régime aristocratique. En-dehors des *gentes,* dont les différentes *familiae* fournissent les sénateurs, un groupe d'individus attirés par la prospérité de la nouvelle cité se développe. Il s'agit vraisemblablement d'artisans et de commerçants, ceux-ci comptent surtout par leur nombre, on les désigne sous le nom de plèbe. La cité plébéienne s'identifie à Rome et réclame sa place dans la *res publica.* Les revendications sont d'autant plus légitimes que face au pouvoir des patriciens composés par les membres des familles sénatoriales, les plébéiens font nombre et assurent la survie de la cité. Un siècle auparavant sur les terres grecques, le grand réformateur Solon avait affronté une situation similaire, il y avait notamment répondu par l'annulation des dettes pour esclavages, redonnant au peuple sa place dans la cité. En 494 la cité plébéienne se révolte, les soldats plébéiens refusent d'obéir, leur mécontentement a les même origines que les réformes de Solon : l'esclavage pour dette. Réunis en comices centuriates, les soldats obtiennent l'institution de magistrats spéciaux chargés de représenter les intérêts de la plèbe, les tribuns. Ce ne sont que

---

[245] Cité par Aldo Schiavone in *L'histoire brisée, La Rome antique et l'Occident moderne*, Belin, 2003, p. 165.

contraints par le nombre, au terme de luttes politiques sanglantes, que les patriciens finissent par reconnaître la puissance politique rivale de la plèbe. Il n'y a pas de semblables à Rome, mais des inégaux qui luttent pour le pouvoir ; les patriciens voteront une loi dite des XII tables qui interdira le mariage entre patriciens et plébéiens. Finalement deux tribuns de la plèbe, Licinius et Sextus, obtiennent en 367 le partage obligatoire du consulat entre les plébéiens et les patriciens. Affaibli par son petit nombre, le patriciat fait place à la nobilitas, c'est à dire l'ensemble des grandes familles patriciennes ou plébéiennes. Tandis que Rome s'accorde sur un équilibre institutionnel élargi, elle connaît, à la faveur des divisions et revers de ses ennemis, le succès dans les opérations militaires. L'armée romaine, dont la valeur est reconnue, est appelée pour intervenir dans les conflits de ses voisins. Il n'est pas jusqu'aux villes grecques de la péninsule qui, par l'intermédiaire de leur aristocratie, font appel aux légions romaines pour régler leurs conflits avec les classes populaires[246]. La cité romaine s'ouvre alors à des alliances familiales et unit ses intérêts économiques avec ceux des autres aristocraties mais toujours au profit des détenteurs de la force armée. Une idéologie guerrière se met en place, le Sénat victorieux consolide son assise sur les vaincus, il peut restaurer leur puissance mais désormais dans la sujétion à Rome. De 200 à 157 environ, 3 000 tonnes d'argent[247] viennent avec le butin des guerres, des centaines de milliers d'esclaves sont razziés. L'importance des prises de guerre permet de suspendre la levée de l'impôt direct sur les citoyens après 167 av J.-C. Ce sont désormais les territoires conquis organisés en provinces qui paient l'impôt à l'Etat romain. Mais toutes ces guerres ont eu un coût, la péninsule a été ravagée, des régions entières sont en ruine. La découverte de nouvelles terres plus riches a provoqué des phénomènes d'immigration, par ailleurs les besoins de l'armée consomment des bras au détriment des campagnes italiennes qui se dépeuplent. Face à cette situation, les familles nobles se tournent vers la solution latifundiaire. Les grandes propriétés agricoles se font par l'accaparement du sol au profit de quelques citoyens, elles favorisent la concentration des richesses et l'apport de main d'œuvre servile. Le pacte social est dangereusement remis en cause car la hiérarchie sociale s'est accentuée, opposant les nobles au nombre grandissant des mécontents. Tout concourt à la disparition des petits

---

[246] M. Christol D.Nony, *Rome et son empire*, Paris, Hachette Supérieur, HU Histoire, 3ème édition, 2007, p. 45.
[247] *Ibid,* p. 74.

paysans-citoyens-soldats, voilà pourquoi Pline pleure un passé révolu. Scipion définissait le peuple « *comme une association nombreuse qui repose sur la sanction d'un droit consenti et sur la communauté d'intérêt* ». St Augustin en s'appuyant sur cette définition ira jusqu' à dire qu' : « *il n'y eut jamais une république romaine ; car l'ordre politique de Rome ne fut jamais la chose du peuple* », il rajoutera : « *il ne faut en effet appeler droits, ni considérer comme droits les iniques institutions des hommes* »[248].

L'épisode des tribuns révolutionnaires se situe dans ce contexte de paupérisation des classes moyennes. Les petits agriculteurs mais aussi les artisans soumis à la concurrence des produits importés ou issus des manufactures à main d'œuvre servile[249] se sentent lésés. Du paysage politique romain, surgissent entre 133 et 122, deux figures que l'on pourrait qualifier de révolutionnaire, en tout cas animées par un souci certain du bien commun : les Gracques, deux frères Romains issus d'une de plus nobles et plus riches familles se font élire au tribunat de la plèbe. Tibérius Gracchus traduira, dans un discours rapporté par Plutarque, la situation qu'il combat en ces termes : « *Les bêtes d'Italie ont chacune sa tanière, son gîte, son repaire. Mais les hommes qui combattent et meurent pour l'Italie ont part à l'air et à la lumière, à rien d'autre [...], c'est pour le luxe et l'enrichissement d'autrui qu'ils combattent et meurent, ces prétendus maîtres du monde qui n'ont pas à eux une motte*[250]. » Les Gracques, inspirés par des principes de justice sociale, tenteront de réorienter le profit des conquêtes vers le peuple. Tiberius obtiendra de reprendre les lotissements du territoire public pour procurer un minimum vital aux citoyens pauvres et augmenter la classe moyenne où se recrutent les soldats. Son frère Caius fera en sorte que l'Etat paye l'équipement de ses nouvelles recrues, il lancera une politique de grands travaux et imposera un prix minimum du blé en faveur des petites gens. Mais la révolution gracquienne finira par échouer face aux intérêts divers des puissants. Tout se concentrera entre les mains des grandes familles ; la société sénatoriale, éblouie par ses victoires militaires pourvoyeuses de richesses immédiates, s'engagera définitivement dans la voie de l'impasse économique.

---

[248] St Augustin, *La Cité de Dieu,* Seuil, 1994, Livre XIX, XXI.
[249] *Ibid,* p. 88.
[250] Plutarque, *Tib. Gracchus*, IX, 4

Le modèle économique romain est celui d'une économie de prédation nourrie par les conquêtes. L'outil privilégié de production de la richesse est donc l'armée ; l'activité la plus productive, les campagnes militaires. C'est par la guerre que la jeune république pourra sortir de l'autosuffisance de la petite propriété paysanne, dégager des excédents et rentrer dans une spirale de croissance. L'armée, au centre de l'économie, finira naturellement par capter le pouvoir politique au détriment de l'aristocratie sénatoriale pour le profit du régime impérial. Mais fondamentalement, le modèle économique ne changera pas avec la fin de la république ; lancé sur une voie, il ne pourra plus en dévier, il rencontrera son terme avec la fin des conquêtes. Quand les gains de la conquête ne seront plus suffisants pour couvrir les coûts du maintien de l'empire, la crise économique précédera la chute politique. Le problème qui nous intéresse n'est pas de savoir pourquoi l'empire romain s'est effondré mais pourquoi il n'a pas su évoluer. Il semble que Rome avait tout pour passer à la modernité, beaucoup plus en tout cas que le Moyen Age des frustres chevaliers francs. Les ressources en capital étaient disponibles dans la classe sénatoriale, le savoir technique illustré par les prouesses architecturales qui ont traversé le temps frappe encore par son ingéniosité, la culture intellectuelle, influencée par l'hellénisme, put accéder directement aux trésors de la pensée grecque, les juristes romains donnèrent à la société un régime légal stable propice aux affaires, l'universalisme politique permit les rencontres entre les peuples, la pacification de la Méditerranée ouvrit de nouveaux circuits économiques. Comment tant d'atouts ont conduit à un échec si retentissant ? Les barbares dira-t-on, ceux-là mêmes dont Tacite écrira *« qu'il serait moins aisé de les persuader de labourer la terre et d'attendre la récolte de l'année que les inciter à provoquer un ennemi et à arborer des blessures*[251] », des peuples de guerriers, certes redoutables mais en proportion des faiblesses accumulées par un empire trop malade pour se défendre. De quelle maladie pouvait donc souffrir l'empire romain ? Nous diagnostiquons une espèce d'arthrose sociale caractérisée par une atrophie des mouvements. Or, pour qu'une société se développe elle doit permettre la mobilité entre ses membres. L'échec des Gracques inaugure les blocages de la société romaine : une classe s'accapare pouvoir et richesse pour vivre en circuit fermé ; elle n'a plus pour horizon que celui de maintenir une institution ancestrale inégalitaire. Ce mélange de perpétuation sociale et économique se retrouve dans une remarque de

[251] Tacite, *La Germanie*, Paris, Arléa, 2009, p. 45.

Cicéron à propos des villes du littoral au livre II de la République : « *Les villes du littoral -écrit-il- sont exposées aussi à des éléments corrupteurs, qui amènent une transformation des mœurs ; elles sont contaminées par des innovations dans les paroles et la conduite ; on n'y importe pas seulement des marchandises, mais des mœurs exotiques, si bien qu'aucune institution ancestrale n'y peut demeurer intacte. Bientôt les habitants de ces cités ne tiennent plus en place, mais leurs songeries les emportent sur les ailes de l'espérance, toujours plus loin de leurs demeures, et même quand leurs corps restent là, ils s'exilent et vagabondent en pensée. Rien ne contribua davantage à rendre longtemps chancelantes et finalement à renverser Carthage et Corinthe que ces voyages sans fin, qui dispersaient les citoyens ; en effet, poussés par l'amour du commerce et de la navigation, ils avaient délaissé l'agriculture et l'entraînement militaire* »[252]. Dans l'esprit de Cicéron, l'agriculture et l'entraînement militaire s'opposent au commerce et à la navigation. Il voit dans les habitants des villes du littoral, corrompus par des mœurs exotiques et naviguant vers on ne sait quelles espérances, une menace pour les institutions ancestrales. Nous qui sommes habitués au mouvement, nous avons peine à imaginer la logique d'un tel discours. Notre regard a changé, nous admettons l'espérance de tous, et le commerce, symbole de l'activité économique, n'est une menace pour les institutions que quand il vient à s'effondrer. La Rome antique, par les yeux du questeur Cicéron, ne voit pas les choses ainsi, elle se méfie du changement car elle repose sur un système triplement inégalitaire : entre les citoyens romains eux-mêmes, entre les peuples vaincus et le conquérant romain, et enfin, entre les esclaves et les hommes libres. Les puissants doivent leur confort de vie à l'exploitation de millions d'esclaves obtenus grâce aux guerres. La plèbe doit ses pains et ses jeux aux bienfaits de l'esclavage. Il est, en effet, plus intéressant de maintenir le petit peuple romain dans l'oisiveté que de le faire travailler ; les puissants payent au peuple la rente des vainqueurs, on a donc deux catégories de rentiers : les riches et les pauvres. On imagine que travailler dans une telle société n'est pas socialement bien considéré. Le même Cicéron nous dit tout le mal que l'on pense du travail à Rome : « *Indignes d'un homme libre et vils sont en outre les gains de tous les salariés dont c'est la peine et non pas l'habileté qu'on paie : dans ces gains en effet, le salaire est lui-même le gage de la servitude. [...] Tous les artisans s'adonnent à un vil métier, l'atelier ne peut rien comporter*

[252] Cicéron, *La République*, Gallimard, 1994, Livre II, IV, 7.

de bien né[253]. » Nous commençons à comprendre que le blocage du système repose sur un postulat de base qui viole les règles de la justice la plus élémentaire parce que l'esclave est la pièce maîtresse de toute l'organisation productrice. Rome n'a fait que suivre la pente naturelle des dominants. On se souvient de la remarque d'Aristote sur l'esclavage naturel ; pas plus les Grecs que les Romains ni que les Germains ne pensent que la société puisse exister sans esclaves. Les Romains sont peut-être un peu plus exigeants que les autres peuples. Tacite s'étonne du libéralisme des Germains vis-à-vis de leurs esclaves : « *Quant aux autres esclaves, ils ne les emploient pas, comme nous le faisons, en leur attribuant des tâches domestiques bien déterminées ; chacun d'eux a son habitation et ses pénates, qu'il régit à son gré. Le maître impose à l'esclave -comme à un fermier- une redevance en blé, en bétail ou en vêtements, et là s'arrête pour celui-ci la servitude ; en effet, le reste - à savoir les tâches domestiques-, c'est l'épouse et les enfants du maître qui en sont chargés. Il est rare qu'un esclave soit fouetté, puni par les fers ou contraint à un travail ; et si l'on en tue souvent, ce n'est pas pour faire respecter une discipline stricte, c'est dans un mouvement de colère, comme on tue son ennemi personnel ; sauf qu'ensuite cela reste impuni*[254] ». Les Romains, semble nous dire Tacite, sont plus civilisés, ils contrôlent leur colère ; Tacite savait aussi qu'ils tuaient de sang froid. Une petite anecdote pour mesurer la violence inscrite dans les institutions vaut mieux qu'un long discours. Tacite rapporte dans ses annales un fait divers qui fit grand bruit[255]. En 61 après J.-C., sous le principat de Néron, le préfet de la ville, un certain Lucius Pédanius Secundus, fut assassiné dans sa villa en pleine nuit de la main d'un esclave. Le préfet de Rome, ancien consul, homme politique des plus en vue de la capitale vivait somptueusement, il avait à son service quatre cents esclaves, ce qui représentait un nombre considérable même pour l'époque. On ignore le motif du crime, mais l'on sait par Tacite que le sénat s'attribua le procès. C'est que l'affaire était grave autant par la qualité de la victime que par celle du criminel. En effet, selon une antique ordonnance en cas d'homicide commis sur la personne du maître, tous les esclaves qui vivaient sous son toit devaient être torturés puis mis à mort. Il en allait de

[253] Cité par Aldo Schiavone in, *L'histoire brisée, La Rome antique et l'Occident moderne*, *op. cit.*, p. 53.
[254] Tacite, La Germanie, op.cit.,p.59.
[255] Aldo Schiavone, *L'histoire brisée, La Rome antique et l'Occident moderne*, *op. cit.*, p.129-133.

la sécurité des maîtres. Ceux-ci, pour renforcer leur protection, avaient imaginé cette règle qui contraignait sous peine de mort les esclaves à assurer eux-mêmes la protection du maître. Dans le cas de la mort de Pedanius, l'application à la lettre de la règle entraînait des conséquences terribles et inhumaines. Des innocents allaient périr sous la torture. La plèbe qui cultivait de nombreuses relations de proximité avec cette maison s'en émut, des femmes et des enfants vivant et travaillant dans un quartier allaient mourir, la vie de la cité en était perturbée. Qu'allait décider le sénat ? On s'en remit à l'avis de Gaius Cassius, un grand juriste de l'époque. Il tint le raisonnement suivant : si le sénat accorde l'impunité pour un tel forfait, qui pourra jamais se sentir en sécurité puisque, ni la très haute charge que la victime occupait, ni le grand nombre de domestiques qu'il employait n'ont suffit à le protéger. Du reste les ancêtres auxquels on doit la règle en discussion tinrent toujours en grande suspicion les esclaves, y compris ceux nés dans leur propre maison et auxquels a été inculqué, dés l'enfance, l'affection pour leurs maîtres. Combien plus doit-on se méfier d'esclaves qui viennent de toutes les nations, qui pratiquent des religions et des coutumes très éloignées quand ils ne sont pas athées, « *on nous dit : des innocents vont périr c'est vrai, mais [...] tout grand exemple comporte quelque injustice et le tort fait à quelques individus est la rançon de l'intérêt général* ». Nul n'osa répliquer à Gaius Cassius, d'autant que tous avaient en tête les menaçantes révoltes serviles des derniers temps de la république, Spartacus avait failli renverser, non pas quelques individus, mais un régime. La condamnation fut exécutée et la plèbe en émeute fut tenue en respect par l'armée. La violence dont était capable les sénateurs pour se protéger des esclaves, montre à quel point la société était divisée et maintenue par la force. La concorde romaine était artificielle et de ce fait fermée à la mobilité sociale perçue comme trop déstabilisante pour les institutions ; au moindre signe de faiblesse, on ne savait ce qui pouvait se produire, mieux valait maintenir fermement le statut quo. A dire vrai, le système n'était pas totalement bloqué. Entre les sénateurs et les citoyens libres existait l'ordre équestre, entre les citoyens libres et les esclaves se trouvaient les affranchis. Les chevaliers entrèrent dans le système de gouvernement organisé à partir du prince. Recrutés au sein des élites provinciales et des meilleurs cadres militaires, ils assuraient aussi le renouvellement du sénat. L'ordre équestre apparaît ainsi comme un groupe social de transition[256]. Quant aux affranchis, ils étaient de

[256] M. Christol D.Nony, *Rome et son empire*, Paris, Hachette Supérieur, HU Histoire,

condition inférieure à celle des citoyens. On les avait exclus des honneurs romains et municipaux car il ne fallait pas que par leur nombre ils dévaluent la qualité de citoyen, par contre leur sortie de la condition servile donnait à l'esclavage un caractère non plus naturel mais social. Les esclaves instruits avaient de meilleures chances d'être affranchis, il est vraisemblable que beaucoup de Grecs ou d'orientaux hellénisés soient devenus citoyens romains. Une fois cette étape passée, l'ordre équestre et même le sénat pouvait s'ouvrir à des petits fils d'esclaves ; le poète Horace était fils d'affranchi, et son père le destinait à l'ordre équestre[257]. On n'était plus esclave par nature mais par condition sociale, en vertu d'un ordre de la société ; par conséquent, en vertu de ce même ordre, on pouvait s'en affranchir. Cette mobilité sociale ne suffit cependant pas à créer les conditions du passage à la modernité.

Reprenons notre fil d'Ariane et laissons-nous guider à travers l'histoire romaine par la valeur que les hommes accordent au travail. Nous comprendrons alors pourquoi la société romaine n'a pu produire la modernité. La société romaine repose sur un principe inégalitaire, nous l'avons dit. Les hommes ne sont pas égaux entre eux, le genre humain n'a pas de sens pour un Romain, seule compte la position hiérarchique de l'individu dans un ordre construit par la force des armes. Il découle de cette hiérarchie une organisation du travail également hiérarchisée. Au bas de l'échelle on trouve les esclaves, ils constituent l'instrument animé de la production. Dès qu'un travail peut être fait par un esclave il perd de sa valeur. C'est le cas pour le travail agricole, un temps valorisé par les origines fondatrices des paysans-citoyens-soldats, il perdra son aura au profit des grandes exploitations latifundiaires exploitées par du personnel servile. Certains esclaves dotés par leur maître d'un pécule peuvent exercer une activité indépendante de leur maître, ils deviennent entrepreneurs. Mais la société romaine ne leur permet pas de prospérer, la porte se ferme sur la réussite économique de l'esclave à moins que celui-ci n'arrive à acheter sa liberté. Pour le commun, réussir indépendamment de son maître n'est pas concevable, c'eut été bouleverser les relations sociales. C'est précisément ce que nous appelons un cercle de liberté, mais à Rome les conceptions, la vision que l'on a de l'esclave, n'autorisent pas ce genre d'ouverture. On voit très directement qu'une

---

3ème édition, 2007, p. 206.

[257] *Ibid*, p. 117.

véritable classe d'entrepreneurs ne peut naître au sein des basses couches sociales à cause de conceptions morales inégalitaires. Mais, dira-t-on, les affranchis ne pouvaient-t-ils pas constituer cette classe ? Comme pour les esclaves, ils n'avaient pas le droit de transmettre à leurs héritiers l'intégralité de l'argent gagné. Il n'y avait pas, là non plus, la possibilité de construire des dynasties commerçantes ou financières. Ceci ne signifie pas qu'il n'y ait pas eu de vie économique, au contraire les Romains ont su adapter l'esclavage et l'affranchissement aux besoins de leur vie économique mais celle-ci s'est coulée dans le moule d'un ordre social statutaire et rigide. La production n'a pas bouleversé l'ordre social, par contre elle s'est adaptée à cet ordre et la cause en est clairement l'idéologie hiérarchique et inégalitaire.

L'aristocratie s'appuie sur les esclaves et les affranchis pour accéder à l'économie agricole et artisanale, mais qu'en est-il du grand commerce et de la finance ? On sait pour le dernier siècle de la république que les sénateurs prêtaient de l'argent[258], une liste de 25 sénateurs et de 17 chevaliers est attestée. A Rome, nous dit Jean Andreau : « *les créanciers avaient pris l'habitude d'afficher sur la columna Maenia des indications relatives à la solvabilité et au bon vouloir de leurs débiteurs*[259] ». Ces notables qui plaçaient leur argent constituaient une classe de créanciers, de rentiers de la finance mais ce qui les caractérisait, c'était avant tout l'existence d'un patrimoine foncier et immobilier. Ils n'étaient nullement des professionnels de la finance, leur patrimoine leur permettait de vivre de leurs revenus sans travailler. Ils faisaient partie de l'élite et leur clientèle appartenait également à l'élite, ils étaient financiers de l'aristocratie. Pour trouver des professionnels de la banque ou de la finance, il faut tourner son regard dans d'autres directions. On les trouve parmi les gens de métier, ils sont assimilables à des boutiquiers ou des artisans dont ils partagent la condition sociale. Beaucoup sont des affranchis, cette activité est pour eux un moyen d'ascension sociale ; le père d'Horace était l'un d'eux. En général le métier n'est pas transmis aux descendants et s'il y a réussite, elle est transformée en patrimoine foncier. Parmi ces hommes d'argent, on distingue une catégorie à part, celle d'hommes d'affaires qui côtoient l'aristocratie sans en être et sans être également des hommes de métiers. En situation intermédiaire, ces individus se fondent dès qu'ils le peuvent dans la noblesse pour en

---

[258] Jean Andreau, *Banques et affaires dans le monde romain*, IVè siècle av. J.-C.-IIIè siècle ap. J.-C. Points Histoire, Seuil 2001, p. 34-35.
[259] *Ibid*, p. 35.

reproduire les comportements. Ils ne constitueront jamais l'amorce d'une bourgeoisie. Ce n'est donc pas par eux que peut advenir un changement qui ressemble à une révolution industrielle.

La reconnaissance sociale est liée à la propriété foncière et à l'accès aux ordres sénatorial et équestre. Sénateurs et chevaliers doivent leur enrichissement à l'expansion militaire. A la tête des cités ils gèrent, les magistratures et animent la vie politique et sociale. En retour, ils pratiquent l'évergétisme qui consiste à prendre à leur charge l'entretien des cités et le soutien à leurs concitoyens. Soucieux d'appuyer leurs ambitions politiques et leur prestige par des mesures de générosité à l'égard de leurs compatriotes, leur capital se place dans le domaine public. Rien ne les incite donc à accumuler du capital pour se spécialiser dans des activités de production autres qu'agricoles, ils ne raisonnent pas en terme d'entreprise mais de politique.

Le problème pour Rome, c'est que le monde bouge et s'adapte aux conditions que Rome lui impose. Pour payer l'impôt, les provinces se spécialisent quand la péninsule appauvrit son système de production. Dès le IIème siècle commence une lente récession de l'économie italienne, la crise affecte la terre : le vin et l'huile sont concurrencés par les produits de Gaule, d'Espagne et d'Afrique. Seule la Cisalpine, moins touchée par les *latifundia*, résiste. Là où disparaît la petite propriété au profit des grands domaines à main d'œuvre serviles, les revenus se réduisent, le sud est touché au premier chef. Signe caractéristique, le prix de la terre baisse sous Trajan. La crise est aussi industrielle, les fabriques de céramique sont supplantées par les productions provinciales. Par contre les provinces occidentales tirent le bénéfice de leur intégration à l'empire. L'agriculture des provinces se modernise, la moissonneuse gauloise fera l'émerveillement de Pline l'Ancien, l'artisanat aussi profite de cette ambiance économique favorable. Rome n'a besoin de rien produire puisqu'elle reçoit l'impôt, elle peut tout acheter ; pour les provinces les choses sont différentes, il faut trouver des ressources, ce qui constitue une incitation à fournir à Rome les produits dont elle a besoin. Un cycle est créé, qui laissera à nu la ville centralisatrice quand celle-ci ne sera plus en mesure de faire rentrer suffisamment d'impôts.

Rome a raté, pour préserver les d'intérêts aristocratiques, la réforme agraire qu'elle aurait dû accepter des Gracques. Elle a cru que la conquête lui assurerait éternellement la prospérité, elle a bâti une économie de guerre sur des principes triplement inégalitaires. En se privant de paysans libres au profit d'esclaves, elle s'est coupée de toute ambition d'innovation technique ; pourquoi innover, inventer une moissonneuse comme les gaulois, quand on ne sait plus quoi faire des esclaves ? Elle a entretenu la plèbe romaine en lui coupant l'accès à une vie de travail pour lui verser une coûteuse rente du vainqueur, alourdissant d'autant l'impôt supporté par les provinces. Elle s'est appauvrie elle-même en baissant son effort de production au profit des provinces soumises. Tout cela ne repose pas, *in fine,* sur des causes matérielles mais sur des conceptions de hiérarchie humaines erronées et profondément injustes. L'éthique romaine n'était pas adaptée au développement économique, elle a suscité et perpétué un modèle économique bloqué. Nous voyons dans ses conceptions morales initiales la raison principale du ratage de la modernité, alors que son haut degré de civilisation semblait l'y prédestiner.

Il se confirme que l'impulsion première est donnée par la nature du pacte social, celui-ci génère un type de société dont nous avons pour l'exemple romain dessiné les limites. Sa recomposition n'a pas été possible, la christianisation de l'empire n'ayant pu changer le cours des choses, au contraire c'est un empire devenu chrétien qui s'est effondré sous les coups de butoir des envahisseurs venus des plaines du nord. On a vu que les circuits économiques étaient profondément détériorés, Rome n'avait plus ni les ressources financières ni les ressources humaines pour faire face aux pressions exercées sur ses frontières. Chrétiennes ou païennes, les valeurs n'ont pas d'effets circonstanciels sur la trame cachée de l'ordre économique. Une économie ne se reconfigure pas en un sermon ou une conversion, fut-elle celle d'un empereur. Pour autant, les valeurs agissent en profondeur, secrètement, telle une force matricielle composée des multiples volontés humaines.

La tentation du pèlerinage terrestre

St Augustin est une de ces volontés singulières qui donne le cap dans la tourmente. En ce début de Vème siècle, la cité terrestre finissante semble engloutir avec elle tous les espoirs de l'humanité romaine. Dans un moment de décomposition, St Augustin sera porteur d'un discours novateur, prélude à la reconstruction de pactes sociaux. Un moment où les valeurs commenceront leur travail silencieux de recomposition. Nous allons donc suivre ce travail et nous intéresser au premier chef, à ce que dit St Augustin de l'esclavage, cette notion centrale pour l'organisation économique et les conceptions morales de la cité.

Rappelons le contexte dans lequel St Augustin compose la Cité de Dieu. Après la conversion de Constantin en 313, le christianisme devient religion d'Etat en 380 sous l'empereur Théodose ; le christianisme triomphe. Eusèbe de Césarée verra dans l'histoire humaine les preuves[260] de la vérité du christianisme et la marque de la Providence, l'empire universel devenant le support de la religion universelle. Pour l'évêque d'Hippone, la situation de l'empire a changé, il est contemporain d'un événement inimaginable par Eusèbe : le sac de Rome par le Wisigoth Alaric en 410. L'empire chancelle et la théologie d'Eusèbe paraît soudain dater d'une époque finissante. De 412 à 427, soit de cinquante huit ans à soixante treize ans, St Augustin s'attelle à sa grande œuvre, la Cité de Dieu. Il répond aux païens qui voient la cause des malheurs de Rome dans l'abandon du culte des anciens dieux au profit du christianisme, et il tente de raffermir les chrétiens déstabilisés par la tournure que prennent les événements, en contradiction totale avec l'interprétation providentielle développée par Eusèbe de Césarée. St Augustin ne peut plus recourir à la théologie victorieuse du siècle précédent, il lui faut trouver autre chose et ce sera la théologie des deux cités. Etudions maintenant la façon dont il traite de l'esclavage. Contrairement à ce que nous pourrions attendre, au Livre XIX de la Cité de Dieu, St Augustin s'essaye à la justification de l'esclavage. Au chapitre XV, il règle son compte à la thèse aristotélicienne de l'esclavage par nature. Il en réfère au texte de la Genèse pour déterminer ce que prescrit l'ordre naturel. Dieu, rappelle St Augustin, a créé l'homme pour : « *qu'il domine, a-t-il dit, sur les poissons de la mer, sur les oiseaux du ciel et sur tous les animaux qui rampent à la surface de la terre*[261]. ». St Augustin en tire la conclusion que : « *l'être raisonnable fait à son image, il ne veut pas qu'il domine sur d'autres que sur les êtres irraisonnables ; il ne veut pas que l'homme domine sur l'homme, mais l'homme sur la bête*[262] ». Jusqu'ici tout va bien pour notre conscience moderne. Il y a un ordre de la création qui s'oppose à l'esclavage ; contrairement ce que pensait Aristote, on progresse ! Mais, se demande St Augustin, comment se fait-il que l'esclavage soit la règle dans les sociétés ? On attendrait, de sa part, qu'il

[260] Eusèbe de Césarée, *Louanges de Constantin, Sagesses chrétiennes*, Paris, Cerf, 2001, p. 190.
[261] Gn 1, 26
[262] St Augustin, *La Cité de Dieu*, Livre XIX, XV.

prolonge son opposition de principe par une opposition dans les faits ; ce serait ne pas comprendre le fond de sa pensée, il choisit l'option inverse ! St Augustin nous dit : « *Aussi les premiers justes furent établis plutôt pasteurs de troupeaux que rois des hommes, Dieu voulant ainsi nous apprendre ce que demande l'ordre de la création, et ce qu'exige la justice due au péché. Car on le comprend, c'est avec justice que la condition de l'esclavage a été imposée au pécheur*[263]. » On est surpris par le retournement de l'argument, autrement dit, si les esclaves ont part à la responsabilité de leur situation à cause de leur péché, c'est pour mieux nous apprendre ce que doit être l'ordre juste. Suit un curieux raisonnement, à front renversé, basé sur l'affirmation suivante : « *La cause première de l'esclavage c'est donc le péché qui fait que l'homme tient l'homme en laisse et toute sa destinée ; et cela n'arrive que par le jugement de Dieu, en qui il n'est point d'injustice et qui sait mesurer les peines aux démérites* ». St Augustin tient que le péché vient des maîtres, ce qui se conçoit, mais aussi des esclaves ce qui paraît paradoxal. Dieu administre sa dose de justice en utilisant l'esclavage comme punition collective. En quoi le maître est puni s'interrogera-t-on, et pourquoi punir l'esclave? Pour contrebalancer l'injustice faite à l'esclave, il nous explique que quiconque pèche est esclave du péché, donc le maître est aussi esclave de son péché de domination, or c'est là, selon St Augustin, que réside la pire des passions qui « *ravage le cœur des mortels* ». Tout compte fait, l'esclave de l'homme est moins malheureux que son maître, esclave de sa passion de dominer. Tout ceci pour aboutir à une conclusion qui nous choque : « *la peine de la servitude- dit-il- est ordonnée par cette loi qui veille au maintien et défend l'infraction de l'ordre naturel ; s'il n'eût été jamais attenté contre cette loi, il n'y aurait point de répression à exercer par le châtiment de l'esclavage. C'est pourquoi l'apôtre invite les esclaves à demeurer soumis, à servir de coeur et de bonne volonté*[264]*, afin que, s'ils ne peuvent être affranchis par leurs maîtres, eux-mêmes affranchissent, pour ainsi dire, leur propre servitude, témoignant dans leur service non l'hypocrisie de la crainte, mais la fidélité de l'affection jusqu'à ce que l'iniquité passe et que toute souveraineté, toute puissance humaine étant anéantie, Dieu soit tout en tous* ». Conclusion : tout le monde est pécheur, l'injustice règne sur terre, alors prenons-en notre partie en croyant à un avenir céleste enfin équitable ! Pourquoi un tel raisonnement ? St Augustin reproduit le

[263] *Ibid*
[264] Ep 6,7

schéma providentiel d'Eusèbe de Césarée où Dieu intervient directement dans l'histoire des hommes mais il prend la direction opposée, il déroule la logique suivante : si les affaires de la cité se passent mal, c'est nécessairement que Dieu l'a voulu, et, s'il l'a voulu, c'est à cause du péché des hommes ; tout ceci est assez classique, les prophètes bibliques recourront au même type d'argument pour expliquer les déconvenues politiques du peuple hébreu. En toute cohérence, St Augustin complète sa vision insatisfaite de la cité terrestre par l'existence d'un péché non plus seulement passager mais originel. Pour ce qui est de l'esclavage en particulier, St Augustin sait bien que sur le principe, l'esclavage est injustifiable mais il refuse de traduire cette valeur dans la réalité sociale. C'est évidemment très intéressant pour notre sujet, puisque nous affirmons que l'éthique passe dans la réalité. Alors par quelle diablerie un des plus grands saints du christianisme arrive-t-il à la conclusion inverse ? St Augustin navigue entre deux périls : l'interprétation littérale d'un texte saint et le respect du à l'autorité. L'évêque d'Hippone fonde son raisonnement sur la reprise littérale du texte de St Paul : « *esclaves obéissez à vos maîtres d'ici bas*[265] ». La vérité qui sort d'un texte saint doit être interprétée en fonction d'un contexte, St Augustin n'a pas notre recul exégétique. D'où cette première leçon : pour qu'une valeur passe dans la réalité, elle doit être interprétable par rapport à la source qui l'a produite au risque d'être déformée par le contexte initial particulier. Le statut des textes consignant la « Vérité » s'en trouve modifié puisque interprétable. Il suit qu'une société qui choisit la voie du développement doit pouvoir débattre de ses valeurs fondatrices. C'est à la philosophie et à la théologie que revient l'animation de ce débat. La philosophie traite la question du point de vue de la raison éthique, la théologie du point de vue de l'éthique révélée et reçue par la tradition. Le socle des valeurs doit être considéré sous son aspect universel et en cohérence avec la référence fondatrice. Philosophie et théologie sont servantes du pacte social, elles œuvrent à son renouvellement permanent. Ce débat n'est pas que pure spéculation intellectuelle, il doit porter ses fruits dans l'organisation sociale et inspirer la création d'institutions régulatrices, d'où cette deuxième leçon : la cité terrestre n'est pas qu'un lieu de pèlerinage étranger aux hommes, la condition terrestre, bien que liée à l'ordre céleste, vaut par elle-même, elle doit exercer sa liberté, elle est donc autonome. Il faut se garder de la deuxième tentation qui, sous prétexte de Providence divine, se décharge des injustices de la réalité en invitant les

[265] Ep 6,5

hommes à patienter pour un bonheur céleste. Bien qu'il s'en défende en dissertant sur l'équilibre à respecter entre action et contemplation[266], St Augustin, dans ce cas précis, prend le parti de renoncer à agir. Il cède à la deuxième tentation qui déprécie le rôle de la cité terrestre -on peut le comprendre dans le contexte politique dans lequel il vit- et attribue à la Providence une fonction paralysante pour l'action. Cette deuxième tentation, appliquée à l'origine de l'autorité, poursuivra la pensée chrétienne jusqu'à Guillaume d'Ockham. On se rappellera qu'à l'occasion du litige entre son ordre et la papauté[267], le respect dû au pouvoir, considéré comme objectivement d'origine providentielle, sera contesté par le franciscain. On a vu dans notre premier chapitre la filiation qui existait entre Ockham[268] et Hobbes. Le divorce entre l'Eglise et la modernité prend ses racines politiques dans la contestation Ockamienne. Cette séparation s'explique par le rôle inapproprié accordé par l'Eglise à la Providence dans l'ordre politique.

Nous tenons maintenant deux facteurs essentiels pour comprendre la naissance des cercles de liberté : l'interprétation du référentiel de vérités et l'autonomie politique de la sphère humaine. Le deuxième facteur est une idée commune, acquise, considérée comme le fruit d'une lutte contre la religion. Mais quelle relation entretient-il avec le référentiel de vérités ? En appréhendant cette relation, nous ne considérerons plus la liberté politique moderne en tant que détachée, autonome de sa source religieuse mais fondée sur des principes religieux purifiés de leurs tentations. Nous avancerons l'idée que le christianisme n'est pas la religion[269] de la sortie de la religion mais plutôt que la laïcité européenne est la laïcité de l'entrée de la religion dans la maturité. Pour commencer à donner du contenu à cette idée, nous examinerons ce que les contemporains considéraient comme l'empire de Dieu sur terre. L'idéal

---

[266] St Augustin, *La Cité de Dieu*, Livre XIX, XIX.

[267] Voir à ce sujet le chapitre sur « La théorie politique de Guillaume d'Ockham » dans la collection Histoire de la philosophie politique – *Naissance de la modernité* par Jürgen Miethke Calmann Lévy, Chp 2.

[268] Rappelons que Guillaume d'Ockham dissocie la morale de son fondement naturel, universel et divin. Pour lui la morale est ce que Dieu révèle, alors que dans la conception naturaliste, la raison peut retrouver la loi universelle d'origine divine or celle-ci a été comme capturée par l'autorité papale. Le Pape Jean XXII est considéré comme hérétique par Guillaume d'Ockham, c'est pourquoi, en rejetant le fondement naturaliste, il rejette aussi l'autorité papale, il se donne ainsi, en adoptant une conception nominaliste, un espace de liberté pour contester la papauté.

[269] On sait que c'est la thèse soutenue par Marcel Gauchet.

de la chrétienté fut en réalité son échec, tournons notre regard maintenant vers Byzance.

La tentation césaro-papiste byzantine

La branche orientale de l'empire n'a pas ouvert la voie du développement économique pas plus que sa cousine romaine. Certes, mille ans d'histoire chrétienne byzantine ne sont pas rien, nous sommes loin d'être assurés que notre modernité durera mille ans, méfions-nous de la prétention du dernier arrivé sur la scène de l'histoire, il n'en reste pas moins que ce n'est pas par la Byzance chrétienne que la modernité est advenue. Il doit bien y avoir des raisons à cela ? C'est ce qu'il nous faut examiner.

L'histoire byzantine peut être résumée en la comparant à trois amples mouvements respiratoires. Une première expiration part de la chute de l'empire romain d'Occident et s'arrête au VIIème siècle. Pendant cette phase d'expiration la société byzantine se vide du poids de ses villes et de son aristocratie municipale. Puis vient un long mouvement d'inspiration, l'empire byzantin prend alors appui sur sa réserve d'oxygène, la petite paysannerie, et va connaître son âge d'or entre le IXème et le XIème siècle. Enfin vient le temps de l'expiration, mais cette fois-ci définitive, le temps de la douleur coincé entre la pression de l'Occident latin et la conquête ottomane qui aboutira à la prise fatale de Constantinople par Méhémet II en 1453. L'empire Byzantin ne peut donc être comparé à une société bloquée, il avait en lui une force d'expansion qui n'a pu triompher de ses tendances dépressives. L'étude de ces forces laisse apparaître des déséquilibres économiques enracinés dans une hiérarchie sociale sclérosée par son idéologie. En saisissant les concepts qui font cette idéologie on sera en mesure de déduire, par comparaison avec la genèse de l'Occident latin, les traits distinctifs, constitutifs de l'entrée dans la modernité.

Constantin avait choisi de créer une nouvelle ville sur la Corne d'Or pour mieux faire face aux attaques de l'empire perse sassanide et rapprocher son centre de commandement des débordements des peuples germains en complète réorganisation. Par ailleurs, la partie orientale de l'empire reposait sur une économie de petits paysans propriétaires relativement prospères. Enfin, la situation de la nouvelle cité la plaçait au cœur des nouveaux courants d'échanges économiques. Après que le choc de la perte de la partie occidentale de l'empire eût été absorbé, vint le temps de la réaction en la personne de l'empereur Justinien. Pour Justinien, l'empire romain est toujours universel, aussi s'attache-t-il, avec un certain succès, à la reconquête des territoires perdus. Nous sommes au VIème siècle, mais l'effort de Justinien ne sera que de courte durée car au siècle suivant les Arabes prennent l'Egypte et font le premier siège de Constantinople en 674-678. D'ailleurs les conquêtes ne sont que d'un faible rapport au regard de l'investissement. Il a fallu équiper et payer des armées qui ne pouvaient vivre sur les pays ravagés qu'elles occupaient. Aussi, pour financer sa politique d'expansion, Justinien lève des impôts très lourds sur les campagnes au moment même ou la peste de 542 à 543 décime la population paysanne. L'empire expire ! Les campagnes souffrent mais elles sont encore organisées sur le modèle majoritaire de la petite paysannerie indépendante. Celle-ci à l'occasion d'un retournement de conjoncture et d'une réorganisation politique pourra à nouveau oxygéner le corps de l'Etat par l'impôt. En attendant, la cité qui correspondait à la plus petite unité administrative de l'Etat romain se meurt. L'aristocratie municipale, qui était en charge de l'entretien de la cité et de la levée des impôts, n'arrive plus à faire face à sa charge curiale. L'Etat doit en outre lutter contre le phénomène du patronage. Le patronage consiste pour les imposables à se réfugier derrière une puissance locale qui les mettra à l'abri de l'impôt. Le niveau de vie de cette élite municipale diminue fortement, avant même que les invasions arabes du VIIème siècle viennent porter le coup de grâce irréparable en détruisant ce qui reste du vieux monde des cités antiques romaines. L'ère byzantine, celle qui commence à inspirer, est caractérisée par un monde où l'Etat exerce directement son administration dans des campagnes qui prédominent.

Comme il faut bien administrer l'empire, survient une initiative qui va réformer, dans le sens d'une plus grande efficacité, l'organisation administrative et militaire de l'Etat : les thèmes. Le thème est d'abord une organisation militaire basée sur l'enrôlement au niveau local de la force montante de la petite et moyenne paysannerie. Face aux Perses, l'armée se devait d'être centralisée, mais une nouvelle menace submerge l'empire, les Arabes. Quand ceux-ci atteignent l'Asie mineure intervenant loin de leur base, ils opèrent par razzia. Il faut alors lever une armée locale qui puisse intervenir rapidement et en permanence sans attendre l'arrivée de l'armée centrale. La réponse sera l'organisation par thème qui couvrira peu à peu tout le territoire. Le contingent est formé des anciens militaires de l'armée centrale qui se sont installés sur les terres et sont devenus paysans. Ils reçoivent le renfort des paysans locaux qui, en échange de privilèges fiscaux et d'une meilleure protection juridique, se sont enrôlés. Le service militaire n'est pas permanent, le soldat ou *stratiôte* touche une solde pendant la campagne militaire puis il retourne aux champs. Le thème est gouverné par un *stratège* qui cumule pouvoirs militaires et civils.

L'organisation de la perception des impôts s'adapte à cette nouvelle réalité sociale. L'antique imposition qui reposait sur l'addition des terres cultivées, des instruments, des animaux et de la main d'oeuvre est abandonnée au profit d'une imposition qui repose sur la quantité et la qualité de la terre. L'impôt est individuel mais c'est le *chôrion*, la réunion d'habitats aussi bien groupés que dispersés dans les campagnes, qui est responsable de l'impôt des défaillants. Le défaillant perd alors sa terre qui vient s'ajouter aux communaux à titre provisoire ; à l'issue d'un délai de prescription de trente ans, la terre qui est échue au *chôrion* est divisée entre les co-contribuables. Le paysan défaillant peut toujours trouver un moyen d'occuper ses bras sur une terre à exploiter, il deviendra alors *parèque* c'est-à-dire paysan attaché à une terre qui lui est donnée en tenure, il n'est plus propriétaire mais exploitant moyennant finance. Ce système régule l'aléa économique en instaurant une règle juste, protectrice des intérêts de l'Etat, du paysan et de la communauté paysanne. C'est de son dysfonctionnement que naîtront les déséquilibres qui détruiront la petite paysannerie et qui conduiront finalement au déclin de l'empire. En attentant, l'empire voit ses paysans partir à la conquête des friches et notamment celles des grands domaines partiellement exploités, le nombre de contribuables augmente ; du reste les petits contribuables sont meilleurs payeurs que les latifundiaires. Dans le même temps, l'Etat réduit son train de vie : les dépenses somptuaires de la cour sont limitées, les dépense de l'armée s'allègent de la prise en charge des frais supportés directement par les *stratiôtes,* le nombre de fonctionnaires assurant l'administration de l'empire se réduit. Tout ceci permet d'abaisser la contribution de chacun et le taux de l'impôt sur les paysans diminue. C'est l'expansion économique, tout semble concourir pour entrer dans la modernité : un pacte social refondé sur un équilibre social plus égalitaire, des surplus agricoles autorisant une accumulation du capital ; pourtant rien ne sortira de cette phase de croissance, sinon le déclin économique et l'effondrement politique ; pour quelles raisons ?

Le pouvoir poursuit toujours son vieux rêve d'empire universel, désormais, notons-le, repris par les latins puisque Charlemagne ose se prétendre lui aussi empereur héritier de l'empire romain. Gonflé par ses forces retrouvées, l'empire byzantin atteint vers 1050 son apogée territoriale. Le passage d'une armée de défense à une armée offensive rend inutiles les armées locales dirigées par un stratège, on revient à l'armée centralisée sous la coupe de l'administration centrale, les thèmes deviennent de plus en plus nombreux et petits, le titre de stratège n'est plus qu'une simple dignité. L'empire, sans s'en rendre compte, trompé par sa puissance retrouvée, rentre alors dans sa phase d'expiration terminale. Il faut dire que les appétits des voisins pour le riche empire byzantin ne se sont pas réfrénés. De toutes parts les convoitises naissent, les Arabes qui déjà, par deux fois au VIIème puis au VIIIème siècle, avait tenté la conquête de Constantinople ont repris depuis longtemps l'Egypte, Jérusalem, l'Afrique du Nord, ils sont désormais relayés par la puissance montante des Ottomans qui s'installent en Asie mineure. Le jeune royaume de Bulgarie se verrait bien succéder à l'empire ; quant aux latins, avec au premier chef la république de Venise, ils ont pris possession par le moyen du commerce des circuits marchands ; enfin les royaumes chrétiens menacent par leurs croisades la sécurité de l'empire. En 1204 ils finiront par chasser la dynastie Comnène du trône de Constantinople. Les conquêtes, puis la défense de l'empire pèseront lourdement sur le budget de l'Etat, la pression fiscale qui en résultera provoquera la dislocation du tissu économique rural.

Retournons examiner ce qui se passe dans la cellule de base de l'administration, le *chôrion.* Avec l'augmentation de la pression fiscale, le système du *chôrion* est soumis à de fortes tensions. Le nombre de défaillants augmentant, la pression s'accroît d'autant sur le reste des co-contribuables. Il devient alors tentant de vendre à un riche propriétaire lointain. Pour éviter que des acheteurs extérieurs ne viennent détruire l'unité fiscale et la solidarité paysanne, existe la règle de la préemption : l'achat d'une terre d'un communier défaillant ne peut être proposée qu'en respectant un ordre de proximité familiale puis de voisinage, ce n'est qu'à l'issue de la période de trente ans qu'un étranger pourra se porter acquéreur. Le *chorîon* constitue donc un frein aux appétits de l'aristocratie foncière. Mais le système de préemption a aussi ses effets pervers, il est si lourd que les paysans dans la gêne ne peuvent se rétablir en vendant rapidement quelques terres. L'empereur Léon VI (886-912) décide que le droit de préemption *a priori* sera remplacé par un droit de réclamation *a posteriori* limité à six mois. Simultanément, il supprime les anciennes interdictions d'acquisition des fonctionnaires qui protégeaient l'administration locale des risques de corruption. La porte s'ouvre alors tout grande aux appétits des puissants. Pendant le siècle qui va suivre, malgré des revirements correctifs sur l'interdiction d'achat des étrangers des terres du *chôrion*, les petits propriétaires écrasés d'impôts préfèrent vendre la terre à un puissant pour la louer ensuite en tant que *parèque*. La petite paysannerie devient au XIème siècle minoritaire, elle ne représente plus la base fiscale et militaire du régime. Le problème des rentrées fiscales ne fait qu'empirer car les riches, trop alliés aux fonctionnaires du fisc, payent moins bien que les pauvres. L'économie des campagnes ne s'en trouve pas totalement bouleversée car les anciens paysans propriétaires reprennent souvent dans le même village l'exploitation des terres mais cette fois-ci en location en tant que *parèque*. Néanmoins la tendance s'est inversée, à l'essor précédent des campagnes correspond une régression démographique et une contraction de l'économie rurale. La terre issue des *chôrions* se concentre de plus en plus dans la grande propriété qui par manque d'hommes n'en tire pas toute la richesse possible. L'Etat essaye bien de capter les terres des défaillants pour en céder l'usufruit aux grands propriétaires mais ce que l'on a appelé la *pronoia,* au début conçue pour un usage temporaire, devient sous la pression des grands propriétaires fonciers, héréditaire. Dans un système fermé où aucune nouvelle classe ne peut réussir à s'élever par son travail, le moindre déséquilibre économique conduit à enclencher un mécanisme de concentration des richesses autodestructeur pour l'ensemble de la société. Marx disait que les capitalistes produiraient la corde par laquelle ils seraient pendus. L'empire byzantin ne débouchera pas sur le capitalisme mais il en empruntera les travers autodestructeurs dénoncés par Marx.

Dans une société agricole, il existe deux autres moyens d'optimiser la production : la guerre et le commerce. La guerre, on en a vu les limites avec Justinien, et, précédemment, avec le modèle de l'empire romain d'Occident, quant aux échanges des surplus en dehors du cercle local, c'est-à-dire le grand commerce, le pouvoir impérial s'est de lui-même privé d'une ressource complémentaire en interdisant à son aristocratie foncière d'investir ce secteur. Au XIème siècle existe à Constantinople une bourgeoisie constituée de marchands et des principaux artisans. L'aristocratie foncière reprochera à l'empereur Constantin Monomaque (1042-1055) d'ouvrir le sénat à la foule des bourgeois. La nouvelle dynastie des Comnènes, soutenue par la vieille aristocratie, fera la chasse aux nouveaux sénateurs pour les humilier. Alexis 1er Comnène décrétera en 1081 que la qualité sénatoriale est incompatible avec l'exercice des activités marchandes. Les marchands seront ainsi écartés de l'aristocratie.

Comme à la même époque l'empire doit aux vénitiens leur soutien dans la lutte contre les normands, les marchands vénitiens en profiteront pour obtenir une liberté presque totale de leur commerce et l'exemption du *kommerkion,* une taxe de 10% frappant l'importation, l'exportation et la circulation de toutes marchandises. L'empereur, pour des raisons politiques, détruit sa propre classe marchande en lui imposant un concurrent bénéficiant d'avantages déloyaux et se prive, du même coup, de recettes indispensables à la sauvegarde des intérêts de l'empire. Les activités des marchands latins, au début limitées, vont vite prendre une dimension monopolistique qui les placera en situation de force, provoquant l'ire du petit peuple et l'impuissance de l'Etat. La suite est écrite, l'expiration finale peut commencer, l'empereur en charge de l'intérêt général n'aura plus les moyens de sa politique et devra à coup de concessions successives s'incliner devant les intérêts des puissants. Incapable de capter l'impôt nécessaire sur la richesse agricole, privé des principales ressources fiscales sur les activités marchandes, l'Etat n'ayant plus les moyens de défendre l'intérêt général laissera s'installer progressivement le chaos. Les attaques incessantes des armées étrangères ne feront qu'accélérer le processus. A la veille de la prise de Constantinople par les Ottomans, les estimations sont de 36 000 habitants pour une ville qui vers le XIème siècle atteignait le demi-million d'habitants. La ville est à l'abandon : le grand Palais, l'Hippodrome et certaines églises sont en ruine. Quant à la campagne, ça n'est guère mieux, déjà à la fin du XIIIème siècle la Macédoine pays naguère riche et peuplé est décrit par l'historien Nicéphore Grégoras comme : « *une âpre forêt traversée par d'affreux chemins et rivières dont on a laissé les ponts s'effondrer, tandis que les paysans qui ont formé des groupes d'autodéfense contre les brigands omniprésents, vivent misérablement dans quelques clairières cultivées* »[270]. En 1453, les Ottomans achèveront un mort-vivant.

Tentons d'analyser la crise de l'empire byzantin pour en dégager les causes profondes. Nous avons jusqu'à maintenant décrit des enchaînements économiques. Nous devons nous poser la question de savoir pourquoi l'histoire ne pouvait pas se dérouler autrement et non pas simplement pourquoi elle s'est déroulée ainsi. La question : pourquoi les choses sont ce qu'elles sont, nous renvoie vers le réel immédiat ; c'est ce

---

[270] Voir la description dans, *Le Moyen Age en Orient - Byzance et l'Islam*, Paris, HU Histoire, Hachette supérieur, 2006, p. 258.

que nous avons fait dans notre présentation résumée des évènements. Maintenant, examinons la trame qui sous-tend cet inéluctable scénario.

Nous avons vu que le deuxième mouvement d'expiration est provoqué par l'accroissement de la pression fiscale due aux guerres de conquête. La cause de ces guerres est idéologique et réside dans le désir de restaurer l'empire universel, ce désir étant soutenu par la conviction que le succès de l'empire chrétien reflète la volonté divine. A cette idée correspond le concept d'empereur choisit par Dieu, donc l'idée que Dieu agit providentiellement par l'intermédiaire du pouvoir politique. La légitimité du pouvoir politique fonctionne sur le même principe que la Providence stoïcienne : on est sûr que c'est la volonté de Dieu quand la réalité confirme la réussite de tel ou tel usurpateur, celui qui gagne a raison *a posteriori* au nom de Dieu. Nous ne sommes pas très éloignés des conceptions des empereurs assyriens qui voyaient dans le succès de leur empire la légitimation de leurs dieux. Fondamentalement, la société byzantine pense que le pouvoir se légitime par le haut. Elle reproduit donc un schéma de société pyramidale de type empire néolithique. L'Etat domine le pouvoir spirituel, l'Eglise est au service du pouvoir de l'empereur, vicaire de Dieu sur terre. C'est la tentation césaro-papiste : la Vérité est du côté du pouvoir temporel, tout en découle. Il s'ensuit un verrouillage de la société autour de la personne de l'empereur. On aurait néanmoins pu imaginer une certaine mobilité sociale : la petite paysannerie, les marchands et les artisans auraient pu accéder à la bourgeoisie qui elle-même aurait pu entrer au sénat mais ça n'a pas été possible, on l'a vu. Cela a failli se faire mais l'origine du pouvoir venant du haut et non du bas de la société, les puissants n'ont rencontré aucune objection idéologique au blocage de ce mouvement de mobilité sociale. La souveraineté populaire est une idée qui n'existe pas à Byzance ; le pouvoir vient de la force des armes, de l'appui du clan des puissants et du couronnement par le patriarche. Enfin la valeur travail n'a pas pris une ride, au sens ou l'on raisonne encore comme sous Aristote : le travail est fait pour les pauvres qui cultivent la terre et pas pour les riches qui jouissent de leur position politique et de leur rente foncière. Pour que l'empire n'entame pas sa phase terminale d'expiration, il aurait fallu que l'empereur se contente de son périmètre territorial, et cesse pour cela de se prendre pour le bras armé de la Providence divine, qu'il considère le peuple comme la source légitime de son pouvoir, qu'il lutte contre la cupidité des puissants en encourageant la création d'une bourgeoisie qui se mette au travail. Pour arriver à voir les choses autrement, il aurait fallu qu'il existe des universités avec des penseurs qui osent sortir des sentiers battus, mais l'université d'Athènes, support de la philosophie grecque, est fermée par Justinien[271]. Pour que des universités libres existent, il aurait fallu que le pouvoir soit contraint par une autre force capable de lui tenir tête. Il y a donc une cause réelle, certaine, qui explique l'échec de l'empire byzantin, c'est au premier chef sa conception cesaro-papiste du pouvoir politique plaquée sur un modèle aristocratique figé.

La conception d'un pouvoir légitimé par la Providence divine a beaucoup d'inconvénients car elle prend sa source dans une puissance incontestable, d'où une dérive tyrannique extrêmement difficile à contrer. Qui est légitime pour lutter contre la décision de Dieu ? Face à un comportement tyrannique, l'usurpateur trouvera, s'il réussit, le soutien populaire mais la conquête du pouvoir par la force représente toujours un risque de désordre que n'approuve pas la société. Sur les 88 empereurs qui se succéderont de 324 à 1453, 31 seront des usurpateurs[272]. Le pouvoir Byzantin est fragilisé par l'idée que la Providence donne raison au vainqueur, c'est pourquoi la question de la succession impériale évoluera vers un légalisme de type monarchique qui garantira la stabilité et l'ordre social. Reste l'Eglise pour lutter contre la tyrannie en place, mais celle-ci ne représentait pas, comme dans l'Occident latin, une force d'opposition capable d'en imposer à l'empereur. César est chef de l'Eglise, il n'y a pas deux glaives un spirituel et un matériel comme en Occident mais un seul glaive, celui de l'empereur considéré comme un évêque du dehors, un égal des apôtres, l'empereur sera qualifié d'*isapostolos*. Le *basileus* se considère comme l'intermédiaire véritable entre Dieu et l'homme dans sa dimension civile mais également spirituelle. Le patriarche est nommé par l'empereur, celui-ci préside les conseils œcuméniques, il fait appliquer les canons conciliaires et contrôle les biens de l'Eglise par l'intermédiaire de l'impôt. En contrepartie, le *basileus* est couronné par le patriarche à Sainte Sophie, il assure à l'Eglise une protection sans faille et aide à son épanouissement afin qu'elle assure sa mission. Le patriarche peut s'appuyer sur le sens de la légalité inhérent au peuple et sur l'indignité du comportement du tyran pour soutenir la contestation, mais ses moyens spirituels sont faibles puisque sa légitimité spirituelle dépend aussi de l'empereur. Qui croire en cas de conflit : le patriarche nommé par l'empereur ou l'empereur désigné par Dieu ? Les patriarches ne songeront nullement à s'appuyer

---

[271] Pour un vision plus large de l'enseignement dans l'empire Byzantin voir, *Le Moyen Age en Orient*, Paris, HU Histoire, 2006, Hachette supérieur, chapitre 13, p. 199-205.
[272] Michel Kaplan, *Byzance*, Paris, Guide belles lettres des civilisations, 2007, p.101.

sur la soi-disant *Donation de Constantin* pour justifier d'un pouvoir temporel[273]. On le voit, les conditions d'un pouvoir temporel de l'Eglise orientale ne sont pas réunies. D'autre part, l'Eglise ne trouvant pas sa place dans l'ordre matériel a développé une approche contemplative de la spiritualité. L'Eglise s'est attribuée la louange de Dieu, occupation éminemment politique qui a pour but de protéger l'empire, elle s'appuie pour cela sur ses moines dont l'organisation sociale n'en fait pas des parangons d'efficacité.

Il faudra attendre Théodore Stoudite en 799 pour que ce fonctionnaire, en réaction contre l'idéal anachorétique complètement désorganisé et hors des réalités économiques, gère un monastère administré en petit village indépendant où le travail retrouve de l'importance. A l'époque, il n'est pas rare que les monastères fassent faillite, s'ils ne sont pas soutenus par de grands aristocrates. On sait également qu'à Constantinople grouille une population de moines errants dits gyrovagues qui vivent de semi-mendicité. Deux siècles après Théodore Stoudite, le célèbre monastère d'Athos sera créé par Athanase. Celui-ci bénéficiera pour son projet d'une solide dotation que lui aura concédé Nicéphore Phocas en remerciement de ses prières pour la reconquête de la Crète sur les Arabes. Athanase procède à des investissements productifs, il établit un port pour exporter ses produits et ravitailler son monastère, il perce la montagne pour apporter l'eau jusqu'au jardin. A l'opposé de l'idéal monastique de bien des monastères, il gère son patrimoine. Petit à petit l'Athos devient la référence absolue, autant au niveau spirituel que temporel. Au niveau spirituel, le monastère est le creuset de la réflexion théologique et spirituelle, au niveau temporel, c'est une vraie puissance sociale capable d'imposer ses vues à ce qu'il reste d'empire au XIVème siècle. Mais l'évolution sera trop tardive et trop incomplète pour enrayer la chute. Au XIVème siècle, on se querelle de façon très symptomatique sur la question de savoir si les moines du mont Athos peuvent réellement par leur prière atteindre un état mystique qui leur permet d'accéder à une vision de Dieu. La prière *hésychaste* prétend que l'expérience humaine peut atteindre la véritable communion avec Dieu. Les moines anticipent, en quelque sorte, la Cité céleste dans la Cité terrestre, d'où il suit que le retrait contemplatif dévalue la participation au monde puisqu'il permet d'obtenir par anticipation la vie divine. Derrière cette querelle dite

---

[273] Ce texte célèbre prétendait que Constantin, avant de partir pour l'Orient, avait donné toute l'Italie au pape Silvestre. Ce texte sera utilisé par le pouvoir pontifical pour justifier d'un Etat doté d'un territoire.

hésychaste[274], du nom des mystiques pratiquant cette méthode de prière, se profile notre deuxième tentation quiétiste. La controverse *hésychaste* est introduite par un certain Barlaam de Seminara qui se convertira au catholicisme après avoir défendu les positions orthodoxes contre le *Filioque*[275]. Ce dernier plaide en faveur d'une méthode rationnelle et se fait le défenseur du recours à la science profane en théologie. Les *hésychastes*, représentés par Grégoire de Palamas, défendent la distinction entre l'essence divine impraticable et les énergies incréées participables. Du côté de Palamas on rejette la philosophie thomiste pour croire à l'idée de déification du chrétien. Il s'agit dans cette controverse de savoir la place que l'on accorde à la philosophie, à la raison, et le rôle que l'on attribue à la vie terrestre. L'église orthodoxe hésite, se déchire mais finalement canonise Palamas. C'est clairement la voie latine « rationaliste » qui est écartée au profit de la mystique contemplative du désengagement. On le voit, l'Eglise orthodoxe ne sera pas l'institution qui véhiculera la valeur travail dans la société Byzantine.

Nous devons maintenant mesurer l'importance du rapport à la Vérité dans le processus de constitution du pouvoir et dans la capacité d'innovation de la société. Nous avons vu avec l'empire byzantin que la Vérité révélée innerve par le haut la société et nous en avons explicité les inconvénients. Avant d'examiner comment, dans une société en recomposition, ce qui sera le cas de l'Occident latin, elle agit, intéressons-nous une dernière fois à un contre modèle pour en mesurer les traits distinctifs. Il nous paraît du plus grand intérêt d'analyser l'évolution d'al Andalus qui, à des titres tout aussi glorieux, aurait pu annoncer la modernité.

---

[274] Voir sur ce sujet Alain de Libera, *La philosophie médiévale*, Paris, Presses Universitaires de France, Collection premier cycle, 1993, p. 40-44.

[275] Pour les catholiques le *Filioque* exprime la procession du Saint Esprit par le Père et par le Fils.

L'esprit de Cordoue

Il y aurait un esprit propre à l'Andalousie arabe, un « esprit de Cordoue », « *phénomène merveilleux et bouleversant* [276]» caractéristique d'al Andalus, certes court dans le temps mais réel, comme prémonitoire d'une modernité à accomplir pour laquelle cette période de tolérance musulmane serait située au firmament du consensus social. Il y a fort à parier que la « sacro-sainte » al Andalus nous dise plus sur notre monde moderne que sur l'histoire d'une terre malade de ses divisions. La projection moderne faite sur al Andalus évoque implicitement le projet consensuel que doit réélaborer la modernité : tâche incessante des sociétés ouvertes, conduites à l'accommodement déstabilisateur des modes de vie et au péril incontournable du croisement des valeurs. Al Andalus est-il ce projet, même pour une courte durée ? Il en a certaines apparences, mais c'est bien autre chose. Nous chercherons dans l'accord entre l'autorité politique et la religion l'origine de l'harmonie et des dysfonctionnements de la société andalouse. Pour saisir les relations entre pouvoir et révélation dans l'Andalousie arabe, revenons à l'origine du califat en Islam, retrouvons la Mecque du VIème siècle.

Mahomet naît en 570 dans la tribu des Qurayshites qui contrôle le commerce de la Mecque. Par son père Abdallâh, il appartient au clan prestigieux des Hâshimites. L'arrière grand–père, Hâshim, et le grand-père de Mahomet étaient des marchands entreprenants qui surent développer le carrefour régional de la Mecque pour en faire le point de convergence des routes de l'Arabie. Les Hâshimites, un temps dominant, durent s'incliner face à Umayya duquel le clan des Umayyades (ou Omeyyades) tient son nom. A la mort du père de Mahomet, son oncle Abû Tâlib veille sur son neveu. Mahomet conserve au sein de la tribu une place honorable, il reste le protégé de son oncle, chef des Hâshimites bien que celui-ci soit opposé à sa prédication. Vient le temps où Abû Tâlib meurt, Mahomet perd alors le soutien du nouveau chef de clan et se heurte à l'hostilité d'Abu Sufyân, petit-fils d'Umayya. Sa prédication commence à menacer l'organisation politique et économique de la cité. Les prétentions du prophète à se placer comme seul intermédiaire entre Dieu et les hommes ainsi que sa dénonciation des dieux mecquois sont considérées par l'aristocratie comme menaçantes pour leur pouvoir et

[276] Selon les termes de l'article de Jean Daniel, cité par Pierre Guichard in, *Al Andalus 711-1492 Une histoire de l'Andalousie Arabe*, Paris, Hachette Littératures, Pluriel, 2 000, p. 10.

dangereuses pour l'économie d'une ville enrichie par le pèlerinage polythéiste. Réagissant à la montée des périls, il choisit de s'exiler avec le cercle de ses disciples à *Yathrib* devenue la ville du Prophète sous le nom de Médine. Le temps de l'Hégire commence. En l'espace de dix ans, le chef de la petite communauté minoritaire réussit à faire reconnaître son autorité sur une grande partie de l'Arabie et s'impose à la Mecque.

Les quatre premiers successeurs de Mahomet, sont issus du cercle des premiers disciples. En tant que chef de la communauté des croyants, ils portent le titre de calife. Le mot calife (khalîfa) vient de la racine KHLF, « remplacer » ; le calife remplace donc le Prophète dans l'islam[277], tâche infiniment exigeante quand on sait la vénération accordée à Mahomet. Le califat, nous dit le grand historien Ibn Khaldûn,[278]: « *consiste à diriger les gens selon la loi divine, afin d'assurer leur bonheur en ce monde et dans l'autre*[279] ». On accolera aux quatre premiers califes le qualificatif nostalgique de Râshidûn, c'est-à-dire « bien inspirés », comme si leurs successeurs n'avaient pas su tenir les promesses du temps des origines, situant ainsi l'apogée de l'Islam dans un âge d'or passé. Cette conception des origines est évidemment essentielle pour comprendre les ressorts de la société politique musulmane. A sa mort, Mahomet ne désignera pas de successeur, les compagnons du prophète devront donc improviser pour choisir le calife. Le premier d'entre eux sera Abû Bakr, sa proximité avec le prophète, son antériorité et son autorité lui valent le califat. Le deuxième, Umar, est recommandé par Abû Bakr. Pour le troisième, Uthmân, les choses se compliquent, bien que désigné par une commission de six compagnons constituée par Umar, il voit naître une opposition familiale et communautaire. Il est désigné de préférence à Ali, cousin et gendre du prophète, alors qu'il appartient au clan rival des Umayyades, en outre, aucun médinois ne fait partie de la commission de désignation. Avec le succès des conquêtes, l'*umma*[280] s'est élargie au clan dominant des Umayyades, les anciens ennemis ont choisi le camp de la victoire, Abi Sufyân et Mu'äwiya, dont le père s'était opposé à Mahomet, dirigent successivement les armées arabes. Or la répartition

---

[277] D'après Ibn Khaldun, Discours sur l'histoire universelle *Al-Muqaddima*, Arles,Thésaurus, Acte sud, , 1997, p. 291.

[278] Ibn Khaldun est né à Tunis en 1332 et est mort au Caire en 1406, son histoire universelle marque la naissance de l'histoire en tant que science. Il essaie de dégager des grandes tendances dans la vie des sociétés, il cherche les règles de l'histoire pour montrer que son déroulement n'est pas aléatoire.

[279] *Ibid*, p. 290.

[280] La communauté des croyants.

des territoires conquis renforce dangereusement le clan mecquois au détriment des non Umayyades et de la famille du prophète. Les tensions sont vives, en 656 Uthmân est assassiné, Ali, gendre et neveu du prophète, s'impose alors à Médine comme son successeur. Mais le fait d'être bénéficiaire du crime affaiblit sa position, il est bientôt accusé d'en être l'instigateur. Les pieux médinois se détachent de lui, il perd le soutien de la veuve de Mahomet, Aïsha, et la famille Umayyade réclame vengeance. Une commission d'arbitrage établit la responsabilité d'Ali, dès lors les califes Umayyades succèderont aux califes Râshidûn, non sans laisser de profondes divisions dans la communauté. Il n'y a rien de religieux dans ces luttes de pouvoir, *a priori*. On se bat pour le califat et la prédominance de son clan. Mais l'histoire avance et donne aux vainqueurs une légitimité qui ne peut se passer du fait fondateur de l'*umma*, soit une croyance partagée. En *dâr al islâm*[281]*,* le *relegere* produit immédiatement du *religare* qui appelle un pouvoir nécessaire à toute communauté humaine. Cette communauté humaine n'est pas territoriale comme on avait pu le voir avec les *polies* grecques ou avec Rome. Les élites n'appartiennent pas à un territoire mais à une famille, un clan, une tribu proche du prophète. Elles échappent à la logique sédentaire, ceci explique que la capitale de l'empire musulman ait pu passer de Médine à Damas puis Bagdad pour s'éloigner à Cordoue. Le pouvoir est comme dissocié de sa base territoriale, il s'auto-légitime par sa fonction de direction de l'*umma*. Il n'y a pas de relais territorial entre la communauté et sa direction, dès lors le pouvoir peut se saisir par le haut à la faveur de la lutte des clans car la notion de proximité clanique ou familiale avec le prophète est le premier critère. Il vaut mieux être arabe, issu ou affilié à la tribu des Qurayshites pour revendiquer le califat.

Quand le dernier des Umayyades prend le pouvoir en al Andalus, c'est en s'appuyant sur sa légitimité clanique, et quand un Abbâsside massacre la dynastie umayyadde, c'est par son origine familiale qu'il légitime son pouvoir : en effet, la nouvelle dynastie peut revendiquer dans sa généalogie al-Abbâs, l'autre oncle du Prophète. Comment, dans ces conditions, établir la légitimité du pouvoir ? Il y a un paradoxe qui réside dans la distorsion permanente entre le désir de réguler l'*umma* sur la base des enseignements de l'islam et la réalité de la vie politique. L'idéal

---

[281] « Pays de l'Islam » par opposition au dâr al-harb, « pays de guerre », qui doit être gagné à l'Islam, et au dâr al-suhl « pays de la trêve » qui n'est pas conquis militairement, mais verse un tribut.

politico-religieux associe le pouvoir à la révélation, c'est pourquoi, si l'association ne peut se faire par l'origine clanique, elle se fera par l'application orthodoxe des préceptes de l'islam. Dès lors les tentatives de prise du pouvoir par les armes s'appuieront sur les différents courants religieux. Les luttes pour le pouvoir qui, *a priori*, ne présentaient que de sombres aspects de conflits d'intérêts claniques se doubleront d'un arrière-plan religieux. Al Andalus devra sa richesse et son déclin au fonctionnement particulier de ce mode de légitimation de l'autorité califale. Nous allons voir comment.

Quand Abd ar-Rahmân, le seul rescapé du massacre des Umayyades, débarque en al Andalus, il trouve un pays divisé entre les tribus arabes du nord et du sud, les Berbères et les *muwallads*[282]. Toute cette mosaïque d'intérêts s'affronte et s'oppose au pouvoir émiral installé à Cordoue, l'anarchie règne en al Andalus. Quarante cinq ans après que Tarik ait débarqué en Hispania wisigoth, l'émirat de Cordoue n'a toujours pas trouvé sa stabilité. La conquête de l'Hispania s'est faite à partir du gouvernorat de Kairouan à l'instigation du gouverneur Musa ibn Nasayr et de son affranchi Tariq ibn iyad, les opérations dirigées contre les villes de la péninsule visaient d'abord la prise d'un butin. Les expéditions jusqu'en territoire franc qui furent arrêtées à Poitiers en 732 procédaient de la même logique. Le fabuleux butin suscite d'entrée de jeu fantasmes et jalousies, le gouverneur sera remplacé par quelqu'un de plus fiable et finalement assassiné. Cependant le problème posé par la conquête est plus fondamentalement celui de la place accordée aux non Arabes islamisés et à la capacité de la société à intégrer ses nouveaux membres. Les Berbères récemment islamisés ont fait avec les Arabes la conquête de l'Hispania, c'est eux qui composaient le gros de la troupe mais ils sont méprisés et tenus à l'écart par les Arabes. Les Berbères sont un peu comme des actionnaires majoritaires à qui l'on dénierait l'entrée au conseil d'administration. Dans l'élan de la conquête, ils se sont attribué des terres, sans s'acquitter du cinquième revenant au calife. Un premier conflit éclatera entre 726 et 728, dû à la volonté du gouverneur de récupérer pour le compte de la communauté des musulmans, c'est-à-dire l'Etat[283], les terres des conquérants. Remarquons ici brièvement[284] que le

[282] Soit en Espagne les indigènes chrétiens convertis à l'islam.

[283] Les terres conquises appartiennent à l'Etat qui les concède aux conquérants musulmans pour les mettre en valeur. Le possesseur acquitte la *zakat* - inférieure à l'impôt payé par les conquis, le *kharâdj* – il perçoit les redevances de ses métayers mais ne détient sur eux aucun droit de nature publique. Cette concession des terres d'Etat est appelée *Qatâ'i*.

régime de la terre n'est pas comparable aux fiefs du monde Occidental médiéval, ceux-ci permettent de légitimer le pouvoir sur une base territoriale selon une construction pyramidale, en *dar al Islam* le pouvoir se légitime par l'appartenance clanique qui détient l'autorité religieuse et politique. Le conflit avec les Berbères vient aussi de l'extérieur d'al Andalus : en 739 le gouverneur de Tanger est assassiné alors qu'il venait de prendre des mesures pour enrayer l'immigration berbère vers la péninsule ibérique. L'année suivante, la révolte kharidjite menace le pouvoir de Damas, elle est appuyée par des Berbères d'al Andalus, ils seront réprimés par les armées arabes envoyées par Damas, une grande famine dévastera la péninsule. Les Berbères qui occupaient les terres septentrionales d'al Andalus les abandonnent alors pour regagner l'Afrique du Nord; en sens inverse les chrétiens refluent vers le nord permettant au Roi Alphonse 1er le Catholique de repeupler ces territoires. Les *muwallads* ou néo-musulmans se regroupent autour de familles dont les Banû Quasi, la puissante famille de la marche supérieure, et revendiquent leur autonomie. Quant aux Arabes, ils sont divisés en groupes supra-tribaux. On peut distinguer les tribus qaysites, les Arabes du nord, des tribus yéménites, les Arabes du sud. La prestigieuse tribu Quraysh qui peuplait la Mecque à l'époque du Prophète appartient aux tribus du nord, c'est la tribu la plus noble. Mais il y a à côté bien d'autres tribus dites yéménites dont deux occupaient Médine ; ainsi les Aws et les Khazradj ont accueilli le Prophète et ont permis de constituer le premier Etat islamique. L'armée arabe est faite d'une juxtaposition de contingents tribaux dirigés par leurs propres chefs qui tous réclament leur part de butin et de pouvoir. Une mosaïque de groupes compose la société mais la cohésion de l'ensemble est loin d'être assurée dans la mesure où aucune force ne peut revendiquer clairement la légitimité du pouvoir. Celui-ci ne peut se prendre que par une des minorités arabes mais aucune n'arrive à s'imposer par la force. Aucune minorité, étant donnée la segmentation en tribus et clans, n'est en mesure d'élargir sa clientèle et sa base territoriale, la société est compartimentée et reste figée dans ses divisions, personne n'arrive à prendre le dessus. Ibn Khaldûn en attribuera la raison principale à l'affaiblissement de l'esprit de clan. Sous l'effet de la sédentarisation et du luxe, explique-t-il[285], l'esprit de corps dégénère, car ceux qui représentent la dynastie perdent leur énergie. Seul un facteur extérieur porteur de légitimité et doué d'une énergie nouvelle

[284] Nous développerons ce point dans notre prochain chapitre.
[285] Ibn Khaldun, *Discours sur l'histoire universelle Al-Muqaddima*, Thésaurus, p. 258.

peut débloquer la situation et provoquer la recomposition. A quatre reprises, al Andalus sombrera dans les divisions. La première fois, nous l'avons vu, à la conquête initiale du territoire, les fois suivantes à la fin de la dynastie umayyade, puis almoravide, puis almohade. A la fin des deux premières dynasties, on parlera de royaume des taïfas, soit des périodes où les forces centrifuges l'emporteront sur le pouvoir central. Le déclin almohade verra quant à lui la naissance du royaume de Grenade, dernier bastion de la résistance musulmane. Chaque éclatement du pouvoir central favorisera la reconquête des rois chrétiens, accentuant ainsi les déséquilibres internes de la société, mais la décomposition finale n'est que le produit d'un processus de division du pouvoir propre à al Andalus. Les recompositions, bien que le scénario soit à chaque fois différent, utiliseront le même ressort, soit une réaction basée sur la force d'un groupe extérieur soudé par une doctrine religieuse capable d'attirer les membres de l'*umma* dispersés par les divisions. Autrement dit, la société d'al Andalus n'arrive à transcender ses divisions que sous l'effet d'une force de recomposition militaro-religieuse. Dans la composante religieuse, on retrouve l'origine tribale la plus proche possible de Mahomet ou le dynamisme d'une doctrine religieuse réformatrice. C'est le cas des Almoravides et des Almohades dont l'origine tribale n'est que berbère, on y observe la montée en puissance des différentes doctrines religieuses avec une tendance à la radicalisation qui compense l'absence de noblesse tribale.

La première recomposition ou, devrait-on dire, composition est due à la dynastie Umayyade. Abd ar-Rahmân assurera la restauration politique Umayyade en s'appuyant sur les Yéménites. Bien que reconnaissant le califat bagdadien, le nouvel émir rompt l'unité du monde musulman en faisant d'al Andalus un Etat indépendant. Cette réorganisation conduira au califat d'Abd ar-Rahmân III (912-961) qui triomphera des multiples forces centrifuges à l'oeuvre dans l'émirat. Al Andalus connaîtra son apogée sous son califat. Paradoxalement, cette victoire de la légitimité religieuse par le califat signe son déclin. En effet, la nouvelle puissance des Fatimides s'est organisée en Afrique du Nord. Ce mouvement se réclame de Fatima, la fille du Prophète également femme d'Ali, et de la doctrine chiite. Ayant l'ambition d'abattre l'émirat de Cordoue, le califat de Bagdad, et de vaincre Constantinople, la puissance Fatimide ose revendiquer le titre califal. L'émir de Cordoue se sentant menacé par cette nouvelle puissance profite du déclin du califat abâsside et, pour asseoir son pouvoir sur la légitimité religieuse, il se déclare calife. La communauté musulmane, en théorie unie, se retrouve alors avec trois califes, cette situation ne pourra que fragiliser le principe du califat et favoriser l'apparition d'alternatives à la légitimité religieuse.

Les émirs d'al Andalus doivent répondre à une difficile question : comment arriver à faire vivre ensemble des groupes hétérogènes fortement antagonistes ? Il n'y a dans cette société, en réalité, qu'un mouvement de mobilité sociale bien affirmé, celui du passage de mozarabe, c'est-à-dire chrétien soumis à un statut limité mais protégé de *dhimmi*, à celui de néo musulman, de *muwallad.* Pour se prémunir des prétentions des différents clans arabes, contrebalancer l'influence berbère, et tenir en respect les puissantes familles *muwallads,* les émirs vont recruter les *saqâliba*(slaves), des esclaves d'origine européenne achetés jeunes et élevés par le régime pour former l'armée, la domesticité et les cadres de l'Etat. Le califat va s'ouvrir vers l'extérieur et contrebalancer l'influence abbâsside en développant un courant d'ambassades vers Constantinople et en s'inspirant des savoir-faire byzantins pour construire le Versailles Califal, Madîna al zahrâ. Une certaine concurrence s'établit entre Bagdad et Cordoue qui stimule la politique culturelle. Le fils du premier calife, al–Hakam II, rassemble à Cordoue une masse considérable de livres et pratique un mécénat actif au profit des savants et des lettrés. La communauté juive trouve sa place dans cette organisation. Cette période brille encore dans l'histoire, le fameux esprit de Cordoue correspond au règne des deux premiers califes umayyades. La difficulté d'interprétation de l'esprit de Cordoue tient au fait que l'ouverture n'est pas voulue en soit, elle vise d'abord à protéger le pouvoir des factions concurrentes, c'est un mode d'exercice qui a ses limites car en contrant des intérêts qui ne sont en rien annihilés, en réalité on les exacerbe. Cet état de grâce ne pourra pas durer car les contradictions de la société, qui se présente à nos yeux comme consensuelle, ne sont pas résolues, à la première faiblesse du pouvoir central elles rejailliront. Ibn Khaldûn théorisera cet état de fait en l'élargissant au cycle de vie du principe dynastique. Il découpe en trois phases le cycle de vie de la dynastie. Dans la première phase le souverain s'appuie sur son clan. Dans la seconde phase il confisque la gloire à son profit, en conséquence ses propres agnats deviennent ses ennemis. S'annonce alors la troisième phase : pour écarter son propre clan du pouvoir il lui faut d'autres amis mais cette fois-ci étrangers au clan, il peut alors les utiliser contre les siens. Cette dernière phase correspond à la fin de la dynastie car l'esprit de clan, fondement de la supériorité dynastique, se perd[286]. Il semble bien que la société d'al Andalus ait fonctionné selon ce processus, cependant le danger pour les Umayyades ne viendra pas de l'extérieur mais de l'intérieur du gouvernement de l'Etat. A Cordoue, le virus de la division se propagera par un homme, le vizir Al Mansur. Celui-ci, en vidant le califat de son autorité opérationnelle, s'essaiera à construire une dynastie parallèle, illégitime puisque n'appartenant pas à la tribu Quraysh. Trop d'ambition personnelle conduira son fils à tenter d'usurper la succession califale ; le fragile équilibre brisé, les forces centrifuges feront éclater l'ancien califat en une multitude de petits royaumes dits de Taifas. Il convient de revenir sur un fait qui manque dans l'analyse du processus dynastique réalisé par Ibn Khaldûn et qui nous semble très révélateur : Al Mansur détruira la bibliothèque d'al–Hakam II pour complaire à la classe influente des hommes de droit et de religion. Il affichera un rigorisme religieux et une piété exemplaire. L'époque umayyade sera dénoncée par la classe des ulémas ou *fuqahâ* pour son libéralisme intellectuel. Il y a donc dans la société andalouse une classe influente à laquelle l'usurpateur doit complaire s'il veut garder son pouvoir. Cette classe fédère les mécontentements et les exprime en termes d'idéologie musulmane. Certes la vitalité du clan, comme le pensait Ibn Khaldûn, joue un rôle dynamisant dans la conquête et le maintien au pouvoir mais on doit remarquer que naît au sein du processus dynastique une force régulatrice qui instille et contrôle les aspirations sociales à l'aide de l'idéologie religieuse. Nous voyons qu'à la fin du califat umayyade, cette force développe des tendances réactionnaires.

Au pouvoir centralisé, succède le régime des Taifas qui connaît une certaine ouverture culturelle, chaque royaume, soit une vingtaine de centres de pouvoir, reproduit un petit Cordoue. Cependant, affaiblis militairement, les Taifas font appel aux forces chrétiennes pour se combattre les uns les autres. En effet, selon ce que dénonce Ibn Khaldûn comme une dégénérescence de l'esprit de clan, les Arabes ne tenaient plus guère à porter les armes, les fonctions militaires étaient de plus en plus exercées par des forces serviles ou mercenaires. Profitant de ces faiblesses, les royaumes chrétiens, en complète réorganisation, imposent en échange de leurs services les *parias,* un tribut qui alourdit la fiscalité des petits royaumes et provoque le mécontentement. En *dar al islam*, l'impôt est codifié par les règles coraniques, les musulmans payent la

[286] Ibn Khaldun, *Discours sur l'histoire universelle Al-Muqaddima*, *op. cit.*, p. 277-278.

zakat ; cet impôt étant insuffisant[287], le solde était reporté d'autant sur les mozarabes, or cette communauté avait fortement diminuée. Au début du Xème siècle, les chrétiens devaient constituer près de 60% de la population, on estime qu'ils n'étaient plus que 20% à la fin du XIème siècle[288]. Face à cette situation, les autorités n'ont pas d'autres solutions que de prélever l'impôt supplémentaire sur la population restante, c'est à dire la population musulmane, ainsi tout alourdissement de la charge fiscale peut être dénoncée par la classe religieuse comme contraire à l'islam. Malheureusement pour les Taifas, les chrétiens du nord de la péninsule commencent à prendre conscience de leur force et augmentent la pression sur ceux-ci.

Les princes des dynasties des Taifas s'affirment Arabes, même les Berbères qui se font passer pour des « Himyarites ». Aucune famille princière ne se dit autochtone et ne prétend à quelque lien que ce soit avec la déclinante aristocratie muwalade. Ce snobisme signifie que les séparations claniques ne se sont pas résorbées, en conséquence les princes sont incapables de s'organiser par eux-mêmes car dépourvus de la légitimité incontestable et de la force militaire suffisante pour s'imposer à leurs pairs. Ils décident tout de même, sous la pression des cadres juridico-religieux, de lancer un appel à l'aide en direction de la nouvelle puissance maghrébine des Almoravides. En 1086, les Almoravides arrivent en Espagne, la nouvelle dynastie repousse un temps la pression chrétienne et refait, à la faveur de ses victoires, l'unité dans le cadre d'un ensemble reliant Maghreb et al Andalus. La nouvelle puissance avait pris racine dans les tribus berbères nomades du Sahara occidental. Cette absence de noblesse tribale était compensée par une doctrine juridico-religieuse très stricte, le malikisme. Les Almoravides s'inscrivent dans ce puissant mouvement de restauration de l'orthodoxie sunnite qui accompagne le départ des Fatimides d'obédience chiite vers l'Egypte. Sans rentrer dans le détail des multiples évènements[289], l'histoire recommence avec les Almohades. Le pouvoir Almoravide, d'abord accueilli en sauveur par les andalous arabes, à la défaveur des

---

[287] On sait qu'en Orient le *kharädj*, un impôt foncier, obligeait tous les producteurs agricoles musulmans compris. Il semble qu'on ne trouve que rarement mention de cet impôt en al Andalus cf. Pierre Guichard, *Al Andalus, 711-1492*, Pluriel, 2000, p. 165.

[288] Adeline Rucquoi, *Histoire médiévale de la péninsule ibérique*, Points, inédit Histoire, Seuil, 1993, p. 76.

[289] Voir pour cela Pierre Guichard, *al Andalus, 711-1492, Une historie de l'Andalousie Arabe* Pluriel ou Adeline Rucquoi, *Histoire Médiévale de la Péninsule ibérique*, Points, inédits Histoires.

revers militaires est de plus en plus ressenti comme étranger. Par ailleurs, le coût de la guerre ne permet pas de baisser la pression fiscale, ce qui était un des fondements de sa propagande hostile aux souverains des Taifas ; enfin le régime se raidit dans une doctrine de plus en plus hostile à la contestation idéologique qui se répand avec la diffusion des idées du grand penseur al Gazâlî. On brûle en 1109 officiellement à la porte de la mosquée de Cordoue son ouvrage « Vivification de la religion ». Des troubles poussent de nombreux juifs à choisir l'exil vers les royaumes chrétiens du nord[290]. Dans la péninsule, on assiste à une nouvelle phase de fragmentation politique à laquelle on donne le nom de « secondes Taifas ». En 1147 le régime Almoravide succombe au Maghreb sous les coups des Almohades. Le nouveau régime s'impose sur la péninsule ibérique, cependant la *reconquista* chrétienne a fortement progressé et a diminué d'autant le territoire contrôlé par les Almohades. Le mouvement des Almohades présente de nombreux points communs avec celui des Almoravides, issu de tribus berbères, originaires cette fois-ci du haut Atlas marocain, il est de la même façon dynamisé par une doctrine religieuse. Ses fondements idéologiques sont cependant différents. Ils sont inspirés par le Mahdi, Ibn Tûmart, qui a puisé dans l'influence d'al Gazâlî et de différentes doctrines, dont le mutazilime, les éléments d'une synthèse politico-religieuse affirmant avec vigueur l'unicité divine. Ibn Tûmart s'oppose aux docteurs malikites, il rejette dans leur doctrine l'effort individuel d'interprétation qui, considère-t-il, se base trop sur l'opinion personnelle et de ce fait est source d'erreurs et de division. La perte d'influence des docteurs conservateurs malikites couplée au désir des souverains de promouvoir d'autres modes de culture favorise l'apparition de quelques personnalités dont le célèbre Ibn Rochd, l'Averroès des latins. Toutefois sous la pression des milieux conservateurs et dans le cadre d'un mouvement plus général contre divers intellectuels, le philosophe sera destitué de sa charge de cadi et assigné à résidence dans la petite ville de Lucena. La porte du *idjtihâd* allait se refermer sur le monde musulman.

A ce stade de notre présentation nous pouvons faire une première synthèse sur les rapports entre pouvoir et Vérité en al Andalus. Nous avons vu que dans un premier temps le pouvoir politique est légitimé par une fonction religieuse de « commandeur des croyants » dont la

---

[290] *Ibid,* p. 126, 157.

« *teinte*[291] » est généalogique. Pouvoirs temporel et spirituel sont alors un, indissociables, liés inextricablement comme ils l'étaient du temps du Prophète, mais la succession des remplaçants bien inspirés du prophète ne dure pas : sous l'effet des divisions de l'*umma,* le califat se divise également. Le califat court après l'unité de la communauté, il s'épuise de ne pouvoir la rassembler et tend à se vider de son opérationnalité. Dans le même effort désespéré, il perd sa dimension spirituelle, il n'est plus qu'une simple référence que les croyants respectent par nostalgie. Les communautés, conscientes du déclin des deux fonctions califales - autorité politique et direction religieuse de l'*umma*- attribuent la deuxième fonction à une classe d'hommes spécialisés dans les lois et la religion, les ulémas ou *fuqahâ'*. Ceux-ci n'héritent, il est vrai, que d'une partie du pouvoir mais c'est un pouvoir tentaculaire qui innerve par la multitude de décisions juridiques la vie en société. A tous les niveaux de la hiérarchie sociale et dans toute la dimension privée et publique du musulman, celui-ci se voit proposer des règles pour bien se conduire. Les ulémas ont pris la suite du Prophète, ils le « remplacent ». Ils ont à leur tête un Imam, un Mahdî, quelqu'un de bien inspiré, parfois même d'infaillible dans l'interprétation du Coran. Nous nous trouvons face à une problématique inconnue en territoire païen ou chrétien : l'interprétation qu'il faut donner de la vérité du Livre conçu comme source du droit. Jésus s'était manifesté par son attitude et ses paroles dans le registre des commandements universels, St Paul avait bien eu des préconisations sociales très marquées par le politiquement correct de l'époque sur des sujets comme l'esclavage, le respect du au pouvoir, les relations hommes femmes mais rien qui ne ressemble à un début de codification d'une communauté. Au contraire, sur les règles religieuses comme la circoncision, la nourriture, il était partisan du minimum, précisément pour ne pas cantonner la prédication chrétienne dans sa communauté juive d'origine. Les règles ne comptaient pas beaucoup, seuls les comportements inspirés par l'amour primaient, le particulier devait tendre par son comportement au divin. En islam on partait dans une autre logique : Dieu s'étant manifesté par l'intermédiaire du Prophète pour donner des règles visant les comportements particuliers, tout inclinait à suivre les premières révélations des lois coraniques pour s'en inspirer. En Occident on approchait le divin par le détachement du

[291] Selon l'adjectif d'Ibn Khaldun Cf. *Discours su l'histoire universelle, Thésaurus*, Acte *op. cit.*, p. 243.

monde matériel, en islam on cherchait à se conformer aux directives divines par l'organisation juridique du monde matériel.

C'est pourquoi, la loi religieuse ou *sharîa*, est à la base de la vie publique de l'Islam comme de la vie privée des musulmans. Dés lors, la question principale qui se pose est : qui est inspiré et qualifié pour interpréter la source ? Les considérations territoriales ont leur importance dans la réponse à cette question. Bousculés dans leurs modes de vie par le succès des conquêtes, les Arabes passent très vite de la vie bédouine à la vie sédentaire. Ce faisant, la vie sociale et politique change et se complexifie, le Coran n'a pas de réponse explicite pour tous les nouveaux cas qui se présentent dans le monde sédentaire, il faut donc l'interpréter tout en lui restant fidèle. Or nous avons vu que le ressort, la force mobilisatrice de la société musulmane, est dans ce jeu entre le pouvoir de direction de l'*umma* et l'interprétation fidèle des prescriptions de la religion révélée. Dans ce jeu, le pouvoir temporel n'est jamais exempt de visée religieuse, quant au pouvoir spirituel pur il n'existe pas, il est juridico-religieux. La source du pouvoir politico-religieux remonte au Prophète à la fois par la généalogie et par la révélation coranique. Si la généalogie, comme dans les cas Almoravide et Almohade, laissait à désirer, l'autre source devait être présente, tandis qu'aux premiers temps des Umayyades la généalogie suffisait. Ces temps n'étant plus, il est désormais nécessaire d'interpréter, c'est ainsi qu'est né dans l'islam l'*idjtihâd* ou l'effort d'interprétation. Ce qu'il faut interpréter, c'est la *sharîa* qui se présente comme l'ensemble des commandements de la loi contenus dans la Coran et dans la *sunna*. Cette tâche d'interprétation est dévolue au *fuqahâ'*, ou juristes de l'Islam qui produisent le *fiqh*, la jurisprudence ou le droit musulman. Le Coran, comme on vient de le voir, n'est pas la seule source de la *sharîa*, pour le compléter, les premiers musulmans se sont appuyés sur les actes, les attitudes et les paroles du Prophète ou *Hadîth* qui ont servi à expliciter le Coran. Ils ont constitué une tradition ou *sunna* qui est elle-même devenue source d'interprétation. A ces deux sources principales situées du côté de la révélation, on associe deux autres sources qui prennent leur origine dans la communauté des savants de l'*umma,* à savoir leur consensus, *l'idjama,* et le *qiyâs* ou le raisonnement analogique qui fait intervenir la réflexion logique. On reconnaît ainsi que l'homme par la force de son raisonnement logique peut retrouver les prescriptions divines. Mais il existe un débat en islam sur la nature de ce raisonnement : doit–il être seulement analogique ou simplement logique, constitué de syllogismes pour utiliser le vocabulaire grec de la *falsafa* (ou philosophie) ? Sans prendre gare, nous voilà au seuil de la modernité !

La société d'al Andalus semble avoir connu des époques de relative[292] prospérité, mais est-elle moderne ? Elle s'appuie sur une paysannerie majoritairement libre et sur une classe marchande qui bénéficie pour son commerce de la production artisanale locale et de la production agricole. Le géographe al Himyarî parle de plus de huit cents ateliers de tissage de soie pour la seule ville d'Almeria à l'époque des Almoravides. La petite paysannerie est dotée d'un degré d'autonomie important, contrairement à ce que l'on a pu observer dans l'empire byzantin, elle ne relève pas majoritairement d'un grand propriétaire foncier, elle dépend fiscalement de l'autorité supérieure d'un émir. Les communautés rurales sont à même de contrôler leur défense et disposent de châteaux dépourvus d'habitations seigneuriales. Productives, ingénieuses, elles réussissent à implanter les techniques d'irrigation héritées de l'antiquité comme les aqueducs et les moulins à eau, ou d'Orient comme la noria et les puits. Vergers et cultures maraîchères couvrent ainsi les basses terres d'al Andalus. Dans les zones de colline et de plateaux où s'étaient établis les Berbères, la culture de l'olivier connaît une rapide extension, la vigne fait son apparition[293] et la culture de figuiers s'exporte aussi bien à Bagdad qu'en Inde. L'amélioration des rendements agricoles et leur diversification, soutenues par des débouchés d'un commerce international, favorisent le développement des villes et font la gloire d'al Andalus. Mais l'aristocratie urbaine sensible à l'art, avide de découvrir à certaines périodes et sous certains califes les richesses intellectuelles grecques, reste coupée du monde des artisans, des boutiquiers, du petit peuple et des paysans qu'elle méprise. Sa faible présence dans le système de production agricole et sa reconnaissance de l'activité marchande - c'était le métier du Prophète - lui épargnent les travers de la société byzantine. Tout semble donc réuni pour passer à la modernité. Pourtant deux maux minent al Andalus, la division du pouvoir, nous l'avons vu, et, en lien direct avec la légitimation de l'autorité, le raidissement religieux. Comme la société byzantine, la société andalouse a un

---

[292] Nous disons relative car la fiscalité excessive est dénoncée par Ibn Hayyân au milieu du XIème siècle comme ruinant les habitants du pays, les réduisant : « à se vêtir de peaux de bêtes et de joncs tressés et à ne se nourrir que de fruits des bois et d'herbes sauvages » cité par Pierre Guichard in, *Al Andalus, 711-1492, Une Histoire de l'Andalousie arabe*, Pluriel, p. 138-139

[293] Les juristes d'al Andalus avaient déclaré légale la consommation de vin qui s'ajouta à la consommation de raisins secs.

problème de respiration. Elle ne peut s'empêcher, quand elle inspire, de se gonfler les poumons d'analogismes. Que voulons-nous dire ? Prenons une comparaison maritime. L'analogisme, c'est un peu comme le cabotage, on va d'un point à un autre de la côte en s'assurant qu'on ne perd jamais de vue le rivage ; dans notre comparaison la révélation coranique figure le rivage. Le syllogisme, c'est la navigation hauturière, à l'aide des étoiles, de sa boussole et de sa logique, on traverse les mers, plus sûr de son compas et de la carte que de la configuration de la côte, on navigue avec une intelligence confiante dans sa capacité à raisonner, et, bien entendu, dans la nuit on se dirige à l'aide des deux phares grecs que sont Platon et surtout Aristote. On philosophe, on interprète loin des repères religieux. La classe des ulémas n'appréciera pas de laisser un al Kindî (796-893), un al Fârîbi (872-950), un Ibn Sina (980-1037) connu sous le nom d'Avicenne en Occident, et surtout un Averroès (1126-1198) prendre le large bien que ceux-ci jureront de « l'accord de la religion et de la philosophie[294] ». Nous pensons qu'al Andalus n'a pas pu franchir le seuil de la modernité à cause de ce que l'on a appelé symboliquement la fermeture de la porte du *idjtihâd.* Les philosophes de l'islam ont été empêchés par cette mauvaise inspiration d'aller au bout du chemin de l'interprétation philosophique qui débouchera, grâce aux réflexions lancées en Grèce puis reprises en *dâr al islâm* et achevées par l'Occident chrétien, notamment en la personne de St Thomas d'Aquin, sur un statut de la rationalité immanente. Il y a donc un chemin entre la réflexion philosophique et la modernité que les philosophes musulmans n'ont pas pu faire parcourir à leur société. Nous allons essayer de comprendre pourquoi et de mesurer par la même occasion l'importance de la réflexion noétique, c'est à dire portant sur la nature de la pensée, dans la naissance de la modernité.

La noétique[295] ou la recherche fondamentale sur l'origine de la pensée

La pensée musulmane s'est intéressée à partir du IXème siècle, soit deux siècles après l'Hégire, à l'origine de la pensée en la personne du

[294] Nous reprenons le titre du traité décisif d'ibn Rochd (Averroès).
[295] La noétique est une branche de la philosophie métaphysique qui s'intéresse à l'étude de la nature et du fonctionnement de l'intellect humain et aux liens entre cet intellect et l'intellect divin.

premier des philosophes de l'Islam, al Kindî. Cette réflexion sur la pensée s'empare des œuvres d'Aristote, de Platon et des théories néoplatoniciennes. Le *de Animae* d'Aristote servira en particulier de point de départ. Les spéculations grecques seront enrichies par les philosophes musulmans, puis reprises, partagées, disputées par les théologiens chrétiens du Moyen Age. Malheureusement, cette occasion de débat unique entre l'Orient musulman et l'Europe chrétienne, sans oublier la contribution juive, sur un sujet aussi fondamental, ne sera effective qu'en « différé » ; les penseurs musulmans ayant cessé de s'intéresser à cette question après Averroès, soit un siècle avant que St Thomas d'Aquin ait versé au débat son « Contre Averroès ». En quoi le sujet est-il fondamental ? Revenons à notre chapitre sur les Grecs : on se souvient que Platon considérait que les Idées appartenaient à un monde dont notre condition terrestre n'avait qu'un pâle reflet. Il avait imaginé une sorte de participation entre le monde intelligible et la réalité mais n'en avait rien explicité : la raison humaine correspondait au monde des idées de façon mystérieuse. Par cette théorie, Platon pouvait dire pourquoi on sait ce que l'on sait ? Pourquoi a-t-on raison quand on a raison ?[296] Cependant tout tendait vers le monde idéal au détriment de la réalité. A cette question du fondement de la rationalité du réel, Aristote apporta une réponse différente en créant le concept de substance composé de forme et de matière : la forme donnant à la matière son accomplissement selon des règles rationnelles[297] ; se faisant, il introduisit le principe de rationalité directement dans la matière. Il appliqua ce concept à l'âme humaine, en effet, Aristote donna de l'âme la définition suivante : « *l'âme est la réalisation première d'un corps naturel qui a potentiellement la vie*[298] » ou encore l'âme : « *c'est la substance [ ] qui correspond à la raison. Ce qui veut dire : la détermination qui fait essentiellement de telle sorte de corps ce qu'il est*[299] ». L'âme pour Aristote était liée au corps et lui donnait sa détermination, c'était « *une sorte de raison*[300] » qui permettait au corps de se réaliser. Mais Aristote distinguait également dans l'âme la faculté intellective, celle qui lui permet de réfléchir et de se former des idées, il remarquait qu'elle n'est

---

[296] Ces syllogismes fascineront des générations de penseurs musulmans comme Ghazzâlî et al Râzî cf. Josef van Ess, *Prémices de la théologie musulmane*, Paris, Bibliothèque Albin Michel Idées, Chaire de l'I.M.A, 2002, p. 158.
[297] CF.infra Ch 4.
[298] Aristote, *De l'âme*, II, 1, 412 a-b.
[299] *Ibid,* II, 1, 412 b 10.
[300] *Ibid,* II, 2, 413 b-414 a.

aucune des réalités avant de penser et il en concluait « *en bonne logique* » qu'elle ne se trouve pas non plus mêlée au corps[301]. Il faut reconnaître que le statut métaphysique de l'intellect n'a jamais été tiré au clair par Aristote, c'est précisément ce à quoi vont s'essayer les philosophes musulmans. Cette réflexion sur le statut de la raison peut être qualifiée de recherche fondamentale ; on sait que la recherche fondamentale finit toujours par déboucher sur des applications pratiques, sans recherche fondamentale on ne peut pas espérer de progrès substantiel en matière de science. La philosophie musulmane, en s'attaquant à cette question, ouvre le chemin de la raison pratique, de la science et donc de la modernité. Il n'a échappé à personne que la science arabe a connu son heure de gloire tant que la réflexion philosophique a produit des fruits. Les quatre philosophes les plus marquants : al Kindî, al Fârîbi, Avicenne et Averroès se sont également intéressés aux mathématiques, à l'astronomie ou à la médecine[302]. Après que la voix d'Averroès se fût tue, les lumières du monde musulman se sont progressivement éteintes une à une. On a dit symboliquement, nous l'avons déjà remarqué, que la porté du *idjtihâd* s'était refermée. Or, l'*idjtihâd* est une expression qui désigne au premier chef l'interprétation juridique de la loi religieuse et non la recherche philosophique et scientifique, c'est par assimilation que l'on a étendu l'*idjtihâd* à la *falsafa*. Il semble qu'il y ait un lien de causalité entre ces deux types de réflexion, que l'interprétation de caractère religieux ait un impact sur la capacité à enclencher une dynamique d'innovation. Mais ce rapport est à l'opposé de celui que la pensée moderne attribue à la religion en s'appuyant abondamment sur l'exemple de Galilée. On fera remarquer que Galilée était un croyant sincère comme l'essentiel des premiers hommes de sciences en chrétienté, ce statut de Galilée n'étant pas isolé signifie quelque chose, au moins autant que le refus de ses conclusions héliocentriques par l'Eglise institutionnelle. Il se joue entre la pensée religieuse et la rationalité scientifique, aussi bien en *dar al islam* qu'en chrétienté, une partie faite d'enthousiasme puis de crainte due à la mauvaise compréhension du rapport entre révélation et raison. Ce rapport ne peut trouver son apaisement qu'en accordant à la raison un statut particulier d'immanence : la raison doit être immanente à l'homme en vertu de la transcendance du *Logos* ; voilà qui ne va pas de soi ! Où se

---

301 *Ibid,* III, 4, 429 a-b.

302 Ahmed Djebbar, *Une histoire de la science arabe*, Inédits sciences, Points, Seuil, 2001, p. 83.

situe l'intellect, s'interrogeront les philosophes musulmans? Chez l'homme ou ailleurs dans le *logos* divin ? Comment les « intelligibles » sont « intelligés » par la pensée ? Y a-t-il des degrés entre la pensée humaine et la rationalité divine ? Se confondent-t-elles, et alors que reste-t-il de l'unicité divine et de la personnalité humaine à laquelle est due, croit-on, sa récompense ou son châtiment pour son comportement terrestre ? On le comprend, la pensée religieuse ne peut pas être séparée des interrogations noétiques.

Le kalâm

En terre d'islam ces interrogations prendront corps dans le *kalâm.* Voici la définition qu'en donne Ibn Khaldun : « *La théologie dialectique (ilm al-kalâm) est la science des arguments rationnels pour la défense des dogmes et la réfutation des innovations qui s'écartent des premiers musulmans et de la doctrine orthodoxe. Le fond de ces articles de foi, c'est l'unicité de Dieu*[303] ». Les *Mutakallimun* sont ceux qui pratiquent le *kalâm.* Très tôt, les questions théologiques apparaissent, elles sont du même ordre que celles traitées par la philosophie grecque et la théologie chrétienne à savoir d'une part, la question de la justification par la foi, du libre arbitre et de la prédestination ; cette série de questions est en rapport direct avec les problèmes d'unité de la communauté. Ainsi : qu'est ce qui fait le croyant et fonde son appartenance à la communauté, la foi seule ou la foi et les œuvres ? Un homme est-il libre de ces actes, ou ceux-ci sont-ils déterminés par Dieu ? Quel sera son sort après sa mort ? Et cette autre question, plus politique mais qui repose sur la fidélité d'un croyant particulier : à quelle condition un calife est-il légitime ? Un autre type de questions auquel se rattache la réflexion sur la nature de la pensée concerne les attributs divins et l'unicité divine, nous y reviendrons.

Les Mutakallimun, pour reprendre notre comparaison sur la navigation par cabotage ou hauturière, sont un peu comme les navigateurs qui surveillent la côte et sont chargés de sa défense, ils utilisent les arguments de l'adversaire mais ils gardent les yeux fixés sur le rivage. Sur le rivage, on retrouve les ulémas qui ont pour fonction de gérer les conduites humaines, pour cela ils pratiquent l'interprétation de la révélation en se fondant, nous l'avons vu, sur le Coran, la *sunna*,

---

[303] Ibn Khaldûn, *Al-Muqaddima*, *op. cit.*, p. 735-736.

l'*idjama,* ou consensus, et enfin en tant que quatrième source, le raisonnement analogique (*qiyâs*). Cette dernière source nous intéresse particulièrement pour le rapport étroit qu'elle entretient avec la noétique. On distingue dans le raisonnement ce qui est proprement juridique (*qiyâs sâri*), d'une part, de ce qui est proprement rationnel (*qiyâs aqlî*) d'autre part. Les ulémas auront toujours tendance à privilégier le raisonnement juridique par analogie basé sur la scripturaire au raisonnement rationnel. L'idéal des ulémas aurait été qu'il y eût un texte sur tout pour s'épargner les discussions dangereuses fondées sur la seule raison génératrice de dissensions entre écoles. Or des divisions, il va y en avoir. La plus néfaste pour l'avenir du *qiyâs aqli* concernera l'inquisition, la *mihma*, lancée par le calife al Mamun tenant des thèses développées par l'école mutazilite. Les quatre sources du *fiqh* que nous avons citées donnent lieu à divisions, elles sont désignées sous l'expression *d'usûl al-fiqh,* leur nombre et leur ordre est discuté. L'école mutazilite retiendra le Coran, une information incontestée ayant valeur d'argument, et la « saine raison ». Politiquement, cette école a le soutien du calife qui trouve dans sa doctrine un contrepoids au pouvoir des ulémas tenants de la *sunna.* Les mutazilites font figure de tenants du rationalisme, ils considèrent que l'homme est capable par lui-même de découvrir les grandes vérités morales, ce qui conduit, nous dit l'historien spécialiste de l'islam Dominique Urvoy : « *à supposer que la révélation est faite pour compléter la raison par la formulation de « promesses et menaces »*[304] ». Leur deuxième thèse fondamentale est de considérer que, au nom de l'unicité divine, le Coran est créé. Il y avait dans la position mutazilite de quoi ouvrir largement les portes du *idjtihâd.* Encouragés par les pouvoirs en place, notamment sous al Mamun (813-833), la *falsafa* prendra également son essor avec al-Kindi. On attribue au calife al Mamun d'avoir commandé des traductions, à partir du grec et du copte, d'ouvrages d'alchimie, de médecine et d'astrologie. Le *kalâm* sera ainsi suspecté par ses adversaires d'utiliser des concepts issus de l'antiquité païenne. Les théologiens mutazilites croyaient en la puissance de la raison mais aussi en la puissance de la force. Ils utilisèrent leurs appuis politiques pour faire livrer à la police leurs opposants. Le calife fut conduit à interdire aux juristes opposants d'exercer leur profession, l'affaire tourna mal, le peuple pris parti pour les victimes. Quelques années plus tard, les mesures du gouvernement durent être révoquées.

[304] Dominique Urvoy, *Histoire de la pensée arabe et islamique*, Paris, Seuil, 2006, p. 176.

Dans la mémoire collective, la pensée dialectique eut désormais mauvaise réputation, la théologie fut discréditée, le *kalâm* ne fut pas éliminé mais ce fut la jurisprudence qui devint la discipline principale. Il en ressorti la conviction que les vérités éternelles ne pouvaient être soumises aux caprices de la raison humaine, d'ailleurs pourquoi Dieu aurait-il parlé si la « saine raison » était capable de découvrir les éléments de la foi ? L'harmonie entre la foi et la raison s'éloignait des rivages de *dâr al islâm.* Ce mauvais coup porté au *kalâm* par l'intransigeance de l'école mutazilite se répercuta sur la *falsafa* qui, partie en haute mer, reçue au fur et à mesure de ses retours au port un accueil de plus en plus froid. Dans un ouvrage intitulé « l'incohérence de la philosophie », elle fut vivement contestée par le verbe d'al Gazâlî (1058-1111), puissant auteur sunnite, qui donna à la théologie un visage fermé à la philosophie. La réaction d'Averroès dénonçant l'incohérence de cette « incohérence » ne suffira pas à retourner la tendance. Comme uniformément, progressivement, la *falsafa* se retira et « l'innovation » fut si bien réfutée que, même dans l'Andalousie Almohade, pourtant relativement ouverte au *kalâm,* la modernité ne put accoster. Averroès luttait contre une tendance désormais trop forte en *dâr al islâm.* Al Gazâlî avait renforcé le courant orthodoxe sunnite en minorant dans les *usûl al-fiqh* la part du syllogisme (*qiyas aqli*) et en lui préférant la présomption de continuité et de cohérence de la loi. Les sources de l'interprétation se refermèrent sur le scripturaire au détriment du rationnel. Ceci eut pour effet de produire un ralentissement puis un blocage de la capacité d'innover. La société considérait ne pas avoir besoin de l'extérieur puisqu'elle avait reçu la Vérité en totalité, elle se refusa des moyens d'interprétation complémentaires et bloqua de proche en proche, comme le dit Ibn Kaldhun, pour des considérations religieuses, toute innovation. L'effet fut d'autant plus radical que les questions religieuses embrayèrent immédiatement par le biais de la s*harîa* sur les règles quotidiennes. La chrétienté connaîtra des phénomènes de blocage de l'innovation mais à un niveau moins immédiat puisque la religion chrétienne n'a pas en charge la régulation intégrale de la société : le droit canon s'applique aux religieux mais pour le reste, la société crée ses propres lois, certes sous influence religieuse, mais sans référence à un corpus juridique d'origine divine comme le font les ulémas. La marge de liberté par rapport à un raidissement de l'orthodoxie y est de ce fait plus importante. Cependant, il convient dans les conclusions de notre analyse, de bien faire la différence entre les blocages dus à une méthode d'interprétation de la Vérité et au fait religieux lui-même. L'islam, en tant que tel, n'a pas bloqué l'innovation mais il est certain que les choix faits dans les méthodes d'interprétation de son socle de vérités ont bloqué l'innovation ; d'autres choix étaient possibles. Nous avons constaté avec St Augustin le même phénomène dû au rapport figé entretenu avec le texte au détriment des capacités d'interprétation de la raison. Il s'ensuit que l'herméneutique[305] de la vérité révélée est un critère de passage à la modernité. Cette herméneutique se caractérise par sa faculté à attribuer à la raison un caractère d'immanence fondé sur une transcendance. Il découle de cette herméneutique une conception plus ou moins harmonieuse entre révélation et rationalité qui ouvre à la société des possibilités nouvelles, autant matérielles que spirituelles. Ce travail d'harmonisation doit en premier lieu porter sur la nature de la raison humaine pour en retrouver les liens métaphysiques, or ce travail a été commencé en *dâr al islâm* par les penseurs musulmans et juifs. St Thomas d'Aquin, à un siècle de distance, s'est saisi de ce travail et a pu « Contre Averroès », mais nous dirions également grâce à Averroès et à ses prédécesseurs, conclure de façon satisfaisante à l'immanence de la raison humaine. Intéressons nous maintenant à cette recherche fondamentale sur la nature de la pensée, la noétique.

La noétique arabe : une pensée émanée

Que l'on regarde vers le ciel en scrutant le mystère de l'existence de l'univers, que l'on se tourne vers la nature en admirant la beauté du vivant, ou que l'on tente de se saisir de notre pensée pour y distinguer ce qui est de l'ordre du matériel, de ce qui est de l'ordre du spirituel, on retrouve toujours trois questions indissociablement liées : pourquoi l'univers existe ? C'est la question de l'être ; d'où vient que certains êtres possèdent des formes d'autonomie ? C'est la question de la vie ; comment se fait-il que le vivant soit ordonné rationnellement ? C'est la question du *logos*. Etre, vie, *logos* : on est tenté de mettre des majuscules pour conférer à ces trois mystères la cohérence qu'y apporterait l'unicité divine. En s'attaquant aux ressorts de la pensée humaine, les philosophes musulmans partent à l'assaut de ces trois mystères. En effet, c'est par la pensée [vivante] que l'homme prend conscience de son être rationnel. Leur point de départ sera Aristote mais ils dériveront vers une position

[305] On entendra ici par herméneutique l'interprétation des textes, du système de valeurs qui fonde la société.

néoplatonicienne. Aristote pose dans son traité sur l'âme qu'il existe dans l'âme une faculté, l'intellect, qui présente deux caractères : un premier caractère sensible lié à la corporéité ; Avicenne en tant que médecin localisera dans quatre parties du cerveau les principales facultés de l'âme[306]; un second caractère intellectif séparé du sensible, chargé de saisir l'essence intelligible des choses. Dés lors, quelle peut être la relation entre ces deux intellects ? L'image de l'impression s'imposera aux philosophes pour exprimer ce rapport[307] ; l'intelligence séparée produit une impression dans l'intelligence matérielle, diront nos philosophes. A partir de cette relation posée par le maître Aristote, les disciples vont faire œuvre de grande imagination. al Fârîbi raffinera à l'extrême l'intellect[308], il distinguera un intellect en puissance qui sera dit en acte dès qu'il « intelligera », c'est à dire séparera par abstraction la forme intelligible de la matière. Le produit de cette intellection permettra d'identifier un intellect acquis qui sera lui-même, par la connaissance intuitive, en relation avec l'intellect agent, caractérisé par sa capacité à mettre les formes dans la matière. Avicenne prolongera ce schéma en reprenant l'idée d'émanation. Les différentes facultés de l'âme seront alors considérées comme actées par un intellect agent, lui-même issu, par une série d'intermédiaires, du premier moteur divin. Les philosophes seront poussés vers l'idée d'émanation à cause de deux difficultés : la première difficulté consiste en ce que la pensée a de toute évidence un lien organique avec le cerveau, on y loge des facultés de l'intellect mais pas l'intention qui meut la pensée. La pensée peut y être en puissance mais elle ne devient en acte que par un facteur extérieur. C'est donc que l'impulsion, le mouvement, vient d'un intellect agent, efficient, dont émanent les intelligibles. Mais alors, et c'est la deuxième difficulté, si l'intellect prend, pour ainsi dire, sa source dans l'éternel divin, qu'est-ce qui sépare l'homme de Dieu ? Pour éviter de toucher au dogme de l'unicité divine, les philosophes imagineront que l'intellect agent, en contact avec le matériel corruptible, sera séparé du principe premier par

---

[306] Une observation clinique l'incitera à écrire : « ce qui a conduit à juger que ces organes sont ceux des facultés, c'est que la corruption, quand elle atteint particulièrement une cavité y porte l'infirmité », Avicenne, *Livre des directives et des remarques- Kitâb al-'isârât wal-tanbîhât*, Textes philosophiques, Paris, Editions Unesco VRIN, 1999, p. 323.

[307] Aristote inaugurera la comparaison : « Nous avons d'autre part, des défauts de mémoire parce que, si cette essence est impassible, l'intelligence propre à subir les impressions est, elle, corruptible et que sans elle on ne pense rien. », *De l'âme*, B.3.3.4.

[308] Al Fârîbi, *L'épître sur l'intellect- al-Risâla fî-l-'aql*, Paris, L'Harmattan, 2001.

une série de principes[309] intermédiaires chargés de remplir une fonction de purification entre l'intellect récepteur et le principe d'émanation absolument pur de toute corruption matérielle. C'est pour cette même raison que les mutazilites tenaient tant à ce que le Coran fût créé. En effet, un Coran incréé portait atteinte, de leur point de vue, à l'unicité divine ; les débats sur les attributs divins furent motivés par la même considération : éviter de corrompre l'unicité divine par un prolongement adventice. Si la pensée rationnelle est assimilable au principe premier, l'homme, fera remarquer Averroès : « *est donc, comme le dit Thémistius, semblable à Dieu, car il est d'une certaine manière tous les êtres et il les connaît tous en quelque manière ; en effet, les êtres ne sont rien d'autre que sa science, et la cause des êtres n'est rien d'autre que sa science. Et que cet ordre est admirable ! Que ce mode d'être est extraordinaire !* »[310]. A la suite d'Aristote, Averroès et les *falâsifa* qui le précédèrent considéraient qu'en réalisant la jonction de l'intellect matériel avec l'intellect agent, l'âme atteindrait un état de félicité intellectuelle, dit théorétique, qui aboutirait à la connaissance parfaite, divine. Al Fârîbi partageant cette idée s'exclamera dans son épître sur l'intellect « *Et voilà le sens de la vie dernière !* ». Al Kindî dira dans un style plus platonicien à propos de l'âme : « *Ainsi, lorsqu'elle se détache et quitte ce corps pour aller dans le monde de l'intellect, dans les cieux, elle pénètre dans la lumière du Créateur. Celui-ci, Puissant et Majestueux, lui apparaît alors. L'âme s'identifie à sa lumière et s'épanouit dans Son royaume* »[311]. L'idée d'émanation permettra de résoudre la difficulté de l'origine de la pensée tout en justifiant la démarche rationnelle des philosophes qui conduisent les âmes, en accord avec la révélation, au ciel. La raison est donc en harmonie avec la foi, penseront les *falâsifa*. On a vu que les spéculations philosophiques étaient fraîchement accueillies en *dâr al islâm*. Le grand penseur sunnite al Ghazâlî réfutera la métaphysique d'Avicenne notamment sur cette

---

[309] « Et chacun de ces autres principes est aussi un intellect, sauf que celui-là, c'est l'intellect premier, l'étant premier, l'un premier et le vrai premier et ces autres principes ne deviennent intellect qu'à partir de celui-là, successivement »- « L'intellect agent est de l'espèce de l'intellect acquis et les formes des étants séparés au dessus de lui, demeurent en lui éternellement » - . Al Faribi, *L'épître sur l'intellect- al-Risâla fî-l-'aql*, Paris, L'Harmattan, 2001, p. 85-96.

[310] Averroès, *L'intelligence et la pensée Sur le De anima*, Paris, GF Flammarion, 1998, p. 167-168.

[311] Al Kindî, *Epître relative au propos sur l'âme*, Bibliothèque Maktaba, Fayard, 2004, p. 105.

question de l'intelligence du premier ciel qui émanerait nécessairement de Dieu et descendrait comme en cascade vers l'intellect agent. Sur ce point, al Ghazâlî précédant St Thomas le rejoindra logiquement ; en effet, ils partageront l'idée que l'émanation tend à supprimer la volonté d'une pensée libre[312]. Si l'intellect est séparé, comment peut-on dire que c'est réellement l'homme qui pense ? Et s'il ne pense pas de façon immanente, alors il ne peut réellement choisir ce qui, dira St Thomas : « *détruit toute science morale et tout ce qui relève de la société politique, qui est naturelle à l'homme*[313] ». Ainsi, paradoxalement, l'adversaire de la *falsafa* et le plus philosophe des théologiens chrétiens seront d'accord[314]. Mais contrairement à la réponse qu'al Ghazâlî fait à Avicenne et qui tend à soumettre la raison à la révélation, St Thomas, en répondant à Averroès, replacera la raison au centre de l'âme. Le docteur angélique tiendra à ce que l'homme pense par lui-même, non par l'intermédiaire d'une action de l'intellect séparé. Or affirmer cela, c'est se confronter à l'union mystérieuse de la matière et de l'esprit. St Thomas convoquera l'autorité d'Aristote et réaffirmera sans ambiguïté que : « *l'âme est la forme substantielle d'un corps naturel organisé* »[315]. Tentons une comparaison. Nous savons que dans une cellule l'ADN contient le code qui va permettre le développement d'un corps organisé. Mais la forme substantielle dont parle St Thomas n'est pas assimilable à l'ADN car elle reste immatérielle. Nous savons identifier dans la cellule le code génétique mais nous ne savons pas comment il est arrivé dans la première cellule. Le concept aristotélicien de forme pose que des principes particuliers d'ordre sont consubstantiels à la matière. Cela revient à dire que dans la cellule, on affirme qu'il y a un principe d'ordre immatériel qui se traduira dans sa matérialité par un ADN. Pour les rapports entre l'âme et le corps ou entre l'esprit et le cerveau, c'est la même chose. Aristote parle d'acte pour qualifier le lien entre l'immatériel et le

---

[312] Voir à ce sujet, *L'introduction à la Métaphysique du Shifâ,* Livres I à V - Avicenne, Etudes Musulmanes XXI, Paris, Librairie philosophique L. Vrin, p. 39.

[313] Thomas d'Aquin, *De l'unité de l'intellect contre les averroïstes*, Paris, GF Flammarion, 1997, p. 163.

[314] Mais St Thomas n'aura pas connaissance de la pensée d'al Ghazâlî, seule la première partie de son ouvrage sur les « Intentions des philosophes » sera traduite en latin, cet ouvrage reprenant fidèlement les points de vue des *falâsifa* le fera passer pour un péripatéticien aux yeux des penseurs médiévaux, la deuxième partie dénonçant l'incohérence de la philosophie leur restera inconnue.

[315] Thomas d'Aquin, *De l'unité de l'intellect contre les averroïstes*, Paris, GF Flammarion, 1997, p. 79.

matériel, l'âme est ainsi l'acte d'un corps naturel et l'intellect est une partie de l'âme[316]. L'intellect n'est pas une émanation, il est rattaché au corps, il lui est immanent. St Thomas affirme que le *logos* donne au corps vivant son être. Il réinjecte, en quelque sorte, de la pensée rationnelle dans le corporel et énonce ainsi deux principes. Premièrement, la rationalité de l'homme lui est consubstantielle, l'homme pense donc par lui-même et non par émanation. L'intellect a un lien avec le matériel mais il n'est pas non plus matériel, c'est quelque chose de l'âme. Le lien qu'il entretient avec le corporel est le même que l'âme qui est « *l'acte du corps* ». Pour reprendre notre comparaison approximative et tenter de comprendre ce lien mystérieux, nous dirions que l'intellect est au corps ce que l'ADN est à la cellule, mais un ADN qui serait immatériel. Pour compléter la comparaison, il faudrait rajouter que l'intellect peut dépérir avec le corps mais que en soi c'est une réalité qui ne s'affecte pas[317]. Le deuxième principe qui découle de la pensée de St Thomas est que cet immatériel ne peut être qu'à l'image de Dieu, c'est comme si l'on greffait un morceau d'immatériel divin dans le corps. On comprend que les philosophes musulmans, très attachés au dogme de l'unicité divine, aient préféré tirer les thèses aristotéliciennes vers des schémas instaurant une graduation avec le principe de l'intelligence première. Dès que l'on se pose la question de la raison humaine et que l'on accepte de ne pas la réduire à un organe, on est conduit à l'associer à un principe supérieur de rationalité qu'elle est capable de s'assimiler et dont l'origine ne peut être que divine. Commence alors la difficile interprétation du rapport que notre nature humaine entretient avec le divin. Comment le divin déborde dans l'âme humaine ? Quelle participation entretenons-nous avec le divin ? En définitive, que signifie l'expression biblique d'image de Dieu pour la nature de l'homme et pour la nature de Dieu. St Thomas aura moins de préventions que les philosophes musulmans, il est vrai que la théologie chrétienne affirme l'incarnation du Fils illustrant par la personne du Christ la folie[318] du Logos en acte !

La noétique de St Thomas affirme le statut d'immanence de la raison en lien avec la transcendance divine ; la raison vraie ne peut donc s'opposer à la foi. Les philosophes musulmans ont toujours voulu démontrer cette cohérence mais, faute d'élaboration d'un système basé

---

[316] *Ibid,* p. 95.

[317] Aristote, *De l'âme*, Paris, GF Flammarion, 1993, I, 4 408b, p. 119.

[318] Folie, par référence au scandale de l'incarnation pour les juifs et à sa folie pour les Grecs.

sur la bonne hypothèse noétique, ils n'ont pas réussi à imposer leur philosophie. St Thomas, en quelque sorte, raflera la mise en évitant les erreurs de ses prédécesseurs, qu'ils soient musulmans ou chrétiens, puisqu'on le sait les thèses averroïstes étaient très répandues chez les penseurs médiévaux chrétiens[319]. Le statut de la raison, tel que défini par la noétique de St Thomas autorisera en terre chrétienne la naissance d'une pensée scientifique.

Pour ouvrir la porte de la modernité, le Moyen Age latin devra actionner plusieurs clés. Nous avons vu que toutes ces clés ont été forgées à l'issue d'un processus culturel soutenu par une orientation éthique universaliste. Au seuil de la modernité, les deux clés que nous avons identifiées sont : la valeur attribuée au travail comme moyen autonome d'engagement dans le monde et la capacité à interpréter le socle de vérités révélées.

La valeur attribuée au travail humain dépend d'une conception de la Providence renouvelée par le monothéisme qui laisse à l'homme son autonomie. La capacité interprétative des vérités révélées dépend du statut donné à la révélation, elle doit permettre d'adapter la société aux évolutions tout en conservant son système de valeurs pour éviter qu'elle n'éclate. Il en découle la possibilité de faire reposer la construction politique sur sa base, à l'inverse de ce que nous avons observé dans les sociétés byzantine et andalouse. D'autre part, cette capacité interprétative ouvre le champ de l'interprétation des vérités révélées à la raison. La raison, alors considérée dans sa relation harmonieuse à la révélation, pourra partir sur les *terra incognita* de la connaissance scientifique. L'utilisation concomitante de la valeur travail et du rationalisme s'enracine dans le paradigme monothéiste. Comme nous l'avons vu avec nos contre-exemples historiques, les variantes au bon déroulement de ce nouveau paradigme sont nombreuses. Des facteurs aussi importants que le rationalisme et l'engagement dans le monde sont en compétition avec un faisceau de valeurs différentes au sein d'une même culture, d'une même institution. Nous avons posé l'idéal : les hommes s'engagent, ils sont rationnels et attachés à une éthique universelle, c'est le nouveau socle de valeurs, mais c'est autre chose que de les accomplir. Fort de ces considérations, passons le seuil de la modernité et abordons maintenant le Moyen Age latin avec l'idée que cette période n'est pas d'un bloc, mais

[319] Sur cette question, voir Jean Jolivet, *La Théologie et les Arabes*, Initiation au Moyen Age, Paris, Cerf, 2002.

une histoire modelée par différents courants, dont ceux majeurs du travail et du rationalisme. Ouvrons donc la porte sur le Moyen Age occidental pour tenter de comprendre comment les valeurs renouvelées permettront l'apparition d'une nouvelle société.

CHAPITRE 7 – Les cercles de liberté

La paix de Dieu

En poussant la porte, le spectacle qui nous est offert n'est que désolation ! A la fin du Xème siècle, les forces vassaliques qui avaient soutenu le trône carolingien se sont brutalement retournées, entraînant le pouvoir central dans une spirale anarchique : le prince a dépouillé le roi, le comte a dépouillé le prince, le pouvoir est retombé dans un grand fracas à la base de la pyramide. C'est désormais le châtelain le véritable maître car c'est lui qui détient les terres et contrôle les paysans. Le pouvoir central a été comme siphonné par la base. L'anarchie a gagné le défunt empire carolingien ; le peuple souffre et l'Eglise, naguère riche, s'est fait déposséder de ses biens, elle finit par réagir et mobilise le peuple contre la mosaïque des pouvoirs locaux. Nous sommes en 989 ; lisons ce qu'en dit un certain Létaud de Micy relatant le déplacement des moines de l'abbaye de Nouaillé au premier concile de la révolte : « *Les scélérats proliféraient comme les mauvaise herbes, et les méchants dévastaient les vignes du Seigneur comme des buissons d'épines étouffaient les blés. Alors les abbés, les évêques et d'autres hommes de Dieu décidèrent de convoquer un concile qui interdirait les confiscations, obligerait à rendre aux églises ce qui leur avait été pris injustement, et raclerait toutes les autres souillures infligées au visage de la sainte Eglise avec la lame acérée de l'anathème. Le concile fut convoqué au monastère de Charroux, et de grandes foules vinrent du Poitou, du Limousin et des régions avoisinantes. Les corps de nombreux saints furent apportés pour renforcer les âmes pieuses de leur présence et émousser les menaces des méchants. La volonté divine, mue, pensons-nous, par la présence des saints, illumina le concile de plusieurs miracles.* »[320]. Ainsi commençait le mouvement de la Paix de Dieu. Ce mouvement s'étendit dans tout le territoire Franc, dans ce qui restait d'empire et en Catalogne. Les scélérats, dont le peuple cherchait à se défendre avec l'appui de l'Eglise, n'étaient pas les vikings du nord ou les sarrasins du sud mais bien les nobles qui s'étaient emparés des terres

[320] Cité par Robert I.Moore dans, *La première révolution européenne X-XIII Siècle*, Faire L'Europe, Paris, Seuil, 2001, p. 30.

appartenant aux églises et qui rançonnaient et pillaient les « sans-armes ». Pour s'imposer, la paix chrétienne eut recours à de grandes assemblées pénitentielles où l'on fit prêter serment de paix aux guerriers féodaux. La paix qui relevait des prérogatives royales était tombée en jachère comme une bonne partie du territoire. Quand le pouvoir du roi et des grands vassaux se releva, à la fin du XIème siècle, cette prérogative revint alors aux princes. La force destructrice se sera alors enfin inversée pour trouver dans la féodalité les voies du renouveau de l'Etat.

Reprenons cette période et tentons d'y retrouver les principes d'analyse que nous avons dégagés de notre long voyage à travers les civilisations. Nous avons sous les yeux le spectacle privilégié d'une société en recomposition. On y voit que l'Eglise sursoit à la vacance du pouvoir et tente de remettre de l'ordre en s'appuyant sur sa puissance religieuse. Nous retrouvons une force motrice que nous avons maintes fois croisée, la force éthique qui noue le nouveau pacte social. L'Eglise se fait la gardienne du pacte social, elle brandit l'excommunication comme une arme redoutable menaçant les puissants de sortir de la communion de Dieu, et, par la même occasion, de la communauté des hommes. La Paix de Dieu aura pour objet de mettre fin aux pillages et aux rapts des biens d'Eglise. L'Eglise impose la paix, elle permet à une société désorganisée de se reconstruire. La Paix de Dieu devient l'acte fondateur d'une époque nouvelle. Cette réorganisation se traduira dans les chiffres de la démographie puisqu'on[321] estime qu'entre 950 et le début du XIVème siècle la population passera de 22 millions à 54 millions. Comment cela se passa-t-il ?

A la fin du Xème siècle les communautés paysannes se fixèrent, alors qu'à l'époque carolingienne, à côté des grands domaines, les paysans se déplaçaient à l'intérieur d'un territoire délimité, attaquant successivement des parcelles de territoire pour leur permettre de retrouver leur fertilité. Cette stabilité retrouvée s'organisa autour de trois cellules de base : la seigneurie, le village, la paroisse[322]. La seigneurie est l'autorité politique nouvelle, elle se base sur un territoire agricole, elle englobe les terres et les paysans dont le seigneur est le maître. Les seigneurs ont compris que

---

[321] *Le Moyen Age en occident*, 4ème édition, Hachette supérieur, HU Histoire, Paris, 2008, p. 112.

[322] Nous reprenons la distinction développée par Jacques Le Goff in, *L'Europe est-elle née au Moyen Age ?* Faire L'Europe, Paris, Seuil, 2003, p. 75.

le pillage n'est plus la principale source de richesse : il vaut mieux, à l'exemple des monastères, exploiter le territoire pour en tirer une richesse interne. La société s'organise alors autour du château qui protège et asservit les paysans. Les paysans au milieu du Xème siècle vivaient encore dispersés, ils furent au siècle suivant rassemblés dans de nouvelles agglomérations destinées à durer. Au final, la dégradation des pouvoirs régaliens aboutit à une réorganisation des campagnes et à une exploitation plus intensive. Les progrès agraires furent soutenus par une vague de défrichements et l'adoption d'innovations techniques : la charrue munie d'un soc dissymétrique et d'un versoir en fer, le collier d'épaule qui multiplie la capacité de traction des animaux et la rotation triennale des terres. Entre 950 et 1050, on assiste à une accélération de l'essor économique. Le nouveau pacte social produit, soulignera le moine clunisien Raoul Glaber, une architecture nouvelle : « *Comme approchait la troisième année qui suivit l'an mille, on vit dans presque toute la terre, mais surtout en Italie et en Gaule, réédifier les bâtiments des églises. Bien que la plupart, fort bien construites, n'en eussent nul besoin, une véritable émulation poussait chaque communauté chrétienne a en avoir une plus somptueuse que celle des voisins. On eût dit que le monde lui-même se secouait pour dépouiller sa vétusté et revêtir de toute part un blanc manteau d'églises. Alors presque toutes les églises des sièges épiscopaux, celles des monastères consacrées à toutes sortes de saints et même les petites chapelles des villages furent reconstruites plus belles par les fidèles* ». L'Eglise, en imposant le rétablissement de la paix, contribua incontestablement au renouveau matériel de l'an mille.

L'Eglise et la société politique

Il est éclairant de faire un parallèle entre le Xème siècle et la société grecque au sortir des « siècles obscurs ». On constate des situations semblables : même effondrement politique, même déclin économique, même religion unique qui permet dans l'éclatement social de trouver des références communes, même culte du héros réactualisé en la personne du saint. Mais les différences comptent tout autant : la recomposition se fait à la campagne et dans les villes, les villes ne sont pas des assemblées de propriétaires terriens mais des assemblées de ce que les Grecs appelaient les métèques, soit les marchands et les artisans. Cette différence est essentielle, elle porte en elle le germe d'une ouverture vers le capitalisme que ni la Grèce, ni Rome ne surent trouver. Le nouveau pacte social n'est pas celui des *homoiois*, des semblables, mais celui des inégaux qui passent contrats. A tous les échelons de la société on contracte ; n'oublions pas que même au niveau le plus élevé, le souverain est d'abord un suzerain qui contracte avec ses vassaux. Un trait spécifique de ce contrat est que le plus faible conserve sa dignité humaine. Au cours de la cérémonie d'hommage, le vassal mettait un genou à terre mais gardait la tête droite, puis il posait ses mains jointes dans les mains de son seigneur féodal. Pour sceller le lien, ils s'embrassaient. On est loin des coutumes orthodoxes où le serviteur baisait la main de son seigneur en s'inclinant jusqu'à terre et rampait dans la poussière pour baiser l'ourlet du vêtement de son maître. La vassalité n'annulait pas la dignité humaine. Cette valeur sortie des Evangiles ne put s'épanouir qu'à la faveur de la recomposition politique de l'Occident latin. Elle s'implanta dans les multiples cours féodales et contribua à la diffusion de l'idée de souveraineté politique autonome et laïque. Le nouveau contrat social avait donc deux parents : la féodalité et l'Eglise. Le droit qui en émanait n'était pas directement tiré d'un corpus religieux. L'autorité religieuse fut dissociée de l'autorité politique, cette séparation et la définition des domaines de chacun ne fut pas exempte de ce que nous avons appelé la troisième tentation dans sa version césaro-papiste et sa réplique théocratique et pontificale. Mais, pour la première fois, dans notre parcours historique, le pouvoir politique dut partager la légitimité avec un contre-pouvoir religieux. Une lecture déformée de l'histoire nous fait interpréter l'avènement de la modernité comme la séparation du politique et du religieux en sous-entendant que la société politique gagne progressivement ses galons de laïcité en repoussant l'influence de l'Eglise. Ce n'est pas ce que nous avons observé, en effet, le premier mouvement est inverse, c'est le pouvoir politique qui tend à s'accaparer le pouvoir religieux or, pour la première fois, le pouvoir religieux est suffisamment fort pour réclamer son indépendance. La première tentation est césaro-papiste, les sociétés ont jusqu'à maintenant toujours fonctionné sur ce schéma et c'est une véritable révolution qu'il n'en soit plus ainsi.

Reprenons notre parcours historique où nous l'avions laissé. Les attaques des conciles de la Paix obligèrent les seigneurs à rendre à l'Eglise ses droits paroissiaux, la paroisse devint alors l'unité primaire de la vie sociale. Cependant le mouvement de restitution fut entaché de compromissions. Les seigneurs conscients de la force de la paroisse corrompaient les clercs, soit par l'octroi de bénéfices ecclésiastiques, soit par l'alliance avec une fille de bonne famille. Le clergé se retrouva alors vite assujetti au seigneur. A une époque où l'Eglise tentait de récupérer ses biens, ces relations croisées nuisaient à son autorité morale. Le curé ne fut plus l'homme du peuple, mais d'abord l'homme du noble pour ne plus être l'homme de l'évêque. Le pape Grégoire VII (1015/1020-1085) réagit à cette situation en proposant une réforme qui visait à reprendre le pouvoir sur la hiérarchie locale. En conséquence, les clercs durent être célibataires, chastes, pauvres et obéissants. Cet idéal alimenta les réformes permanentes et expliqua les succès des ordres clunisiens, cisterciens puis mendiants. Quant aux hérésies, elles tirèrent leur inspiration du même idéal de pureté. Paradoxalement, le succès des ordres monastiques attira sur eux les donations des puissants, favorisant ainsi la richesse et le reniement de leur vocation de pauvreté initiale. Curieuse succession de réformes qui ne purent se débarrasser de la richesse des puissants. La réforme grégorienne imposa l'autonomie de l'Eglise par rapport au pouvoir politique jusqu'en haut de la hiérarchie : l'empereur Henry IV en fit la douloureuse expérience, il dut se soumettre au pape à Canossa (1077). Fort de cette fragile victoire, les successeurs de Grégoire VII poussèrent leur avantage en affirmant la primauté du glaive spirituel sur le glaive matériel. Sitôt la tentation du césaro-papisme vaincue, la théocratie pontificale essaya de prendre sa revanche. Le pape Innocent III succomba à son tour à la troisième tentation instaurant une lutte sans merci entre le Sacerdoce et l'Empire, l'Eglise devant être la réalisation terrestre de la Cité de Dieu sous la direction du pape. A se battre pour des motifs politiques, la papauté perdit de son prestige. Les capétiens en profitèrent pour affirmer leur autonomie face au spirituel. Comme la réplique tardive, à deux siècles de distance, de l'humiliation subie par le pouvoir temporel à Canossa, le pape Boniface VIII (1294-1303) fut humilié à Anagni. L'Eglise, malgré la partie d'elle-même qui ne voulut pas renoncer à son rêve de puissance terrestre, créa les conditions de l'autonomie politique. La séparation du *religare* et du *relegere* deviendra enfin possible contre la volonté des deux puissances aussi bien temporelle que spirituelle. Sans la puissance de l'Eglise, point de possibilité d'arracher au pouvoir temporel son désir de régir les corps et les âmes ; sans l'affirmation des Etats, nul espoir d'échapper à la théocratie pontificale. A son corps défendant, l'Eglise permit de respecter la séparation demandée par la célèbre parole du Christ : « Rendez à

César ce qui est à César et à Dieu ce qui est à Dieu [323]». Le pouvoir séculier y gagna d'être repoussé hors de la sphère sacrée et la reconnaissance d'une origine terrestre et rationnelle, il rejetait également les vestiges des idées « barbares » à propos du pouvoir. On interprète couramment ces multiples querelles sur la domination du monde comme une entrée dans la laïcité au détriment de la religion attestant ainsi de la nocivité du religieux. Nous proposons une autre interprétation selon laquelle les conflits médiévaux entre les deux glaives ne signifient pas l'entrée dans un monde qui commencerait à se dégager de la religion mais plutôt que la jeune laïcité européenne faisait entrer la religion dans la maturité. Seul un point de vue partiel démarrant des Lumières pour buter sur notre laïcité moderne, comprise comme le terme de l'histoire, peut laisser croire à la sortie de la religion car rien n'est encore possible à ceux qui croient à l'excellence de leur époque … sinon la fin de l'histoire ! Ce point de vue trouble l'analyse et empêche de discerner dans la genèse complexe de l'Europe le fondement religieux.

L'autonomie politique par rapport au pouvoir religieux est un trait caractéristique de l'Occident Latin, songeons, à l'opposé de ce modèle, aux royaumes des taïfas qui, encastrés dans une certaine conception islamique, n'ont jamais pu revendiquer pour eux la légitimité religieuse dont découlait la puissance politique. Trop éloignés de la source du pouvoir islamique, ils n'ont pu trouver en eux-mêmes la justification de leur pleine autorité politique empêchant de ce fait la recomposition endogène qui se produira dans l'Occident latin. Nous voyons donc bien, par comparaison, que ce qui fait la genèse du pouvoir politique est d'ordre religieux et plus précisément est déterminé par une certaine herméneutique de la Vérité révélée. Les féodaux chrétiens ne se sentent nullement liés par la Bible pour s'estimer maîtres en leur château, l'évêque est plus souvent un parent concurrent qui les rappelle à la pieuse dévotion qu'un suzerain qui leur aurait remis une parcelle du pouvoir divin. La société chrétienne est un grand organisme composé de sociétés autonomes remplissant leur propre fonction publique. Quant à l'onction royale, certes elle met de l'huile dans les rouages politiques mais elle ne meut pas la mécanique du pouvoir : les rois, dans la phase de recomposition, sont encore élus par les princes, ce ne sont que des *primus inter pares*. Paradoxalement, Grégoire VII s'appuiera sur cette dépendance par le bas du pouvoir impérial pour obliger l'empereur Henri

[323] Mt 22,23-33 ; Mc12,18-27 ; Lc 20,20-26

IV à reconnaître la primauté par le haut de Rome sur l'empire. Il dispose de l'arme redoutable de l'excommunication. Les princes, quand celle-ci sera utilisée, se révolteront contre l'empereur. La société politique se légitime par le bas tout en acceptant le principe de l'autorité religieuse au sommet de la pyramide.

En terre chrétienne, on rend difficilement à César ce qui lui appartient et à Dieu ce qui lui est dû, mais enfin la Vérité des Evangiles est trop éloignée des considérations politiques immédiates pour qu'on en fasse une constitution ou même un code civil. La Vérité y relève plus du préambule, sa traduction pratique étant largement ouverte à l'interprétation. La recomposition du pouvoir qui part de la base pour s'élever à l'Etat semble un processus quasi naturel, spontané ; en réalité, elle n'est possible qu'en raison d'une conception de l'autorité caractérisée par l'autonomie vis-à-vis des représentants des vérités religieuses. Si le détenteur légitime du pouvoir n'avait pu être qu'un roi désigné par Dieu en raison de sa proximité avec la révélation divine, le phénomène de recomposition tel que nous l'observons eut été impossible, à l'instar de ce qui s'est passé dans l'empire byzantin et dans les royaumes des taïfas. Or nous avons vu que cette imbrication du pouvoir politique et de la révélation divine était toujours due à une compréhension littérale de la Vérité révélée. On objectera que les querelles médiévales entre pouvoir politique et Eglise semblent démontrer le contraire, chacune des parties souhaitant réaliser la fusion des deux autorités dupliquant ainsi, sans en avoir conscience, le vieux paradigme polythéiste. Force est néanmoins de constater qu'aucune n'y arrivera. A ceci, nous apportons l'explication suivante : c'est une caractéristique des cercles de liberté que de permettre des recompositions à partir de valeurs nouvelles. La décomposition autorise le renouveau par des valeurs empêchées jusque là de donner leur puissance dans la réalité sociale du fait du maintien de structures qui les bridaient. En l'an mille, l'Etat commence sa recomposition. Il fait face à une Eglise qui a traversé l'histoire et qui est en mesure de lui résister. Du choc des institutions naîtront des espaces de liberté. Cette séparation du politique et du religieux déterminera tout le reste.

Les communes marchandes joueront des deux pouvoirs pour gagner leur autonomie, elles diffuseront les nouvelles valeurs liées au travail marchand et industriel préfigurant le capitalisme. Les universités gagneront également leur autonomie au sein des communes en obtenant alternativement des deux pouvoirs des privilèges de franchise. Le lien entre essor urbain et libre déploiement de la raison pourra dès lors s'affirmer et engager le monde latin sur les chemins de la rénovation intellectuelle qui débouchera plus tard sur la démarche scientifique et la société capitaliste.

Les communes ou l'engagement dans le monde

Les villes du Moyen Age ont une fonction économique affirmée autour du marché, elles naissent dans le prolongement de la vie rurale et se rattachent au mouvement de paix qui parcourt le début du millénaire; le mouvement communal s'insère donc dans la société féodale. On a voulu voir dans la commune une préfiguration de 1789, la bourgeoisie naissante arrachant au seigneur et à l'évêque ses libertés. Le clerc, Guibert de Nogent, au début du XIIème siècle, ne s'exprimait-il pas ainsi ? : « *Commune, nom nouveau et détestable* ». Mais les marchands et les artisans ont besoin de mettre à l'abri leurs personnes et leurs biens. Ils ont besoin de la protection des puissants, ainsi se créent le long des grandes voies de trafic, souvent au pied des remparts des forteresses, les villes du Moyen Age, les fameux « bourgs » qui donneront à la nouvelle classe sociale en train de naître leur nom. Pour retrouver l'atmosphère des débuts, lisons ce qu'en disait St Bertin dans sa Chronique à propos d'une des futures villes européennes, Bruges : « *Pour les besoins et les nécessités de ceux de la forteresse, commencèrent à affluer devant la porte, auprès de la sortie du château, des négociants, c'est-à-dire des marchands d'articles coûteux, ensuite des taverniers, ensuite des hôteliers pour la nourriture et le gîte de ceux qui poursuivaient des affaires avec le seigneur souvent présent, de ceux qui construisaient des maisons et préparaient des auberges pour les personnes non admises à l'intérieur de la place. Leur formule était : « Allons au pont ». Les habitants s'y accrurent de telle sorte que bientôt naquit une ville importante qui jusqu'à aujourd'hui conserve le nom vulgaire de pont, car brugghe signifie pont en langue vulgaire.* »[324]

La fragmentation féodale a installé le pouvoir à la campagne où les châtelains exercent leur droit de justice et leur protection, aussi leur puissance s'arrête aux portes de la ville. Quant aux évêques qui se sont

[324] *L'Europe de la foi 800/1453*, Les mémoires de l'Europe, Paris, Robert Lafont, 1970, p. 176.

arrogés une partie de la puissance publique à la faveur du mouvement de paix, ils souffrent du discrédit que provoque la féodalisation de leur fonction. Les bourgs naissant se développent ainsi dans les interstices de la nouvelle société entre l'arbitraire seigneurial et les défenseurs des cités que sont à l'origine les évêques. Les villes d'Occident naissent alors dans le relâchement de l'autorité politique. Elles connaissent un développement inégal selon qu'elles arrivent à remplir un nombre plus ou moins important de fonctions administratives, judiciaires et commerciales et qu'elles imposent leur domination sur la campagne. Après que l'Europe de Raoul Glaber se soit couverte d'un « blanc manteau d'églises », elle se couvre d'un grand nombre de petites villes vivant du marché de l'activité artisanale et des travaux des champs. Quelques grandes villes émergent comme Paris, Venise et Milan qui, à la fin du XIIIème siècle, devaient compter plus de 100 000 habitants, puis suit le groupe des grosses villes de Flandre, d'Angleterre (Londres) et d'Allemagne du nord avec des agglomérations ne dépassant pas les 40 000 habitants[325]. Notons que les futurs foyers du capitalisme, l'Italie du nord et la Flandre, se caractérisent par l'intensité de leur réseau urbain composé de petites villes. Comme les paysans, les bourgeois dépendent des comtes ou des évêques dont ils occupent la terre. Mais, contrairement aux paysans, ils sont entreprenants et riches et, par ailleurs, ils apportent à la nouvelle société un regard rénové sur le monde et les biens matériels dont ils font commerce. Ces communautés ne vont pas tarder à s'organiser dans des guildes. Les bourgeois vont apprendre la force de l'union et très vite réclamer le droit de s'administrer eux-mêmes. La commune médiévale naît d'un pacte volontaire entre tous les citadins, la *conjuratio*[326] des membres de la commune veut s'assurer contre la violence et les exactions, quels que soient leur provenance, des seigneurs ou de ses propres membres. Le mouvement communal est né comme en écho au mouvement de paix qui l'avait précédé. Les citadins recherchent, autant que faire se peut, l'appui du clergé et des grands. Ils ne sont pas systématiquement dans une recherche d'indépendance mais tendent à l'autogouvernement. L'histoire des communes va donc se heurter aux pouvoirs des autorités et obtenir des résultats variables en fonction de la force des « conjurés » et de la résistance du pouvoir local. Par exemple, les villes du nord de l'Italie sauront trouver un compromis avec l'évêque

[325] *Le Moyen Age en Occident*, HU Histoire, 4è édition 2008, Paris, Hachette supérieur, HU Histoire, 2008, chp 13, Villes et sociétés urbaines

[326] Au sens étymologique, il ne s'agit que d'un serment prêté ensemble.

pour le reléguer dans un rôle de représentation et confier à des consuls élus la réalité du pouvoir. En Italie du sud, au contraire, l'autorité sans partage de Frédéric II, pourtant considéré comme un souverain éclairé, empêchera l'affranchissement des villes. C'est à un certain équilibre des pouvoirs que nous assistons mais la formule démocratique est loin d'avoir trouvé son expression. Les villes qui réussiront à obtenir le plus d'autonomie comme les communes italiennes, les villes flamandes et rhénanes finiront par passer sous la domination des citoyens les plus riches. La république de Venise se fermera progressivement et réservera l'accès au Grand Conseil à ceux dont les ancêtres en avaient été membres. Entre le patriciat et le peuple, le divorce éclatera au XIII^{ème,} siècle. Il n'en reste pas moins que les villes furent de multiples cercles de liberté d'où purent naître les mutations sociales qui changèrent la société en profondeur. Les communes durent leur autonomie à la fragmentation politique, mais il faut rajouter à ce simple constat le trait le plus original de l'évolution urbaine de l'Europe latine, à savoir le fait que ces communes eurent la légitimité politique pour regrouper des pouvoirs qui dans d'autres civilisations faisaient partie de la souveraineté de l'Etat. La *res publica* se concevait comme jaillissant de n'importe quel corpus social d'utilité publique. C'était considérer le monde chrétien comme un organisme de sociétés d'importance variée mais fonctionnant selon des principes de souveraineté identiques. L'homme, diront les philosophes à la suite d'Aristote, est un animal politique. St Thomas ira jusqu'à dire que les vertus politiques sont en elles-mêmes des facteurs de formation de la communauté politique, alors même que ces vertus sont séparées des vertus chrétiennes et théologiques[327]. Ainsi, le mouvement communal s'est produit dans la société chrétienne médiévale pour la même raison fondamentale qui a permis la recomposition du pouvoir politique étatique par la base, soit la séparation des pouvoirs religieux et politique. A cela il faut rajouter ce que Jacques Le Goff résumera dans la formule « la bourse *et* la vie »[328] c'est-à-dire l'obtention par les marchands des deux biens fondamentaux : le bien matériel et le bien spirituel. L'Eglise, sous l'influence de la nouvelle classe des marchands, commença à interpréter ses écritures : tout marchand qui était plus ou moins un usurier se vit

[327] Nous reprenons les analyses de l'historien Jeno Szucs, in, *Les trois Europes*, Paris, essai l'Harmattan, 1985, p. 46.
[328] Voir Jacques Le Goff, *La bourse et la vie*, Economie et religion au Moyen Age, Paris, Pluriel, Hachette Littératures, 2001. et, *L'Europe est-elle née au Moyen Age*, *ibid*, p. 156-158.

proposer le purgatoire pour racheter ses fautes terrestres. On traça une frontière entre les gains licites et les gains illicites. Le grand commerce international y gagna ses galons providentiels et fut désormais une nécessité voulue par Dieu. Après avoir reconnu dans les monastères bénédictins la double valeur du travail agricole et du travail intellectuel de copiste, l'Eglise, de façon certes ambiguë mais néanmoins réelle, reconnut la valeur du travail marchand et artisanal. Bousculée par l'évolution économique, elle dut, sur la question du prêt à intérêt, trouver un équilibre entre la condamnation et les situations nouvelles d'un commerce en expansion. A titre d'exemple, la façon dont St Thomas d'Aquin traite du cas de l'usure est très révélatrice. Le cas est examiné dans la somme théologique à la question 78 sous le titre « Le péché d'usure dans les prêts ». Le premier article répond sans ambiguïté à la question de savoir si c'est un péché de recevoir de l'argent à titre d'intérêt pour un prêt d'argent. Oui, répond St Thomas, suivant en cela la position traditionnelle de l'Eglise, c'est un péché car recevoir un intérêt, c'est faire payer ce qui n'existe pas. En effet, l'usage de l'argent n'existe pas au sens où on ne le consomme pas comme le vin par exemple ; l'argent n'est là que pour faciliter les échanges rappelle St Thomas en s'appuyant sur Aristote. La plupart des commentateurs[329] s'arrêtent à cette réponse, tirant la conclusion que l'Eglise est contre le développement économique. Poussons un peu la lecture. St Thomas pose à l'article 2 une deuxième question plus embarrassante pour la théologie : est-il permis, en compensation de ce prêt, de bénéficier d'un avantage quelconque ? Pourquoi se poser cette question si le prêt à intérêt est inadmissible sinon pour tenter de s'ajuster à une réalité incontournable ? A partir de cette question, il amorce un virage. Bien sûr, le grand Aristote et les textes bibliques n'y sont pas favorables, mais avance-t-il : « *si le prêteur reçoit cet avantage sans l'avoir exigé et sans aucune obligation tacite ou expresse, mais à titre de don gracieux il ne pêche pas* » et plus loin, toujours très prudemment : « *la compensation pour un bienfait reçu peut être envisagée* » jusqu'à la solution 5 qui prend en compte les considérations économiques: « *Mais celui qui confie une somme d'argent à un marchand ou à un artisan par mode d'association, ne leur cède pas*

329 Fernand Braudel dans « la dynamique du capitalisme » se saisit du cliché, il écrit « Mais si la religion, et donc la culture, a levé assez tôt ses obstacles [au modernisme], elle a maintenu une forte opposition de principe, en particulier en ce qui concerne le prêt à intérêt, condamné comme usure ». Paris, Arthaud, 1885, p. 69 - Levée des obstacles ou opposition de principe, il faut choisir !

la propriété de son argent qui demeure bien à lui, de sorte qu'il participe à ses risques et périls au commerce du marchand et au travail de l'artisan ; voilà pourquoi il sera en droit de réclamer, comme une chose lui appartenant, une part du bénéfice». A l'article 3, St Thomas doit faire face à la réalité du prêt à intérêt et envisager ses conséquences : est-on tenu, se demande-t-il, de restituer les bénéfices légitimement obtenus par les intérêts d'un prêt usuraire ? Or sa réponse admet que ce que l'on a gagné avec les intérêts du prêt n'a pas à être restitué en considération de l'activité humaine qui en est la source. Enfin, la contorsion la plus spectaculaire intervient au dernier article dans lequel St Thomas d'Aquin envisage non plus le cas du prêteur mais de l'emprunteur. Est-il permis à l'emprunteur d'emprunter à intérêt ? On n'a pas le droit de prêter à intérêt mais, de façon quelque peu paradoxale, il accepte l'idée que l'on puisse emprunter avec un intérêt.

Si l'interdiction du prêt à intérêt se retrouve dans la Bible, dans le Coran et dans Les politiques d'Aristote, ce n'est pas parce que les monothéismes s'opposent au développement économique, comme on le lit trop souvent[330], mais parce que leur horizon économique est celui d'un autre temps. Le prêt à intérêt fut au cours des siècles le premier pas vers l'esclavage des petits producteurs qu'étaient les paysans. Dans une économie agricole très tendue, la perte d'un animal, l'absence ou le retard des pluies, une maladie… pouvaient compromettre gravement l'équilibre économique du paysan, le prêt était un moyen de se tirer d'une mauvaise passe. L'intérêt fut considéré comme usuraire compte tenu de la faible capacité de remboursement de l'emprunteur. Par ailleurs, le prêt ne pouvait être octroyé que par un puissant qui, en cas de non remboursement, faisait tomber l'emprunteur dans l'esclavage. C'est cette réalité économique que reflète l'interdiction du prêt à intérêt. N'oublions pas que les paysans cananéens ruinés, les Hapirus, ont fui en Egypte à cause de leurs difficultés économiques : les princes cananéens refusant de remettre les dettes ; souvenons-nous de Solon, le grand réformateur athénien, qui sortit Athènes de la crise en remettant les dettes du petit peuple. Du fond de l'histoire remonte une expérience douloureuse relative à l'usure, les textes révélés s'en sont souvenus. Plus près de nous, la crise des subprimes n'est pas si éloignée de l'asservissement des

[330] A notre grand regret, Alain Peyrefitte dans un essai par ailleurs brillant et novateur sur « La société de confiance » ne voit pas la cause réelle de cette interdiction. *La société de confiance*, Paris, Odile Jacob, 1995, p.75.

anciens : n'a-t-on pas poussé indûment à emprunter, assuré par la garantie de retrouver non pas des esclaves mais des biens à bon compte ? Le point commun se situe dans le rapport de force qui fait violence au débiteur. Habitués à un monde économique différent, nous projetons sur la question du prêt à intérêt un regard anachronique ignorant des réalités passées. Nous qualifions de tabou ce qui fut pour les hommes d'Eglise un problème moral nouveau en contradiction avec leurs textes révélés imprégnés de millénaires d'une autre histoire économique.

Peu importe le fond de l'argumentation, ce qui compte c'est la démarche d'interprétation du corpus des écritures pour s'en détacher et justifier doctrinalement une pratique généralisée et ainsi tolérer la multiplication des banquiers et des prêteurs. Nous observons, sur ce cas très sensible, un travail de relecture des écritures qui vise à adapter le discours à la réalité économique sans perdre le socle des Vérités. C'est à notre sens révélateur d'une herméneutique caractéristique du christianisme. Tout se joue dans cette herméneutique, le texte aurait été reçu en son sens littéral, la partie de la société en charge de la cohérence sociale aurait bloqué la dynamique du capitalisme naissant. Certes l'interprétation court après la réalité donnant une impression de retard permanent, cependant ce n'est pas essentiel, ce qui l'est c'est la capacité interprétative. L'interprétation du prêt à intérêt fait penser au verre à moitié plein ou à moitié vide, on peut choisir son angle de lecture : soit on en conclut que l'Eglise s'oppose à la dynamique marchande et financière qui l'accompagne, soit on évoque les multiples exemples qui contredisent et contournent cet interdit : l'usage de la lettre de change, la naissance de grandes familles catholiques de marchands banquiers comme les Médicis et les Fugger, le financement de l'élection du très catholique Charles Quint par l'emprunt...En choisissant le premier angle de lecture, on se range à l'opinion commune mais l'on se prive de voir l'évolution qui est amorcée par l'Eglise sur les textes sacrés et l'on rejette, trompés par une herméneutique laborieuse, le bébé avec l'eau du bain, autrement dit, le fondement religieux avec le retard de l'institution.

N'oublions pas que cette évolution économique fut une conséquence, inattendue pour les clercs, de l'apparition de cercles de liberté indépendants des domaines politique et religieux. Nous proposons d'y voir une conséquence des orientations religieuses plutôt qu'un esprit du capitalisme signifiant, par cette priorité donnée aux conceptions religieuses plutôt qu'au système économique, l'origine spirituelle d'une évolution matérielle. Car il nous semble qu'attribuer au capitalisme un esprit bute sur une aporie : l'origine du système capitaliste suppose le système capitaliste. Si ce qui fait le capitalisme c'est son esprit, alors d'où vient cet esprit ? S'il vient du système lui-même, il ne peut en être que la conséquence et plus la cause. Il faudra donc, si l'on veut expliquer le capitalisme par la matérialité de l'économie, repousser à l'infini la recherche de la cause matérielle, et l'on se trouvera acculé à expliquer le système capitaliste par le biface acheuléen ! Admettons maintenant que l'esprit en soit la cause, il faut par conséquent poser qu'il le précède et qu'il a lui-même une autre origine. On ne peut donc plus affirmer, en toute rigueur de terme, qu'il s'agit de l'esprit du capitalisme au sens où il émanerait du système capitaliste. Nous préférons soutenir que toute modification intervenue dans les conceptions religieuses a des répercussions sur le système économique. Elles sont ici clairement identifiées : séparation du politique et du religieux, élasticité de la valeur travail, capacité à interpréter les valeurs fondatrices. Ce qui n'empêche nullement les processus matériels de causer des changements économiques et sociaux profonds. Nous pensons, par exemple, pour la période du Moyen Age, à la disparition de plus d'un tiers de la population au XIVème siècle sous l'effet de la peste noire. Cette catastrophe démographique provoquera la modification des rapports économiques entre les serfs et les seigneurs et conduira à la disparition du servage dans l'Occident latin[331]. Il faut donc admettre à la fois que les lois économiques régissent les enchaînements matériels autonomes et qu'elles dépendent, pour les alternatives paradigmatiques, des conceptions sur le rapport au monde développées par les religions et plus généralement les systèmes de valeur.

Les universités ou la production du savoir

Intéressons-nous maintenant aux universités, phénomène unique par le nombre des fondations, la quantité d'élèves formés et la force émancipatrice. En près de 150 ans, plus de 30 universités seront créées en Europe. A partir du XIIIème siècle, l'Europe médiévale occidentale se

[331] Pour une explication complète de la modification des termes de ces rapports, voir l'analyse des droits de propriété développée par Henri Lepage, *Demain le capitalisme,* Paris, Pluriel, Livre de poche, 1978, chp 3, Comment est née la propriété.

couvre du premier réseau de corporations du savoir. Rien de comparable n'avait existé ni à Byzance ni dans les différentes dynasties musulmanes. L'université médiévale n'est pas inféodée à un pouvoir politique ou religieux, elle n'est pas un lieu de reproduction du savoir : c'est un lieu d'exercice de la raison dialectique, un lieu de confrontation de la raison occupée à chercher l'accord avec la foi. Sans l'université médiévale, la science, dédiée aux réalités de la nature, n'aurait pu trouver le substrat intellectuel nécessaire à son épanouissement.

La naissance des universités est un phénomène urbain qui prend le relais des écoles épiscopales nées au XIème siècle dans le sillon de la réforme grégorienne. La montée progressive des villes porte en son sein la croissance des écoles épiscopales car l'Eglise a besoin de clercs bien formés pour prolonger la tâche réformatrice. Les jeunes générations délaissent alors l'enseignement traditionnel dispensé dans les monastères situés à la campagne, pour recevoir, dans les villes, l'enseignement de quelques maîtres qui font le rayonnement de leur école. Citons Anselme (1033-1109) qui tentera de prouver l'existence de Dieu, engageant sa foi dans une quête de l'intelligence, et Abelard (1079-1142), célèbre professeur de théologie de l'école de Paris. Il restera dans l'histoire pour sa passion amoureuse avec sa jeune élève Héloïse, mais sa réputation de professeur sera due à l'usage conjoint de la raison et de l'autorité appliquées au commentaire de la Bible. Des accents étonnamment modernes parcourront les écoles épiscopales. Maîtres et élèves finiront par secouer la tutelle de l'évêque. Par une heureuse coïncidence, cette volonté d'émancipation des autorités ecclésiastiques locales rencontra la volonté des papes de mieux contrôler, mais désormais de manière directe, certains centres d'excellence scolaire[332]. Ce sera le cas pour Paris. A l'origine de l'université de Paris, on retrouve un certain pullulement d'écoles libres de la montagne Ste Geneviève au Petit Pont et à la Cité. Il semble que tout ce petit monde d'élèves et de maîtres soit entré en conflit avec le prévôt de Paris à l'occasion d'une rixe entre des étudiants allemands et un cabaretier parisien occasionnant la mort de cinq étudiants. Maîtres et élèves firent la première grève menaçant de partir en des lieux plus sûrs. Philippe Auguste désavoua son prévôt et octroya un privilège d'exemption aux maîtres et écoliers les plaçant sous sa protection personnelle. L'*universitas* est ce premier rassemblement juridique bénéficiant de la protection du roi. Le second pas fut franchi en

[332] Voir à ce propos Jacques Verger, *L'essor des universités au XIIIème siècle*, Paris, Initiation au Moyen Age, Cerf, 1998.

1215 quand le pape innocent III invita l'*universitas* à se donner ses propres statuts, assurant ainsi à cette organisation corporative l'autonomie par rapport au roi et à l'évêque. On perçoit à travers l'anecdote la fragilité d'un groupe en gestation, mu par une énergie autonome, mais en recherche d'une protection. Celle-ci est obtenue contre la police par le roi, puis par le pape contre le roi. Les autorités sont ouvertes à l'émergence d'une nouvelle corporation du savoir dont elles pourront tirer profit et prestige, mais l'initiative vient bien de la base et non pas du haut, elle est possible car les pouvoirs se concurrencent et ne contrôlent pas encore la société, lui laissant sa liberté d'initiative ; il est de ce point de vue remarquable de constater que seul l'empire n'a pas vu naître d'université[333] selon cette génération spontanée. L'université est typique des mutations qui sont produites dans le corps social par l'existence des cercles de liberté. La diffusion du phénomène est, quant à elle, révélatrice d'un état sociétal fragmenté d'un bout à l'autre de l'Europe. Les nouvelles *universitas* en profiteront pour nouer des alliances, au gré des circonstances, avec des pouvoirs divisés. Cette fragmentation n'en est pas moins une marque d'unité, l'unité culturelle qui caractérise la jeune chrétienté.

Un regard sévère nous conduit à observer la science médiévale comme emprunte de *disputatio* stériles. Les divers commentaires produits par les grands intellectuels comme Albert Legrand et St Thomas d'Aquin sentent la vieille scolastique. Un parfum de naphtaline conserve les « sommes » contre les trous de la mémoire moderne. Certes les « sommes » ont l'ambition de réunir tout le savoir encyclopédique des auteurs médiévaux, mais elles ne dégagent pas l'odeur de fraîche nouveauté que l'on trouvera plus tard chez les encyclopédistes des Lumières. Et pourtant, c'est au sein de ces corporations intellectuelles que les esprits s'éprendront de liberté. Pour comprendre ce cheminement, il faut partir encore une fois de la réforme grégorienne, mais cette fois ci à l'initiative des personnalités laïques. En effet, St Dominique et St François sont des laïcs épris d'idéal évangélique, ils fuient la richesse, on qualifiera leurs ordres de mendiants. Pour St Dominique, l'accent est mis sur l'enseignement par la parole. L'initiative de St Dominique vise à contrer l'hérésie cathare par l'exemple d'une vie vertueuse et la puissance d'une prédication argumentée. Quant à St François, il cherche le dépouillement absolu pour retrouver la pureté christique. Ce sont des marginaux aux

---

[333] *Le Moyen Age en occident op. cit.*, p. 211.

yeux de leurs contemporains. Quand St Thomas, l'illustre figure intellectuelle de l'ordre dominicain, fils de la petite noblesse italienne, fuit les bénéfices ecclésiastiques pour la pauvreté et l'enseignement, il choque. Les mendiants sont un peu nos hippies, mais des hippies qui auraient entrepris de réformer la société avec l'appui de la première puissance de l'époque, la puissance romaine. Comme si les hippies allaient réformer la société avec l'appui de Wall Street ! Curieux assemblage qui va apporter du sang neuf à l'université. Cluny est sur le déclin, St Bernard qui se méfie de l'orgueilleuse raison a connu son heure de gloire avec l'ordre cistercien, désormais les nouveaux moines sortent des campagnes pour investir les villes avec l'intention de faire bouger la chrétienté. Et d'ailleurs la chrétienté bouge, elle part à la reconquête de l'Espagne, elle occupe Byzance et conquiert Jérusalem. Elle sort d'elle-même et, à cette occasion, retrouve les auteurs grecs et surtout, nous l'avons vu, les débats qui agitent les penseurs musulmans. L'influence d'Avicenne et d'Averroès pénètre les écoles chrétiennes. Quand St Thomas écrit son « Contre Averroès », il partage avec Averroès l'idée qu'il faut rechercher l'accord entre la foi et la raison bien qu'il soit contre la solution noétique défendue par ce dernier.

L'université de Paris, sous l'influence d'Albert le Grand puis de St Thomas d'Aquin, rayonne dans la théologie, celle de Bologne dans le droit, à Montpellier, sous l'impulsion des juifs chassés d'Andalousie, on s'intéresse à la médecine. Ces trois universités illustrent les trois spécialisations qui mènent au titre de docteur. La première étape étant de passer par le cycle des arts libéraux répartis entre le *trivium* et le *quadrivium*. Le *trivium* comprend l'étude de la grammaire, de la rhétorique et de la dialectique, c'est-à-dire l'art du discours et l'art d'opposer des arguments, le *quadrivium* initie les étudiants à l'arithmétique, la géométrie, l'astronomie et la musique. A l'issue de ces cycles, on obtient le baccalauréat ès-arts, puis la licence et enfin le doctorat d'une des trois facultés : théologie, droit, médecine. L'enseignement est en théorie gratuit car les maîtres jouissent d'un bénéfice ecclésiastique. Cependant les problèmes d'argent préoccupent professeurs et élèves. C'est pour accueillir les étudiants les plus démunis que Robert de Sorbon, ami de St Louis, fonde à Paris un collège qui porte toujours son nom. La théologie tient le haut du pavé d'autant que l'Eglise finance, comme on vient de le voir, l'enseignement. La théologie de cette époque n'est pas considérée comme le ferait un regard moderne, il faut se débarrasser d'une vision anachronique. C'est par la théologie qu'Aristote est réintroduit dans l'université. Aristote représente la pointe du rationalisme, le meilleur de l'esprit scientifique de l'époque. On l'a vu, Thomas d'Aquin, nourri de l'œuvre d'Aristote, veut concilier la pensée antique et la doctrine chrétienne. Sa somme théologique constitue l'apothéose d'une quête de rationalité par une pensée religieuse, il est à ce titre combattu par les autorités universitaires avant de s'imposer. Qui se plonge dans la somme théologique est saisi par l'extrême rigueur et virtuosité de la démonstration de chaque question. St Thomas d'Aquin est le plus philosophe des théologiens de son époque, son champ d'investigation concerne ce qu'il appelle, avant Kant, le champ de la raison pratique. Il écrit[334] : « *La raison pratique a pour objet l'action humaine, qui est particulière et contingente, non les réalités nécessaires dont s'occupe la raison spéculative* » et il ajoute ce qui est fondamental pour l'acceptation de l'aventure scientifique européenne par l'Eglise: « *C'est pourquoi les lois humaines ne peuvent pas posséder l'infaillibilité dont jouissent les conclusions démonstratives des sciences* ». Celui qui sera et reste un des sommets de la pensée théologique de l'Eglise catholique affirme, en plein XIIIème siècle, l'infaillibilité des démonstrations scientifiques ! St Thomas d'Aquin n'est pas lui-même à l'abri des critiques, le moine Franciscain Roger Bacon (1212/1220-1294), gloire de l'université d'Oxford, réagit au trop plein de science théologique, il veut que l'enseignement universitaire s'ouvre aux sciences profanes, il avance une idée extrêmement originale : seule l'expérience valide la connaissance. Dans son *Opus Majus,* il écrit[335] : « *Je souhaite révéler à présent les principes de la méthode expérimentale, puisque sans expérimentation rien ne peut être suffisamment connu. Car il y a deux modes d'acquisition des connaissances : le raisonnement et l'expérience. Le raisonnement aboutit à une conclusion et nous le fait admettre mais il ne fait pas de cette conclusion une certitude et n'écarte pas le doute. De la sorte, l'esprit n'a que l'intuition de la vérité à moins qu'on ne la découvre par le chemin de l'expérimentation. Nombreux sont ceux qui ont des arguments relatifs à ce qui peut être connu, mais leur dédain de l'expérience leur font les négliger et ne leur permet ni d'éviter ce qui est erroné ni de suivre ce qui est juste. Si un homme, n'ayant jamais vu le feu devait prouver par le raisonnement que le feu brûle, affecte les choses et les détruit, son esprit n'en serait pas satisfait. Il n'éviterait pas le feu avant d'avoir placé sa*

[334] St Thomas d'Aquin, *Somme Théologique* Q.91, a.3, sol.3.
[335] Roger Bacon, *Opus majus*, in L'héritage occidental, Paris, Odile Jacob, 2002, p. 396.

main ou quelque substance combustible dans le feu de façon à prouver par l'expérience ce que le raisonnement indiquait. Mais après avoir connu une réelle expérience de la combustion, son esprit acquiert la certitude et repose dans la pleine lumière de la vérité. Le raisonnement donc ne suffit pas, tandis que l'expérience est suffisante ». Cette idée qu'il y a des sciences expérimentales et qu'il faut à la raison comme une béquille pour marcher est proprement révolutionnaire. L'orgueil de la raison dialectique que suspectait St Bernard dans son monastère trouve un écho chez le franciscain, mais pour une conclusion radicalement différente. St Bernard n'y voyait que motif pour se consacrer à la prière, Roger Bacon découvre un énorme domaine de connaissances à explorer : « *Voilà -nous dit-il- pourquoi les secrets les plus importants de la sagesse restent inconnus de nos jours à la foule des savants qui pourraient facilement initier à toutes les parties de la science, s'ils appelaient à leur aide une méthode convenable* ». Dans la pensée du franciscain, la nature nous reste secrète et la découverte de ses secrets par la science expérimentale est assimilée à la sagesse ; science et sagesse se rejoignent comme le pensaient déjà les Grecs, Roger Bacon y rajoute la notion d'expérimentation exprimant ainsi, pour la première fois, l'idée moderne du progrès scientifique !

La réforme humaniste

Roger Bacon prépare, à trois siècles de distance, le terrain à Galilée. Il paraît légitime de se poser la question de savoir pourquoi tant de siècles furent nécessaires avant que l'esprit scientifique ne s'épanouisse ? On peut avancer la catastrophe démographique du XIVème siècle, les guerres entre Etats mal assurés de leur souveraineté, le cheminement nécessaire aux savants pour faire leurs découvertes en s'appuyant sur les successions d'innovations techniques et de progrès conceptuels. Nous avancerons également l'idée d'une certaine fermeture des cercles de liberté. La première génération « spontanée » d'universités sera suivie de créations plus institutionnelles et plus contrôlées ; le jeu laissé par l'autorité politique en construction laissera la place à une organisation politique étatique structurée, contrôlant mieux la société. Quant au contenu de l'enseignement, la cathédrale intellectuelle bâtie par St Thomas se sclérosera dans la scolastique. Trop sûre d'avoir atteint la perfection, la scolastique sombrera dans son contraire, la reproduction de réponses toutes faites, quand les maîtres innovaient, découvraient. La scolastique a stimulé le commentaire biblique évitant ainsi que le Livre ne se figeât dans une tradition immobile, on lui doit la quête de la rationalité. Mais cette quête n'a pas daigné s'orienter vers les secrets de la nature, l'Eglise a ainsi perdu sa domination sur la vie intellectuelle se laissant dépasser par les esprits scientifiques qu'elle avait contribué à former. Dans ce vide laissé par l'Eglise est née la Renaissance. Le courant humaniste inspiré par un retour à l'antiquité prend alors le relais de la réforme intellectuelle. Les humanistes hésitent entre une conception magico-alchimique vitaliste[336] et une vision du monde pénétrée de principes mathématiques : le monde est désormais perçu dans sa profondeur. A leur manière, par la découverte de la perspective, les peintres illustreront cette vision nouvelle de « *la nature écrite en langage mathématique*[337] ». Le traitement de l'espace et de la lumière dans la peinture de la Renaissance traduit une nouvelle vision emprunte des principes humanistes : la perspective n'a rien de naturel, c'est une expression artistique qui suit un mouvement scientifique en marche dans toute l'Europe. Pour les hommes de la Renaissance, la nature n'est pas inerte, elle est animée d'intentions, de finalités, beaucoup sont convaincus que les astres influent sur les hommes jusqu'aux papes Jules II, Léon X et Paul III qui s'inquiètent de la position des planètes avant de fixer la date de leur couronnement, de l'entrée dans une ville ou d'un consistoire[338]. Les astrologues sont bien en cour, les alchimistes poursuivent leur quête de richesse par la transformation des métaux en or, quant à la sorcellerie on ne l'exclut pas dans les causes des pathologies ; la science se cherche et n'évite pas quelques impasses. La Renaissance c'est aussi le temps des ingénieurs. Les ingénieurs sont redoutables pour l'Eglise car ils apportent des preuves. Songeons à la différence de traitement entre Copernic et Galilée. Copernic a le premier proposé une alternative radicale au système hérité de Ptolémée, il substitue à l'univers clos, hiérarchisé et centré autour de la terre un monde orienté autour du soleil, la terre devient une planète comme les autres ! Copernic avait pris soin de dédier ses travaux au pape Paul III. On salua le savant mais on n'acquiesça pas pour autant à son système,

[336] Le vitalisme est une doctrine qui considère que les phénomènes vitaux sont irréductibles aux phénomènes physico-chimiques et manifestent l'existence d'une force vitale qui rend la matière vivante et organisée.

[337] On reconnaîtra la formule énoncée par Galilée.

[338] Rapporté par Jean Delumeau, *La civilisation de la Renaissance*, Les grandes civilisations, Paris, Arthaud, 1984, p. 436.

Copernic ne fut pas inquiété. Entre Copernic et Galilée il y a une lunette, autrement dit le travail d'un ingénieur et cela change tout car la lunette permet d'observer et ainsi de valider par l'expérience une théorie scientifique ; Galilée c'est aussi le triomphe de Roger Bacon, un choc frontal pour les détenteurs de la raison théologique, en fait le début d'une bataille perdue pour l'Eglise. En réaction à cette perte d'influence, l'institution n'a pas choisi la bonne option, elle s'est crispée, oubliant les leçons de ses maîtres sur la compatibilité entre la foi et la raison. Elle s'est donnée comme bouclier l'autorité des saintes écritures, opposant celles-ci aux découvertes scientifiques les plus déstabilisantes pour ses conceptions. On a vu ce qu'il en était avec Galilée. Ce même Galilée a parfaitement exprimé par son génie contrarié et son analyse de la situation les causes des blocages d'une société. Reprenons ce qu'il en disait dans une lettre à la Grande-Duchesse Christine de Lorraine[339]: « *Aussi me semble-t-il que, dans la discussion des problèmes de physique, on ne devrait pas prendre pour point de départ l'autorité des textes de l'Ecriture, mais les expériences des sens et les démonstrations nécessaires.* » puis il ajoute ce qui n'aurait jamais du être oublié: « *deux vérités ne peuvent se contredire : c'est donc le devoir des sages interprètes de l'Ecriture de pénétrer le véritable sens des textes sacrés, qui ne peuvent manquer de s'accorder avec des conclusions de la physique dont l'évidence pour les sens et les démonstrations nécessaires ont été rendues sûres et certaines* ». Galilée nous livre les clés du développement des connaissances qui consiste en une herméneutique non littérale du socle des vérités fondatrices d'une société. Nous qui nous situons après les Lumières, nous savons que les vérités sacrées ne sont pas d'ordre scientifique, alors dira-t-on comment peuvent-elles contribuer au développement des connaissances ? Nous répondrons qu'elles n'y contribuent pas directement, mais indirectement en tant que ciment social. Une société doit croire en elle-même, elle doit disposer d'un socle de valeurs éthiques, qu'elles soient sacrées ou non ; sans socle de valeurs, la société perd confiance en elle-même et dépérit par la natalité, l'émigration, la sclérose ou le conflit. Elle n'est alors plus en capacité de produire et d'exploiter une réflexion scientifique.

Par ailleurs, sur le plan religieux, le problème de l'Eglise était de pouvoir trouver la bonne herméneutique des valeurs fondatrices pour

339 Gérard Chaliand, Sophie Mousset, *L'héritage occidental*, Paris, Odile Jacob, 2002, p. 661.

continuer à les faire partager par le corps social ; elle n'y réussit pas complètement. Elle se fit dépasser par un mouvement de réforme qui cette fois-ci finit par sortir de l'institution pour la concurrencer : la Réforme était née. Elle insuffla à un petit peuple l'énergie pour amorcer la deuxième étape de la révolution capitaliste, celle que l'on qualifia d'âge d'or des Provinces-Unies, le miracle hollandais du XVII siècle. Dans cette aventure, nous allons le voir, la fin générale de l'Etat y rejoignit l'intérêt privé des citoyens selon un mode particulier propre à libérer l'énergie capitaliste. Saisis par cette réussite exceptionnelle, les meilleurs esprits rapprochèrent l'éthique du protestantisme de l'esprit du capitalisme. Max Weber chercha comment le protestantisme contribua, qualitativement, à la formation de l'esprit capitaliste et, quantitativement, à son expansion à travers le monde. Sa thèse, pour la première fois depuis que la « main invisible » s'était arrogée la suprématie sur la morale, introduisit les comportements fondés sur des croyances comme moteur de la dynamique capitaliste. Soudain tout se compliquait, l'économie n'avait pas seulement des lois naturelles, elle avait aussi des valeurs religieuses ! Quand toute la jeune science économique s'échinait à calculer des optimums à base d'utilité individuelle, Weber perturbait l'élégance des théories économiques en s'entichant des valeurs religieuses comme principe explicatif. Nous voulons revisiter cette thèse, la situer dans notre corps explicatif pour analyser le rôle des valeurs dans la grande chaîne des causes du miracle économique. Poursuivons pour cela notre parcours en traquant dans l'histoire leurs effets.

Les Pays Bas dans la continuité de l'histoire

Notre rapide survol de l'histoire nous conduit aux Provinces-Unies des Pays-Bas. Nous avons voulu relier ce petit pays, souvent considéré comme un point de départ du capitalisme, avant même la révolution industrielle venue d'Angleterre, à la culture médiévale, car ce point de départ a un enracinement historique qui nous semble négligé. La nouveauté de la réforme protestante ne peut pas livrer son exact rôle dans la réussite capitaliste des Pays-Bas si elle est coupée de l'histoire médiévale. Nous vous proposons de revenir en arrière pour saisir la continuité historique.

Les villes des Pays-Bas ont conquis leur autonomie aux XIe et XIIe siècles. Elles s'inscrivent dans le mouvement d'autonomie urbaine décrit précédemment, elles ressemblent sous ce rapport aux villes italiennes qui connaîtront les succès commerciaux que l'on sait. Chaque ville dispose donc de privilèges et de coutumes juridiques qui leurs sont propres. Ces villes, et c'est une première différence avec les villes italiennes, forment des réseaux constitués au sein de provinces. La Flandre est la province dont la tradition urbaine est la plus forte. Les villes sont dirigées par un patriciat urbain composé de riches bourgeois et d'officiers du prince, elle sont autonomes mais contrairement aux villes italiennes comme Venise, Gènes ou Florence, elles prêtent allégeance à un prince qui exerce son pouvoir sur un territoire beaucoup plus large : les ducs de Bourgogne placeront les provinces sous leur autorité pendant plus d'un siècle (1404-1506) ; avec l'avènement de Charles Quint (1500-1558), descendant des ducs de Bourgogne et héritier par son père du Saint-Empire romain germanique, ils seront remplacés par les Habsbourg. Les villes, unies au sein de provinces, disposent d'assemblées représentatives, les Etats, qui se réunissent plusieurs fois par an en présence d'un représentant du prince, voire de celui-ci. Une assemblée représentative supra-provinciale se met en place au XVème siècle, elle se réunit en Etats généraux à la demande du prince. Un pouvoir pyramidal est donc construit à partir d'une base caractérisée par son autonomie. Le haut de la pyramide est contrôlé par une autorité extérieure. Très tôt, des conflits naîtront entre les Provinces-Unies et les princes à cause de la pression fiscale exercée par ceux-ci et de la politique de centralisation, limitatrice des privilèges et libertés hérités de la période médiévale. Deux cultures s'affrontent déjà avant la Réforme : une culture marchande qui pratique un capitalisme du type de celui des villes indépendantes italiennes et une culture étatique et centralisatrice qui pratique une économie de conquête prédatrice. Le modèle espagnol, fait de guerres et de puissance centralisatrice, aveuglera ses dirigeants sur l'origine de la vraie richesse ; un petit peuple de boutiquiers lui fera payer son orgueil de conquistador « *héroïque et brutal* ». Dès lors, le scénario du conflit est écrit, il commence à être joué avant la Réforme ; on songe à la répression qui s'abat sur Bruges (1490) puis sur Gand (1492) mais aussi à la concession de la charte du Grand Privilège[340] aux Etats-Généraux, par Marie de Bourgogne. Ce texte

[340] Extraits du Grand Privilège de Marie de Bourgogne (1477), « Art. 13. Pareillement, que les Etats de nos pays susdits pour les affaires, prospérité et profit de nos pays communs et également, de la même façon, les Etats de chacun de nos pays cités, en

deviendra la référence des révoltés du siècle suivant car il représente la victoire des Etats-Généraux contre les efforts centralisateurs. Les Pays-Bas « catholiques » de la période bourguignonne d'avant la scission sont déjà prospères. Ils le doivent à une organisation qui part de la base de la société. Dès le XIème et XIIème siècle, des associations indépendantes des autorités seigneuriales ou princières administraient les polders : ces terres endiguées qui permettent d'étendre la surface agricole grâce à un réseau d'écluses et de canaux actionnés par des moulins à vent qui drainent l'eau jusqu'à la mer. Grâce à des techniques avancées de culture de légumineuses sur la jachère, l'enrichissement du sol est assuré en azote et autorise sur ces surfaces l'élevage du bétail. Anvers la brabançonne dépasse dans les années 1480 Bruges la flamande. En 1568 elle est devenue la ville la plus importante des Pays- Bas avec 100 000 habitants. En 1531 y est créée une bourse de change des monnaies. Les grandes firmes internationales comme celle des Médicis ont des filiales à Bruges, les Fugger, banquiers bavarois, s'implantent en 1508 à Anvers, ils y ont leur filiale la plus importante et financent, en grande partie, l'élection impériale de Charles Quint (1519). Anvers est alors le plus grand centre financier d'Europe[341]. Les Habsbourg trouvent dans les dix-sept provinces de quoi alimenter les caisses de l'empire : l'impôt levé sur le *cercle de Bourgogne*[342] procure à la couronne d'Espagne sept fois plus que l'argent d'Amérique. L'histoire ainsi rapportée semble donner raison à Fernand Braudel qui ne voyait dans le succès des hollandais qu'un basculement du centre de gravité du commerce de la méditerranée au nord de l'Europe : les affaires suivant le cours « *de forces obscures qui travaillent et poussent en avant l'ensemble de la vie matérielle et, au-delà ou au dessus, l'histoire des hommes.* »[343]. Weber ne s'est-il pas un peu trop avancé en proposant la thèse d'une union féconde entre la création du protestantisme et l'ascension du capitalisme ? C'est ce que

---

particulier pour toutes affaires concernant chaque pays, pourront se réunir et se rassembler en un lieu qu'ils choisiront à leur convenance, et à cette fin, ils pourront se convoquer et s'inviter mutuellement, aussi souvent et tant qu'il leur conviendra, sans pour cela devoir obtenir l'accord et permission de nous ou de nos héritiers descendants [...]. » in, *Les anciens Pays–Bas à l'époque moderne (1404-815),* Catherine Denys, Isabelle Paresys, Paris, Ellipses, 2007, p. 27.

[341] Le code anversois du commerce et de la finance fera encore autorité à Amsterdam au XVIIème siècle.

[342] Qui deviendra les dix-sept provinces à partir de 1543.

[343] Fernand Braudel, *La dynamique du capitalisme*, Paris, Arthaud, 1985, p. 14.

défend Braudel[344] : les hollandais n'auraient rien inventé, Amsterdam aurait copié Venise, tout comme Londres copiera Amsterdam et plus tard New York Londres. Non, dira Braudel, il faut chercher ailleurs, dans le jeu des hiérarchies sociales, le sort du capitalisme. C'est en empruntant les différents escaliers menant au pouvoir religieux, politique, militaire, aux hiérarchies diverses de l'argent qu'une classe de bourgeois réussira à parasiter l'ancienne classe des privilégiés pour finir par la remplacer ! Rien de réellement nouveau ne peut naître dans l'histoire matérielle de Braudel puisque le réel ne peut s'expliquer que par le matériel existant, une évolution économique provenant d'une mutation des valeurs religieuses n'a aucun sens, pourtant c'est bien ce que nous allons observer sans, toutefois, tourner notre regard du même côté que Weber.

La Réforme est aux portes de ce prospère ensemble économique de culture catholique, elle naît en 1517 dans le voisinage de l'Allemagne. Le catholicisme humaniste érasmien prédomine chez les élites, il est porteur d'un désir de réforme de l'Eglise. Bien qu'Erasme (1469-1536) se soit opposé à Luther, sa conception plus individuelle de la religion le fait passer pour un luthérien. Néanmoins, dans un premier temps, les élites des Pays-Bas, contrairement à l'Espagne, font le choix d'un catholicisme érasmien. La sensibilité aux réformes protestantes s'accentue à partir des années 1530. A Anvers, on estime la population de réformés à 15% des habitants. L'anabaptisme, voie plus radicale de la réforme, gagne les milieux populaires de Flandre, de Hollande, de Frise et de Groningue. De 1550 à 1560, le calvinisme se développe fortement. Face à l'extension de l'hérésie, le successeur de Charles Quint, l'empereur Philippe II, amorce une politique répressive qui s'inscrit dans la logique de l'Etat centralisateur. Une inquisition moderne contrôlée par le gouvernement puis décentralisée au niveau des échevinages[345] poursuit les hérétiques. La sévérité de la répression et une certaine concurrence entre tribunaux laïcs et inquisition ecclésiastique suscite le tollé des échevinages, des conseils provinciaux et des Etats qui y voient une atteinte à leurs privilèges judiciaires. Environ 1 300 personnes seront exécutées pour hérésie entre 1523 et 1565. Dans les années 1550, la tension est vive entre les habitants et le roi Philippe II. La monarchie qui vient de faire banqueroute (1557) augmente la pression fiscale et maintient une armée mal payée propageant la terreur dans le plat pays. La Réforme progresse

[344] *Ibid,* p. 69-78.
[345] L'administration locale

alors dans la noblesse, surtout dans les provinces du nord. La politique absolutiste et répressive du roi ne fait que crisper la situation jusqu'à la révolte *des gueux* en 1566 ; s'ensuivent quatre-vingts ans de guerres et d'atrocités interrompues par une trêve dite *de Douze ans* qui consacre la perte des Pays-Bas septentrionaux par les espagnols et la ruine des Pays-Bas méridionaux restés catholiques. Le conflit reprend en 1621 pour s'achever en 1648 : l'Espagne qui est désormais en guerre avec la France signe une paix séparée avec les Provinces Unies. Dans la déchirure du pays, le facteur religieux s'est introduit, il a galvanisé l'opposition du nord et tétanisé l'opposition du sud. De modération, il n'était plus question dans la guerre que se livraient les provinces contre l'empire. Les catholiques du sud soumis à une présence militaire espagnole se sont trouvés dans l'impasse : fallait-il conserver leur religion traditionnelle mais sous le joug espagnol ou prendre le parti de l'autre camp qui s'était radicalisé sous l'influence calviniste ? La violence de la guerre a accentué les différences et les gens ont dû choisir leur camp sur des lignes de partage religieuses. La guerre ravage le sud des Provinces-unies, vers 1600 Anvers ne comptait plus que 47 000 habitants contre 100 000 un demi siècle auparavant ; les Pays-Bas méridionaux se préparaient à un siècle de malheur quand le siècle d'or pouvait commencer pour les provinces qui avaient arraché leur indépendance.

Le principe d'harmonie

Nous sommes animés depuis le début de cette enquête par le désir de découvrir les modalités selon lesquelles les valeurs exercent leur force sur l'évolution économique. Il a semblé à beaucoup d'observateurs que la thèse wébérienne démontrait la réalité de cette force assimilée à l'adoption du protestantisme. Le rapide historique précédent nous met en garde dans la mesure où il rappelle qu'un capitalisme florissant existait avant la scission des provinces. Quel rôle dès lors attribuer au protestantisme dans la réussite des Pays-Bas ? Tournons-nous paradoxalement vers Braudel, lui qui se donna comme tâche d'explorer la vie matérielle pour tenter de mieux comprendre l'histoire des hommes. La vision de Braudel est panoramique, il voit tout dans la perspective du temps, il discerne la continuité et nous offre quelques points de vue remarquables sur notre problème. Que voit Braudel ? D'abord que « *le capitalisme ne triomphe que lorsqu'il s'identifie avec l'Etat, qu'il est l'Etat* »[346]. En second lieu, il voit des transformations sociales qui bouleversent ce qu'il appelle les hiérarchies au profit d'une nouvelle hiérarchie bourgeoise qui va « parasiter », pour finir par remplacer, la classe seigneuriale issue de la féodalité. Il en déduit qu'il y a des conditions sociales à la poussée du capitalisme et que celui-ci ne peut se passer d'une certaine tranquillité de l'ordre social ainsi que d'une complaisance de l'Etat. Quant à Weber, il cherche l'origine de l'esprit du capitalisme et, à cette fin, mène l'enquête dans les pensées religieuses des individus. Il ne soutient pas que le capitalisme soit une création de la Réforme, pourtant l'interprétation qui est faite de sa thèse n'arrive pas à se défaire de cette association, sans doute parce que l'ambiguïté demeure sur les rapports entretenus entre protestantisme et esprit du capitalisme. Résumons par un raccourci ces deux points de vue : Braudel utilise la lunette pour observer la marche du capitalisme, Weber analyse au microscope l'éthique protestante. Leurs thèses ne sont donc pas forcément incompatibles, si l'on arrive à retrouver le lien qui relie le microscopique au panoramique.

L'observation braudélienne a l'avantage de nous rappeler que le capitalisme est un phénomène social : après Smith, on est tellement convaincu que c'est l'individu libre et égoïste qui fait l'économie, que l'on en a perdu de vue l'arrière-plan collectif. L'évidence culturelle disparaît quand elle est assimilée à la nature des choses, c'est ce qui s'est passé pour le capitalisme, on a oublié qu'il s'inscrit dans une organisation sociale non naturelle. Peut-être est-il utile ici de nous remémorer la caractéristique fondamentale de notre *Homo sapiens* qui sortit de l'état de nature pour rentrer dans l'ordre de la culture. Nous avions également observé que les hommes tendaient vers un même état de production matérielle mais que des mutations culturelles pouvaient provoquer des divergences. Braudel est fixé sur le long terme et sa continuité matérielle, Weber observe une mutation culturelle cantonnée dans un moment historique. Il s'agit de comprendre maintenant comment ces processus inter-agissent.

Tout part de la culture, disons-nous, reprenons donc l'histoire des Pays-Bas avec cet angle de lecture. Sans conteste, la culture capitaliste existe avant la Réforme, néanmoins au XVIIème siècle tout s'accélère pour les provinces septentrionales sécessionnistes. Dans la guerre, elles

---

[346] Fernand Braudel, *La dynamique du capitalisme*, Paris, Arthaud, 1985, p. 68.

se sont forgé une identité qui s'appuyait dès l'origine sur des revendications de liberté et d'autonomie héritées de leur naissance médiévale. Avec les Pays-Bas, le modèle culturel bourgeois trouve une espèce d'accomplissement. Cet accomplissement ressemble à celui atteint dans la république de Venise, des marchands dirigent une république, mais il en diffère par la taille et la diversité : l'autorité bourgeoise des régents porte dès l'origine sur une fédération de provinces et non plus sur une ville, la composition sociale est multiple par son origine religieuse -rappelons que l'on trouve à Amsterdam 25% de catholiques en 1700[347]-, et sociale, la noblesse n'a pas disparu et dirige les provinces les moins urbanisées. Enfin, dernier facteur notable, les autorités religieuses n'ont pas pris part aux instances politiques, les Pays-Bas ne sont pas la république de Genève, bien que le calvinisme soit religion officielle. De cette composition sociale diversifiée émane une relative tolérance civique et religieuse. Relative car les Provinces seront partagées par deux types de conflits internes superposés : un conflit entre républicains et orangistes, un conflit entre calvinistes arminiens et gomaristes. Contrairement à ce que laisserait supposer la thèse de Weber, les plus calvinistes du point de vue religieux, c'est-à-dire les plus fervents adeptes de la prédestination, ne sont pas les marchands qui se rangent dans le camp des modérés arminiens mais les orangistes, partisans de la monarchie et du gomarisme, qui se recrutent dans l'aristocratie des provinces les moins urbanisées. Le calvinisme dans sa théologie la plus dure ne séduit pas la bourgeoisie d'affaire néerlandaise.

Le pacte social élaboré par la société pourrait être qualifié de moderne dans la mesure où il autorise une certaine diversité, au nom de la liberté et de la tolérance. La religion devient une affaire de conscience individuelle plus qu'une affaire d'Etat. Le socle de valeurs change sous l'effet de la guerre d'indépendance avec l'Espagne et de l'introduction d'un discours religieux opposé au parti papiste. La doctrine calviniste consolide alors une société bousculée qui doit faire face à une guerre à l'extérieur et à l'instauration d'une république à l'intérieur. La nouvelle religion joue pleinement sa fonction de *religare* au service d'une république d'abord bourgeoise. Le calvinisme agit comme un ciment, il soude les convictions bourgeoises et donne à l'ensemble sa solidité. En sorte que le protestantisme ne doit pas être regardé, comme le fait Weber,

---

[347] Catherine Denys, Isabelle Paresys, *Les Anciens Pays-Bas à l'époque moderne (1404-1815),* Paris, Ellipse, 2007, p. 105.

uniquement pour la promotion de valeurs liées au travail, à la recherche du salut par l'activité économique, mais d'abord pour le fait qu'il aide une république bourgeoise, déjà pétrie de valeurs travail, à obtenir son indépendance, à se forger sa liberté dans laquelle tous les acteurs de la société pourront porter ensemble leurs activités dans une même direction. C'est en Hollande que pour la première fois à cette échelle, une symbiose apparaît entre l'Etat et l'activité productrice et marchande. La république marchande de Venise l'avait réussi mais à la dimension d'une ville, les conquêtes territoriales ne rentrant pas dans le pacte républicain d'origine, les Pays-Bas la réussiront à l'échelle des Provinces-Unies septentrionales, l'Angleterre le fera à l'échelle d'un pays. Le changement d'échelle permettra la mobilisation de ressources humaines et matérielles propices à l'accumulation des progrès économiques. La mutation religieuse, autrement dit le protestantisme, est une cause de la réussite économique du siècle d'or mais d'abord en tant qu'elle aide à créer une harmonie entre la société et son Etat, c'est ce qu'observe Braudel, notamment à propos de la révolution industrielle anglaise, mais il ne voit pas que la cohérence de l'espace politique et économique est assurée par une combinaison des intérêts matériels et des valeurs religieuses ; seules, dit-il, les « *nécessités et innovations de la vie matérielle* » sont considérées pour obtenir l'espace économique cohérent.

A cette étape de notre enquête, il convient de distinguer les différents effets du facteur religieux observés aux Pays-Bas. Le premier s'illustre par la possibilité pour les villes d'avoir en elles-mêmes leur propre souveraineté ; ceci, faut-il le rappeler, est obtenu grâce à une conception religieuse qui fondamentalement sépare les domaines de Dieu et de César. La république des Pays-Bas est le résultat d'une application progressive et contrariée de ce principe, il en découle la légitimité de tout corps social organisé et donc sa liberté. Le second effet porte sur la génération du lien social selon le processus que nous venons d'examiner : la religion est alors si compénétrée de la société qu'elle fédère qu'on a peine à les distinguer. Enfin le troisième effet est relatif à la valorisation de la valeur travail par la culture protestante. La valeur travail identifiée et décortiquée sous le microscope de Weber ne peut être détachée de l'ensemble du corps social, cette valeur individuelle ayant contribué par sa systématisation et sa généralisation à la construction d'un nouveau pacte social. Or cette généralisation a été la cause de ce que Braudel observait, c'est-à-dire l'harmonie entre un Etat et sa société sur un même projet de développement économique. Les valeurs des capitalistes néerlandais s'imposent au corps social, l'inventivité technique peut s'exprimer à la base, la société toute entière croit à l'initiative humaine, mais elle y croit collectivement, soutenue en cela par la nouvelle religion ; les Bataves se considéreront volontiers comme le nouveau peuple élu. Le cercle de liberté correspond alors exactement avec la société, il n'est plus à côté mais centré directement sur l'Etat. La société est en harmonie, elle a comme réussi l'agglomération des différents cercles de liberté qui s'exprimaient au Moyen Age dans la diversité des villes et des universités. Le capitalisme peut alors être défini comme un système économique fondé sur une organisation sociale capable de susciter, à leur initiative, l'intervention du plus grand nombre d'individus dans le processus de production et d'échange de biens et services.

Nous tenons avec le principe d'harmonie[348] une idée fondamentale qui nous relie à notre réflexion initiale sur l'apparition des sociétés par la dynamique de l'éthique. En effet, ce principe universel permet de comprendre pourquoi des sociétés qui ne partagent pas les valeurs religieuses chrétiennes se sont développées, nous pensons aux pays asiatiques, en premier lieu au Japon puis à la Chine, qui d'une manière différente, ont obtenu cette harmonie. République s'énonce en chinois avec trois idéogrammes *gong, he, guo,* ce qui signifie : « pays où l'harmonie est mise en commun ». Quand nous pensons à la Res publica, nous sous-entendons les formes de sociétés où le gouvernement est assuré par les élections, ce faisant nous mettons en avant le moyen pour obtenir l'harmonie avant le but ; le moyen en vient à cacher le but. Les chinois voient le mandat céleste donné pour faire respecter l'harmonie comme le moyen. Le parti communiste chinois a en quelque sorte récupéré ce mandat céleste pour faire respecter l'harmonie. Les trois idéogrammes qui forment son nom en chinois font référence au principe d'harmonie : *Gong chan dang*. Le premier signifie : en commun pour tous ; le deuxième : produire ou moyens de production ; et le troisième : parti. Le PCC est ainsi le parti de la mise en commun des moyens de production. La souplesse sémantique des idéogrammes permet de s'adapter à l'herméneutique des réformateurs qui entendent désormais le PCC comme : le parti du produire pour tous. Le socle des valeurs

[348] Rappelons que les Grecs avaient déifié ce principe d'harmonie en lui consacrant la déesse *homonoia, cf infra, Une éthique d'homoiois.*

marxistes, ainsi interprété, a permis d'accueillir au sein du PCC, les ennemis d'hier : les entrepreneurs privés !

La séparation entre Dieu et César peut être transposée pour le cas de la Chine au détenteur de la vérité sociale et au parti communiste. Nous voyons que la vérité sociale inspirée par l'idéologie communiste est dans les mains du pouvoir politique. La tentation « césaro-papiste » est présente en Chine. Une certaine herméneutique des valeurs fondatrices a permis au parti communiste de conserver son autorité sur la société en jouant des principes d'harmonie et de la liberté d'entreprise. Si la liberté de réussir, qui a été introduite dans le nouveau socle de valeurs, s'arrête aux portes d'une classe sociale protégée par le pouvoir politique, il y aura conflit et l'harmonie sera rompue. Or, dans le système capitaliste, les positions ne sont pas acquises, la tentation est alors forte pour ceux qui perdent leur pouvoir économique de se protéger en corrompant le pouvoir politique. Lorsque celui-ci ne peut se renouveler par un processus laissant la porte ouverte aux nouveaux venus, les perdants se révoltent et créent un autre pacte social basé sur une justice ordonnée à leurs revendications. Voilà pourquoi le capitalisme n'a pas besoin à son origine de démocratie mais d'abord d'harmonie ; c'est pour cette même raison que, s'il veut perdurer, il lui faut un mécanisme régulateur qui, dans sa forme la plus aboutie, s'appelle démocratie. Le calvinisme a joué ce rôle fédérateur originaire, mais a-t-il contribué à la régulation ? Les régents républicains ont su maintenir suffisamment d'ouverture politique pour permettre à la classe marchande de se développer, mais le calvinisme, partagé entre orangistes et républicains, ne semble pas avoir contribué à l'ouverture politique. Une société ne peut vivre sans harmonie, c'est le principe premier, or si son fonctionnement interne, et c'est le cas pour le capitalisme, génère de l'inégalité, une fonction correctrice s'impose. La démocratie occupe ce rôle au sein du capitalisme, sa fonction est de maintenir les valeurs fondatrices ainsi que leur adaptation aux nouvelles conditions matérielles. Le principe d'herméneutique n'a pas disparu, il s'est juste coulé dans les institutions démocratiques.

Tant que l'Etat n'arrive pas à fusionner avec le corps social, ce que Braudel appelait la complaisance de l'Etat, le développement économique ne peut opérer pleinement. A cette condition, il faut rajouter la volonté de maîtriser le monde par son travail et la capacité de le faire sans en être empêché par une classe qui s'est arrogée le monopole de la richesse ; ce que nous avons conceptualisé par la notion d'élasticité de la valeur travail. Somme toute un cocktail détonnant qui caractérise la modernité. La modernité boit son nectar de liberté, elle s'enivre de ses conquêtes matérielles, mais sait-elle encore que le goût vient du fruit des valeurs ? Les sociétés ont toujours connu des tendances à l'accroissement des inégalités, au blocage de l'accès aux richesses. Quand l'éthique de l'équité ne peut passer ni par les institutions, ni par un mandat donné à un parti, à une classe ou à un leader, le pacte social, nous dit l'histoire, finit par éclater, alors la liberté individuelle de créer et d'entreprendre au bénéfice d'un bien commun disparaît.

Conclusion

Notre réflexion n'aurait pas de pertinence si elle n'était capable de traiter de la réalité contemporaine. Nous devons donc lui soumettre la question de savoir si le capitalisme a une éthique. Il n'a pas d'esprit, avons nous soutenu, alors comment pourrait-t-il avoir une éthique ? Le capitalisme conduit les hommes vers la mondialisation de l'économie, il les pousse vers un universalisme matériel. Sa dynamique n'est que le prolongement d'une force qui a modifié sans cesse leur espace communautaire. L'échelle de la complexité ne faisant que s'élargir à la dimension du monde. Mais au fond, c'est toujours le même processus qui est à l'œuvre. Autrefois les villages ont du apprendre à vivre ensemble pour forger des peuples, eux-mêmes forcés à se mêler dans un ensemble plus vaste. Il semble que l'histoire humaine soit faite du choc de ces rencontres plus ou moins réussies, caractérisées par des rapports de domination. Mais, avons-nous dit, le pacte social n'a pu se faire sans l'adoption de valeurs communes. Ces valeurs ont toujours été orientées, tout au moins aux origines du pacte, vers l'obtention d'un bien commun, d'où notre proposition de mettre à la source de la culture non pas la violence mais l'éthique contre la violence. Le capitalisme est comme toutes les cultures particulières, il se fonde sur des valeurs suscitées par l'aspiration fondamentale des hommes à l'éthique.

Il est temps de remettre au tribunal de la raison les résultats de notre enquête. Nous savons maintenant que jamais l'état matériel du monde n'a conduit l'évolution des sociétés. Que l'on bâtisse au beau milieu de l'Amazonie la plus belle zone industrielle, puis que l'on se retire pour laisser aux indiens la direction de cet ensemble, il ne se passera rien car les installations industrielles n'ont pas le pouvoir fétichiste de transformer les esprits. Cet exemple illustre par l'absurde que le lien entre infrastructure matérielle et superstructure spirituelle ne fonctionne pas dans le sens décrit par le matérialisme historique. Nous concluons à la suite de notre enquête que le capitalisme en tant que système d'organisation de la production des biens ne peut avoir d'éthique. Cependant, les hommes qui appartiennent à cette culture capitaliste ont eux une éthique et conçoivent des valeurs en correspondance avec cet état organisationnel. Ils donnent grand prix à la liberté individuelle qui leur permet d'entreprendre, ils sont animés par une quête de réussite économique dont les ressorts vont du simple désir de s'enrichir au souhait d'améliorer l'état matériel des hommes concernés par le résultat de leur travail. Ils partagent un socle de valeurs qu'ils se communiquent et qui assure la cohérence des rapports sociaux. Pour réussir leurs entreprises, ils dépendent d'un pacte social ordonné à leurs objectifs. Ce pacte est constitué en fonction du niveau de complexité matériel de la société et de l'histoire des valeurs de celle-ci. Le capitalisme a donc une éthique qui lui correspond. Le capitalisme médiéval des cités italiennes, le capitalisme des Provinces-Unies de l'âge d'or, le capitalisme américain moderne, le capitalisme chinois… sont enchâssés dans des systèmes de valeurs qui leurs sont propres mais obtenus par une commune aspiration éthique. Le capitalisme n'a pas d'éthique mais il sollicite, comme mécaniquement, l'aspiration éthique des hommes. Il y a donc un déterminisme matérialiste qui n'explique pas tout, comme le pense le matérialisme historique, mais qui renvoie les hommes à leurs devoirs moraux. Pendant des millénaires, les sociétés préhistoriques ont pu vivre dans une incroyable stabilité une forme de mondialisation jusqu'à ce que le grand train de la culture inégalitaire s'ébranle. Alors les hommes ont été pris par la complexité de leurs sociétés, sans cesse ils ont du actualiser leur pacte social, souvent ils n'ont pas réussi, leurs civilisations se sont effondrées. Il nous est apparu que c'est dans la lutte avec cette complexité matérielle qu'ils ont pu montrer la spiritualité de leur âme.

Au tribunal de la raison, nous déposons les preuves économiques que l'aspiration éthique est de nature ontologique. C'était le cœur de notre enquête, ces preuves devaient nous permettre de répondre à la question du fondement de la morale. Or qu'avons-nous découvert ? Que l'esprit humain n'a cessé d'évoluer vers une universalisation de ses conceptions éthiques. La longue histoire des polythéismes, des dieux sumériens à la Grèce antique, est faite de cette règle commune à l'humanité. Le Dieu biblique fut, dès sa révélation, le Dieu éthique arraché à l'histoire tourmentée d'un peuple d'esclaves ; d'abord hénothéiste, la religion des Hébreux fit un grand pas vers l'universel en adoptant le monothéisme. Cette évolution de l'éthique vers toujours plus d'universel est un processus inachevé. Elle livre son témoignage dans l'histoire matérielle des hommes en fondant leurs cultures. Si les cultures avaient suscité des éthiques et non pas, comme nous l'affirmons, correspondu à des systèmes moraux, il aurait fallu expliquer toute la dynamique capitaliste par une succession d'états matériels rétroagissant les uns sur les autres. Nous n'avons rien vu de tel, mais plutôt le lent travail des valeurs dont nous avons explicité les composants essentiels : séparation entre « Dieu et César », élasticité de la valeur travail, herméneutique du socle de valeurs, harmonie du pacte social. On peut toujours se rendre à ces démonstrations tout en refusant le caractère ontologique de l'éthique pour la loger dans l'homme neuronal. Ce serait un progrès, mais un progrès incertain dans la mesure où les tenants du fondement neuronal finiraient toujours par aller rechercher dans la nature physique, ou la structure mentale, la matérialité du comportement, évitant ainsi de se confronter à la volonté purement désintéressée, inutile : si les hommes ne peuvent agir pour des considérations « inutiles », il leur faut un but, un intérêt. La tentation serait alors grande de redonner au déterminisme matériel l'origine de la dynamique capitaliste. En morale, l'inutile se confond avec le sacrifice désintéressé, on a vu dans notre premier chapitre comment la pensée utilitariste a failli à intégrer l'amour désintéressé dans une explication globale du comportement humain. En l'absence d'explication globale du comportement humain on ne peut se passer de l'hypothèse métaphysique. Cette hypothèse est confirmée par notre parcours historique. La séquence observée est bien que l'éthique génère un état culturel dont le socle de valeurs interagit sur le pacte social, lequel débouche ou non sur une évolution économique. Ceci nous a permis de comprendre pourquoi certaines sociétés se sont développées et d'autres pas.

Ceci doit nous permettre également de comprendre quelles tensions travaillent en profondeur notre société occidentale. Notre société a un problème multiculturel, elle doit encore trouver la voie de l'universel, dans le respect des identités, sur une planète réduite aux dimensions d'un gros village. Notre enquête montre que la prospérité de ses habitants en dépend. Or le triomphe de la raison scientifique a conduit à l'oubli du fondement spirituel de nos sociétés. Notre question devient alors de savoir si le capitalisme peut survivre sans prise de conscience de la nécessité d'une éthique fondatrice?

Des années d'idéologie libérale ont conduit à privilégier les mécanismes de marché comme l'instance régulatrice optimum. Les questions éthiques ont été évacuées de la marche de l'économie, c'est la conséquence d'une longue évolution des idées que nous avons retracée. Les efforts d'un prix Nobel comme Amartya Sen visent à rapprocher l'éthique de l'économie en vertu des avantages qui en découlent[349]. Il est effectivement nécessaire de reconsidérer le lien entre la société économique et l'éthique. C'est une nécessité en raison des tensions inégalitaires qui taraudent le pacte social. Un pacte social qui, à cause de la mondialisation, doit se reconstituer à une échelle globale. Le premier défi[350] vise à maintenir la cohérence sociale à l'intérieur des sociétés, tout en acceptant une certaine ouverture déstabilisante pour leur ordre économique. A cet égard, la dernière crise financière doit être analysée dans sa dimension morale, il ne s'agit pas que d'un problème de risques mal évalués, de capitaux insuffisamment provisionnés ou de contrôles inopérants. Les rapports de forces économiques favorisent une élite capitaliste qui trouve sa justification morale dans une idéologie libérale ignorante de l'histoire. L'écart s'accroît entre la rente financière et les revenus du travail poussant les salariés ou l'Etat à emprunter pour maintenir le niveau de vie. La crise des subprimes est née de ce déséquilibre. Toute société produit de l'inégalité croissante, c'est une maladie dont il faut se guérir. Notre enquête, en partant de très loin, nous a permis de comprendre que depuis le Néolithique c'était le défi lancé à toutes les sociétés. Les démocraties ont le pouvoir de faire remonter les intérêts de ceux qui sont perdants pour réguler ces dérives mais la mondialisation introduit des horizons nouveaux qui leur échappent. Que faire si le marché mondial des managers fait monter les rémunérations au firmament de l'indécence au risque de casser la cohésion sociale ? N'est-ce pas se comporter comme les rois des taïfas qui ont joué la richesse de leur trône contre la cohérence de leur communauté. Que faire si les ressources naturelles sont exploitées sans égard pour les peuples qui en sont propriétaires ? N'est-ce pas se comporter comme les patriciens romains qui ont bâti un empire sur la captation des ressources des pays conquis ? Que faire si l'argent nécessaire à l'entretien de l'Etat va se réfugier dans les paradis fiscaux ? N'est-ce pas se comporter comme les sénateurs de l'empire byzantin qui préférèrent à l'époque des Comnènes couper les ailes de leurs propres marchands pour les exclure du sénat, aboutissant ainsi à vider les caisses de l'Empire au profit des marchands vénitiens ? Les frontières sont perméables et chacun va au plus offrant, c'est la loi du marché se rassure-t-on quand ce n'est que la loi du plus fort. Les institutions mondiales et les assemblées dites G, quel que nombre que ce soit, s'efforcent de construire cette régulation. Un pacte

---

[349] Amartya Sen, *Ethique et économie*, Oxford, Puf, 1991.
[350] Pour les occidentaux

social mondial est à inventer, il ne peut être élaboré sans que les consciences se mettent d'accord sur des objectifs d'intérêts communs. Or, il est extrêmement difficile de mobiliser les hommes tant qu'ils n'ont pas le sentiment d'appartenir à une communauté humaine identique. L'intérêt général ne leur dit soudain plus rien. Nous le savons, le sentiment communautaire passe par des valeurs partagées. Le *religare* qui fut à l'origine de toute communauté doit être repensé, il se doit de tendre à l'universel. La laïcité ne peut se substituer au *religare* car ce serait refuser la différence et se nier en son principe, par contre, elle doit contribuer à une certaine purification des identités religieuses et les aider à retrouver l'universel. Elles le peuvent car elles reposent sur un principe métaphysique par nature universel : Dieu. Les grandes religions ont à faire leur mutation de *catholicité* au sens latin originel[351]. Si elles veulent alimenter le socle des valeurs de la prochaine communauté mondiale, il leur faudra trouver le discours théologique adapté à la transcendance de leur identité, c'est-à-dire capable d'affirmer la compatibilité entre l'expression de leur identité particulière, limitée, et leur croyance en un Dieu universel. C'est la pente irrésistible de la civilisation, celle qui pousse à l'acceptation de la différence comme accomplissement de l'identité humaine. Il y aura de plus en plus comme une nécessité des religions de l'humanité pour accompagner la globalisation économique. Gageons que les acteurs du capitalisme y trouveront la source d'une éthique renouvelée.

Paris, le 12 mai 2010

---

[351] *catholicus* = universel

Remerciements

Cet ouvrage a bénéficié des corrections croisées de Frédérique Maigre, Gérard Pichelin, Cyril et Jean–Eric Dont. Je tiens à les remercier chaleureusement pour avoir suggéré, à travers la forme, les allégements et simplifications nécessaires à une écriture plus souple, plus fluide et finalement plus claire.

Bibliographie

Histoire des idées

Biard Joël, Guillaume d'Ockham- Paris, *Logique et philosophie*, PUF, 1971.

Changeux Jean Pierre, Ricoeur Paul, *Ce qui nous fait penser la nature et la règle*, Paris, Odile Jacob, 1998.

Condorcet, *Esquisse d'un tableau des progrès de l'esprit humains, Paris, GF- Flammarion, 1988.*

Dumont Louis, *Essais sur l'individualisme - Une perspective sur l'idéologie moderne*, Paris, Esprit/Seuil, 1983.

Einstein Albert, *Comment je vois le monde*, Paris, Champs Flammarion, 1979.

Hadjadj Fabrice, *La foi des démons ou l'athéisme dépassé*, Paris, Salvator, 2009.

Hirschman Albert O, *Les passions et les intérêts,* Paris, Quadrige/PUF, 1997.

Hume David, *Réflexion sur les passions*, Le livre de poche, Classiques de la philosophie, 1990.

Hume David, *Enquête sur l'entendement humain*, Classiques de la philosophie, 1999.

Husserl E., *Sur le Renouveau Cinq Articles*, Paris, Vrin, 2005.

Libera de Alain, *La philosophie médiévale*, Paris, PUF, Collection premier cycle, 1993

Kant Emmanuel, *Leçons d'éthique*, Paris, Classiques de poches, 1997, p131

Marx et Engels, *Manifeste du parti communiste*, Paris, GF Flammarion, 1998

Mill John Stuart, *L'utilitarisme*, Paris, Champs Flammarion, 1988.

Montesquieu, *De l'esprit des lois II*, Paris, GF Flammarion, 1979.

Omnès Roland, *La révélation des lois de la nature*, Paris, Odile Jacob, Sciences, 2008.

Rawls, *Théorie de la justice*, Paris, La Couleur des idées, Seuil, 1987.

Rousseau Jean -Jacques, *Discours sur les sciences et les arts*, Paris, GF-Flammarion, 1992

Smith Adam, *Recherche sur la nature et les causes de la richesse des nations*, Flammarion, 1991.

Smith Adam, *Théorie des sentiments moraux*, Paris, Léviathan, Puf, 1999.

Sen Amartya, *Ethique et économie*, Oxford, Puf, 1991.

Szucs Jeno, *Les trois Europes*, Paris, Essai, L'Harmattan, 1985.

Valcke Louis, *Commentaire sur les livres des Prédicables de Porphyre*, Le centre d'Etudes de la Renaissance, 1978.

Weil Simone, *Réflexion sur les causes de la liberté et de l'oppression sociale*, folio Essai, Gallimard, 1955.

L'émergence de l'humanité

Bottéro Jean et Samuel Noah Kramer, *Lorsque les dieux faisaient l'homme – Mythologie mésopotamienne*, NRF, Gallimard, 1993.

Bordreuil Pierre, Briquel-Chatonnet Françoise et Michel Cécile, *Les débuts de l'histoire, Le Proche–Orient, de l'invention de l'écriture à la naissance du monothéisme*, Paris, Editions de la Martinière, 2008, p290.

Brun Patrice, Ruby Pascal, *L'age du fer en France, Première villes, premiers Etats celtiques* ; Paris, La Découverte, 2008.

Cauvin J, *Naissance des divinités Naissance de l'agriculture- La révolution des symboles au Néolithique*, Paris, Empreintes de l'homme CNRS Editions, 1997.

Demoule Jean Paul, *La révolution néolithique en France*, Sous la direction de, Paris, La Découverte, 2007.

Frans de Waal, *L'âge de l'empathie, Leçons de la nature pour une société solidaire*, LLL Les liens qui libèrent, 2009

Gauchet Marcel, *Le désenchantement du monde- Une histoire politique de la religion*, NRF, Gallimard, 1989

Guilaine Jean, *Le Chalcolithique et la construction des inégalités*, Tome I et II, Le continent européen, Séminaire du Collège de France, Paris, Editions Errance, 2007.

Leroi-Gourhan André, *Les religions de la préhistoire*, Paris, PUF, collection Quadrige, 2006.

Losique Serge, *Dictionnaire étymologique des noms de pays et de peuples*, Chambéry, Editions Klincksieck, 1971.

Sagesses de Mésopotamie, Cahiers Evangile, Paris, Editions du cerf, 1993.

Tattersall Ian, *L'émergence de l'homme*, Folio Essais, Gallimard, 1999.

Les Hébreux

Finkelstein Israël et Silberman Neil Asher, *La Bible dévoilée*, New York, Folio Histoire, Gallimard, 2001.

Finkelstein Israël et Silberman Neil Asher, *Les Rois sacrés de la Bible*, Paris, Bayard, 2006.

Finkelstein Israël, *Un archéologue au pays de la Bible*, Paris, Bayard, 2008.

Israël et les nations d'après les textes du Proche-Orient ancien, Cahiers Evangile, Paris, Editions du cerf.

Liverani Mario, *La Bible et l'invention de l'histoire*, Montrouge, Bayard, 2008.

Römer Thomas, *Ce que la Bible soit à l'Egypte*, Paris, Bayard, Le Monde de la Bible, 2008

Les Grecs

Aristote, *De l'âme*, Paris, GF Flammarion, 1993.

Aristote, *Ethique à Nicomaque*, Le Livre de poche, Classique de la philosophie, 1992.

Aristote, *Les politiques*, Paris, GR Flammarion, 1993.

Aristote, *Métaphysique*, Paris, GF Flammarion, 2008.

Aristote, *Physique*, Paris, GF Flammarion, 2002.

Dumont Jean-Paul, *Les écoles présocratiques*, Folio Essais, Gallimard, 1991.

Epictète, *Ce qui dépend de nous, Le Manuel*, Paris, Arléa, 2004.

Epicure, *Lettres, maximes, sentences*, Classiques de poche, 1994.

Ferry Luc, Jerphagnon Lucien, *La Tentation du christianisme*, Nouveau collège de philosophie, Paris, Grasset, 2009.

Finley, *Les premiers temps de la Grèce,* Champ Flammarion, 1980.

Hadot Pierre, *Qu'est ce que la philosophie antique* ?, Folio Essais, Gallimard, 1995.

Hansen Mogens H.Polis, *Une introduction à la cité grecque*, Histoire, Paris, Les Belles Lettres, 2008.

Hadot Pierre, *Plotin ou la simplicité du regard*, Folio Essais, Gallimard, 1997.

Homère, *Iliade*, Gallimard, 1975.

Justin Martyr œuvres complètes, Paris, Migne, 2006,

Les stoïciens, textes choisis, Paris, Puf, 2003.

Mossé Claude, Schnapp-Gourbeillon Annie, *Précis d'histoire grecque*, Liège, Armand Colin, 2005.

Penseurs grecs avant Socrate – de Thalès de Milet à Prodicos- Paris, GF-Flammarion, 1964.

Platon, *La République*, Folio essais, Gallimard, 1993.

Platon, *Le Banquet*, Paris, GF Flammarion, 1998.

Platon, *Phédon*, Paris, GF Flammarion, 1965.

Platon, *Timée*, Paris, GF Flammarion, 2001.

Saint Basile, *Aux jeunes gens sur la manière de tirer profit des lettres helléniques*, Paris, Les belles lettres, 200.

Snodgrass Anthony, *La Grèce archaïque*, Hachette Littératures, Pluriel, 1986.

Vernant Jean Pierre, *Les origines de la pensée grecque*, Paris, Puf, 1962.

Veyne Paul, *Les Grecs ont-ils cru à leurs mythes ?,* Points essai, Seuil, 1983.

Veyne Paul, *Quand notre monde est devenu chrétien (312-394)*, Paris, Bibliothèque, Albin Michel Idées, 2007.

Rome et Byzance

Andreau Jean, *Banques et affaires dans le monde romain, IVè siècle av. J.-C.-IIIè siècle ap. J.-C.* Points Histoire, Seuil 2001.

St Augustin, *La Cité de Dieu,* Seuil, 1994.

Césarée Eusèbe de, *La théologie politique de l'empire chrétien-Louanges de Constantin*, Paris, Sagesses chrétiennes, Editions du cerf, 2001.

Cicéron, *La République*, Gallimard, 1994.

Grimal Pierre, *Les erreurs de la liberté dans l'antiquité,* Pluriel, 1990.

Kaplan Michel, *Byzance,* Paris, Guides Belles Lettres des Civilisations, 2007.

Le Moyen Age en Orient - Byzance et l'Islam, HU Histoire, Paris, Hachette Supérieur, 2006.

Nony D. Christol M., *Rome et son empire*, Hachette Supérieur, HU Histoire, 3ème édition, Paris, 2007.

Schiavone Aldo, *L'histoire brisée, La Rome antique et l'Occident moderne*, Belin, 2003.

Sesboüé Bernard, *Jésus-Christ dans la tradition de l'Eglise*, Jésus et Jésus-Christ N°17, Paris, Desclée, 1982.

Sénèque, *La Providence*, Arléa, 1996.

Tacite, *La Germanie,* Paris, Arléa, 2009.

L'islam

Al Fârîbi, *L'épître sur l'intellect- al-Risâla fî-l-'aql*, Paris, L'Harmattan, 2001.

Al Kindî, *Epître relative au propos sur l'âme*, Bibliothèque Maktaba, Fayard, 2004.

Averroès, *L'intelligence et la pensée Sur le De anima*, Paris, GF Flammarion, 1998.

Avicenne, *Livre des directives et des remarques- Kitâb al-'isârât wal-tanbîhât* , Textes philosophiques, Paris, Editions Unesco Vrin, 1999..

Avicenne, La *Métaphysique du Shifâ Livres I à V*, Etudes Musulmanes XXI, Paris, Librairie philosophique, Vrin, 1985.

Djebbar Ahmed, *Une histoire de la science arabe*, Inédits sciences, Paris, Points, Seuil, 2001.

Guichard Pierre, *Al Andalus 711-1492 Une histoire de l'Andalousie arabe*, Paris, Hachette Littératures, Pluriel, 2 000.

Ibn Khaldun, *Discours sur l'histoire universelle Al-Muqaddima*, Arles, Thésaurus, Acte sud, 1997.

Jolivet Jean, *La théologie et les Arabes*, Paris, Initiation au Moyen Age, Editions du cerf, 2002

Rucquoi Adeline, *Histoire médiévale de la péninsule ibérique*, Points, inédit Histoire, Seuil, 1993.

Urvoy Dominique, *Histoire de la pensée arabe et islamique*, Paris, Seuil, 2006.

Van Ess Josef, *Prémices de la théologie musulmane*, Paris, Bibliothèque Albin Michel Idées, Chaire de l'I.M.A, 2002.

L'émergence de l'Europe

d'Aquin Thomas, *De l'unité de l'intellect contre les averroïstes*, Paris, GF Flammarion, 1997.

d'Aquin St Thomas, *Somme Théologique*, Q.91, a.3, sol.3.

Bacon Roger, *Opus majus*, in L'héritage occidental, Paris, Odile Jacob, 2002.

Braudel Fernand, *La dynamique du capitalisme*, Paris, Arthaud, 1985.

Chaliand Gérard, Mousset Sophie, *L'héritage occidental*, Paris, Odile Jacob, 2002.

Delumeau Jean, *La civilisation de la Renaissance*, Les grandes civilisations, Paris, Arthaud, 1984.

Denys Catherine, Paresys Isabelle, *Les anciens Pays–Bas à l'époque moderne (1404-815),* Paris, Ellipses, 2007.

Le Goff Jacques, *La bourse et la vie, Economie et religion au Moyen Age*, Pluriel, Paris, Hachette Littératures, 2001

Le Goff Jacques, *L'Europe est-elle née au Moyen Age ?* Faire L'Europe, Paris, Seuil, 2003.

Le Moyen Age en Occident, 4ème édition, Paris, Hachette Supérieur, HU Histoire, 2008.

Lepage Henri, *Demain le capitalisme*, Pluriel, Livre de poche, Paris, 1978.

L'Europe de la foi 800/1453, Les mémoires de l'Europe, Paris, Robert Laffont, 1970.

Miethke Jürgen, *La théorie politique de Guillaume d'Ockham*, collection Histoire de la philosophie politique – Naissance de la modernité, Calmann Lévy. 1999.

Moore Robert I., *La première révolution européenne X-XIII Siècle*, Faire L'Europe, Paris, Seuil, 2001.

Peyrefitte Alain, *Du Miracle en économie*, Leçons au Collège de France, Paris, Odile Jacob, 1995.

Peyrefitte Alain, *La société de confiance*, Paris, Odile Jacob, 1995.

Verger Jacques, *L'essor des universités au XIIIème siècle*, Initiation au Moyen Age, Paris, Editions du cerf, 1998.

Verger Jacques, *La Renaissance du XIIème siècle*, Initiation au Moyen Age, Paris, Editions du cerf, 1999.

Table des matières

L'HARMATTAN, ITALIA
Via Degli Artisti 15 ; 10124 Torino

L'HARMATTAN HONGRIE
Könyvesbolt ; Kossuth L. u. 14-16
1053 Budapest

L'HARMATTAN BURKINA FASO
Rue 15.167 Route du Pô Patte d'oie
12 BP 226 Ouagadougou 12
(00226) 76 59 79 86

ESPACE L'HARMATTAN KINSHASA
Faculté des Sciences Sociales,
Politiques et Administratives
BP243, KIN XI ; Université de Kinshasa

L'HARMATTAN GUINEE
Almamya Rue KA 028 en face du restaurant le cèdre
OKB agency BP 3470 Conakry
(00224) 60 20 85 08
harmattanguinee@yahoo.fr

L'HARMATTAN COTE D'IVOIRE
M. Etien N'dah Ahmon
Résidence Karl / cité des arts
Abidjan-Cocody 03 BP 1588 Abidjan 03
(00225) 05 77 87 31

L'HARMATTAN MAURITANIE
Espace El Kettab du livre francophone
N° 472 avenue Palais des Congrès
BP 316 Nouakchott
(00222) 63 25 980

L'HARMATTAN CAMEROUN
Immeuble Olympia face à la Camair
BP 11486 Yaoundé
(00237) 99 76 61 66
harmattancam@yahoo.fr

L'HARMATTAN SENEGAL
« Villa Rose », rue de Diourbel X G, Point E
BP 45034 Dakar FANN
(00221) 33 825 98 58 / 77 242 25 08
senharmattan@gmail.com

www.ingramcontent.com/pod-product-compliance
Lightning Source LLC
LaVergne TN
LVHW011500061026
849535LV00004BA/1147
* 9 7 8 2 2 9 6 1 3 5 7 4 1 *